AF557999

Rockefeller-Medizinmänner
Medizin und Kapitalismus in Amerika

1. Auflage Juli 2024

Übersetzung aus dem Amerikanischen: Linde Wiesner
Lektorat: Jorinde Reznikoff
Satz und Layout: Mohn Media Mohndruck GmbH, Gütersloh
Umschlaggestaltung: Nicole Lechner

ISBN: 978-3–98992-018-7

Gerne senden wir Ihnen unser Verlagsverzeichnis.
Kopp Verlag
Bertha-Benz-Straße 10
D-72108 Rottenburg
E-Mail: info@kopp-verlag.de
Tel.: (0 74 72) 98 06-0
Fax: (0 74 72) 98 06-11

Unser Buchprogramm finden Sie auch im Internet unter:
www.kopp-verlag.de

E. Richard Brown

Rockefeller Medizinmänner

Medizin und Kapitalismus in Amerika

KOPP VERLAG

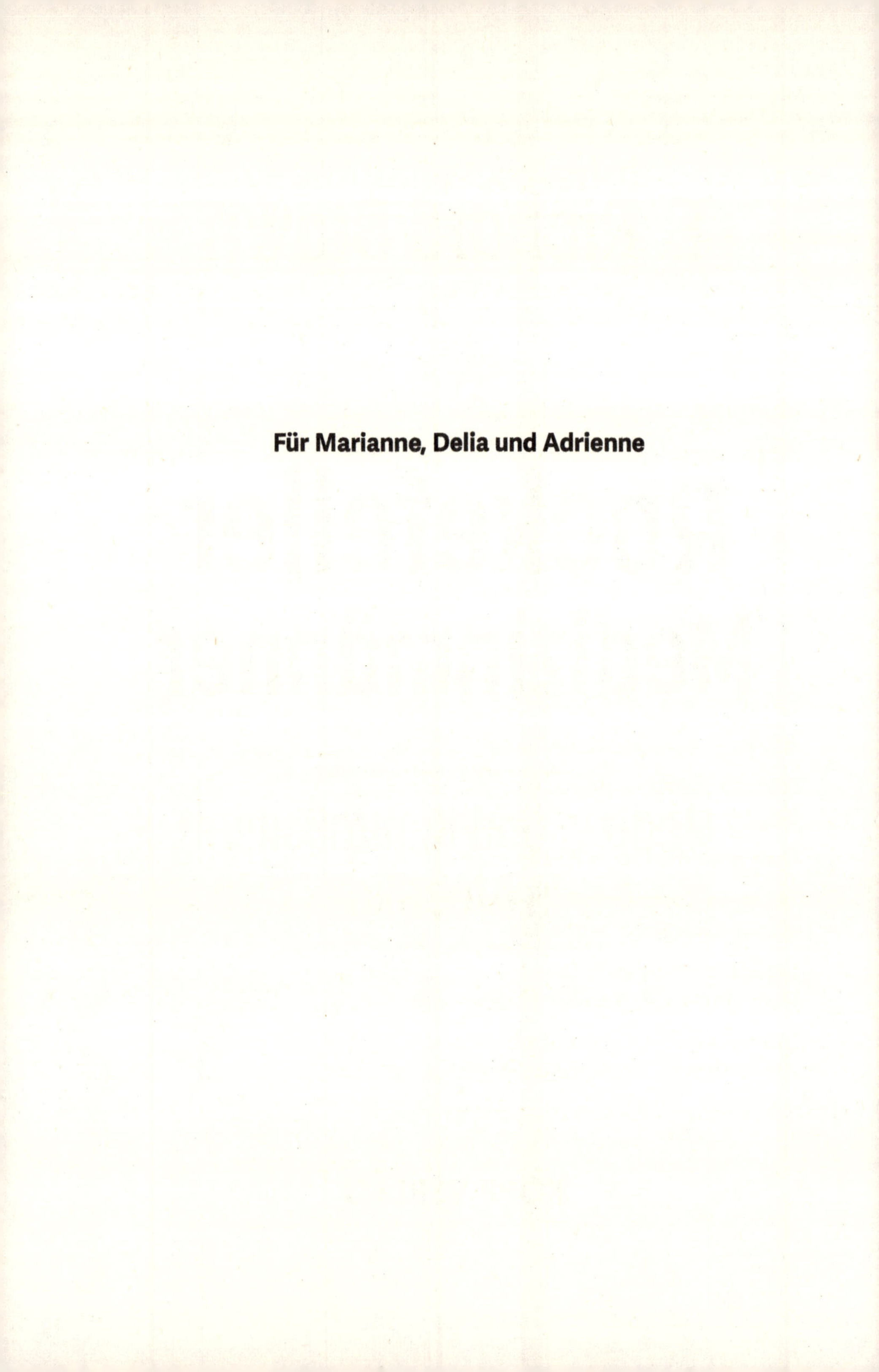

Für Marianne, Delia und Adrienne

Inhaltsverzeichnis

—

Danksagung

—

Die Idee für dieses Buch kam mir, während ich an der Universität politische Ökonomie des Gesundheitswesens lehrte. Meine Studenten und ich stellten sich die Frage, wie das derzeitige System entstanden sei. Auf der Suche nach Antworten stieß ich auf Geschichten über die Medizin, auf Material in damaligen Zeitschriften und den Archiven der Rockefeller- und Carnegie-Philanthropie. In diesen Archiven stößt man auf eine Fülle von Gedanken, Strategien und Taten einiger der einflussreichsten Persönlichkeiten in der Geschichte der amerikanischen Medizin.

Die Recherchen führten schließlich zu diesem Buch. Ohne die großzügige Unterstützung, das leidenschaftliche Interesse und das persönliche Engagement zahlreicher Menschen wäre es aber nicht zustande gekommen. Besonders dankbar bin ich Howard Waitzkin, William Kornhauser, Barbara Ehrenreich, Gert Brieger und Michael Pincus, die einen Großteil des Manuskripts detailliert und klug kritisiert und mich sehr ermutigt haben. Hilfreiche Kritik und Unterstützung bekam ich auch von Anne Johnson, Jon Garfield, Charlene Harrington, Barbara Waterman, James O'Connor, Dan Feshbach, Ivan Illich, David Horowitz, June Fisher, Kathryn Johnson, Jack London, Jane Grant, Tom Bodenheimer, Sara McIntire, Joe Selby, Larry Sirott und Myrna Cozen. Howard Berliner hat sich als außergewöhnlicher Kollege erwiesen, indem er sich stetig um Kooperation bemühte und Ideen sowie Materialien zum Verständnis dieser wenig erforschten Themen beitrug.

Meine Frau Marianne Parker Brown hat mich kontinuierlich bestärkt und mit intelligenter Kritik unterstützt, selbst wenn die Belastungen von Familie und Haushalt unverhältnismäßig stark auf ihren Schultern lagen. Meine Töchter Delia und Adrienne waren für ihr junges Alter erstaunlich verständnisvoll, während ihr Vater »an seinem Buch arbeitete«.

Die Mitarbeiter in den Rockefeller Foundation Archives und Rockefeller Family Archives (die heute zum Rockefeller Archive Center zusammengelegt sind) sowie in der Carnegie Foundation for the Advancement of Teaching (»Carnegie Stiftung zur Förderung der Lehre«) sorgten für gute Arbeitsbedingungen und machten meine Recherchen in New York erfreulich produktiv. Die Mitarbeiter des Health Sciences Information Service und des Library Delivery Service an der University of California ersparten mir unzählige Stunden, die ich sonst mit dem Suchen von Büchern und Zeitschriften in den weit verstreuten Bibliotheken auf dem Berkeley-Campus hätte zubringen müssen.

Eva Scipio, Ruth McKeeter und Sandra Golvin tippten kompetent Teile des Manuskripts in seinen jeweiligen Entstehungsphasen ab, und Estelle Jelinek überarbeitete dann das fertige Manuskript mit großer Sorgfalt.

Einen Großteil der Recherchen für das letzte Kapitel führte ich durch, während ich als Berater des Childhood and Government Project an der University of California Law School tätig war. Das Health and Medical Science Programm, ebenfalls in Berkeley, half bei der Finanzierung meiner Rechercheireise nach New York.

Das Rockefeller Archive Center und die Carnegie Foundation for the Advancement of Teaching gaben mir die freundliche Genehmigung, Ausschnitte aus dem Archivmaterial zu veröffentlichen.

Einführung

—

Die derzeitige Krise im Gesundheitssystem ist tief in der miteinander verflochtenen Historie der modernen Medizin und des Unternehmenskapitalismus verwurzelt. Die wichtigsten Gruppierungen und Kräfte, die unser medizinisches System geformt haben, legten die Saat für die Krise, in der wir uns heute befinden. Die Ärzteschaft und andere medizinische Interessengruppen versuchten, das Gesundheitssystem in den Dienst ihrer jeweiligen wirtschaftlichen und sozialen Interessen zu stellen, und Stiftungen und andere Institutionen der Unternehmerklasse wollten, dass die Medizin die Bedürfnisse »ihrer« kapitalistischen Gesellschaft befriedigte. Aus der Dialektik zwischen den gemeinsamen Bemühungen und Zusammenstößen dieser Gruppierungen und den wirtschaftlichen und politischen Kräften, die dadurch in Gang gesetzt wurden, entstand allmählich das aktuelle medizinische System, das den gesundheitlichen Bedürfnissen der Gesellschaft einen schlechten Dienst erweist.

Die offensichtlichsten Probleme dieses Systems sind die hohen Kosten, die Inflation und der fehlende Zugang zu medizinischen Leistungen in den USA. 1979 lagen die Gesundheitsausgaben in den USA bei über 200 Milliarden Dollar – das sind fast 1000 Dollar für jede einzelne Person. Heute fließt ein viel größerer Teil der gesellschaftlichen Ressourcen in medizinische Ausgaben als je zuvor; 1980 war der für die medizinische Versorgung aufgewandte Anteil des Bruttosozialprodukts doppelt so hoch wie noch 1950.

Diese Kosten bezahlen wir in Form von Steuern, Krankenversicherungsbeiträgen und direkt aus unserem Geldbeutel. Die öffentlichen Ausgaben – 4 von 10 Dollar, die für die medizinische Versorgung bereitgestellt werden – werden mit unseren Steuergeldern finanziert. Private Krankenversicherungen und Selbstbeteiligungen machen etwa 3 von 10 Dollar aus. In welcher Form auch immer werden die gesamten 200 Milliarden Dollar von Frauen und Männern in der Gesellschaft erwirtschaftet. US-Präsident Carter schätzte, dass der amerikanische[1]

Arbeitnehmer durchschnittlich einen ganzen Monat arbeiten muss, um die jährlichen Kosten des Gesundheitssystems abzudecken.[2]

Während die meisten Menschen finden, sie sollten für dieses Geld zumindest viel erhalten, erweist es sich allein schon als schwierig, an die notwendige medizinische Grundversorgung heranzukommen, denn für Letztere stehen viel zu wenig Ärzte, also Allgemeinmediziner, Kinderärzte, Internisten und Gynäkologen, zur Verfügung. Während die meisten Arztpraxen und Kliniken in die »besseren« Viertel unserer Städte drängen, findet man in den ärmeren und ländlichen Gebieten kaum noch welche. Medicaid (das staatliche Fürsorgeprogramm für Menschen mit geringem Einkommen), das für Millionen von Amerikanern zuständig ist, versorgt diese ebenso dürftig und unzureichend wie die erniedrigenden Krankenhäuser, die es eigentlich ersetzen sollte. Eine der häufigsten Einschränkungen besteht in den langen Wartezeiten für Arzttermine, mit denen die Mittelschicht und die arme Bevölkerung zu rechnen haben. Statt also ein humanes und leicht zugängliches Gesundheitssystem zu schaffen, haben Medicare und Medicaid dazu beigetragen, die Inflation der medizinischen Kosten anzukurbeln, indem sie mithilfe neuer finanzieller Mittel ein privat kontrolliertes System befeuerten, das jeden einzelnen Penny in Expansion, Technologien, hohe Gehälter und Profite zu stecken bereit ist.

Ein zweites, wenn auch weniger diskutiertes Problem ist die relativ geringe Auswirkung, welche die medizinische Versorgung auf den Gesundheitszustand der Bevölkerung hat. Trotz einer Unmenge neuer Diagnoseverfahren, Medikamente und Operationstechniken sind wir nicht so gesund, wie uns diese medizinischen Wundermittel machen sollten. Einige Kritiker wie etwa der Sozialphilosoph Ivan Illich[3] sind sogar der Meinung, dass uns die Medizin – physisch, politisch und kulturell – kränker macht, als wir ohne sie wären. Und viele Analytiker haben die sozialen Kontrollfunktionen der Ärzteschaft, die häufigen Negativeffekte medizinischer Techniken für unsere Gesundheit und die Ignoranz des medizinischen Systems gegenüber wichtigen physischen und sozialen Umwelteinflüssen auf unsere Medizin dokumentiert.[4] Statt dass die Medizin uns von durch Krankheiten hervorgerufenen Leiden und Abhängigkeiten befreit, müssen wir feststellen, dass ihre repressiven Aspekte mindestens genauso schnell angewachsen sind wie ihre technischen Errungenschaften.

Warum ist die medizinische Versorgung mit einer derartigen Geschwindigkeit so teuer geworden? Warum ist sie trotz ihres reichlichen Vorhandenseins so schwer zugänglich? Wie konnte es geschehen, dass die Medizin zwar technisch höchst ausgereift, aber sozial nicht nur unbefriedigend, sondern sogar repressiv ist?

Eine beliebte, aber zu simple Antwort darauf lautet, solche Probleme seien für Technologie- und Industriegesellschaften eben charakteristisch. Folgt man dieser Argumentation, so setzen Technologie und Industrialisierung den sozialen Organisationen ihre eigenen Grenzen und führen zu vergleichbaren Problemen, die wiederum ähnliche Lösungen erfordern. Gemäß dem Gesundheitssoziologen David Mechanic sind in der Medizin von Industrieländern Kosten- und Organisationsprobleme sowie ethische Dilemmata weitverbreitet. Er schließt daraus, dass »die Anforderungen der medizinischen Technologie und die verstärkt wissenschaftliche Basis medizinischer Tätigkeiten dazu führen, dass trotz großer ideologischer Unterschiede gemeinsame organisatorische Lösungen gefunden werden müssen«.[5] Illich vertritt die Meinung, dass »die pathogene Medizin das Ergebnis industrieller Überproduktion ist«.[6] In diesem Sinne führt die Technologie ein Eigenleben und zwingt dem Einzelnen und der sozialen Gemeinschaft ihre Imperative auf. Analytiker dieser Art konzentrieren sich auf geläufige Muster industrieller Organisation und technischen Fortschritts und schließen daraus, dass Technologie und Industrialisierung determinierende Kräfte darstellen, die universell sind.

Solch ein technologischer Determinismus blendet aber die spezifische Art und Weise aus, in der Gesellschaft und Technologie im Verlauf der Geschichte miteinander interagieren. Nach der Marx'schen Auffassung formen sich Technologie und Wirtschaftsordnung in einem dialektischen Prozess fortwährend gegenseitig. Einzelpersonen und Gruppen, die die Ressourcen besitzen und die Organisation der Produktion kontrollieren, sind keineswegs von »neutralen« Technologien abhängig, sondern führen selbst Innovationen ein, die ihren eigenen Zielen dienen, und widersetzen sich jenen, die anderen Interessen dienen würden. Diese Innovationen können die Bedürfnisse der Gemeinschaft übergehen und die Interessen anderer verletzen. Maschinen und Fabriken haben die Autonomie und sogar die ökonomische Existenz unabhängiger Gewerbetreibender geschwächt. Krankenhäuser und ihre kostspielige Ausstattung können viele im Gesundheitswesen Tätige an eintönige Aufgaben binden und verbrauchen Mittel, die für kleinere Gemeindekliniken verwendet werden könnten. Wer von diesen technologischen Entwicklungen betroffen ist, kann sich jedoch widersetzen und erreichen, dass diese einen anderen Verlauf nehmen. Arbeiter können sich in Gewerkschaften organisieren und eine gewisse Kontrolle über die Produktionsbedingungen erlangen. Und Gemeinschaften können sich so organisieren, dass sie die Expansion großer Kliniken verhindern und die Gründung gemeindenaher Gesundheitszentren erzwingen. Kurz gesagt: Die politisch-ökonomische Organisation der Gesellschaft bringt ganz bestimmte Arten technologischer Innovation hervor und andere nicht, und diese Innovationen sorgen für soziale Kräfte, die die Technologie und politisch-soziale Beziehungen modifizieren.[7]

Dieses Buch betrachtet die wissenschaftlich begründete, technologische Medizin nicht als determinierende Kraft für die Entwicklung des modernen Gesundheitssystems, sondern als Instrument, das von Mitgliedern der Ärzteschaft und des Unternehmerstandes entwickelt wurde, um ihre eigenen Bedürfnisse zu befriedigen. Einzelpersonen und Gruppen, die notwendige Ressourcen besitzen, können diese dazu verwenden, bestimmte Arten von technologischer Innovation in der Medizin zu entwickeln. Wer über die erforderlichen Ressourcen verfügt, hat auch die Möglichkeit, die daraus resultierende technologische Innovation für seine wirtschaftlichen und sozialen Bedürfnisse einzusetzen.

In den USA entwuchs die Medizin in genau jener Zeit den Kinderschuhen, in der Unternehmen die gesamte Wirtschaft zu dominieren begannen. Mit dem Voranschreiten des Unternehmenskapitalismus veränderten sich viele Institutionen in der Gesellschaft, und dazu gehört auch die Medizin. Sein Einfluss entstand nicht einfach durch kulturelle Assimilation oder die Bedürfnisse industrieller Organisation, sondern wurde von Personen geschaffen, die in seinem Namen agierten. Diese Interpretation besagt nicht, die Geschichte werde von dunklen Verschwörungen bestimmt, sondern vielmehr, dass die Klasse, die das herrschende Wirtschaftssystem in überproportionalem Maß besitzt, lenkt und von ihm profitiert, auch andere gesellschaftliche Bereiche in überproportionalem Maß beeinflusst.

Mitglieder der Unternehmerklasse, darunter diejenigen, die substanzielle Anteile an Firmenvermögen besitzen, sowie die Spitzenmanager der großen Unternehmen, versuchen natürlich, das Überleben der kapitalistischen Gesellschaft und ihre eigene Position innerhalb der sozialen Struktur zu sichern. Für den Bereich der Medizin bedeutet das: Mitglieder der Unternehmerklasse haben, hauptsächlich über philanthropische Stiftungen, eine Strategie zur Entwicklung eines Gesundheitssystems ersonnen, das den Bedürfnissen der kapitalistischen Gesellschaft entspricht. Dabei glauben sie, ihre Ziele würden der Gesellschaft im Ganzen dienen und private Vermögensanhäufung sowie private Entscheidungen über den Einsatz dieses Vermögens und der Vermögenserträge würden ganz im Interesse der Gesellschaft erfolgen. In diesem Buch werden wir die Strategien, die sie im Laufe dieser »progressiven« Ära entwickelten, und die Gründe für ihr Handeln untersuchen. Dabei stützen wir uns hauptsächlich auf die öffentlich und privat geäußerten Gedanken einiger Personen, die maßgeblich beteiligt waren. Wir werden die Interessen und Strategien der Ärzteschaft und der Unternehmerklasse beschreiben, die sich unabhängig voneinander entwickelten, miteinander verschmolzen und sich dann doch widersprachen. Und wir werden sehen, dass die jeweiligen Regierungen zunehmend die Strategien und Kämpfe übernahmen, die von der Unternehmerklasse initiiert wurden.

Die Unternehmerklasse nahm Einfluss auf die Medizin, konnte sie aber nicht gänzlich kontrollieren. Das Marktsystem in der Medizin gibt einzelnen Interessengruppen – dazu gehören heute Ärzte, Krankenhäuser, Versicherungsgesellschaften, Pharmakonzerne und Hersteller sowie Lieferanten von medizinischer Ausrüstung – die Möglichkeit, eigene wirtschaftliche Macht zu entwickeln, die sie in die Lage versetzt, ihren Platz auf dem Markt zu behaupten. »Über« diesen Interessengruppen steht die umfassendere Unternehmerklasse und versucht, den Leviathan zu zähmen und zu koordinieren, ist aber privatem Eigentum verpflichtet und profitiert von den kulturellen Funktionen der Medizin, die ihr Legitimation verleiht. Die Beziehungen und Widersprüche, die sich zwischen der Unternehmerklasse und diesen medizinischen Interessengruppen entwickelt haben, haben großen Einfluss auf die Organisationen und Inhalte des heutigen Gesundheitssystems.

Ärzte

Aus heutiger Sicht ist es schwer zu glauben, dass es der Ärzteschaft im späten 19. Jahrhundert an Macht, Vermögen und Status fehlte. Damals hatte die Medizin eine pluralistische Vorstellung von Krankheit, war in der Vorbeugung und Behandlung von Krankheiten technisch ineffektiv und in mehrere »sektiererische«[8] Untergruppen aufgespalten, die sich untereinander bekriegten. Die Berufsverbände, die es gab, hatten praktisch keine Kontrolle über den Eintritt neuer Ärzte in das jeweilige Fachgebiet. Ärzte waren lediglich vereinzelte Mitglieder der unteren Berufsschicht, verdienten zwischen mehreren Hundert oder Tausend Dollar im Jahr und genossen in der Bevölkerung kein besonderes Ansehen.

Ab den 1930er-Jahren war die Medizin jedoch fest in der Hand eines Berufsverbands, der den Zugang zur Branche durch Zulassungen und Akkreditierung von medizinischen Hochschulen und Lehrkliniken kontrollierte. Auch Praxis und Ökonomie der Medizin wurden von lokalen Organisationen überwacht. »Medizin« hatte sich zu einem Synonym für die klinische Arbeit von Absolventen jener Hochschulen entwickelt, welche den wissenschaftlichen, klinischen und forschungsorientierten Leitlinien folgten, die von der American Medical Association (AMA, der »Amerikanischen Ärztevereinigung«) und von Abraham Flexner in seinem berühmten Bericht für die Carnegie-Stiftung festgelegt worden waren. Alle anderen Heilkundigen waren davon ausgeschlossen. Ärzte stammten zunehmend aus der Mittel- und Oberschicht. Das durchschnittliche Nettoeinkommen nicht angestellter Ärzte lag 1929 bei 3758 Dollar und damit über den Einkünften von Hochschullehrern, aber unter dem des Lehrkörpers der Yale University und auch unter dem Einkommen von Maschinenbauingenieuren.[9] Doch in der Folgezeit wuchsen Einkommen, Macht und Status der Ärzte rasch an.

In den 1970er-Jahren waren Ärzte in die obersten Ränge der amerikanischen Klassenstruktur aufgestiegen. Das durchschnittliche Nettoeinkommen von niedergelassenen Ärzten – 63 000 Dollar im Jahr 1976 – brachte sie in der Einkommensstruktur der Gesamtbevölkerung in die obersten Perzentile. 1939 war das Durchschnittseinkommen eines Arztes bereits zweieinhalbmal so hoch wie das anderer Vollzeitbeschäftigter, und 1976 hatte sich dieser Abstand verfünffacht.[10] Ärzte stehen nun zusammen mit Richtern des Obersten Gerichtshofs an der Spitze der Berufshierarchie. Und in neueren Umfragen gaben Amerikaner an, dass sie Medizinern eher vertrauen als jeder anderen US-amerikanischen Institution – einschließlich Universitäten, Regierung (natürlich) und religiösen Organisationen.[11]

Die Steigerung ihrer »Produktivität« ist ein wichtiger Faktor im Bemühen der Ärzte, ihr Einkommen, ihren Status und ihre Macht zu erhöhen. Der Berufsstand kontrolliert die Ausbildung neuer Ärzte rigoros und delegiert Aufgaben, die er nicht mehr für interessant oder profitabel genug erachtet, an unter ihm stehende Techniker und Assistenten. So wurden im Zuge der schnell expandierenden Medizintechnik immer mehr Aufgaben an aufstrebende Arbeitskräfte im Gesundheitswesen abgegeben. Anfang des 20. Jahrhunderts waren noch zwei von drei aller hierin Tätigen Ärzte, heute ist von den über 4,7 Millionen Beschäftigten nur noch einer von zwölf Arzt. So sind Ärzte zunehmend zu Managern der Patientenversorgung geworden, anstatt als Direktversorger zu fungieren.[12]

Und als solche sind immer mehr Ärzte in Kliniken, Forschungseinrichtungen, Lehranstalten, Behörden und anderen Institutionen tätig statt in eigenen Praxen. Heute sind vier von zehn Ärzten in solchen Einrichtungen beschäftigt, 1939 war es gerade einmal einer von zehn. Diese angestellten Ärzte haben ein geringeres materielles Interesse als niedergelassene Ärzte und legen wenig politische Unterstützung für die AMA an den Tag.[13]

Sobald sie die Spitzenposition in der medizinischen Hierarchie erlangt hatten, mussten die Ärzte jedoch darum kämpfen, diese Stellung zu behalten. Sieht man von den jüngsten Bemühungen des Pflegepersonals ab, ihre Autorität im Bereich der Patientenversorgung zu verstärken, gingen die Anfechtungen jedoch kaum von unten aus. Die Ärzte gerieten vielmehr in einen Kampf gegen Kliniken, Versicherungsgesellschaften, medizinische Hochschulen, Stiftungen,

Gesundheitsbehörden und andere Gruppierungen, die an einem *rationalisierten* Gesundheitssystem interessiert waren, in dem die Zuständigkeiten hierarchisch und horizontal koordiniert werden und in dem kapitalintensiven Leistungen mehr Bedeutung beigemessen wird. Es ist ein Konflikt entstanden zwischen den organisierten Ärzten als einer Interessengruppe, die Robert Alford »professionelle Monopolisten« nennt, und all jenen Gruppierungen, die das Gesundheitswesen nach bürokratischen und betriebswirtschaftlichen Prinzipien systematisieren wollen, die Alford als »unternehmerische Rationalisierer« bezeichnet.[14]

Andere Interessengruppen

Angesichts der großen Macht der organisierten Medizin versuchten Krankenhäuser insbesondere über die American Hospital Association (AHA), ihre Interessen zu schützen, indem sie als »stringente Zentren« eines rationalisierten Gesundheitssystems auftraten.[15] Im Zuge ihrer Transformation von Asylen für kranke und sterbende Mittellose zu Arztbetrieben nehmen Krankenhäuser als Zentren medizinischer Technologien im Gesundheitswesen des 20. Jahrhunderts eine mächtige Position ein. Und weil die Ärzte von diesen Technologien immer abhängiger werden, schlucken die Kliniken einen immer größer werdenden Anteil der für die medizinische Versorgung aufgewendeten Mittel. Gesetzliche und private Krankenversicherungen (eigentlich Krankenpflegeversicherungen) haben sich zu einer stabilen Einnahmequelle für Kliniken entwickelt, da sie mithilfe dieser Gelder ihre Einrichtungen ausbauen können. Als Konsumenten von 40 Prozent der jährlichen Kosten für die Gesundheitspflege sind Krankenhäuser zu einer Hauptantriebskraft im Gesundheitssystem geworden. Blue Cross und Blue Shield (die beiden »Blues«),[16] die in den 1930er- beziehungsweise 1940er-Jahren von Klinikverbänden und Versicherungsgesellschaften gegründet wurden, kontrollieren – zusammen mit kommerziellen Versicherern – inzwischen 30 Prozent der Kosten des Gesundheitssystems, wobei der Schwerpunkt auf der technischen Versorgung im Krankenhaus liegt. Sie haben einen wirtschaftlichen und politischen Einfluss erreicht, der ihrer dominierenden finanzwirtschaftlichen Rolle entspricht.

Während die Versicherungsindustrie eine relativ neue Stimme im Chor der Rationalisierer ist, stehen medizinische Fakultäten hier schon seit über einem halben Jahrhundert an vorderster Front. Obwohl sie als Ausbildungsstätten von Gesundheitsfachkräften und Forschungs- und Entwicklungsarm der medizinischen Industrie von Medizinern geleitet werden, geraten ihre Interessen häufig mit medizinischen Organisationen in Konflikt, in denen Ärzte das Sagen haben. Im 19. Jahrhundert wurden medizinische Fakultäten zumeist von einer Handvoll Ärzten geleitet, die ihren eigenen finanziellen Nutzen im Auge hatten. Während sie im 20. Jahrhundert über weite Strecken hinweg von Universitäten kontrolliert wurden und von Stiftungen abhängig waren, finanzieren sie sich seit dem Ersten Weltkrieg über staatliche Gelder. In der kurzen Zeit von etwa 1900 bis zum Ersten Weltkrieg setzten sich wissenschaftlich ausgerichtete medizinische Hochschulen und die AMA gemeinsam für die Akzeptanz der wissenschaftlichen Medizin ein. Danach gingen sie getrennte Wege: Die AMA kämpfte um den Erhalt der Vorherrschaft und des hohen Einkommens der niedergelassenen Ärzte, und die medizinischen Fakultäten machten sich für ein rationelleres Gesundheitswesen stark, für gewöhnlich mit Ärzten als Topmanagern.

Krankenhäuser, Versicherungsgesellschaften und medizinische Hochschulen haben ein größeres Interesse als Ärzte daran, eine kapitalintensive, rationalisierte medizinische Versorgung voranzutreiben. Der Ausbau der Medizintechnik verhalf den Ärzten zwar zu mehr Ansehen und Einkommen, für Krankenhäuser, medizinische Fakultäten und Krankenversicherer stellte er jedoch die Daseinsberechtigung dar. Der Bedarf an massivem Kapitaleinsatz für die medizinische Technologie führte auch zur Rationalisierung medizinischer Ressourcen – zur Zentralisierung und Koordination von Kapital, Einrichtungen, Aufwendungen, Einkommen und Personal.

Stiftungen und der Staat

Neben diesen Interessengruppen haben zwei weitere Kräfte – der Staat und Stiftungen – großen Einfluss, um die Rationalisierung des Gesundheitswesens durchzusetzen. Obwohl die Regierung seit dem Zweiten Weltkrieg über den größten Einfluss verfügt, waren Stiftungen in der Bildungsphase der amerikanischen Medizin von 1900 bis 1930 der größte externe Einflussfaktor. Ihr Machtmittel ist Geld, das großzügig, aber mit Bedacht für bestimmte Projekte und Maßnahmen eingesetzt wird. Weder Stiftungen noch die Regierung operieren als Interessengruppe, wie das Ärzte, Kliniken, Versicherungsgesellschaften, medizinische Fakultäten sowie die Pharma- und medizinische Zuliefererindustrie tun. Die gewaltigen Summen, die sie ausgegeben haben – von Stiftungen kamen zwischen 1910 und den 1930er-Jahren rund 300 Millionen Dollar, von der Bundesregierung seit dem Zweiten Weltkrieg viele Milliarden Dollar allein für die medizinische Forschung und Ausbildung –, dienen nicht der eigenen Bereicherung.

Die Argumentation, die in diesem Buch entwickelt und propagiert wird, legt nahe, dass sowohl die Stiftungs- als auch die Regierungspolitik zwar den Interessen bestimmter medizinischer Gruppierungen dient, aber nur deshalb, weil die Interessen dieser Gruppierungen mit denen der Unternehmerklasse übereinstimmen. Wie aus historischen Berichten hervorgeht, waren die Programme der Stiftungen Anfang des 20. Jahrhunderts explizit darauf ausgerichtet, Institutionen aufzubauen und zu fördern, welche die Reichweite und den Einfluss des Kapitalismus in der Gesellschaft begünstigten.

Innerhalb der Medizin verfolgten Stiftungen diese beiden Hauptziele: ein medizinisches System zu etablieren, das die kapitalistische Gesellschaft unterstützt, und das Gesundheitssystem zu rationalisieren, um es für alle zugänglich zu machen, die es erreichen soll, dabei der Gesellschaft aber die geringstmöglichen Kosten zu verursachen. Diese Ziele haben ihre eigenen Widersprüche geschaffen. Zunächst orientierten sich die Stiftungen an den Zielen und Strategien der Ärzteschaft, lehnten aber bald deren eng gefasste Interessen ab und bemühten sich, die Rolle der medizinischen Hochschulen und Kliniken zu erweitern und deren Vorherrschaft über das gesamte Gesundheitswesen zu stärken. Zur Zeit des Zweiten Weltkriegs, als sich die Rolle der US-Regierung als Verwalter der kapitalistischen Gesellschaft voll etabliert hatte, übernahm die Bundesregierung die führende Rolle der Stiftungen innerhalb der Medizin. Sie setzte damit die grundlegende Strategie fort, die die Stiftungen über 20 Jahre lang verfolgt hatten, und öffnete für ihre Umsetzung die Schleusen der Staatskasse.

Im ersten Kapitel werden Sie erfahren, wie im späten 19. Jahrhundert aus mehreren parallelen Entwicklungen der kapitalistischen Gesellschaft philanthropische Stiftungen entstanden. Während viele Mitglieder der neuen wohlhabenden Schicht wohltätige Organisationen unterstützten, um die Risse und Einbußen in der Gesellschaft zu lindern, für die die kapitalistische Industrialisierung verantwortlich war, erkannten andere den Bedarf an technisch ausgebildeten Fach- und Führungskräften und förderten den Ausbau von Hochschulen und Wissenschaften. Kurz nach der Wende zum 20. Jahrhundert gründeten reiche Männer wie John D. Rockefeller und Andrew Carnegie philanthropische Stiftungen, deren Gelder von professionellen Managern verwaltet wurde. Mit den Rockefeller-Philanthropen an der Spitze entwickelten diese Stiftungen strategische Programme zur Legitimierung der Sozialstruktur der kapitalistischen Gesellschaft und zur Deckung deren technischer Bedürfnisse.

Das zweite Kapitel widmet sich der gesellschaftlichen und wirtschaftlichen Rolle der wissenschaftlichen Medizin in der Geschichte des amerikanischen Gesundheitswesens. Moderne Wissenschaftsmedizin war nicht einfach das »natürliche« Ergebnis aus dem Zusammentreffen von Wissenschaft und Medizin im 19. Jahrhundert. Neben dem konkreten wissenschaftlichen Fortschritt, der die Anwendung wissenschaftlichen Denkens und Forschens auf Krankheiten ermöglichte, hatte die wissenschaftliche Medizin auch wichtige soziale und ökonomische Ursprünge. Sie war wesentlicher Bestandteil einer Strategie, die von führenden Reformern aus der Ärzteschaft entworfen wurde, um die gesellschaftliche Stellung dieses Berufsstandes zu verbessern. Und da sie von dominierenden Schichten innerhalb der amerikanischen Klassenstruktur mitgetragen wurde, war sie erfolgreich.

Die wissenschaftliche Medizin fand im späten 19. Jahrhundert die Unterstützung der amerikanischen Ärzteschaft, weil sie deren ökonomischen und sozialen Interessen entgegenkam. Indem sie den Ärzten größere fachliche Glaubwürdigkeit verlieh, wurden sie aus der unwürdigen Position gerettet, in die ihr Berufsstand herabgesunken war. Darüber hinaus wurde die wissenschaftliche Medizin zu einem ideologischen Instrument, mit dem das dominierende »reguläre« Berufssegment die Heranbildung neuer Ärzte einschränkte, andere medizinische Gruppierungen ausschaltete, führende medizinische Fakultäten und Ärzte vorübergehend vereinte und den Wettbewerb begrenzte.

Trotz ihrer Attraktivität für die Ärzteschaft hätte die wissenschaftliche Medizin ohne die Unterstützung der dominanten Gesellschaftsgruppen in den USA wohl kaum etwas für die Ärzte erreicht. In Kapitel 3 werden wir die Gründe für diese kapitalistische Unterstützung erfahren, insbesondere anhand der Haltung von Frederick T. Gates, der über 20 Jahre lang oberster philanthropischer Berater und Vermögensberater von John D. Rockefeller sowie der Architekt der großen medizinischen Rockefeller-Philanthropien war.

Indem sie Ursachen, Prävention und Heilung von Krankheiten auf eine Weise erklärte, die deutlich an die Weltanschauung des industriellen Kapitalismus erinnerte, gewann die wissenschaftliche Medizin die Unterstützung jener Bevölkerungsschichten, die mit dem Aufstieg des Unternehmenskapitalismus in Amerika in Zusammenhang standen. Denn Kapitalisten und Unternehmensmanager waren der Meinung, dass die wissenschaftliche Medizin die Gesundheit der Arbeitskräfte stärken und somit die Produktivität steigern könne. Für sie war die Medizinwissenschaft ein ideologisches Instrument in ihrem Kampf um die Etablierung einer neuen Kultur, die für den industriellen Kapitalismus zweckmäßig und förderlich war. Sie fühlten sich von der medizinischen Theorie und Praxis angezogen, welche die großen sozialen Ungerechtigkeiten und rücksichtslosen Praktiken des Kapitalismus linderte, die das Leben von Angehörigen der Arbeiterklasse verkürzten. Mithin diente die wissenschaftliche Medizin in den Vereinigten Staaten sowohl den Interessen der dominierenden Ärzteschaft als auch jenen der Unternehmerklasse.

Nichtsdestoweniger tauchte zwischen den Interessen der Ärzte und denen der Unternehmer ein Widerspruch auf. So handelt Kapitel 4 davon, wie der Berufsstand der niedergelassenen Ärzte und die Unternehmerklasse bei den Versuchen, die medizinische Ausbildung zu reformieren, aneinandergerieten. Die

Finanzierung der wissenschaftlichen Fakultäten erforderte einen erheblichen Kapitaleinsatz von Kreisen außerhalb des Ärztestands, und das gab denjenigen, die dieses Kapital bereitstellten, ein Druckmittel in die Hand, um ihre Richtlinien durchzusetzen. Die Positionen waren klar abgesteckt: Sollte die medizinische Ausbildung von Ärzten kontrolliert werden und deren Bedürfnissen dienen? Oder sollte sie den Bedürfnissen der kapitalistischen Gesellschaft dienen und von Institutionen der Unternehmerklasse kontrolliert werden?

Der von der Carnegie Foundation finanzierte Flexner-Report versuchte, diese Interessen zusammenzuführen, indem er vor allem die stark kommerziell orientierten medizinischen Fakultäten aufs Korn nahm. Doch die maßgeblich von Gates geleiteten Rockefeller-Philanthropien legten den Widerspruch offen, indem sie gegen die Interessen und Argumente der niedergelassenen Ärzte den geförderten Lehrinstituten ein System mit vollzeitbeschäftigten klinischen Lehrkräften aufzwangen. Gates machte deutlich, dass die Medizin der kapitalistischen Gesellschaft dienen und von kapitalistischen Stiftungen und Universitäten kontrolliert werden müsse – und zwar durch die medizinischen Fakultäten, die das Fachpersonal ausbilden und die Technik auf den neuesten Stand bringen. Bis 1929 hatte eine Rockefeller-Stiftung, das General Education Board, medizinischen Hochschulen bereits über 78 Millionen Dollar zur Verfügung gestellt, um diese Strategie umzusetzen, und Gates' Sichtweise war fest etabliert.

Indem er keine Fördergelder an staatliche Hochschulen vergab, versuchte Gates seine Strategie von staatlicher Einflussnahme unbedingt freizuhalten. Doch die meisten Führungskräfte und Direktoren innerhalb der Rockefeller-Philanthropien und der maßgebenden Industrie- und Finanzkonzernen betrachteten den Staat als notwendige Hilfe bei der Rationalisierung von Unternehmen, Märkten und Institutionen.

So sollte der Kurs, den Gates und seine Zeitgenossen einschlugen, zwar das folgende halbe Jahrhundert bestimmen, doch der Staat übernahm die dominierende finanzielle Rolle bei der Rationalisierung der medizinischen Versorgung und bei der Entwicklung der Medizintechnik. In Kapitel 5 sehen wir, wie die staatliche Fokussierung auf die technologisch orientierte Medizin einige der wichtigsten Determinanten von Krankheit und Tod ignorierte, während die wirtschaftlichen und politischen Kräfte der kapitalistischen Gesellschaft dafür sorgten, dass die Rationalisierung die Kontrolle des medizinischen Markts durch die Unternehmerklasse aufrechterhielt. Wie die Medizin in diesem privaten Marktsystem kontrolliert und rationalisiert werden kann, ist die Frage, die den Staat und die Unternehmerklasse jetzt plagt, da die Forderung nach einer staatlichen Krankenversicherung wächst. Wie medizinische Ressourcen in effektive Instrumente zur Stärkung der öffentlichen Gesundheit transformiert werden können, ist eine Frage, die die ganze Gesellschaft betrifft. Die entstehenden Widersprüche und daraus resultierenden Krisen sind das Vermächtnis der Entwicklung der Medizin in einer kapitalistischen Gesellschaft.

KAPITEL 1

»Wholesale-Philanthropie«: von Gemeinnützigkeit zu gesellschaftlicher Umgestaltung

—

Die Industrialisierung im 19. Jahrhundert brachte für die Eigentümer und Manager der Unternehmen, die die amerikanische Wirtschaft beherrschten, viele Probleme mit sich. Die Initiatoren dieser Industrialisierung mussten das erforderliche Kapital aufbringen, Rohmaterial besorgen, die Produktion organisieren, unwillige Belegschaften disziplinieren sowie Märkte und Transportsysteme entwickeln. Sie hatten mit politischen Strukturen und Methoden zurechtzukommen, die auf die bisherigen Produktionsbeziehungen zugeschnitten waren, welche auf Landwirtschaft und Handel konzentriert waren und sich nur langsam an die neue industrielle Unternehmensstruktur anpassen ließen. Und schließlich mussten sie veraltete soziale Institutionen transformieren oder neue schaffen. Bildungs-, Religions-, Medizin- und Kultureinrichtungen gehörten zum Leim, der das Ancien Régime zusammengehalten hatte. Die neue Unternehmerklasse stand also vor der Aufgabe, all diese wirtschaftlichen, politischen und sozialen Institutionen so umzugestalten, dass sie der urbanisierten, industrialisierten und unternehmerischen Gesellschaft dienen konnten.

Die neue ökonomische Ordnung schuf auch diverse Probleme für Zugehörige gesellschaftlicher Klassen, die von dem neuen System kaum etwas oder gar nichts abbekamen. Zwar war die amerikanische Gesellschaft noch nie abgeklärt-beschaulich gewesen, doch die Industrialisierung sorgte für große Unzufriedenheit unter jenen, die dadurch umgesiedelt wurden, und unter jenen, die unter der kapitalistischen Anhäufung von Reichtum zu leiden hatten. Die ehemals dominierenden Agrar- und Handelsherren ärgerten sich über den kometenhaften Aufstieg der städtischen Industriellen und Bankiers. Einheimische Handwerker, Einwanderer und enteignete Landwirte unterwarfen sich nur widerwillig dem neuen Fabriksystem. Das Gewerkschaftswesen, Populismus und Sozialismus bedrohten die Macht und den Wohlstand der Konzerne und ließen sogar Zweifel am Fortbestand des Kapitalismus aufkommen.

Um einige der vielen Probleme zu lösen, die sich aus der kapitalistischen Industrialisierung ergaben, wandten sich, wie Sie in diesem Kapitel erfahren werden, Unternehmer der Philanthropie den Universitäten und schließlich der Medizin zu. Die sozialen Veränderungen wurden zum großen Teil von derselben »unsichtbaren Hand« in Gang setzt, die die Marktkräfte des Kapitalismus lenkte, und dieses Eigeninteresse schränkte die Perspektive für den sozialen Wandel ein. Nur allmählich entwickelten führende Kapitalisten und ihre Verbündeten bewusst breit angelegte Strategien für die von ihnen aufgebaute neue Ordnung. Um Kontrolle über die verzweifelten ärmeren sozialen Schichten zu bekommen, unterstützten philanthropische Kapitalisten oftmals Wohltätigkeitsprogramme, die bei all ihrer Brutalität Hoffnung auf Verbesserungen versprachen. Andere fingen an, für den Bedarf der neuen Gesellschaft an ausgebildeten Experten und Managern Universitäten aufzubauen. Es entstand eine neue Schicht von Managern und Fachleuten, die Unternehmen, Hochschulen, Wissenschaften, medizinische Einrichtungen und die Philanthropie selbst leiteten. Nach der Wende zum 20. Jahrhundert verwandelten einige Philanthropen Stiftungen in echte Unternehmensphilanthropien (in diesem Buch bezieht sich dieser Begriff auf die für den Unternehmenskapitalismus charakteristische Philanthropie, insbesondere auf Stiftungen, die von Mitgliedern der Unternehmerklasse kontrolliert werden). Diese waren nach dem Vorbild der dominierenden Wirtschaftsinstitutionen gestaltet und wurden mit deren »überschüssigem« Kapital finanziert. Repräsentanten des aufkommenden Unternehmensliberalismus erkoren diese Stiftungen zu ihren wichtigsten Instrumenten für die Transformierung gesellschaftlicher Institutionen und verliehen der Unternehmensphilanthropie eine historisch bedeutsame Rolle, die über die visionären Träume früherer philanthropischer Kapitalisten weit hinausging. Aus dieser Verbindung von unternehmerischer Philanthropie, Managerschicht, Universitäten und Wissenschaft gingen die Rockefeller-Medizinmänner und ihr neues medizinisches System hervor.

Privatvermögen und soziale Unzufriedenheit

Wie für fast alle Bereiche der amerikanischen Gesellschaft stellte der Sezessionskrieg auch für die amerikanische Philanthropie einen Wendepunkt dar. Er war ein einschneidendes Ereignis in der US-Geschichte, brachte Tod und Zerstörung, kurbelte den industriellen Fortschritt an und sorgte für Aufstände innerhalb aller und zwischen allen Gesellschaftsklassen. In den Jahrzehnten nach dem Krieg entwickelte sich eine neue Art von Philanthropie, die auf diese neuen Umstände zugeschnitten war.

Der Bürgerkrieg befreite nicht nur die schwarzen Sklaven, sondern gab dem Kapital der Nordstaaten auch die Möglichkeit, den industriellen Wandel, den es vor allem nördlich des Ohio River initiiert hatte, auf die gesamte Nation auszudehnen. So wie die »Underground Railroad«[1] das Vehikel und Symbol der Freiheit für die Sklaven aus der Vorkriegszeit war, so war die Eisenbahn das Vehikel und Symbol der Industrialisierung und der aufsteigenden Kapitalistenklasse.

Die Eisenbahn, die zunehmend für den Transport der Soldaten und des Nachschubs für die Unionsarmeen eingesetzt wurde, trug zur Erweiterung der Märkte bei, da sie ein arbeitsteiliges, koordiniertes Produktions- und Vertriebssystem ermöglichte, das den gesamten Kontinent umfasste. Eisenbahnen drangen in jede Region des Landes vor. Sie brachten Agrarprodukte auf neue Märkte und in Häfen, um von dort in ferne Länder verschifft zu werden. So wurde Baumwolle von den Südstaatenfeldern zu den Textilfabriken Neuenglands befördert, Eisenerz vom Lake Superior zu den Eisenhütten und den neuen Bessemer-Stahlöfen in Pittsburgh und Öl aus West-Pennsylvania zu den Raffinerien in Cleveland sowie Waren aus den amerikanischen Fabriken auf die Märkte im ganzen Land. Und überall sorgten Eisenbahnen für neue Ansiedlungen und Bauprojekte. Trotz der Unterbrechungen während des Sezessionskrieges wurden in den 1860er- und 1870er-Jahren 100 000 Kilometer neue Gleise verlegt, wodurch sich die bestehenden Strecken verdreifachten. Da für den Eisenbahnbau Eisen- und später Stahlschienen und -brücken nötig waren, wurde die Eisenbahn selbst bald zum größten Kunden der wachsenden amerikanischen Stahlindustrie.

Der Bürgerkrieg und die Eisenbahn brachten einigen Männern großen Reichtum ein. Andrew Carnegies Aufstieg zum Millionär begann 1853 als Telegrafenbeamter bei der Pennsylvania Railroad. Im Alter von nur 25 Jahren war der ehrgeizige Carnegie bei Kriegsbeginn bereits ins Management aufgestiegen und verbrachte einige Monate damit, den Schienenverkehr und die Telegrafenkommunikation für das Kriegsministerium zu organisieren. Doch er kündigte seinen aufregenden und gefährlichen Job an der Front und ging zur »Pennsy«[2] zurück, um sich seinen anwachsenden Investitionen in die Eisenproduktion und den Kohlebergbau zu widmen. 1863 lag sein Jahreseinkommen bei über 40 000 Dollar.[3]

Auch John Davison Rockefeller verdankte seine Vermögensanfänge dem Sezessionskrieg. 1861, als der Krieg die Energie und das Leben von Nord- wie Südstaatlern kostete, baute der 22 Jahre junge Rockefeller in Cleveland eine erfolgreiche Handelsfirma auf. Mit dem Zustrom von Kriegsaufträgen stiegen die Warenpreise stark an, und Rockefellers Gewinne schnellten in die Höhe. 2 Jahre später hatte er genug Kapital, um in eine Ölraffinerie zu investieren, und bei Kriegsende war er so reich, dass er das Unternehmen übernehmen konnte. Dass seine Standard Oil Company 1880 rund 95 Prozent des amerikanischen Öls raffinierte, war Rockefellers Entschlossenheit zu verdanken, »Geld zu verdienen und noch mehr Geld zu verdienen« – kombiniert mit einem harten Wettbewerb auf dem Markt und Rabatten von der Eisenbahn.[4]

Die industrielle Basis war zwar schon in den Jahrzehnten vor dem Krieg entstanden, aber erst die kriegsbedingten Veränderungen festigten die Strukturen des neuen Systems. Die Oberschicht in den Südstaaten, deren Position auf Landwirtschaft und Sklaverei basierte, wurde zwar nicht zerschlagen, musste sich jedoch der vom Norden kontrollierten kapitalistischen Wirtschaft unterordnen. Das Fabrikwesen wurde mit der Eisenbahn erweitert, und es entwickelte sich eine industrielle Arbeiterklasse aus einheimischen und immigrierten Handwerkern und Fabrikarbeitern. Das kleinstädtische Amerika wich allmählich dem industriellen und kommerziellen Aufschwung, und die Städte wuchsen schneller, als die minderwertigen Mietshäuser in ihnen gebaut werden konnten. Im Zuge dessen wurden die älteren Unternehmer und der Landadel von den neuen Industriellen und ihren Konzernen verdrängt. In den 1870er-Jahren waren in Massachusetts beispielsweise gerade einmal 530 (5 Prozent) von 10 395 Unternehmen im Handelsregister eingetragen, aber diese 5 Prozent besaßen 96 Prozent des Gesamtkapitals und beschäftigten 60 Prozent aller Arbeitskräfte. Im Jahr 1900 wurden drei Viertel aller Handelsgüter von Konzernen produziert. Aufgrund der wichtigen logistischen Funktion der Eisenbahn wurde der Sezessionskrieg auch »erster Eisenbahnkrieg« genannt. Doch der Krieg war nicht auf die industrielle Wirtschaft angewiesen. Wie es William Appleman Williams treffend formulierte, »brachte der Bürgerkrieg eher ein industrielles System hervor, als dass er mit einem solchen ausgefochten wurde«.[5] Als Sieger des Krieges erwiesen sich Unternehmen und Männer, die die neue Wirtschaft großteils beherrschten.

Doch weder lief für die neuen Barone der Konzernwirtschaft alles glatt, noch machten sie ihren Untergebenen das Leben leicht. Die Unternehmenseigentümer, die darauf aus waren, in kürzester Zeit so viel wie möglich vom verfügbaren Markt an sich zu reißen und Kapital anzuhäufen, drückten die Löhne, um die Preise niedrig zu halten und die Konkurrenz zu schlagen. So wurden Einwanderer in die wachsende Arbeiterschaft einbezogen und in der zweiten Hälfte des 19. Jahrhunderts rund 16 Millionen Ausländer ins Land gelockt. 1890 machten sie 15 Prozent, ja in den industrialisierten Nordstaaten sogar fast ein Viertel der Gesamtbevölkerung aus. Handwerker mussten zusehen, wie ihre Fähigkeiten – die Grundlage ihres Stolzes und einer bescheidenen Sicherheit – degradiert und von Maschinen ersetzt wurden, was schließlich zur Arbeitslosigkeit führte. Migranten aufgegebener Farmen und Einwanderer aus dem Ausland füllten die

Fabriken und Städte der Neuen Welt. Die Männer verloren ihren Lebensunterhalt oder hatten härteste Arbeit zu verrichten, und die Frauen, die bislang der traditionellen Hausarbeit nachgingen, mussten in Fabriken, Kaufhäusern und Läden arbeiten. Um 1900 waren 20 Prozent aller amerikanischen Frauen Lohnarbeiterinnen. Auch Kinder wurden als Billigarbeitskräfte in die Fabriken geholt. Das Familien- und Sozialleben der Arbeiterklasse war erschüttert und zerstört worden.

Die Ausbeutung von Arbeitern, die weder durch gesetzliche Beschränkungen noch durch humanitäre Bedenken eingedämmt wurde, führte zu einer verstärkten Organisierung der Arbeitnehmer. Als der Durchschnittslohn für einen 10-Stunden-Tag während der Depression in den 1870er-Jahren auf 1,50 Dollar sank, kam es überall im Land zu Aufständen. Es bildeten sich Gewerkschaften, und Unternehmer nutzten jedes erdenkliche Instrument – von Aussperrungen bis zu Pinkerton-Wachmännern[6] –, um die Gewerkschaftsbewegung zu zerschlagen. 1877 wurde der erste landesweite Großstreik gegen die Eisenbahn mit einem Blutbad niedergeschlagen, bei dem zahlreiche Arbeiter, ihre Familien und ihre Unterstützer in den Armenvierteln der Städte ums Leben kamen. Doch die Gewerkschaftsbewegung wuchs, und in den 1880er- und 1890er-Jahren wurden viele Streiks organisiert. Die Haymarket-Square-Bombe von 1886, der Streik in Carnegies Homestead-Stahlwerk 1892 und der Pullman-Streik 1894 waren nur die prominentesten Ereignisse, die unter den Unternehmern und ihren Verbündeten die Sorge um den Fortbestand der von ihnen errichteten Gesellschaft schürten. »Die Zeit ist seltsam aus dem Gleichgewicht geraten«, sorgte sich ein Politiker aus Kentucky. »Die Reichen werden reicher, die Armen werden ärmer, die Nation bebt.«[7]

Stadtbewohner und Farmer, insbesondere im Mittleren Westen und im Süden, sahen ihr Leben und ihren Lebensunterhalt zusehends von Eisenbahntarifen und den Kreditrahmen der Banken bestimmt, die von weit entfernten Städten aus dirigiert wurden. Da die halbfeudale Naturalpacht[8] viele Landwirte im Süden in ständiger Verschuldung und Armut hielt, fand der Widerstand gegen die kapitalistische Expansion breite Unterstützung. 1896 bildete die Populist Party, die großen Zulauf hatte, eine seichte Koalition mit der Demokratischen Partei um den Demokraten Bryan als Präsidentschaftskandidaten und den Populisten Tom Watson als Vizepräsidenten herum gegen McKinley, den Kandidaten des Großkapitals. Durch ihre Niederlage wurde die Populist Party dezimiert, aber der populistische Widerstand gegen den kapitalistischen Reichtum und die Kontrolle der Landwirtschaft setzte sich mit dem Granges Movement und der Farmers Union bis weit ins 20. Jahrhundert fort. Für die arbeitende Mittelschicht, die in der »Progressive Era«[9] den Ton angab, schien sich die Gesellschaft nach unten hin aufzulösen, weil »die da oben« zu gierig waren. Sie forderte Reformen, um die Konzentration von Macht und Geld zu begrenzen.

Viele Mitglieder der wohlhabenderen Schichten fühlten sich aufgerufen, die große Ungleichheit zu rechtfertigen, die in der Arbeiterklasse für Wut und in der Mittelschicht für Beunruhigung sorgte. Natürlich sahen sie sich selbst nicht als »reiche Müßiggänger«, sondern betrachteten den Aufbau von Industriekonzernen als produktive Arbeit und glaubten, alle Menschen würden von ihren Unternehmungen profitieren. Niemand hat das besser ausgedrückt als Rockefeller:

> Die beste Philanthropie, jene Hilfe, die am meisten nützt und am wenigsten schadet, jene Hilfe, die die Zivilisation an ihrer Wurzel nährt, die Gesundheit, Rechtschaffenheit und Glück am weitesten verbreitet, ist nicht das, was man für gewöhnlich Wohltätigkeit nennt. Es ist meines Erachtens vielmehr die Investierung von Mühe, Zeit oder Geld, die im Verhältnis zur Macht, Menschen zu einem angemessenen Lohn zu beschäftigen, sorgfältig abgewogen wird, um die vorhandenen Ressourcen auszubauen und weiterzuentwickeln und um Möglichkeiten für Fortschritt und gesunde Arbeitsbedingungen zu schaffen, die es vorher nicht gegeben hat. Kein bloßes Geldspenden kommt dieser dauerhaften und segensreichen Wirkung gleich.[10]

Der größte Nutzen solcher Unternehmen ist sowohl *moralischer* Natur, da sie Müßiggängern eine Beschäftigung bieten, als auch *materieller* Natur, da sie »die Annehmlichkeiten des Lebens vermehren, verbilligen und so weit wie möglich verbreiten«.[11] Folglich ist der Aufbau eines privaten Unternehmens die beste Art,

Probleme zu lösen, die mit der Industrialisierung entstehen. »Kann es denn einen Zweifel daran geben, dass eine Senkung der Kosten für den Lebensbedarf und die Annehmlichkeiten des Lebens Zivilisation und Fortschritt am stärksten fördern?«, fragte Charles Elliott Perkins, Präsident der Chicago, Burlington and Quincy Railroad. »Das wahre Evangelium«, äußerte er sich mit philosophischer Gefälligkeit, »besteht darin, Menschen zu befähigen, sich die Annehmlichkeiten des Lebens aus eigener Kraft zu ermöglichen. Dann werden sie vernünftig und gut sein.«[12]

Unter den Männern und Frauen, die sich dem Rest der Gesellschaft gegenüber so großzügig erwiesen, herrschten unterschiedliche Vorstellungen darüber, was sie mit ihrem Geld und ihrer Macht anstellen sollten. Mark Hanna, ein Industrieller aus Cleveland, machte anderen Kapitalisten vor, dass sie »zum Schutz unserer Geschäftsinteressen« ebenso den Präsidenten und die Exekutive der Regierung wie den Kongress einbinden konnten. Aus Angst vor den wachsenden Reihen der Populisten und deren zunehmender politischer Einflussnahme schuf er ein politisches Direktorium aus führenden Wirtschaftsvertretern, welche die gemeinsamen Interessen organisieren und direkt auf die Bundesregierung einwirken sollten. Mit ihrem ersten Triumph, der Wahl von McKinley 1896 zum Präsidenten, führten sie das moderne System kostspieliger, zentral koordinierter landesweiter Kampagnen ein. Hanna stand an der Spitze einer Unternehmenspolitik, die die breiten Interessen von Industriellen und Finanziers über die »Kirchturmpolitik« zugunsten eng gefasster Interessen stellte, die zuvor die politische Szene auf bundesstaatlicher, nationaler und lokaler Ebene dominiert hatten. Hanna und weitere führende Persönlichkeiten seiner Klasse gründeten zusammen mit ein paar Arbeiterführern neue Allianzen wie die National Civic Federation, um aus den Klassenkonflikten, die die neue Wirtschaftsordnung bedrohten, einen »Interessensausgleich« zu schaffen. Die Bewegung der Progressiven erwies sich als ideales Werkzeug der Unternehmerklasse, um ihre Interessen durchzusetzen, indem sie sich zusätzlich erforderliches Kapital vom Kongress sicherte und – durch Reformen der föderalen Exekutive – Regulierungsbehörden gründete und kontrollierte, um in eine Reihe von Industriezweigen Ordnung und Konsolidierung zu bringen. Die cleveren politischen Anführer dieser

Klasse demonstrierten somit, dass die staatlichen Institutionen über strategische Bündnisse mit Sozialreformern und konservativen Gewerkschaftsfunktionären dergestalt reformiert werden konnten, dass sie den Interessen der Unternehmen dienten.[13]

Doch nicht alle Kapitalisten vermochten politisch über ihre unmittelbaren Interessen hinauszublicken. John D. Rockefeller, dessen Standard Oil Trust von Henry Demarest Lloyd beschuldigt wurde, die Legislative und Exekutive von Pennsylvania und Ohio gekauft zu haben, war von Hannas breit angelegter politischer Strategie nicht eben begeistert. In der Tat bestand Hannas erster großer Erfolg 1885 darin, mit John Sherman ironischerweise den Autor jenes Gesetzes in den US-Senat zu bringen, mit dem das Standard-Oil-Imperium letztendlich aufgelöst wurde. Vielleicht befürchtete Rockefeller von Politikern mit eigenen Vorstellungen davon, was gut fürs Geschäft ist, genau solche Treuebrüche, denn er behielt seine politischen Spenden gewöhnlich Kandidaten vor, die an den unmittelbaren Geschäftsfeldern von Standard Oil näher dran waren.[14]

Viele reiche Männer der USA gaben ihr Geld für prahlerischen Luxus aus, der europäische Aristokraten in den Schatten stellte. Die Vanderbilts, Jim Fisk, Jay Gould und andere Finanziers bauten sich Paläste an New Yorks Fifth Avenue – häufig mit Marmor, Mobiliar und Statuen ausstaffiert, die aus den verfallenen Herrschaftshäusern der Alten Welt stammten. Marshall Field und Potter Palmer errichteten ihre Schlösser auf den teuersten Grundstücken Chicagos. Mark Hopkins, Charles Crocker und Leland Stanford gestalteten San Franciscos Viertel Nob Hill mit opulenten Residenzen um – finanziert durch das Vermögen, das sie mit der Westexpansion der Eisenbahn gemacht hatten. Carnegie baute sich in seiner schottischen Heimat ein Schloss. Und Rockefeller begnügte sich nicht mit einem Schloss, sondern schuf sich eine schier königliche Residenz in Pocantico Hills, die mit 1400 Hektar und Blick auf den Hudson River fünfmal so groß war wie der Central Park. Ein solcher Wohnluxus inmitten von Städten, in denen es von dürftigen Mietwohnungen nur so wimmelte, sorgte natürlich für Aufruhr. Das Massachusetts Board of Education hatte sich bereits 1849 beschwert: »Ein einziger opulenter Palast verschlingt die Arbeitskraft und die Kosten, die für Tausende von komfortablen Häuschen gereicht hätte.« Doch Ende des

19. Jahrhunderts sprangen von den Reichen geförderte Sozialwissenschaftler ihren Wohltätern zur Seite, und so erwiderte ein Wirtschaftsprofessor der Boston University den Gegnern dieser Grandezza: »Die Behauptung, es bestehe zwangsläufig ein kausaler Zusammenhang zwischen Reichtum und Armut, ist zu plump, als dass man ihn ernsthaft widerlegen müsste.«[15]

Unwillige Arme aus der Armut holen

Einige Repräsentanten der in Opulenz lebenden Klasse hatten – sowohl vor als auch nach dem Bürgerkrieg – ein umfassenderes Ziel vor Augen. Sie boten ihren Familien und sich selbst ein luxuriöses, ja fürstliches Leben, legten aber einen Teil ihres Vermögens für philanthropische Zwecke zurück, wobei Philanthropie natürlich nicht bedeutete, das Geld direkt unter den Armen zu verteilen. Schon immer hatte Wohltätigkeit bedeutet, den Armen zu ihrer Unterstützung Almosen zu geben, aber die Reichen und die meisten Sozialreformer, die der Schicht unmittelbar unter den Reichen angehörten, blieben stets auch skeptisch, was die Folgen betraf. Cotton Mather ermahnte in der Kolonialzeit Bostoner Kaufleute, ein diszipliniertes, moralisches Beispiel zu geben und nur an »die Armen, die nicht arbeiten können« zu spenden. Benjamin Franklin hoffte, allen in der Gesellschaft so viele Erwerbsmöglichkeiten geben zu können, dass Armut gar nicht erst entstehen müsste, und er versuchte, eine Strategie zu entwickeln, um die Armen dazu zu bringen, ein diszipliniertes Leben zu führen. »Ich glaube, der beste Weg, den Armen Gutes zu tun«, sagte Franklin, »ist nicht, es ihnen in der Armut leichtzumachen, sondern sie aus der Armut herauszuführen oder herauszutreiben.«[16]

Franklins Maxime und eine erbarmungslose sozialdarwinistische Perspektive waren der Kern der Wohltätigkeitsbewegung, die in den letzten drei Jahrzehnten des 19. Jahrhunderts aufblühte. Diese städtischen und nationalen Organisationen, die nach dem Muster der 1869 gegründeten London Charity Organization Society gestaltet waren, gaben nur wenig Almosen. Ihr Hauptzweck war es laut einer Charity-Gruppe aus Philadelphia, »eine Methode zu entwickeln, durch die der Müßiggang und die Bettelei, die heute so sehr gefördert werden, abgeschafft werden und die Möglichkeit einer würdigen, sich selbst achtenden Armut entdeckt wird und mit den geringsten Kosten für die Wohltätigen gelindert werden kann«. Selbst während der großen Depression, die 1873 begann und bis zum Ende dieses Jahrzehnts andauerte, wurden alle Almosenempfänger der Faulheit und Verdorbenheit verdächtigt.[17]

Die Armen galten als ein hoffnungsloser, flatterhafter Haufen, der zu Verbrechen, Aufständen und dreister Unzufriedenheit neigte. Extreme Sozialdarwinisten wie Herbert Spencer glaubten, dass diejenigen, die anpassungsfähig sind, leben, und jene, die es nicht sind, sterben: »Und es ist das Beste, wenn sie sterben«[18]. Doch in jeder Gesellschaft benötigen die herrschenden Klassen ein positiveres Programm als dieses, um nach erfolgter Aufteilung des Reichtums mit den verbalisierten Forderungen oder sogar den unausgesprochenen, chaotischen Erwartungen der unterdrückten Klassen umzugehen.

Die Programme, die aus der Arbeit der Wohltätigkeitsorganisationen hervorgingen, sorgten für systematische Studien und brachten der philanthropischen Arbeit das Etikett »wissenschaftlich« ein. Auf der jährlichen National Conference of Charities and Correction kamen Experten aus Wohltätigkeitsverbänden, Leiter von Strafvollzugsanstalten, Krankenhäusern und Settlement Houses[19], Wissenschaftler aus soziologischen und wirtschaftswissenschaftlichen Fakultäten sowie Geistliche und Mediziner zusammen, um ihre Arbeit zu koordinieren und Strategien zur Unterstützung der Armen zu entwickeln. Die Haltung dieser »wissenschaftlichen« Charity-Arbeiter den Armen gegenüber reichte von grob bis zivilisiert und straf- bis besserungsorientiert.[20] Im Laufe der Jahre wandten sich diese Reformer immer mehr den analytischen Methoden der Sozialwissenschaften und den politischen Ansichten des Progressive Movement zu. Edward T. Devine merkte 1906 in seiner Rede vor der National Conference an, dass karitative Einrichtungen, Irrenanstalten, Gefängnisse und Besserungsanstalten »besser als alle unsere Erziehungsmaßnahmen, unsere Hilfsfonds und sogar unser ganz persönlicher Dienst« in der Lage waren, die Insassen rasch zu rehabilitieren. Die »moderne Philanthropie«, so Devine weiter, habe die Aufgabe,

»die organisierten Kräfte des Bösen aufzuspüren und wirksam zu bekämpfen, ebenso wie die spezifischen Ursachen für Abhängigkeit und untragbare Lebensbedingungen, die sich der Kontrolle des Einzelnen entziehen, dem sie schaden und den sie allzu oft zerstören«.[21]

Die wissenschaftliche Philanthropie müsse sich mit »Prävention statt Linderung« befassen, sagte Amos Warner, ein im Progressive Movement aktiver Stanford-Ökonom. Warner verglich Statistiken von Wohltätigkeitsorganisationen in den USA und Europa miteinander und kam zu dem Schluss, dass Armut zu fast 75 Prozent auf persönliches oder gesellschaftliches »Missgeschick« und zu weniger als 25 Prozent auf das »Fehlverhalten« des Einzelnen zurückzuführen sei.[22] »Prävention« bedeutete, ins Leben beider Arten von Armen einzugreifen, um ihnen durch ihr Missgeschick hindurchzuhelfen oder ihnen ihre schlechten Angewohnheiten abzugewöhnen und sie auf den rechten Pfad zu führen.

Aus dieser Perspektive sozialer Intervention und der Bewegung der Wohltätigkeitsverbände entwickelten sich die Berufe der Sozialarbeit. Sozialbetreuer, Mitarbeiter in Settlement Houses, Strafvollzugsbeamte, Bewährungshelfer und ihre akademischen Berater teilten mit der Mittel- und Oberschicht die vorherrschende sozialdarwinistische Auffassung, dass Armut, Kriminalität und soziale Abweichungen im Allgemeinen biologische Wurzeln haben. Dieser neue Berufsstand glaubte aber auch, dass medizinische und soziale Interventionen »natürliche« Unzulänglichkeiten beheben könnten.[23]

Angesichts der Auflösung der alten sozialen Beziehungen und der zunehmenden Angst vor einem Aufstand der Arbeiterklasse – beides Produkte der kapitalistischen Industrialisierung – ist es nicht verwunderlich, dass wohlhabende Männer und Frauen die Ziele und Programme der Wohltätigkeitsverbände und der Sozialarbeitsbewegung unterstützten. Charles Hull, der mit dem Immobilienboom in Chicago ein Vermögen machte, spendete großzügig für soziale Rehabilitierungsprogramme in den Armenvierteln und verkaufte billig Land an die arme Bevölkerung, um ihnen eine Beteiligung an der Gesellschaft zu ermöglichen. Das war seine Art, die ungleiche Landverteilung zu korrigieren, aus der seiner Befürchtung nach »Unzufriedenheit und Revolution kommen werden«.[24]

Die Wohltätigkeitsverbände, die Berufsgruppen der Sozialarbeit und die reichen Wohltäter lehnten Mitleid und unterschiedslose Hilfe ab, da diese die Armen in ihrem erniedrigten Status nur bestätigten. Sie bemühten sich stattdessen, die Armen moralisch *aufzurichten* und in die Gesellschaft zu integrieren. Sie gründeten Institutionen, die »arbeitsunfähige Arme« isolierten und davon abhielten, »ehrbare« Arme anzustecken, die harte Arbeit leisteten. Zudem erarbeiteten sie Programme, um den arbeitenden Armen eine bessere Lebensperspektive zu bieten, als dies in den Fabriken und Mietskasernen möglich war, in denen sie bisher ihr Leben verbracht hatten. In den Slums und Gettos wurden Settlement Houses eingerichtet und Sozialarbeiter eingesetzt, um sowohl im Ausland geborene Arme als auch die Opfer einer in Eigentümer und Nichteigentümer gespaltenen Industriegesellschaft in die amerikanische Gesellschaft (wieder) einzugliedern. Jane Addams' Settlement House – das sogenannte Hull House, das aus dem Nachlass von Charles Hull stammte – versuchte, ihre wichtigsten Ziele zu erfüllen: »die Geisteshaltung des Arbeiters zu stärken, ihn über die Monotonie seiner Arbeit zu erheben und mit der Welt außerhalb seiner unmittelbaren Umgebung in Verbindung zu bringen«. Addams bekämpfte die Exzesse sowohl des Kapitals als auch der Arbeiterklasse und setzte sich dafür ein, diese verfeindeten Schichten durch Programme zusammenzubringen, die für beide akzeptabel waren.[25]

Solche Programme bedeuteten nicht, dass die kapitalistische Gesellschaftsstruktur als solche verändert werden sollte, sondern waren dazu gedacht, die rauen Bedingungen des Kapitalismus zu lindern, indem sie Einzelnen halfen, ihrem Elend zu entkommen und ein sinnvolles und befriedigenderes Leben zu führen. Während viele Sozialarbeiter die Forderungen der Gewerkschaften befürworteten, wurde ihre Arbeit finanziell und politisch von den Wohlhabenden unterstützt, da sie die Aufmerksamkeit von streitbareren Forderungen ablenkte. Sozialarbeiter machten Hoffnung auf eine Verbesserung der Lebensbedingungen durch Sozialprogramme, während die Arbeiter die Anerkennung der Gewerkschaften, höhere Löhne, den Achtstundentag und die Linderung der Arbeitslosigkeit forderten. All diese Programme erwiesen sich als eher symbolischer und ideologischer Natur, als dass sie tatsächlich etwas bewirkten, und arbeitenden ebenso wie arbeitslosen Armen wurde gesagt, an ihrem Zustand seien ihre eigenen Unzulänglichkeiten schuld und sie hätten geduldig auf ihre individuelle Entlohnung zu warten.

Doch sowohl vor als auch nach dem Bürgerkrieg gab es ein paar Kapitalisten, die weniger besorgt über die sich unter ihnen zusammenbrauende Revolte waren beziehungsweise sich mehr Gedanken über die künftigen Erfordernisse ihres Sozialsystems machten. Sie entwickelten eine andere Form der Philanthropie, die sich auf die Schaffung sozialer Einrichtungen konzentrierte, deren wichtigste Funktionen nicht einmal in der symbolischen Linderung der Zustände bestanden, sondern in der Ausbildung von Personal, das der industrielle Kapitalismus für sein Überleben und Wachstum benötigte. Vor allem in der ersten Hälfte des 19. Jahrhunderts beteiligten sich einige dieser Kapitalisten daran, die allgemeine Schulpflicht einzuführen, um Kinder aus der Arbeiterklasse und der Schicht der Armen in die Rhythmen und die kooperativen Bedürfnisse der Fabrikarbeit einzuführen und ihnen rudimentäre Fähigkeiten – Lesen, Schreiben, Rechnen und handwerkliche Fertigkeiten – zu vermitteln, die in einer industriellen Gesellschaft erforderlich waren.[26] Andere wohlhabende Männer und Frauen wussten um den Bedarf des Landes an fortschrittlicheren technischen Fähigkeiten. Sie taten sich mit vorausschauenden Direktoren der traditionellen Hochschulen zusammen und brachten diese aus dem Dunstkreis der einst herrschenden Agrar- und Handelsschicht heraus in den Dienst der neuen Industrie- und Finanzordnung.

Wissenschaftliche Köpfe für Amerikas »hart arbeitende Hände«

Am letzten Apriltag des Jahres 1846 stand Edward Everett, der neue Präsident der Harvard University, vor seiner Fakultät, seinen Studenten und Alumni und läutete eine neue Ära der Zusammenarbeit zwischen Industriellen und Amerikas Colleges und Universitäten ein. Harvard würde von nun an nicht mehr auf die

Bedürfnisse der landwirtschaftlichen Oberschicht und der reichen Kaufmannschaft ausgerichtet sein, sondern auf die Ausbildung von Geistlichen, Anwälten und distinguierten Männern aller Art. Everett unterbreitete seinem Antrittspublikum den Vorschlag, Harvard solle eine »Schule für theoretische und praktische Wissenschaften« gründen, in welcher »deren Anwendung auf die Künste des Lebens« unterrichtet und ein »Reservoir fähiger Ingenieure« und anderer Berufsangehöriger geschaffen würde. Diese würden dann die »unerschöpflichen Naturschätze des Landes erforschen und die rasche Entwicklung seiner gewaltigen industriellen Energien dirigieren«.[27]

Innerhalb eines Jahres stimmte Abbott Lawrence zu und unterschrieb Everetts Vorhaben. Lawrence' Investitionen in die Textilverarbeitung und Eisenbahnindustrie hatten ihn reich gemacht und ihm in Massachusetts zu Einfluss verholfen. In seiner Anfangszeit hatte die industrielle Revolution in Amerika noch in ihren Kinderschuhen gesteckt, doch nun, Mitte des Jahrhunderts, hatte sich ihr Potenzial bestätigt. Lawrence wusste aus erster Hand um den Wert des Fabriksystems und der Mechanisierung für die Erhöhung von Produktion und Profiten. Er wusste, dass seine Investitionen in den Eisenbahnbau nicht nur Profite einbrachten, sondern auch die Eisenproduktion ankurbelten und regionale wie nationale Märkte eröffneten, wodurch wiederum Landwirte und Fabrikbesitzer ihre Waren an weit entfernte Ziele transportieren und somit Amerikas Exporte erhöhen könnten. »Harte Hände sind bereit, um unsere harten Materialien zu bearbeiten«, stellte er fest. Aber: »Wo sollen kluge Köpfe lernen, diese Hände zu lenken?«[28]

Als Antwort auf seine Frage und um Harvard die ihm zugewiesene Rolle klarzumachen, übergab Lawrence der Universität die damals stattliche Summe von 50 000 Dollar. Damit sollte sie eine Lehreinrichtung gründen, in der Chemie und andere Wissenschaften auf die Bedürfnisse von Landwirtschaft, Ingenieurwesen, Bergbau und Metallurgie sowie für die »Erfindung und Herstellung von Maschinen« zugeschnitten werden sollten. Das war die Geburtsstunde der Lawrence Scientific School. Lawrence war von ihr so angetan, dass er Harvard nach seinem Tod im Jahr 1855 weitere 50 000 Dollar vermachte.

Die Harvard-Schule war exemplarisch für die neue Beziehung zwischen Wissenschaften, Ausbildung und Industrialisierung. Im 19. Jahrhundert gingen

Wissenschaftler, Industrielle und Hochschulpräsidenten eine profitable Allianz ein. Der Nutzen der Wissenschaften für die Industrie, die Bereitschaft der Industriellen, die Forschung zu unterstützen, und die Möglichkeit für Hochschulen, Wissenschaftler und Ingenieure auszubilden und Forschung für die Industrie zu betreiben, sorgten für eine breite gemeinsame Basis. Dies öffnete auch Wissenschaftlern die Tür, die sich in Vollzeit der Wissenschaft widmen und damit von anderen absetzen wollten, die die Kenntnisse und Methoden der Naturwissenschaften lediglich für ihre Arbeit brauchten.

In den frühen Tagen der industriellen Revolution waren die großen Erfinder zumeist praktisch denkende Mechaniker, Handwerker und Tüftler – Männer und Frauen, die durch ihr Leben und ihre Arbeit zur Wissenschaft gekommen waren. »Im Gegensatz zur modernen Praxis«, bemerkt Harry Braverman, »ebnete die Wissenschaft damals nicht systematisch der Industrie den Weg, sondern hinkte ihr häufig hinterher und entwickelte sich aus den handwerklichen Fertigkeiten.«[29] In den 1830er- und 1840er-Jahren entstand eine neue Gruppe von Wissenschaftlern, die mehr als nur »Dilettanten« sein wollten. Wie ihre europäischen Kollegen, die sie um ihre Unterstützung und ihren Status beneideten, wollten sich die oberen Ränge der amerikanischen Wissenschaftler ganz der Forschung widmen können, aber dazu fehlte ihnen der finanzielle Hintergrund. Zwar hatten junge Leute an Amerikas Hochschulen Unterricht in Wissenschaften, doch innerhalb des Landes fand nahezu keine originäre Forschung statt. Joseph Henry, der führende Physiker der Nation, klagte: »Jeder, der Phosphor zu Sauerstoff verbrennen und einer Klasse junger Damen ein paar Experimente vorführen kann, wird hier als Mann der Wissenschaft bezeichnet.«[30]

1844 erklärte Alexander Dallas Bache, Leiter des U.S. Coast Survey, auf dem ersten nationalen Wissenschaftskongress des Landes einem aufmerksamen Publikum, dass Amerikas einfallslose und dürftige Wissenschaften die europäischen Wissenschaften lediglich nachahmten. Amerikas Wissenschaften, so sagte er, verfügten über unzureichende institutionelle Unterstützung, ersetzten die wissenschaftliche Forschung durch die Lehre, seien von Dilettanten überlaufen, und es mangelte ihnen an professionellen Vertretern. Zusammen mit dem Harvard-Mathematiker Benjamin Peirce, dem Astronomen Benjamin Gould, dem Chemiker

Oliver Wolcott Gibbs, dem Zoologen Louis Agassiz und ein paar weiteren professionellen Wissenschaftlern wähnten sich Bache und Henry als Amerikas einzige Hüter der Wissenschaft und ihrer Fortentwicklung. Offensiv bemühten sie sich um Unterstützung für ihre Forschungsarbeit und warben für professionelle Wissenschaft. Aus ihrer Sicht waren nur wenige mit wissenschaftlichem Talent gesegnet, und nur dieser Elite sollten Ausbildungsstätten, Forschungseinrichtungen und Gelder anvertraut werden. Doch wie Howard Miller unterstreicht, sorgte ihr elitäres Denken nicht gerade für Unterstützung vonseiten der selbstbewussten demokratischen Populisten der Ära Andrew Jackson.[31]

Mit dem Unternehmensvermögen der Industriekapitäne wurden diese neuen Männer der Wissenschaft hingegen großzügig gefördert. Lawrence war nicht der erste und auch nicht der letzte Kapitalist des 19. Jahrhunderts, der seine überschüssigen Gewinne an Hochschulen abgab, damit die Wissenschaft im Dienst der Industrie unterwegs sei. 1846 schuf die Yale University mit der finanziellen Hilfe von Philanthropen zwei neue Professuren für landwirtschaftliche und praktische Chemie und berief den angesehenen Benjamin Silliman Jr. auf einen dieser Lehrstühle, um »die Anwendung der Chemie und verwandter Wissenschaften auf die Fertigungskunst, die Erforschung der Ressourcen des Landes und andere praktische Einsatzgebiete« zu entwickeln und zu lehren. Eine von Sillimans herausragenden Leistungen in Yale war die Entwicklung der ersten kommerziell erfolgreichen Methode zur Erdölraffination. Vor dem Bürgerkrieg spendete Joseph Earl Sheffield, ein Mann aus New Haven, der mit Baumwolle aus dem Süden und der Finanzierung von Eisenbahnlinien und Kanälen im Norden ein Vermögen gemacht hatte, der angeschlagenen Yale Scientific School einen großen Geldbetrag. Zum Dank benannte die Universität die Schule nach ihrem Wohltäter, dessen Zuwendungen an Yale für angewandte Wissenschaften sich bis zu seinem Tod 1882 auf mehr als 1 Million Dollar beliefen.[32]

Die vielleicht symbolträchtigste Neuorientierung war die Bekehrung von Reverend Nathan Lord, dem Präsidenten des Dartmouth College. Als er 1828 die Präsidentschaft übernahm, stellte er klar, dass Dartmouth *nicht* für Leute gedacht war, die »sich mit kaufmännischen, mechanischen oder landwirtschaftlichen Tätigkeiten befassen«. Sein striktes Festhalten an den klassischen Fächern und der Vorbereitung distinguierter Herren bröckelte jedoch nach mehreren großzügigen Spenden wohlhabender Verfechter der angewandten Wissenschaften und des Ingenieurwesens. In den späten 1860er-Jahren gab er die »immer deutlicher werdende Notwendigkeit einer höheren Ausbildung in den ›praktischen und nützlichen Künsten des Lebens‹« zu.[33]

Einige Industrielle und Finanzkapitalisten, die angesichts der langsamen und unvollständigen Umstellung der älteren Hochschulen unzufrieden waren, riefen technische Hochschulen ins Leben. Stephen Van Rensselaer, ein reicher Landwirt, der den Bau des Eriekanals organisierte und finanzierte und dabei aus erster Hand erfuhr, dass es an gut ausgebildeten Ingenieuren mangelte, gründete 1824 das Institut, das seinen Namen trägt und die »Anwendung der experimentellen Chemie, Philosophie und Naturgeschichte auf Landwirtschaft, Binnenwirtschaft, Kunst und Produktionsstätten« lehren soll.[34] Überall wurden mithilfe von Industriegeldern nun Ingenieur- und Technikschulen gegründet: Cooper Union in New York City, das Massachusetts Institute of Technology, das Stevens Institute in Hoboken, die Case School of Applied Science in Cleveland, das Pratt Institute in New York und das California Institute of Technology, um nur ein paar zu nennen.

Auch in der höheren Bildung außerhalb der Wissenschaften hinterließen philanthropische Kapitalisten ihre Spuren. Joseph Wharton, ein wohlhabender Hersteller von Metallen, spendete der University of Pennsylvania rund 600 000 Dollar für eine Finanz- und Handelshochschule, die Manager, Buchhalter und Führungskräfte für die Industrie ausbildete, die wiederum Ingenieure und Mitarbeiter von den technischen Hochschulen anleiten sollten. In den 1870er- und 1880er-Jahren gründeten einige der reichsten Männer und Frauen des Landes wie Johns Hopkins, Tulane, Clark, Vanderbilt, Stanford und Cornell Universitäten, die ganz neu waren.

Diese Philanthropen des Bildungswesens waren großteils Kapitalisten, die die aristokratischen Ansprüche der landwirtschaftlichen Oberschicht und die Ignoranz von Dilettanten und Kaufleuten Technik gegenüber verachteten. Sie erinnerten sich daran, wie wenig sie selbst am Anfang ihrer Karriere vorbereitet waren und favorisierten eine praktische Ausbildung, die Unternehmungen wie ihre eigenen fördern und einen fruchtbaren Boden für die neue Gesellschaft schaffen würden, die sie vor Augen hatten. Auch an geschultem Personal für die wachsende Industrie- und Unternehmenswirtschaft sahen sie Bedarf. Als Organisatoren von Fabriken und Unternehmen mit zunehmender Arbeitsteilung zogen sie es vor, technisch versierte Manager auszubilden und das Kompetenzniveau der Arbeiterschaft zu senken. In Abbott Lawrence' Worten ließen sie die »harten Hände« die Arbeit machen und die »klugen Köpfe« die Arbeitsprozesse entwerfen und leiten. Da sie die Nützlichkeit der angewandten Wissenschaften beeindruckte, förderten sie Lehre und Forschung in den Natur- und Ingenieurwissenschaften und unterstützten – im Gegensatz zur bislang vorherrschenden klassischen Ausbildung – berufsbildende Lehrpläne an den Hochschulen. Ende des 19. Jahrhunderts waren sie begeistert von den Fortschritten, die bei der Gründung von Universitäten und Hochschulen, die ihren Vorstellungen entsprachen, erzielt worden waren. Und natürlich waren sie froh darüber, ihrem Eigeninteresse den Anschein von Großzügigkeit und Altruismus verliehen zu haben.

Die unternehmerisch denkenden Wissenschaftler und Hochschulpräsidenten machten den Philanthropen ihre Arbeit leicht. Die Entstehung moderner Universitäten und professioneller Wissenschaften in den USA war in erster Linie den Präsidenten von Eliteuniversitäten und Männern der Wissenschaften auf die Fahnen zu schreiben, die Wirtschaftsbosse auf die große Bedeutung ihres Beitrags zur entstehenden Industrie- und Unternehmensgesellschaft hinwiesen. Sie baten um Geld für ihre Arbeit, ihre Institutionen und sich selbst – und bekamen es auch.

Wissenschaftler boten den Kapitalisten ihre Fähigkeiten und Dienste an und bekamen im Gegenzug neue Laboratorien und Stipendien. Die Hochschulen gaben in einem gewissen Maß ihre Autonomie auf und bekamen dafür eine legitimierte Operationsbasis, eine gewisse finanzielle Sicherheit und einen Schutzraum zur Ausbildung neuer theoretischer und praktischer Wissenschaftler sowie zur Durchführung von Forschungsarbeiten. Hochschulpräsidenten agierten als Makler, die den Kapitalisten und Wissenschaftlern erwartungsvoll ihre Dienste und Institutionen anboten und im Gegenzug neue Dienstleistungsbereiche erwarteten, die die Bedeutung und finanzielle Sicherheit ihrer Einrichtungen in der sich entwickelnden Wirtschaftsordnung sicherstellten. Ihre neuen Gebäude und deren Ausstattung versicherten ihnen, dass sie auf dem richtigen Weg waren. 1872 trug die Philanthropie fast die Hälfte der 13 Millionen Dollar bei, welche die höheren Bildungseinrichtungen des Landes erhielten.[35]

Die Gründung von Schulen, Instituten und Universitäten war etwas völlig anderes als das Sponsoring von Wohltätigkeitsverbänden oder das Schaffen von Settlement-Häusern. Beide Herangehensweisen waren zwar dazu gedacht, den Bedürfnisse der sich entwickelnden Industrie- und Unternehmensgesellschaft gerecht zu werden, allerdings auf unterschiedliche Art und Weise. Die eine Maßnahme wirkte sich mildtätig aus: Sie versuchte, die Schwächen der kapitalistischen Gesellschaftsstruktur auszugleichen. Die andere hingegen war eher technisch und »präventiv«: Institutionen wurden geschaffen, um den Bedarf des Systems an technischer Expertise sowie an industriellem und sozialem Management zu stillen. Beide waren für die Existenz und die Expansion der Industrie in der kapitalistischen Gesellschaft von Bedeutung.

Was Ressourcen und Strategien anging, so hatten diese jedoch Grenzen, und dies gilt für beide Herangehensweisen. Die Sozialarbeit vertrat in einer Zeit, in der die meisten Philanthropen auf präventive Strategien setzten, einen aufwertenden Ansatz. Und die Gründung von Universitäten und Instituten, die präventiv gedacht war, war in zweierlei Hinsicht eingeschränkt: Erstens handelte es sich häufig um die vereinzelte Gründungsaktion einer reichen Person, die die Einrichtung gründete, um zu zeigen, was ihrer Meinung nach fehlte. Zwar vermochten sich einige dieser Einrichtungen die Unterstützung von visionären Universitätspräsidenten zu sichern, doch häufig spiegelten sie zu stark Persönlichkeit und Ansichten der Gründer wider. Nur wenn die Leitung der Institution in die Hände von Treuhändern gelegt wurde, reflektierte sie eine breiter gefächerte Perspektive innerhalb der Klasse des Wohltäters. So konnten jene Treuhänder, die mit Johns Hopkins' Nachlass eine Universität gründeten, tun, was sie für sinnvoll hielten, denn sie hatten nicht den detaillierten Anweisungen eines verstorbenen Stifters zu folgen. Laut der Stiftung mussten sie »nicht den Anordnungen irgendeiner Legislative, den Überzeugungen irgendeiner religiösen

Vereinigung oder dem Geschrei irgendeiner Presse gehorchen«.[36] Die meisten Wohltäter, insbesondere diejenigen, die ihre Einrichtungen noch zu Lebzeiten gründeten, besaßen aber mehr Kontrolle über politische und personelle Entscheidungen.

Die zweite Einschränkung, was die Nützlichkeit dieser Universitätsgründungen anging, hatte mit ihrem Umfang zu tun. Denn das Vermögen der meisten Gründer reichte nur für eine einzige Institution, und selbst wenn sie Geld für mehr gehabt hätten, konzentrierten sie sich zumeist auf einen einzigen Standort. Nur dort übten sie direkten Einfluss aus, wohingegen jener als Vorbild nur indirekt war. Gleichwohl waren beide nicht zu unterschätzen. So rühmte sich Mitte des 19. Jahrhunderts Van Rensselaers Institut (das Rensselaer Polytechnic Institute), einen Großteil der Ingenieure und Naturwissenschaftler des Landes hervorgebracht zu haben. Die Klasse der reichen Hochschulgründer war recht klein, und häufig beeinflussten sie sich gegenseitig: Leland Stanford bewunderte Ezra Cornells neue Universität in Ithaca, und Stanfords eigene Universität in Kalifornien beeindruckte Jonas Clark und beeinflusste dessen Pläne für Massachusetts.[37] Ungeachtet dieser Ausnahmen verringerten die Einschränkungen, die Individualismus generell mit sich bringt, und die Begrenztheit der Ressourcen den Nutzen der Universitätsgründungen für den Unternehmenskapitalismus.

Zwar stießen solche »guten Taten« auf große Anerkennung, doch das hieß noch lange nicht, dass sich Philanthropie nicht verbessern ließe. Und der kapitalistische Glaube, dass sich jedes Unternehmen perfektionieren lässt, ermutigte sicherlich viele Philanthropen, nach Fehlern und einem besseren Weg Ausschau zu halten. Der beschränkte Wirkungskreis, den ganz offensichtlich soziale Interventionsprogramme mit meliorativem Ansatz hatten, zog die meiste Kritik auf sich. Während die Fakultätsgründungsbewegung keine explizite Kritik abbekam, zeichnete sich am Horizont schon bald etwas Neues ab. Im besten Fall waren die Universitäten produktive Modelle kapitalistischer Denkweise und technischer Modernität innerhalb eines ungebändigten, wettbewerbsorientierten Marktes aus scheinbar inkompetenten Bildungseinrichtungen. Wenig überraschend brachten die von den Öl- und Stahlmagnaten gegründeten Philanthropien das amerikanische Schulwesen auf denselben Weg der vertikalen Organisation und zentralistischen Kontrolle, den diese Männer in ihren eigenen Unternehmen eingeschlagen hatten.

Carnegies »Gospel of Wealth«

Der wachsende Reichtum der Carnegies und Rockefellers in den USA machte sie zu prominenten Symbolen für den Erfolg, aber auch für die Ungerechtigkeiten des Industriekapitalismus. Diese folgenschwere Verantwortung veranlasste Andrew Carnegie zu einer Erläuterung, welche Probleme und Verantwortung mit großem Reichtum einhergingen. In einem einflussreichen zweiteiligen Essay mit dem Titel »Wealth« (»Reichtum«),[38] der 1889 im *North American Review* veröffentlicht wurde, entwarf Carnegie voller Zuversicht einen Plan, wie die weitere Anhäufung von privatem Reichtum sichergestellt werden könne. »Die Herausforderung unserer Zeit«, setzte er selbstbewusst an, »ist die richtige Verwaltung des Vermögens, welche gewährleistet, dass Reiche und Arme durch Brüderlichkeit in einer harmonischen Beziehung miteinander verbunden bleiben.« Dabei bezeichnete Carnegie, der sich eher an ein aufgeschlossenes Publikum aus »Habenden« als an trotzige »Habenichtse« wandte, die Anhäufung von Reichtum als wesentlichen Faktor im »Fortschritt der Rasse«. »Ob zum Guten oder zum Schlechten, liegt an uns, wir können es nicht ändern, und deshalb müssen wir es akzeptieren und das Beste daraus machen. Es ist Zeitverschwendung, das Unvermeidliche zu kritisieren«, fügte er beschwichtigend hinzu.

Obgleich das Wettbewerbs-»Gesetz« im Kapitalismus »zuweilen hart für den Einzelnen ist, ist es doch das Beste für die Rasse, weil es das Überleben des Stärksten in jedem Bereich sichert«, bemerkte er und paraphrasierte damit den damals weithin verehrten Herbert Spencer. Darüber hinaus sorge dieses Gesetz für großen materiellen Reichtum, sodass alle Menschen dadurch ein besseres Leben hätten. Die Gesellschaft müsse das nicht nur akzeptieren, sondern die »große Ungleichheit« *willkommen* heißen, insbesondere die »Konzentration der

Industrie- und Handelswirtschaft in den Händen einiger weniger«. Dass die Kapitalisten »bald mehr Einkommen haben werden, als sie mit Bedacht für sich selbst ausgeben können«, sei nicht zu bedauern, sondern die Vermögenden stünden einfach in der Pflicht, klug mit ihrem Reichtum umzugehen.

Sie sollten nicht, so warnte er, den Großteil ihres Geldes an ihre eigene Familie vererben, denn solche Vermächtnisse würden die moralische Integrität der Erben untergraben. Ebenso wenig sollte der reiche Mann seinen Nachlass öffentlichen Zwecken zur Verfügung stellen, denn es sei moralisch verwerflich, großen Reichtum anzuhäufen und weder das Interesse noch das Urteilsvermögen zu zeigen, diesen bei Lebzeiten weise auszugeben. So begeistert Carnegie auch über seine finanzielle Karriere war, sie schien ihm doch immer unterhalb der moralischen und intellektuellen Welt angesiedelt zu sein, die er eigentlich anstrebte. Über 20 Jahre vor seiner Abhandlung über Reichtum hatte Carnegie eine Notiz an sich selbst geschrieben, in der er versprach, in Bälde aus dem Geschäft auszusteigen: »Mache ich noch lange damit weiter, mich von geschäftlichen Sorgen vereinnahmen und meine Gedanken fast ausschließlich darum kreisen zu lassen, wie ich in kürzester Zeit noch mehr Geld verdienen kann, wird mich dies notwendig herabwürdigen, dass ich keine Hoffnung mehr auf dauerhafte Genesung habe.«[39] Schließlich ermahnt Carnegie seine Kollegen: »Jemand, der so reicht stirbt, stirbt in Ungnade.«

Die Vermögenden hätten die Pflicht, erklärte Carnegie in seinem Essay, »alle überschüssigen Einkünfte, die ihnen zufließen, einfach als Treuhandfonds zu betrachten«, und zu tun, was »nach ihrem Ermessen« für die Gemeinschaft das Beste sei. Folglich sei ein reicher Kapitalist »bloß ein Treuhänder und Beauftragter seiner ärmeren Brüder, der ihnen seine überlegene wirtschaftliche Weisheit, Erfahrung und Fähigkeit zur Verfügung stellt«. Kurz gesagt: »Er tut für sie mehr, als sie für sich selbst tun würden oder könnten.«

Alsdann nannte er Männern und Frauen mit beträchtlichem Vermögen sieben Möglichkeiten, ihren überschüssigen Reichtum einzusetzen, und erklärte seine Prioritäten für die nächsten Jahre. Ganz oben auf Carnegies Liste standen Universitäten, denen er zu Lebzeiten über 20 Millionen Dollar spendete. Dann kamen kostenlose öffentliche Bibliotheken, die seines Erachtens mit seinem Ziel in Einklang standen, »die fähigsten und ehrgeizigsten Armen der Gesellschaft zu stimulieren, in ihren Bemühungen um Fortschritt nicht nachzulassen«. Carnegie schenkte Gemeinden gegen das Versprechen, diese auch zu unterhalten, 2811 Bibliotheken. Diese berühmteste seiner Philanthropien verschlang mehr als 60 Millionen Dollar seines Vermögens. Außerdem empfahl Carnegie, medizinische Einrichtungen, öffentliche Parks und Maßnahmen zur Stadtverschönerung, Säle für »Konzerte erhebender Musik« und erhellende Vorträge, Schwimmbäder und schließlich auch den Bau von Kirchen finanziell zu unterstützen.[40]

Carnegies rundes Gesicht glühte, und seine Augen glänzten vor lauter Schmeicheleien wohlhabender Verehrer und kriecherischer Bittsteller. Gladstone huldigte Carnegies Vorschlägen mit einer Rezension seines Essays in der angesehenen britischen Zeitschrift *Nineteenth Century*, in der er allerdings Carnegies Verurteilung von ererbtem Reichtum kritisierte. Doch umjubelt, wie er war, wies Carnegie die kritischen Rezensionen seines Artikels zurück. Hugh Price Hughes, ein prominenter methodistischer Geistlicher und christlicher Populist, verurteilte seinen Essay, der bald den Namen »Gospel of Wealth« (»Evangelium des Reichtums«) erhielt. »Mr. Carnegies ›Fortschritt‹ geht mit der steigenden ›Armut‹ seiner weniger glücklichen Landsleute einher«, schrieb Hughes. Und William Jewett Tucker, ein liberaler Theologe und späterer Präsident des Dartmouth College, wies daraufhin, die Annahme, »Reichtum sei der unvermeidliche Besitz einiger weniger und werde am besten von diesen für die große Mehrheit verwaltet, laufe der Frage der wirtschaftlichen Gerechtigkeit, die sich der Gesellschaft stelle, zuwider«. »Ich kann mir keinen größeren Fehler vorstellen«, protestierte Tucker, »als zu versuchen, Wohltätigkeit die Arbeit von Gerechtigkeit übernehmen zu lassen.«[41]

Doch Gerechtigkeit war nie das Ziel von Carnegies Spenden gewesen, sondern diese sollten »Menschen nach oben bringen«. Wie seine Politik war auch Carnegies Philanthropie eine Mischung aus moralistischen Programmen zur Zivilisierung der Massen, impulsiven Entscheidungen und Sentimentalität. Die Bibliotheken, Institute, Konzerthallen und Kirchenorgeln (7689 Orgeln im Wert von über 6 Millionen Dollar) spendete er in der Absicht, den arbeitenden armen Schichten Auftrieb zu verleihen. 1904 übergab er dem Carnegie Hero Fund über

10 Millionen Dollar zur Ehrung von Männern und Frauen, die beim Versuch, andere zu retten, ums Leben gekommen waren. Die Medaillen und zuweilen finanziellen Zuwendungen, welche diese »Helden der Zivilisation« beziehungsweise ihre Hinterbliebenen bekamen, sollten andere Menschen anspornen, ihrem Beispiel zu folgen. Auch seinen schottischen Geburtsort Dunfermline bedachte Carnegie mit einem Fonds in Höhe von 3,75 Millionen Dollar für Parks, Erholungsgebiete und allgemeine Verschönerung.[42]

Reverend Gates stellt Rockefeller die »Wholesale-Philanthropie« vor

Wie Carnegie fand auch John Davison Rockefeller Gefallen an finanziellen Mildtätigkeiten, und das schon vor den philanthropischen Taten, die ihn berühmt machen sollten. Von Jugend an bestand Rockefellers Leben aus Arbeit, Familie und Baptistenkirche. Er kam eher nach seiner frommen Mutter als seinem genialen, impulsiven Vater und führte ein diszipliniertes Leben. Zwar drehte er jeden Penny zweimal um, vergaß darüber aber nie seine christlichen Pflichten. Schon 1855, als er in Cleveland als Buchhalter gerade einmal 3,50 Dollar die Woche verdiente, legte er etwa 10 Prozent seiner Einkünfte für wohltätige Zwecke und die Kirchenarbeit zurück. Mit seinem Wohlstand wuchsen auch seine philanthropischen Interessen, und bis 1881 verschenkte er alljährlich über 60 000 Dollar.[43] Gegen Ende des Jahrhunderts wetteiferten er und Carnegie in Sachen Philanthropie, wobei Carnegie die Nase vorn hatte.

Zwar war Rockefeller sehr gewissenhaft, wenn es um Spenden für wohltätige Zwecke ging, doch in seiner geistigen Haltung war keine Großzügigkeit zu sehen. Wie für andere Zeitgenossen, die die Karriereleitern erklommen oder schon oben angelangt waren, gab es auch für Rockefeller keine Entschuldigung für Armut. Der Öl-Tycoon, der selbst mit 20 Jahren ins Geschäft eingestiegen war, »wusste«, dass man mit harter Arbeit und einem disziplinierten Leben der Armut entkommen konnte. 1887 antwortete Rockefeller auf die Bitte eines mittellosen jungen Mannes um einen 50-Dollar-Scheck mit der Forderung nach einem Schuldschein und einer Warnung: »Es ist schändlich, sich von anderen das geben zu lassen, was man sich durch eigene Anstrengungen selbst verdienen kann.« Und nach einem Besuch in einem »House of Industry« (Armenhaus) in New Yorks unvergleichlichem Slum Five Points beklagte er, die Einrichtung verköstige die »Landstreicher« des Viertels zwar nur an Thanksgiving kostenlos, er aber würde »ihnen Arbeit geben und sie ihr Essen selbst verdienen lassen«.[44]

Während sich Carnegies weltliche Ansichten auf den Sozialdarwinismus als biologische und soziale Erklärung für die Ungleichverteilung des Reichtums beriefen, trieb Rockefeller sein religiöser Glaube alle Selbstzweifel aus. Besonders, als er älter wurde und sich mit seinem Reichtum und in seiner Rolle als Philanthrop wohler fühlte, kam Rockefeller zu der Überzeugung: »Gott hat mir mein Geld gegeben.« Als er diese Worte 1905 aussprach, war »Rockefeller« nicht eben der meistverehrte Name in Nordamerika, weshalb er sich veranlasst sah, zu erklären: »Ich glaube, die Gabe, Geld zu machen, ist ein Geschenk Gottes [...] und wir sollten es uns erarbeiten und nach besten Kräften zum Wohle der Menschheit einsetzen. Ich glaube daran, dass es meine Pflicht ist, Geld und noch mehr Geld zu verdienen, und das Geld zum Wohle meiner Mitmenschen zu verwenden – so, wie es mein Gewissen mir vorschreibt.«[45]

Letzteres, Rockefellers Gewissen, veranlasste ihn, eine ganze Reihe sozialer Wohltätigkeitsverbände zu unterstützen. Andrew Carnegie setzte Kirchen in seiner Liste empfehlenswerter Philanthropien an die letzte Stelle, aber für Rockefeller hatten die Baptistenkirche und ihre zahlreichen Wohltätigkeitsorganisationen und Missionen höchste Priorität. Auch Krankenhäuser und andere öffentliche Wohlfahrtsverbände standen hoch in seiner Gunst, und er hoffte, mit seinen Beiträgen die Glaubensgemeinschaft in die Lage zu versetzen, alle Menschen zu einem Leben in Rechtschaffenheit zu führen und den gefallenen Armen auf den rechten Weg zurückzuhelfen. 1890 überschritten Rockefellers Spenden an Wohlfahrtsverbände und Hochschulen die 300 000-Dollar-Marke, und im Jahr darauf war es eine halbe Million Dollar.

Doch im Mai 1898, einen Monat vor der Veröffentlichung des ersten Teils seines »Gospel of Wealth«, verpflichtete sich Rockefeller zu einem besonders ambitionierten philanthropischen Projekt in Zusammenarbeit mit einem Mann, der ein neues Kapitel in der Philanthropie aufschlagen sollte. Jahrelang hatten eine Gruppe von Baptisten im Osten Amerikas und eine weitere Gruppe im Westen versucht, ein neues Seminar und eine neue Universität für die Glaubensgemeinschaft aufzubauen. Die Gruppe im Osten wollte die Institution in New York ansiedeln, die andere hoffte inbrünstig, sie in Chicago – der schnell wachsenden Metropole in der Westexpansion des Landes – einzurichten. Beide Gruppierungen drängten Rockefeller, den reichsten Baptisten der Welt, die Millionen beizusteuern, die für die Gründung einer Institution ersten Ranges erforderlich waren. Rockefeller war an einem solchen Projekt durchaus interessiert, ließ sich aber von den emotionalen Appellen der beiden Gruppen nicht beeindrucken.[46]

Die sich abmühenden Akademien, Seminare und Colleges der Konfession kamen im Mai 1888 in Washington zusammen, um die American Baptist Education Society zu gründen, Geld für das baptistische Bildungswesen zu sammeln und dessen Fortschritt zu koordinieren. Zum Geschäftsführer ernannten sie den aufstrebenden Reverend Frederick T. Gates, der von dieser Position an die Spitze der philanthropischen und unternehmerischen Macht springen sollte.

Umgehend ließ Gates eine Umfrage zum Bildungsbedarf der Baptisten im ganzen Land durchführen und verfasste anhand der Ergebnisse eine detaillierte und eloquente Analyse. Er legte dar, dass fast die Hälfte von Amerikas Baptisten westlich von Pennsylvania und nördlich des Ohio River lebte, die Bildungseinrichtungen der Glaubensgemeinschaft in dieser Region jedoch praktisch wertlos waren. Er kam zu dem Schluss, dass eine neue baptistische Universität »auf den Ruinen der alten Universität von Chicago«, einer schwachen und zu jenem Zeitpunkt bankrotten konfessionellen Institution, errichtet werden sollte. Die neue Universität sollte die fähigsten Experten sowohl in den klassischen als auch in den wissenschaftlichen Fakultäten zusammenbringen, gleichzeitig aber »eine Institution sein, die vollständig unter baptistischer Kontrolle steht, die Christus und seiner Kirche gegenüber loyal ist, die in allen Lehrbereichen nur Christen beschäftigt und die nicht nur evangelisch, sondern evangelistisch ist«.[47]

Gates' Bericht war der Wendepunkt im Kampf um den Standort der baptistischen Universität und führte nach seiner eigenen Bobachtung dazu, dass »die Brüder untereinander ›ganz zerrissen‹« waren. Die Befürworter von Chicago wuchsen durch den Bericht noch enger zusammen, und die Befürworter von New York wurden in ihren verzweifelten Appellen an Rockefeller immer emotionaler. Auf einer Sitzung im Dezember 1888 billigte der Vorstand der Education Society den Vorschlag einstimmig. Innerhalb von 6 Monaten gewann Gates Rockefellers Zustimmung und eine erste Spende von 600 000 Dollar, die bald zu einer regelrechten Spendenflut anwuchs, die sich in den folgenden 21 Jahren auf insgesamt 36 Millionen Dollar summierte. Rockefeller war von Gates so beeindruckt, dass er 1889 an den Präsidenten der University of Chicago schrieb: »Ich habe beschlossen, meine Wohltätigkeitsarbeit im Bildungsbereich auf die American Baptist Education Society zu verlagern.«[48]

Rockefeller, der sich seit seinem 20. Lebensjahr voll und ganz dem Geschäftsleben hingegeben hatte, war 1889, mit 50 Jahren, abgearbeitet und ein körperliches Wrack. Zunehmend litt er unter nervöser Erschöpfung und Magenproblemen. Wegen einer Nervenkrankheit, generalisierte Alopezie genannt, verlor er alle Haare, einschließlich der Augenbrauen. Seine Ärzte rieten ihm dringend, seine Aktivitäten so weit wie möglich einzuschränken, aber seine Verantwortlichkeiten wurden immer umfassender. Standard Oil lag zwar inzwischen in den Händen erfahrener und zuverlässiger Stellvertreter, aber es gab immer mehr Anfragen von Kirchen, Missionsgesellschaften, Krankenhäusern, Hochschulen, Wohltätigkeitsverbänden und Einzelpersonen nach größeren oder kleineren Teilen seines Vermögens – zeitweise bis zu 50 000 Anfragen in einem einzigen Monat.[49]

Im März 1891 setzte sich Rockefeller mit Gates zusammen und vertraute ihm sein Problem an:

> Ich stecke in Schwierigkeiten, Mr. Gates. Der Druck dieser Bitten um Spenden ist so groß geworden, dass ich ihn nicht mehr aushalte. Ich habe angesichts meiner großen geschäftlichen Verantwortung weder die Zeit noch die Kraft, diesen Anfragen gerecht zu werden. Ich bin so beschaffen, dass ich erst dann guten Gewissens Geld verschenken kann,

> wenn ich mich genauestens über die Zweckmäßigkeit der Sache informiert habe. Das beansprucht inzwischen mehr Zeit und Energie als die Standard Oil selbst. Ich muss entweder einen Teil der Last abgeben oder ganz mit dem Spenden aufhören. Und Letzteres kann ich nicht tun.[50]

»Das können Sie tatsächlich nicht, Mr. Rockefeller«, entgegnete Gates, der aufmerksam zugehört hatte und gleichzeitig den Standpunkt des Gönners vorwegnahm.

»Nun, ich brauche einen Helfer«, fuhr Rockefeller fort. »Ich habe Sie beobachtet und denke, Sie sind der Richtige. Ich möchte, dass Sie nach New York kommen und hier ein Büro eröffnen. Sie können mir bei meinen wohltätigen Gaben helfen, indem Sie Befragungen und Recherchen durchführen und mir die Ergebnisse mitteilen. Was meinen Sie?«

Gates war sich des Reichtums und der Macht sehr bewusst, die damit in seinen Händen liegen würden und die er für all die Dinge nutzen können würde, die er für wichtig hielt. So nahm er ohne Zögern an, und seine Zusammenarbeit mit Rockefeller begann, die das größte Vermögen der Welt in die strategisch beste Philanthropie einsetzte und Prinzipien, Maßnahmen und Ausrichtungen festlegte, die bald von anderen Philanthropen nachgeahmt und von den nächsten zwei Generationen der Rockefeller-Dynastie fortgeführt werden sollten. Zu einem zentralen Bestandteil von Gates' Strategie wurden die zahlreichen Programme im Bereich der Medizin und des Gesundheitswesens.

Im September 1891 bezog Gates ein Büro im Temple Court Building in New York City, nicht weit von Rockefellers Standard-Oil-Büros am Broadway entfernt. Obwohl er nun für Rockefellers Philanthropie zuständig war, setzte er seine Arbeit für die Education Society fort. Die Bittsteller, die Rockefeller »fast wie außer Rand und Band geratene Tiere« verfolgten, wurden in Gates' Büro geschickt. »Ich tat mein Bestes, um aufgebrachte Gefühle zu beruhigen, mir jedes Gesuch aufmerksam anzuhören und jeden einzelnen Fall abzuwägen«, erinnerte sich Gates an seine Tage im Temple Court.[51]

Gates untersuchte jede Anfrage mit der gleichen systematischen Gründlichkeit, die seinen Bericht für die Education Society ausgezeichnet hatte. »Nicht wenige von Mr. Rockefellers üblichen Spenden befand ich für wertlos und praktisch betrügerisch. Andererseits entwickelte ich im Lauf der Zeit das Prinzip des wissenschaftlichen Spendens und arbeitete es in seine Stiftungen ein, sodass er in kürzester Zeit die Einzelspenden fast vollständig aufgab und sich sicher und bequem auf das Terrain der ›Wholesale-Philanthropie‹ begab.«[52]

Gates' erste Maßnahme im Namen der »Wholesale-Philanthropie«[53] bestand darin, Rockefellers Zuwendungen an staatliche und regionale Baptistenorganisationen zu erhöhen und jene an einzelne Kirchen, Missionen und Wohltätigkeitsverbände zu streichen. Indem er alle Kirchen und Missionsstationen zwang, sich ihre Hilfe von zentralen Gremien der Glaubensgemeinschaft zu holen, stärkte Gates deren Macht über die weit verstreute Herde.[54]

Kurz nach seinem Umzug nach New York war Gates für Rockefellers zahlreiche Investitionen außerhalb der Standard-Oil-Unternehmen zuständig. Und wie bei seinen Schenkungen hatte Rockefeller auch dort die Gewohnheit gehabt, Investitionen gründlich zu prüfen, bevor er sie tätigte. Häufig wurde er von Bekannten überredet, in ein Projekt oder einen Wirtschaftszweig zu investieren, von dessen Rentabilität sie selbst überzeugt waren. Den größten Teil seines immensen »überschüssigen« Vermögens, das Rockefeller aus dem Ölgeschäft herausholte, steckte er nicht in wohltätige Zwecke, sondern in »eine ganze Reihe verschiedener Industriebranchen«. Bis 1893 hatte er neben Standard 67 größere Investitionen in Höhe von 23 Millionen Dollar in die Eisenbahn, den Bergbau, Produktionsstätten und Banken getätigt. »Mir ging durch den Sinn«, erinnerte sich Rockefeller später, »dass Mr. Gates, der über viel gesunden Menschenverstand verfügte, aber keine besonderen fachlichen Kenntnisse über Fabriken und Hüttenwerke hatte, mir helfen könnte, aus erster Hand Informationen darüber einzuholen, ob diese Unternehmen tatsächlich florierten.« Er bat Gates, wenn er zufällig für die Education Society in der jeweiligen Gegend war, einige dieser Investitionen zu überprüfen.[55]

Gates überprüfte mehrere von Rockefellers abgelegenen Beteiligungen: ein riesiges Landspekulationsprojekt im Nordwestpazifik, zu dem den Ölbaron zwei Gemeindemitglieder von Rockefellers Baptistenkirche in der Fifth Avenue überredet hatten, ein 600 000-Dollar-Investment in eine Stahlfabrik und eine betrügerische Landspekulation in West Superior, Wisconsin, von denselben Brüdern empfohlen, sowie eine kleinere Eisenhütte in Alabama. Gates stellte seine vielfältigen Fähigkeiten und seinen einzigartigen Wert für seinen Arbeitgeber unter Beweis. »Sein Bericht war ein Musterbeispiel dafür, wie ein solcher aussehen sollte«, bemerkte Rockefeller mit für ihn untypischem Lob. »Er nannte die Fakten, und in diesem Fall waren nahezu alle ungünstig.« So brachte eine Investition, von der Rockefeller geglaubt hatte, sie würde 1000 Dollar am Tag einbringen, stattdessen Unkosten mit sich.[56]

Eine weitere Untersuchung von Gates über einige angeblich gewinnbringende Goldminen in Colorado, die sich als völliger Betrug herausstellten, setzte dieser Angelegenheit für Rockefeller ein Ende. Letzterer verdiente inzwischen mehr als 10 Millionen Dollar im Jahr, war körperlich und seelisch sehr angeschlagen und brauchte dringend einen Stellvertreter, dem er volles Vertrauen schenken konnte. Er bat Gates, sein Büro im Temple Court Building aufzugeben und in seine Privatbüros am Broadway 26 zu ziehen. »So wurde ich zum Geschäftsmann«, beschrieb Gates diesen Schritt.[57]

Reverend Frederick T. Gates: Wie man zum Rockefeller-Medizinmann wird

Dass Gates sowohl in der Philanthropie als auch im Geschäftsleben exzellierte, ist nicht überraschend. Denn obwohl er an der baptistischen Rochester University und am Baptistenseminar in Rochester studiert und nach dem Abschluss 8 Jahre lang als Geistlicher gearbeitet hatte, war Gates im Grunde ein Geschäftsmann in geistlicher Kleidung. So sagt er in seiner Autobiografie über sich selbst:

> Ein großer Teil meines Lebens war tatsächlich eine unbewusste Vorbereitung für geschäftliche Erfolge. Meine interessante Erfahrung als Verkäufer von Eggen, meine Monate als Ladenangestellter auf dem

> Land und als Kassierer bei einer Bank, mein Interesse an den finanziellen Angelegenheiten meines Vaters und der Frage, wie wir unsere Schulden begleichen konnten, meine Studien in politischer Ökonomie bei Doktor Andersen [in Rochester], mein eingehendes Studium der Finanzen unserer Kirche in Minneapolis, meine Gewohnheit, die Dinge in finanzieller Hinsicht zu betrachten, mein Studium konfessionsbezogener Finanzen im In- und Ausland – aus all dem habe ich Geschäftserfahrungen gezogen und in Form von Finanzen zu denken gelernt.[58]

Als er für Rockefeller zu arbeiten begann, war Gates knapp 38 Jahre alt. Sein Vater hatte sich nach einem Medizinstudium dem Pastorendienst zugewandt, und dessen Gemeinden waren hauptsächlich arme Farmer im ländlichen New York. Doch auch seine Familie gehörte dieser Schicht an, weshalb Gates Jr. seine Kindheit in Armut auf dem Lande verbrachte, was zumindest ein Grund für seine Entschlossenheit war, die Armut hinter sich zu lassen. Als die Familie nach Forest City in Kansas zog, besuchte Frederick die Highschool, musste sie aber abbrechen und unterrichten, um Geld zu verdienen, damit die Familie ihre Farmschulden begleichen konnte.[59] Seine Arbeit in der Highschool und am College erledigte Gates mit der für ihn typischen Sorgfalt und Energie, was seinen Vorgesetzten natürlich gefiel. Und sein Verkaufstalent brachte ihm für den Verkauf von Eggen 150 Dollar ein. Gates entwickelte allmählich ein Gespür dafür, wohin ihn sein Ehrgeiz führen könnte.

Die Erfahrungen des jungen Gates mit der Religion waren für sein späteres Leben ebenso wichtig wie seine Erfahrungen mit der Armut. »Das Beste, was mir die Religion als Junge zu bieten hatte«, schrieb er am Ende seines Lebens, »waren Tod und Himmel und damit jene Dinge, die ich als normaler, gesunder Junge am meisten fürchtete.« In seiner Lehrtätigkeit entwickelte Gates ein starkes Interesse an den intellektuellen und persönlichen Aspekten der Religion, allerdings war diese Hinwendung nicht emotional, also eigentlich keine Bekehrung. Was ihn anzog, waren die sozialen und moralischen Lehren Christi: »Ich war von seiner Person und seinem Charakter angetan und spürte, dass ich mein ganzes Leben lang ihm und seinen Freunden gegen die Welt und seine

Feinde beistehen wollte. Das war, offen gesagt, die einzige ›Bekehrung‹, die ich je erlebt habe.«

Seines Erachtens war seine Seminarausbildung zu akademisch, um ihn auf die Arbeit als Pastor ausreichend vorzubereiten. Er verzichtete auf den philosophischen Idealismus, dem das von ihm besuchte Seminar gehuldigte hatte, und vertrat eine pragmatische Philosophie, zu der ihn seine Lektüre, Lebenserfahrung sowie die Beschäftigung mit den wirtschaftlichen und sozialen Fragen seiner Gemeinde geführt hatte und die eher seiner Persönlichkeit und seinen Zielsetzungen entsprach. Seine Spendensammlungen für seine arme Gemeinde in Minneapolis und seine moderneren Predigten ohne viel Pathos zogen mehr Gläubige und damit auch mehr Wohlstand an.

Eines Tages fragte George Pillsbury, der mit Mehlgeschäften zum reichsten Baptisten im Nordwesten geworden war, Gates um Rat bezüglich seines Testaments und seiner Absicht, einer Baptistenschule 200 000 Dollar zu hinterlassen. Pillsbury war von Gates' Vorschlag sehr angetan, der Schule sofort 50 000 Dollar zu spenden, unter der Bedingung, dass die Glaubensgemeinschaft in Minnesota einen genauso hohen Betrag aufbrachte – um sich ihres echten Engagements für die Schule zu versichern –, und der Schule nach seinem Tod weitere 150 000 Dollar zu vermachen. Die führenden Baptisten waren ebenfalls angetan und beauftragten Gates, ihre anteiligen 50 000 Dollar einzutreiben. Gates legte sein Pastorenamt nieder und stellte sich der Aufgabe. Seine Methoden, die Baptisten zum Spenden zu überreden, waren so effektiv, dass er in Kürze sogar 60 000 Dollar zusammengebringen konnte.[60] Er wusste nun, dass er seine Berufung gefunden hatte!

Er stellte eine Reihe von Regeln für die Beschaffung von Geldmitteln auf, die er »zum großen Teil im Pastorenamt« gelernt hatte, und schrieb sie einige Jahre später auf Wunsch seiner diesbezüglichen Bewunderer nieder: Kleiden Sie sich gut, verhalten Sie sich würdevoll, geben Sie vor, Ihr Besuch wäre nur von kurzer Dauer, seien Sie freundlich und »halten Sie Ihr Opfer auch bei guter Laune. [...] Geben Sie ihm das Gefühl, dass es das Geld freiwillig hergibt und es ihm nicht mit Gewalt abgenommen wird.« An Regel Nummer 7 hielt er sich in seiner fast vier Jahrzehnte währenden Tätigkeit für Rockefeller konsequent: »Appellieren

Sie nur an die edelsten Motive Ihres Opfers. Dessen Verstand wird ihm niedrige und selbstsüchtige Motive suggerieren. Aber Ihr Opfer wird nicht wollen, dass Sie annehmen, es habe diese im Sinne gehabt. Es möchte, dass Sie ihm glauben, dass es nur aus den edelsten Motiven heraus spendet.«[61] Innerhalb weniger Jahre stieg Gates vom Pastor einer durchschnittlichen Baptistengemeinde in Minneapolis zu einer landesweiten Position in der Glaubensgemeinschaft in Minnesota auf, zum Leiter der nationalen Education Society der Baptisten und schließlich zum Vertrauten Mr. Rockefellers, für den er eine breite Palette an Investitionen und eine immense philanthropische Arbeit kontrollierte.

Gleich nachdem er in Rockefellers Privatbüro gezogen war, um dessen Finanzen zu verwalten, begann Gates mit einer akribischen Evaluierung aller Beteiligungen Rockefellers außerhalb des Standard Oil Trust. Er hatte freie Hand bei der Umorganisierung von Investments und Unternehmen und bekam Assistenten, Kredite und vertrauliche Informationen zur Verfügung gestellt. »Ich hatte alle nötigen Instrumente«, erinnerte sich Gates, »und die Maschinerie war gut geölt und lief reibungslos. Niemand mit so großer geschäftlicher Verantwortung hat jemals ein glücklicheres Berufsleben gehabt als ich. Niemand war jemals mit mehr äußerlichen Erfolgsfaktoren ausgestattet oder hatte bessere Möglichkeiten.« In einigen Unternehmen übernahm Gates durch einen dementsprechenden Aktienankauf die Kontrolle und setzte ein für ihn und Rockefeller akzeptables Management ein. Andere Beteiligungen wurden komplett verkauft. Am Ende war Gates Präsident von dreizehn Unternehmen, in denen Rockefeller eine Mehrheitsbeteiligung innehatte. Rockefellers wachsendem Vermögen fügte er noch beträchtliche Anteile hinzu, wobei der größte ein 55-Millionen-Profit war, den Gates beim Verkauf des Mesabi-Eisenerzgürtels und der diesbezüglichen Firmen erzielte.[62]

Gates war als mittelloser Mann zu Rockefeller gekommen, hatte diesen unglücklichen Zustand aber schon bald behoben. Als Geschäftsführer der Baptist Education Society verdiente Gates die damals durchaus respektable Summe von 2500 Dollar im Jahr. Als er sein Büro im Temple Court Building bezog, stockte Rockefeller diesen Betrag um weitere 1500 Dollar auf. Seine zusätzliche Verantwortung führte zu jährlichen Gehaltserhöhungen, die »immer von den

Unternehmen, die ich leitete, bezahlt wurden«, bis er nach 10 Jahren bei Rockefeller ein Jahreseinkommen von 30 000 Dollar erhielt – im ersten Jahrzehnt des 20. Jahrhunderts ein vorzügliches Gehalt. Von seinen Einkünften konnten Gates und seine Frau genug ansparen, um sich ein Haus in Montclair, New Jersey, zu kaufen und etwa 60 000 Dollar in jene Unternehmen zu investieren, die er für Rockefeller umorganisierte und managte. Als er 1902 seine Beteiligungen verkaufte, brachte ihm diese kleine Investition über 500 000 Dollar ein. »Vernünftige Investitionen mit wenig Verlusten erhöhten diese Summe allmählich.« 1916 begann Gates damit, alle seine Investitionen in damals steigende Bankaktien umzuwandeln, und riet Rockefeller, dasselbe zu tun. Insbesondere empfahl er die Chase National Bank, die auf das investierte Kapital eine Dividende von 20 Prozent zahlte. Als Gates im Jahr 1929 starb, war er ein wohlhabender Mann, auch wenn sein Vermögen natürlich bei Weitem geringer war als das seines Arbeitgebers.[63]

Rockefeller sprach niemals direkt ein persönliches Lob aus, doch mehr als einmal äußerte er sich anerkennend über Gates' »phänomenale geschäftliche Fähigkeiten«. Als ein Reporter ihn fragte: »Wer ist der größte Geschäftsmann, den Sie kennen?«, lobte Rockefeller Gates gar in den höchsten Tönen: »Er kombiniert Geschäftssinn und philanthropische Begabung in einem stärkeren Maß als jeder andere Mann, den ich bisher kennengelernt habe.«[64] Gates war zwar auch an Rockefellers Finanzgeschäften nicht unerheblich beteiligt, von historischer Bedeutung aber war seine Organisation von Rockefellers Philanthropien, insbesondere der medizinischen Programme.

1897 schloss John D. Rockefeller Jr. sein Studium an der Brown University ab und versuchte vorsichtig, seinen Platz in der von seinem Vater geprägten Welt zu finden. Die Position, die er in der Welt der Industrie und der Finanzen geerbt hatte, ließ ihm kaum Raum dafür, selbst irgendetwas zu erringen. Sein Name war untrennbar mit dem seines Vaters verbunden, dem vermutlich meistgeschmähten Raubritter jener Zeit. Der einzige Bereich, in dem er neue Wege einschlagen und gleichzeitig dazu beitragen konnte, den Namen der Familie von Schmutz zu befreien, war die Philanthropie. Und so zog er in die Privatbüros seines Vaters am Broadway – das von Reverend Gates beherrschte Imperium.[65]

Gates und »Mr. Rockefeller Jr.« hatten Schwierigkeiten, eine Arbeitsbeziehung zu entwickeln. Letzterer war damals 23 Jahre alt, unerfahren und zurückhaltend bis hin zur Schüchternheit, wohingegen der 20 Jahre ältere Gates keinen Hehl aus seinem Selbstvertrauen machte, das er seinen vielen Erfahrungen und persönlichen Erfolgen verdankte. Er überbordete schier vor Selbstbewusstsein. Trotzdem lernte Rockefeller Jr. von Gates sowie aus seinen eigenen Errungenschaften und Misserfolgen und erschuf sich eine unabhängige Rolle sowohl in der Philanthropie als auch in der Finanzwelt. Gates wiederum lernte, den Spross jenes Mannes zu tolerieren, für den er arbeitete und den er wirklich respektierte. Gates betrachtete Rockefeller Jr. als »gewissenhaft«, aber fantasielos. »Er war wohlbehütet und das Produkt häuslicher Erziehung«, erinnerte er sich verächtlich. Doch laut seinem Biografen Allan Nevins hatte Rockefeller Sr. »genau jene Kombination von Eigenschaften gefunden, die er brauchte: Gates war vor allem mit Fantasie, Feuer und Visionen ausgestattet, der Sohn mit Verstand, Sorgfalt, Gemeinsinn und Pflichtbewusstsein.«[66]

Gates und Rockefeller Jr. entwarfen neue Richtlinien für die Philanthropie und die Investitionswerte des Seniors und unterbreiteten dem Finanzmagnaten wichtige Vorschläge für Maßnahmen in beiden Bereichen, damit dieser endgültig darüber entscheide. Gates brachte seine Ansichten in eloquenten Berichten zu Papier, während sich Rockefeller Jr. lieber auf mündliche Überzeugungsarbeit verließ. »Gates war der brillante Träumer und Erschaffer«, erinnerte sich Jr. Jahre später. »Ich war der Verkäufer – der Vermittler zwischen Vater und dem richtigen Augenblick.« Nur selten stürzte Letzterer sich sofort auf ein neues Projekt. »Ich lasse die Idee köcheln«, sagte er oftmals zu Gates und seinem Sohn. Wochen, Monate oder sogar Jahre später war er dann zum Handeln bereit, ohne dass dafür offensichtliche Gründe vorzuliegen schienen.[67]

Gates' Persönlichkeit stand in einem regelrechten Kontrast zu der seines Arbeitgebers. Raymond Fosdick, der über 10 Jahre lang Präsident der Rockefeller Foundation war, berichtet:

> Mr. Gates war eine lebhafte, unverblümte, sich selbst offenbarende Persönlichkeit und steckte ungeheuren Elan in seine Arbeit, während

> Mr. Rockefeller ruhig war, kühl und einsilbig, wenn es um seine Gedanken und Ziele ging, zügelte sich auf nahezu stoische Art und Weise. Mr. Gates verfügte über eine Eloquenz, die geradezu leidenschaftlich werden konnte, wenn er erregt war, Mr. Rockefeller hingegen sprach, wenn überhaupt, langsam und bedächtig, klar und eindringlich, aber ohne seine Stimme zu erheben oder zu gestikulieren. Mr. Gates war überbordend und manchmal anmaßend in seinen Argumenten, Mr. Rockefeller ein Mann von unendlicher Geduld, der nie gereizt oder scheltend mit jemanden sprach.[68]

Auf dieses Dreigespann gehen jene Philanthropien zurück, die eine so außergewöhnliche Führungsrolle bei der Gestaltung der sozialen, wirtschaftlichen und politischen Ordnung des 20. Jahrhunderts einnehmen sollten. Rockefeller, der individualistische Industriemagnat aus der rauen alten Welt, die um die Jahrhundertwende im Umbruch war, lieferte das Geld, überließ aber die Regie seinen Stellvertretern. Gates, die Übergangsfigur vom ungezügelten Individualismus zur Unternehmensdisziplin, lieferte systematische Methoden und eine rudimentäre Strategie, um den Bedarf des Unternehmenskapitalismus an förderlichen sozialen Institutionen durchzusetzen. Und Rockefeller Jr., der sich allmählich zum führenden Repräsentanten der modernen Beziehungen zwischen Unternehmern einerseits und Arbeitnehmern und Öffentlichkeit andererseits entwickelte, brachte Raffinesse und Feingefühl in die von Gates entwickelte philanthropische Arbeit ein.

Die Programme und Strategien, die in diesem Zentrum der Finanzmacht entstanden, hatten einen gewaltigen Einfluss auf das Gesundheitswesen der ganzen Welt und insbesondere das der Vereinigten Staaten.[69]

Das General Education Board: 129 Millionen Dollar für eine strategische Philanthropie

Gates teilte Carnegies Befürchtung, ererbter Reichtum könne die Eigeninitiative und Leistung des Einzelnen schmälern und die Teilhabe des Erben an sozialen und ökonomischen Prozessen, welche die Gesellschaft stärken, beeinträchtigen. »Ihr Vermögen wird zu einer Lawine werden«, warnte er Rockefeller. »Sie müssen damit Schritt halten und es schneller verteilen, als es wächst! Wenn Sie das nicht tun, wird es Sie und Ihre Kinder und Kindeskinder zermalmen!«[70]

Entsprechend Carnegies Vorschlag war es an Rockefeller und seinen Kollegen, via Treuhänder den Fortbestand des Vermögens für die Menschen zu sichern. »Reiche Männer haben die Pflicht«, schrieb Rockefeller Anfang des 20. Jahrhunderts, »die Eigentumsrechte an ihrem Besitz zu wahren und ihr Vermögen zu verwalten, bis eine Person oder eine Gruppe auftaucht, die in der Lage ist, das Kapital des Landes besser zu verwalten, als sie es selbst können.« Seines Erachtens versprachen weder die Erfahrungen mit bundesstaatlichen und nationalen Legislativen noch »sozialistische Systeme«, dass »Reichtum für das Allgemeinwohl klüger verwaltet werden könnte« als von den privaten Eigentümern selbst.[71]

Da die Kapitalbesitzer sterbliche Menschen waren, oblag es ihnen, dafür zu sorgen, dass ihr Vermögen auch nach ihrem Ableben klug eingesetzt wurde. Als die Rockefellers zur Unterstützung des Bildungswesens in den Südstaaten ihre erste Stiftung, das General Education Board, gründeten, war dieses Konzept nicht neu für sie. Im angelsächsischen Recht haben vom Staat und von der Kirche unabhängige gemeinnützige Stiftungen seit dem »Statute of Charitable Uses« (»Statut der Gemeinnützigkeit«) von Königin Elizabeth I. aus dem Jahr 1601 Rechtsstatus. Die meisten davon dienten jedoch eng umrissenen Zwecken, so gehörten dazu eine Schenkung an ein bestimmtes Krankenhaus, die Unterstützung desolater Mädchen in Brooklyn oder Stipendien für junge Männer, die an einem bestimmten College Maschinenbau studierten.[72]

Es gab jedoch ein paar Präzedenzfälle, die großen Einfluss auf die Gründung des General Education Board hatten, dessen erstes philanthropisches Programm auf die Umgestaltung wichtiger Sozialinstitutionen abzielte. Nach dem Sezessionskrieg stellte der Bankier George Peabody den Südstaaten 2 Millionen Dollar für einen Bildungsfonds zur Verfügung. Der Süden lag nach dem Krieg in Ruinen, und seine Schulen waren aufgegeben oder zerstört; eine ganze Generation von Südstaatlern wuchs ohne Bildung und letztlich als Analphabeten auf. Der Peabody Education Fund beauftragte Barnas Sears, den Präsidenten der Brown University, ein Beihilfeprogramm aufzubauen, um Schulen zu unterstützen, die von Südstaatlern geführt wurden. Sears Nachfolger wurde Jabez L. M. Curry, ein Konföderiertenpolitiker und Plantagenbesitzer aus Alabama, der seinen Landbesitz nach dem Krieg vor der Konfiszierung bewahren konnte, indem er den Vereinigten Staaten die Treue schwor.[73]

John F. Slater, ein Textilfabrikant aus Connecticut, nahm sich den Peabody Fund zum Vorbild und stiftete 1882 einen Fonds in Höhe von einer Million Dollar für die Ausbildung von Schwarzen in den Südstaaten. Ende des 19. Jahrhunderts schlossen sich immer mehr Geschäftsleute und Reformer aus dem Süden zusammen, um dort generell Schulen und insbesondere die Bildung der Schwarzen zu fördern. Der Süden war nicht nur wirtschaftlich und bildungstechnisch unterentwickelt, sondern auch jener Teil des Landes, in dem der militante Populismus nach wie vor die größte politische Unterstützung fand und die Ziele der liberalen Reformer aus dem Süden und der konservativen Geschäftsleute aus dem Norden bedrohte, die die Region »modernisieren« und industrialisieren wollten. 1899 organisierten diese Anführer die erste von mehreren Conferences for Southern Education.[74]

John D. Rockefeller Jr. war 1901 Gast auf der dritten Konferenz. Robert C. Ogden, ein Partner von John Wanamaker und Geschäftsführer ihres New Yorker Kaufhauses, mietete einen Sonderzug, den feindselige Südstaaten-Zeitungen als »Millionaires' Special« bezeichneten. Der Zug beförderte Geschäftsleute aus dem Norden zu einer Besichtigung der schwarzen Schulen im Süden und anschließend zu einer Konferenz mit Aktivisten aus den Südstaaten. Rockefeller Jr. und die anderen Gäste besuchten Einrichtungen in Hampton, Tuskegee und anderen Städten und beendeten die Tour mit einer Versammlung in Winston-Salem. Auf dieser Veranstaltung wurde eine dauerhafte Organisation namens Southern

Education Board (SEB) gegründet, die unter Nordstaatlern Geld sammeln, die formelle Leitung der Kampagne zur Entwicklung der Schulen im Süden übernehmen und in ihrem Namen Propaganda betreiben sollte. Obwohl das Gremium nur über ein Budget von gerade einmal 40 000 Dollar verfügte und niemals wie etwa der Peabody- und der Slater-Fonds Stipendien vergab, beauftragte der SEB Mittelsmänner damit, seine Kampagne einflussreichen Südstaatlern sowie den Legislativen der Bundesstaaten zu unterbreiten.[75]

Wie die Peabody- und Slater-Fonds, die unter der Leitung ihres Hauptvertreters J. L. M. Curry zusammengefasst waren, unterstützte das SEB einhellig nur die »industrielle Ausbildung« von Schwarzen. Die geförderten Schulen lehrten die Grundlagen des Lesens und Schreibens und legten den Schwerpunkt auf Fertigkeiten, die in der Industrie und in der Landwirtschaft erforderlich waren, auf diszipliniertes Arbeiten, Sparsamkeit und die richtige Lebensweise. Das Hampton Institute mit seinem Cheftreuhänder Robert C. Ogden und seinem Direktor Hollis Frissell, einem SEB-Mitglied, galt als Prototyp aller Industrieschulen für Schwarze. Booker T. Washington, ein früher Absolvent von Hampton, gründete eine ähnliche Schule in Tuskegee in Alabama und wurde zum wichtigsten schwarzen Verfechter der Strategie der kleinen Schritte in Sachen Fortschritt der Schwarzen. Ein halbes Jahrhundert lang hatte dieses Bildungsmodell die Initiative bestimmt, die sich für die Schulpflicht einsetzte, und nun bildete sie das Kernstück des Progressive Movement, das Pädagogen wie Geschäftsleute in eine nationale Kampagne zur Bildungsreform einbezog.[76]

Geschäftsleute aus dem Norden und Süden waren begeistert. So liest man im *Manufacturer Record*:

> Im Süden ist jedes einzelne Element für den Erfolg vorhanden, in Form von Rohstoffen, Klima, den Naturkräften und vor allem weil ausreichend Arbeitskräfte vorhanden sind, die, wenn sie richtig ausgebildet und diszipliniert sind, in Zukunft die wichtigste Stütze des Wohlstands im Süden sein werden. Dem Süden bleibt nur, seine Pflicht gegenüber seiner schwarzen Bevölkerung zu erfüllen, indem er sie in einfachen Handwerksberufen ausbildet.[77]

Mithilfe des Geldes aus dem Norden gediehen die Industrieschulen, während die wenigen originären Colleges für Schwarze unter einer Vernachlässigung litten, die mehr als bloß ignorant war. Das Southern Education Board und seine Verbündeten schafften es, dass die Weißen trotz ihrer Vorherrschaft im Süden zähneknirschend die Schulen für Schwarze akzeptierten. Im Gegenzug warben die Mitglieder des SEB im Norden dafür, die Entrechtung der Schwarzen und die Jim-Crow-Gesetze als den besten Weg anzuerkennen, um Fortschritte für Schwarze zu erzielen. »Die Weißen sollen die Anführer sein, die Initiative ergreifen und die Kontrolle über alle Angelegenheiten haben, die die Zivilisation und die höchsten Interessen unseres geliebten Landes betreffen«, verkündete Curry schamlos, der einstmals Offizier der Konföderierten gewesen und nun Stabschef der Südstaaten-Kampagne war. »Diese Vorherrschaft der Weißen bedeutet dem Neger gegenüber nicht Feindseligkeit, sondern Freundschaft.«[78]

Für John D. Rockefeller Jr. waren die Tour durch den Süden und die Konferenz im Jahr 1901 »eines der herausragenden Ereignisse in meinem Leben«. Er verspürte ein Sendungsbewusstsein und diskutierte mit seinem Vater, Gates, seinem Freund Morris K. Jessup und Dr. Wallace Buttrick – dem stattlichen jovialen Sekretär der Baptist Home Mission Society, der ebenfalls an der Konferenz teilgenommen hatte und nun SEB-Mitglied war – über das neue Southern Education Board und dessen Programm. Und so bildete sich eine kleine Gruppe, die ein ambitioniertes Projekt zur Unterstützung der Arbeit im Süden entwickelte und im Januar 1902 ein großzügiges philanthropisches Unternehmen entwarf. Im Februar traf sich eine größere Gruppe bei Rockefeller Jr. zum Abendessen und arbeitete den ganzen Abend lang. Letzterer kündigte die Zusage seines Vaters von einer Million Dollar für die nächsten 10 Jahre an – die erste einer ganzen Reihe von Spenden. Sie bildeten ein Treuhändergremium, um die Ausgaben zu kontrollieren, und ernannten Buttrick zum Geschäftsführer.[79] »Der Süden mit seinen unterschiedlichen Ressourcen und Produkten«, hieß es in ihrem Vertrag, »besitzt ein immenses industrielles Potenzial, und seine treffliche Zukunft wird mit der richtigen Art der Bildung und Ausbildung seiner Kinder beider Rassen sichergestellt.«[80]

Das General Education Board wurde der Presse mit den Worten vorgestellt: »Das Ziel dieses Verbandes ist es, ein Instrument bereitzustellen, durch das

Kapitalisten des Nordens, die den aufrichtigen Wunsch haben, das große Werk des Bildungswesens im Süden zu unterstützen, in der Gewissheit handeln können, dass ihr Geld mit Bedacht eingesetzt wird.«[81]

Das General Education Board (GEB) mit seinen großen Ressourcen wurde schnell zum führenden Gremium der Südstaatenkampagne. Auf seiner ersten Zusammenkunft im Jahr 1901 hatte das Southern Education Board eine »Interessengemeinschaft« mit dem Peabody- und dem Slater-Fonds gebildet. Und 1903 agierten laut dem Southern-Board-Mitglied Frissell »die Peabody- und Slater-Boards nun weitgehend über das General Education Board«. Tatsächlich gab es nirgendwo eine besser verzahnte Unternehmensleitung, nicht einmal bei den Standard-Oil-Gesellschaften. Mehrere Treuhänder der Slater- und Peabody-Fonds waren auch Treuhänder des GEB. Curry war Mitglied oder Vermittler aller vier Fonds, und Buttrick Mitglied des Southern Board, Geschäftsführer des GEB und von 1903 bis 1910 Mittelsmann des Slater Fund.[82]

Das General Education Board erarbeitete zwar in den nächsten Jahrzehnten auch andere Programme, darunter vor allem medizinische, seine Arbeit in den Südstaaten blieb ihm jedoch wichtig und wich nie wesentlich von der ursprünglichen Ausrichtung ab. Im Laufe der Jahre arbeitete das GEB daran, alle Schulen »besser auf unsere gesellschaftlichen, wirtschaftlichen und beruflichen Bedürfnisse abzustimmen«. Die Rolle der schwarzen Bevölkerung für die Gesellschaft war eindeutig. Die Meinung des GEB lautete: »Der Neger muss erzogen und ausgebildet werden [...], damit er vernünftiger, fleißiger und tüchtiger wird.« Als das GEB schließlich begann, auch Volluniversitäten für Schwarze zu fördern, lag dies nicht daran, dass sich seine generelle Einstellung zum Rassenverhältnis geändert hätte. Sondern das Hochschulstudium sollte »sorgfältig ausgewählten Negern« zugänglich sein, »die ihre Rasse in ihren Bemühungen um Bildung und Selbstoptimierung anführen können«. Diese Anführer der Schwarzen »müssen geschult werden, sodass die anderen, die sich an sie wenden, so gut wie möglich angeleitet werden«.[83]

Das GEB befasste sich nicht nur mit der Ausbildung der Schwarzen, sondern baute im gesamten Süden Highschools für Weiße und Schwarze auf. Es achtete immer darauf, »vor Ort Verantwortung zur Selbsthilfe« – von Gates »Fundament des Charakters und des sozialen Lebens selbst« genannt – zu schaffen und verfolgte die Strategie, Unterstützung für die Einführung einer Studiensteuer zu erlangen. Außerdem brachte das GEB jede bundesstaatliche Universität dazu, eine Professur für Sekundarschulwesen einzurichten. Mit dem Zugeständnis der Universität definierte es dann die Pflichten dieser Fakultät, benannte einen Professor und übernahm dessen Gehaltszahlungen sowie seine sonstigen Ausgaben. Die wichtigste Funktion dieses Professors war aber nicht die Lehre, sondern die Organisation. »Als mit Weisheit und moralischer Autorität ausgestatteter Beauftragter der Universität« besuchte er die Städte in seinem Bundesstaat, um Unterstützung für die Highschools und für die Erhebung von Steuern zu deren Finanzierung einzuholen und zu kanalisieren. Am Ende seiner 20 Jahre dauernden Tätigkeit hatte das GEB etwas über 3 Millionen Dollar ausgegeben, um für öffentliche Schulen im ländlichen und urbanen Süden zu werben. Der Plan galt als effektiver, »als wir es uns erhofft hatten«, und sie rechneten es sich hoch an, dass in diesem Zeitraum in den Südstaaten 2000 neue Highschools für insgesamt 60 Millionen Dollar errichtet wurden, für die die jährlichen Mittel von 1,7 Millionen im Jahr 1905 auf 15 Millionen Dollar im Jahr 1922 anstiegen – und »all dies durch lokale Steuern aufgebracht«.[84]

Dem öffentlichen Schulprogramm des GEB folgte ein Programm mit Modellfarmen, das von Seaman Knapp für das Board durchgeführt wurde, und dann das erste einer langen Tradition von Programmen für das öffentliche Gesundheitswesen durch die Rockefeller-Stiftungen. Die Gesundheitsprogramme, die wie das Schulprogramm in der Sorge um die wirtschaftliche und soziale Entwicklung des Südens wurzelten, wurden zunächst nur in den Südstaaten umgesetzt und dann in die ganze Welt exportiert. So wurden sie zu einer wichtigen Stütze für die wachsende Vorherrschaft von US-Kapital, -Handel und -Militärmacht.[85] Gates, Gründungsmitglied des GEB und von 1907 bis 1917 sein Vorsitzender, war der wortgewandte Redner und in den Worten von Rockefeller Jr. »der brillante Träumer und Erschaffer« hinter den meisten dieser Programme.

Die Fortdauer des General Education Board wurde durch eine weitreichende Kongresscharta gesichert, in der geschrieben stand, dass die neue Stiftung der »Bildungsförderung in den Vereinigten Staaten« gewidmet sei. Senator Nelson

Aldrich, der Schwiegervater von Rockefeller Jr. und ein einflussreicher Wirtschaftsrepräsentant in Washington, »nahm das Dokument selbst in die Hand und setzte es in Rekordzeit um«. Offiziell gegründet wurde das Board im Januar 1903, also ein Jahr nach Beginn des ersten Programms für den Süden, doch seine einflussreichste Arbeit stand noch bevor.[86]

Gates kümmerte sich noch immer um Rockefellers Vermögen, das nach wie vor anwuchs. »Ich lebe nun seit 15 Jahren Tag für Tag mit Ihrem großen Vermögen«, schrieb er 1905 an seinen Arbeitgeber. »Ich habe ihm, seiner Vermehrung und Verwendung jeden Gedanken gewidmet, bis es ein Teil von mir selbst geworden ist, fast so, als wäre es mein eigenes.«[87]

Angesichts der Tatsache, dass jeder einmal sterben muss, erläuterte Gates Rockefeller die Alternativen: »Eine besteht darin, dass Sie und Ihre Kinder zu Lebzeiten eine endgültige und vollständige Verfügung über diesen großen Fonds zum Wohle der Menschheit treffen. Die andere besteht darin, dass Sie dies nicht tun, sondern es an noch ungeborene Generationen weitergeben, damit diese entscheiden, wie dieser Fonds für die Menschheit eingesetzt werden soll.«

Im Sinne von Carnegies »Evangelium« und in der Furcht vor den »starken Tendenzen zur sozialen Demoralisierung«, die ein geerbtes Vermögen mit sich brachte, war für Gates die erste Alternative die moralisch einzig richtige. Er schlug Rockefeller vor, er möge entscheiden, welche Bereiche des »menschlichen Fortschritts« er unterstützen wolle und wer die Fonds verwalten und eine Stiftung gründen solle, »um Gelder auf Dauer, unter kompetenter Verwaltung und mit angemessener Nachfolgeregelung bereitzustellen«.

Dann schlug Gates mehrere Fonds für verschiedene Bereiche vor – unter anderem »einen großen Fonds für die Förderung eines höheren Bildungssystems in den Vereinigten Staaten, […] einen Fonds für die Förderung der medizinischen Forschung in der ganzen Welt, [sowie] einen Fonds für die Förderung der schönen Künste«. »Diese Fonds sollten so groß sein, dass ein Mann, der zum Treuhänder eines solchen Fonds wird, umgehend zu einer öffentlichen Figur wird.« Für die Arbeit dieser Unternehmen sollten »die größten Talente der gesamten Menschheit« eingesetzt werden.

Rockefeller Jr. reagierte auf Gates' Vorschlag mit dem für ihn typischen Enthusiasmus. Innerhalb von 2 Wochen übergab Rockefeller Sr. dem General Education Board 10 Millionen Dollar und eineinhalb Jahre später weitere 32 Millionen. Bis 1921 betrugen Rockefellers Schenkungen für das GEB insgesamt über 129 Millionen Dollar. Noch mehr und größere Schenkungen flossen in das Rockefeller Institute for Medical Research, das Gates 1901 mit dem Geld seines Arbeitgebers ins Leben gerufen hatte. Und alsbald setzten aufgrund von Gates' Brief Diskussionen ein, die schließlich zur Gründung eines auch darüber noch hinausgehenden Fonds, der Rockefeller Foundation, führten, der Rockefeller Sr. mehr als 182 Millionen Dollar spendete.

Es ist nicht ganz klar, ob Gates' Sorge bei seiner Empfehlung an Rockefeller, rechtzeitig über sein Vermögen selbst zu verfügen, einzig und allein die Gefahr war, die von großem Reichtum für dessen Erben ausgeht. Der schlechte Ruf, den Rockefeller und andere Räuberbarone mit steigendem Vermögen erlangten, warf einen langen Schatten auf die Zukunft des Reichtums, und dies spürten auch die Rockefellers. Henry Demarest Lloyd hatte in seinem 1894 erschienenen *Wealth Against Commonwealth* und Ida Tarbell in einer 1904 abgeschlossenen Zeitschriftenreihe den Standard Oil Trust geteert und gefedert. Die sozialistische Bewegung gewann mit ihrer Forderung, alles private Kapital abzuschaffen, im ganzen Land die Unterstützung der arbeitenden Bevölkerung. Und was die Reichen vielleicht am meisten beängstigte: Amerikaner der Mittelschicht, Berufstätige und Geschäftsleute mit Werten, die denen der Rockefellers ähnelten, stimmten in den Ruf nach progressiven Reformen ein. Die progressive Bewegung stand zwar fest hinter dem Kapitalismus, forderte aber eine Begrenzung der Anhäufung und Konzentration von Privatvermögen. Roosevelt wurde 1904 für ein Programm gewählt, das zumindest mit der Zerschlagung von Monopolen drohte.

»Ich erschauderte«, erinnerte sich Gates später, »als ich den unvernünftigen Unmut der Bevölkerung über den Reichtum von Mr. Rockefeller spürte, als würde dieser eine nationale Bedrohung darstellen.« Gates mochte glauben, dass Rockefeller »sein Vermögen immer und ausschließlich im öffentlichen Interesse einsetzte«, dass es durch Sparsamkeit und nicht durch Diebstahl zustande gekommen war und dass seine umfangreichen Investitionen in Industrie und Finanzwesen »riesige dauerhafte Beiträge zum Wohlstand und Wohlergehen des amerikanischen Volkes« darstellten – aber kaum jemand abseits von 26 Broadway pflichtete ihm da bei.[88]

Im Herbst 1906 reichte die Bundesregierung Klage ein, um den Standard Oil Trust zu zerschlagen, womit ein Rechtsstreit seinen Anfang nahm, der 5 Jahre dauern sollte. Nachdem Rockefeller 1907 dem GEB 32 Millionen Dollar für die Finanzierung von Gates' Plan eines »höheren Bildungssystems in den Vereinigten Staaten« zur Verfügung gestellt hatte, vermuteten einige seriöse Zeitungen und Zeitschriften, das eigentliche Ziel »von Mr. Rockefellers großzügiger Spende« bestehe darin, »die Lehre des Sozialismus, die an einigen Universitäten im Vormarsch ist, so gut wie möglich zu unterbinden«. Ebenfalls 1907 verhängte der Bundesrichter Kenesaw Mountain Landis gegen das Unternehmen Indian Standard eine Geldstrafe von 29 Millionen Dollar, weil es Preisnachlässe auf seine Eisenbahntransporte erhalten hatte – »Einsparungen«, auf die auch Gates und Rockefeller überaus stolz waren. »Kein orientalischer Despot [...] hat je solch willkürliche Akte der Enteignung vorgenommen, wie sie die derzeitige Regierung unter dem Vorwand der Gesetzgebung zu verantworten hat«, schimpfte Gates.[89]

Zwar wurde Landis' Geldstrafe im Berufungsverfahren wieder aufgehoben, doch das Gespenst der Auflösung und sogar der Beschlagnahmung verfolgte die Rockefellers und viele weitere Angehörige dieser Klasse. Um sich ein neues Wohltäterimage zuzulegen, riefen die Rockefeller-Philanthropien neue Programme ins Leben. Diese Programme entsprachen ihrer Wahrnehmung der gesellschaftlichen Bedürfnisse, welche sich ihrer Meinung nach von ihren eigenen aber nicht unterschieden. So wurden Hochschulen ausgebaut und in einem akademischen Bildungssystem organisiert, um Fach- und Führungskräfte auszubilden, wie sie die Gesellschaft dringend benötigte. Doch das GEB folgte zwei Jahrzehnte lang bewusst Gates' Anweisung, private statt staatliche Universitäten zu stärken, denn private Institutionen, die von Männern und Frauen wie ihnen selbst geleitet wurden, wären eher in der Lage, »die öffentliche Meinung in die richtigen Bahnen zu lenken«.[90] Die medizinischen Philanthropien, die auf den offensichtlichen

Bedarf der Gesellschaft zu antworten schienen, trugen dazu bei, ein medizinisches System zu etablieren, das – wie wir in späteren Kapiteln sehen werden – speziell auf die Bedürfnisse des Unternehmenskapitalismus zugeschnitten war.

Sozialmanager für eine Unternehmensgesellschaft

Es liegt auf der Hand, dass John D. Rockefeller Sr. weder der Initiator noch der Stratege seiner philanthropischen Tätigkeit war. In den ersten Jahren waren es die Vorstellungen und Strategien von Gates alleine, später jene von Gates und Junior zusammen, die das Vermögen von Rockefeller Sr. zweckdienlichen Programmen zuführten. Ihr Verständnis der Bedürfnisse einer kapitalistischen Gesellschaft ist zum Teil auf ihre durch entsprechende Lebenserfahrungen geprägte Persönlichkeit zurückzuführen. Aber sie waren auch Repräsentanten einer neuen Klasse von Männern (und zur damaligen Zeit sehr wenigen Frauen), die die von der Industrie und dem Finanzwesen benötigten Führungsqualitäten besaßen. Anders als die individualistischen Unternehmer, die im späten 19. Jahrhundert riesige Industrie- und Finanzimperien um sich herum aufbauten, hatten diese neuen Manager eine größere Sensibilität für das reibungslose Funktionieren ihrer Unternehmen.

Das Management in der Industrie hatte die Aufgabe, die Produktion zu rationalisieren, den Produktionsprozess in »effiziente« Abschnitte einzuteilen und diese Abschnitte miteinander zu koordinieren, um eine einheitliche Organisation zu schaffen, die gleicherweise mit den verschiedenen Kapital- und Rohstoffquellen an dem einen Ende des Produktionsverlaufs wie mit dem Vertriebs- und Marketingsystem an dem anderen Ende abgestimmt war. Analoge Führungsrollen wurden auch in Regierungsbehörden und -ministerien sowie später in Hochschulen und den entstehenden Universitäten entwickelt. Und die letzten großen Bereiche, in denen qualifizierte Führungskräfte eingesetzt wurden, waren jene der sozialen Dienstleistungen: Wohltätigkeits- und Sozialprogramme, philanthropische Stiftungen und die Medizin.

Stiftungen waren entscheidende Instrumente in den frühen Bemühungen, die sozialen Dienstleistungen und das Gesundheitssystem unter der Kontrolle speziell ausgebildeter Manager zu rationalisieren, und wurden zur Domäne ein und derselben Managerklasse. Es machte kaum einen Unterschied, ob man selbst einen beträchtlichen Anteil am jeweiligen Unternehmensvermögen besaß oder lediglich die Fabriken und Institutionen leitete, die den Reichen gehörten. Beide Gruppen handelten im Wesentlichen gleich und vertraten recht ähnliche Wertevorstellungen. Sie nahmen beide das herrschende wirtschaftliche, gesellschaftliche und politische System als gegeben hin und waren darauf aus, dass dieses System reibungslos funktionierte.

Einige dieser Systemmanager nutzten Wohltätigkeitsprogramme, um die kapitalistische Gesellschaft, deren Idealmodell ein rein wettbewerbsorientierter Markt ist, weniger »streng und herzlos« zu machen, wie es ein Verfechter dieser Ansicht kürzlich ausdrückte. Er glaubt, dass sich die Philanthropie »zumindest eine gewisse Aufweichung der Ecken und Kanten sowie eine Lockerung der starren Regeln des Eigeninteresses« zum Ziel machen sollte.[91]

Andere Männer wie etwa Gates oder Rockefeller Jr. traten für eine strategischere Funktion der Philanthropie ein: die Transformation sozialer Institutionen. Sie arbeiteten daran, die Hochschulen und Universitäten des Landes in ein effizientes System zu transformieren, das technisch gut ausgebildete Fach- und Führungskräfte mit entsprechend guten Kontakten hervorbringen sollte. Für diese Kräfte entwickelten sie neue Rollenmuster und verhalfen den Institutionen, in denen diese Kräfte arbeiteten, zu mehr Rationalisierung.

Davon verstanden Männer wie Rockefeller Sr. und Andrew Carnegie nicht viel. Sie hatten zwar die Bedeutung dieser Arbeit für die Industrie erkannt und waren die Ersten, die in der Öl- beziehungsweise Stahlindustrie vertikal integrierte Unternehmen schufen, die den gesamten Prozess von den Ölquellen und Eisenerzminen über den Transport, die Raffination und Verarbeitung bis hin zum Vertrieb und zur Vermarktung kontrollierten. Aber ein Unternehmen zu führen ist etwas anderes, als eine Unternehmensgesellschaft zu leiten, und obwohl ihnen bewusst war, dass auch soziale Einrichtungen stärker kontrolliert werden mussten, wussten sie nicht, *wie* man dies bewerkstelligen konnte.

Der egozentrische und individualistische Carnegie glaubte dies allerdings durchaus zu wissen. Ehe Andrew Carnegie in den 1880er-Jahren anfing, Bibliotheken zu stiften, hatte die Welt noch nie jemanden so viel Geld für philanthropische Zwecke ausgeben sehen. Dieses bemerkenswerte neue Ausmaß philanthropischer Mittel – das natürlich eher auf Carnegies unersättlichen Ehrgeiz innerhalb der Industrie als auf eine Strategie in der Philanthropie zurückzuführen war – verlieh ihm eine große gesellschaftliche Macht, an der er sich regelrecht berauschte. Mit einer primitiven Sozialphilosophie ausgerüstet machte er sich daran, die unteren Klassen zu zivilisieren und den oberen Gesellschaftsschichten ein Vorbild für Verantwortung zu geben. Die Gesellschaft, die er sich erhoffte, basierte explizit auf einer außerordentlich ungleichen Verteilung von Reichtum. Außerdem versuchte er, mit einem weitgehend individualistischen sozialen Transformationsansatz den von ihm und anderen Sozialdarwinisten so verehrten Individualismus aufrechtzuerhalten. Seine Programme repräsentierten seine persönlichen Meinungen, die andere Kapitalisten in unterschiedlichem Maß teilten. Doch Carnegies Vision war recht begrenzt, und seine Programme überschritten nicht selten die Grenze zur Absurdität. Als er sich 1901 aus dem Stahlgeschäft zurückzog, waren seine philanthropischen Pläne vage und weit verstreut. Sein Biograf Joseph F. Wall drückt es folgendermaßen aus: »Für jemanden, der so viel über die Pflichten des reichen Mannes schrieb und predigte, ist es eher überraschend, dass er sich dieser Aufgabe mit Plattitüden statt mit einem konkreten Aktionsprogramm stellte.«[92]

Nachdem er mehrere Jahre lang eher planlos große Summen ausgegeben hatte, gründete Carnegie seine Stiftungen, und die angeheuerten Manager begannen, das zu vollenden, was er selbst nicht geschafft hatte. Ab 1905 gab Carnegie seine individualistische Methode des Geldverteilens zugunsten einer rationaleren, systematischen Methode auf. Entsetzt über die erbärmliche Bezahlung von Hochschulprofessoren, die für gewöhnlich nicht mehr als 400 Dollar im Jahr verdienten, wollte Carnegie schon geraume Zeit etwas dagegen unternehmen. Doch erst Henry S. Pritchett, Präsident des Massachusetts Institute of Technology (MIT), brachte ihn dazu, dies auch tatsächlich zu tun. Als er Carnegie im Sommer 1904 auf dessen altem Schloss in den schottischen Highlands besuchte, klagte Pritchett über seine Probleme, junge Wissenschaftler und Ingenieure zu gewinnen, um am MIT zu unterrichten. Die Gehälter für Akademiker konnten mit denen in der Privatwirtschaft nicht konkurrieren, und nur wenige Hochschulen hatten ein Rentensystem, das den Professoren ein Mindestmaß an finanzieller Sicherheit im Alter bot. Im darauffolgenden Winter kam es zu weiteren Gesprächen, und im April 1905 kündigte Carnegie die Gründung eines Pensionsfonds für die Lehrkräfte an seinen Colleges an, der zunächst mit 10 Millionen Dollar in Form von U.S.-Steel-Anleihen ausgestattet werden sollte. Es wurde ein Treuhändergremium gegründet, das sich hauptsächlich aus den Präsidenten der meisten Eliteuniversitäten und -hochschulen des Landes zusammensetzte. Zum Präsidenten der neuen Carnegie Foundation for the Advancement of Teaching (»Stiftung zum Voranbringen der Lehre«) wurde Pritchett ernannt.[93]

Unter Pritchetts Leitung machte sich die Stiftung daran, das amerikanische Hochschulwesen neu zu gestalten. Die beitragsfreien Renten wurden zum Zuckerbrot am Ende der Peitsche und sollten die Hochschulen dazu bringen, diesem Reformweg zu folgen. Eine Hochschule oder Universität, die teilnehmen wollte, musste mindestens 200 000 Dollar einbringen, um sich für das Rentenprogramm zu qualifizieren. Staatliche oder von Religionsgemeinschaften kontrollierte Schulen waren nicht zugelassen. Und schließlich musste eine solche Lehreinrichtung, um zugelassen zu werden, ein vorgeschriebenes Minimum an Highschool-Vorbereitung von ihren Studenten verlangen. Diese Forderung erwies sich als erfolgreicher Versuch der Stiftung, »ihren Einfluss zugunsten einer Differenzierung zwischen Sekundar- und Hochschule [...] geltend zu machen«, um »ein System aus Schulen zu schaffen, die sowohl untereinander als auch mit den Zielen und Bedürfnissen einer Demokratie intelligent verbunden sind«. Obwohl nur 52 von den 421 antragstellenden Schulen zum Pensionsplan zugelassen wurden, orientierten sich bald auch andere Schulen am Carnegie-System, um sich zu qualifizieren. Konfessionelle Hochschulen lösten sich von den Kirchen, um die Vorteile des Plans nutzen zu können, und die Regeln der Stiftung wurden so geändert, dass auch staatliche Institutionen einbezogen werden konnten. Schon bald maßen praktisch alle Highschools und Colleges im Land die Fortschritte ihrer Schüler und Studenten in »Carnegie-Einheiten«, und mit der Aussicht auf die Carnegie-Renten und mit der Carnegie-Stiftung als inoffiziellem Akkreditierungsorgan nahm ein nationales Bildungssystem Gestalt an.[94]

Nahezu unmittelbar nachdem die Büros der Carnegie-Stiftung bezogen waren, begann Pritchett, sich mit dem General Education Board zu beraten. Er bedauere nur, sagte er zu GEB-Geschäftsführer Wallace Buttrick, »dass ich nicht zu Ihnen gekommen bin, bevor ich mein Büro angemietet habe, denn es wäre für uns von großem Vorteil, in Ihrer Nähe zu sein«. Pritchett bewunderte Gates, bat ihn häufig um Rat und versuchte, Carnegie zu überzeugen, seine philanthropischen Tätigkeiten zu ändern. Tatsächlich lassen die hinterlassenen Aufzeichnungen darauf schließen, dass sich Pritchetts Ideen zur Systematisierung der Hochschulbildung von Gates herleiteten.[95]

Hinter all dem stand Gates' Vision, wie Reichtum die Hochschulbildung rationalisieren könnte. Er zeichnete ein Bild des GEB, das durch seinen »moralischen Einfluss« und sein Geld die Zusammenarbeit zwischen Hochschulen und Universitäten förderte und Einsparungen »in der Verwaltung, im Lehrkörper und im Personaleinsatz« sicherstellte. Er hoffte, solch ein philanthropisches Gremium würde, wenn es entsprechend gut ausgestattet war, die Ressourcen der höheren Bildung »selektieren« und »dirigieren«, so wie die Standard Oil Company das »universelle Wettbewerbssystem« der Ölindustrie von 1870 transformiert hatte.[96]

Rockefeller hatte das Glück, einen Mann wie Gates gefunden zu haben, der die »Wholesale-Philanthropie« für ihn entwickelte. Wie er und andere leitende Mitarbeiter der Rockefeller-Stiftungen bereitwillig einräumten, stammten in den ersten 15 Jahren die meisten strategischen Ideen, wichtigen Programme und bedeutenden politischen Maßnahmen von Gates. Rockefeller Jr.s Rolle wurde ebenfalls immer wichtiger, doch Gates' Vorherrschaft stellte in jener Zeit niemand ernsthaft infrage. Obwohl das Treuhändergremium die letzte Instanz war, wussten alle Mitarbeiter, dass sie mit der Unterstützung von Gates oder Rockefeller Jr. »auf der sicheren Seite« waren und kaum Probleme haben würden, die Zustimmung des Gremiums zu bekommen.[97]

Doch langsam nahm Gates' Einfluss ab. Die Zeiten änderten sich, und während sich der wesentlich jüngere Rockefeller Jr. zu einer Führungsfigur mit dem Image unternehmerischer Verantwortung entwickelte, wurden Gates' Grenzen immer deutlicher. 1914 kam es in einem von den Rockefellers gemanagten Bergwerk in Ludlow, Colorado, zu einem Massaker an streikenden Bergarbeitern und ihren Frauen, für das die Bevölkerung hauptsächlich Jr. verantwortlich machte. Daraufhin nahm dieser auf Rat von W. L. Mackenzie King eine Haltung ein, die ihn zum führenden Vertreter einer neuen, gütigeren Form von Arbeitsbeziehungen machte, die die Unterstützung vieler Manager gewann. Als er in eine staatliche Kommission einberufen wurde, sagte er, er halte es für völlig richtig, dass »sich die Arbeiterschaft zur Förderung ihrer legitimen Interessen in organisierten Gruppierungen zusammenschließt«. Diese Worte ernteten Gates' Kritik, Rockefeller Jr. sei »Menschen, die im [feindlichen] Geiste von Gewerkschaftern unterwegs seien, in einem versöhnlichen Geist gegenübergetreten«. Doch indem er die Betriebsgewerkschaften unterstütze, beruhigte Rockefeller Jr. die öffentliche Meinung und gewann den Respekt seiner Unternehmerkollegen. Gates hingegen passte sich diesen veränderten Zeiten nicht mehr an.[98]

Als Gates' Führungsposition dahinschwand, insbesondere nach seinem Rücktritt aus dem GEB-Vorstand 1917, tauchten Probleme hinsichtlich der Verantwortlichkeit auf. Treuhändern, die Gates bereitwillig gefolgt waren, fehlte nun eine vergleichbare Führungsperson an der Spitze der Stiftungen. Anderen Stiftungsmitarbeitern ging die breit gefächerte und klare Perspektive ab, die Gates zu eigen gewesen war, und so entstand eine Lücke, als Gates sich aus den täglichen Stiftungsaktivitäten zurückzog. Als die Treuhänder diese Lücke durch eine stärkere Selbstbeteiligung füllen wollten, kam es zu Streitigkeiten unter ihnen, und die Stiftungen drifteten ab.[99]

Mit Gates hatte es solche Probleme nicht gegeben, weil seine sorgfältig erarbeiteten und kraftvoll präsentierten Vorschläge immer sofortige Unterstützung gefunden hatten. Er hatte nie erwartet, dass die Treuhänder in gesellschaftlichen Innovationen eine große Rolle spielten. Als ein Treuhänder einmal nahelegte, GEB-Mitglieder seien dazu ernannt worden, ein neues Licht auf »das große Problem des Bildungswesens in diesem Land« zu werfen, erklärte Gates ungeduldig, Rockefeller und er hätten bei der Zusammensetzung des Gremiums »ein großes Übergewicht auf Geschäftsmänner« gelegt, »um die Politik dieses Gremiums auf erfolgreiche Erfahrungen zu gründen«. Sie wüssten ja, dass »das

Schiff von erfolgreichen Geschäftsmännern auf traditionellen Routen gesteuert werden würde, die sich nicht durch Brisen oder gar Stürme von Stimmungen vom Kurs abbringen lassen würden«.[100] Die Treuhänder waren da, um dauerhaft sicherzustellen, dass Rockefellers Geld vernünftig eingesetzt wurde, um das System zu erhalten und zu stärken und dafür zu sorgen, dass professionelle Lehrkräfte innovative Ideen einbrachten, während die Treuhänder nur solche Ausrichtungen unterstützten, die wünschenswert erschienen und deren Konsequenzen sicher waren.

Obwohl Gates in seiner Amtszeit als Vorsitzender das GEB mit fester Hand und scharfer Zunge leitete, wollten Rockefeller Jr. und er, dass die Treuhänder aktives Interesse an der Stiftung zeigten. Ohne ihr Engagement und Verantwortungsbewusstsein würde das Vermögen schrumpfen, und das galt es unbedingt zu vermeiden. »Irgendwann in ferner Zukunft«, riet Rockefeller Jr. seinem Vater, »musst du zwangsläufig auf die Persönlichkeit und Integrität der Männer vertrauen, die dir nachfolgen werden.«[101]

Genauso wichtig war es, lokale Gemeinschaften zu ermutigen, »Verantwortung für Selbsthilfe« zu übernehmen. Gates' Gründe für diese Richtlinie waren moralischer, taktischer und strategischer Natur. Er glaubte an die moralischen Prinzipien der Eigenverantwortlichkeit und Selbstdisziplin. Und er wollte, dass sich Immobilienbesitzer aktiv an Gemeinschaftsinstitutionen beteiligten. Obwohl die lokalen herrschenden Klassen nicht so zuverlässig waren wie die Männer, die für die Rockefeller-Stiftung arbeiteten, erkannten sie doch genauso wie Gates, dass »das Recht, übermäßigen Reichtum zu verdienen und zu besitzen, den Beginn der Zivilisation bedeutet«.[102] Gates, Rockefeller Jr. und Sr. wussten, dass Spenden an lokale Institutionen ohne den Beitrag und die Beteiligung der wohlhabenden Männer und Frauen vor Ort die Eigenverantwortung der Menschen für das Geschehen in der Institution schmälern würden. Sie hatten ein echtes Interesse daran, ihre Gesellschaft zu bewahren, und dies erforderte die aktive Beteiligung all derer, die Anteil daran hatten.

Rockefellers Engagement für die University of Chicago ist ein gutes Beispiel für die Umsetzung dieses Prinzips. Rockefeller spendete der Universität in den ersten 20 Jahren ganze 35 Millionen Dollar, während alle anderen Sponsoren zusammen nur 7 Millionen aufbrachten. Er wurde zu Ernennungen ins Gremium konsultiert und genehmigte die erste Liste, ehe sie endgültig ausgearbeitet wurde. Danach wollte Rockefeller jedoch keine Kontrolle über die Universität mehr ausüben, wie viele zuvor gedacht hatten. »Er zieht es vor, das ganze Gewicht des Managements auf die Schultern der tatsächlichen Verantwortlichen zu legen«, schrieb Gates im Namen seines Chefs 1892 an den Universitätspräsidenten. »Auch nachdem ihre eigenen Stimmen nicht mehr gehört werden, können Spender sicher sein, dass ihr Geld erhalten bleibt und weiterhin kontinuierlich und mit großem Nutzen eingesetzt wird, denn sie können jetzt von sich selbst absehen und auf die Klugheit und das Geschick des Managements setzen.« Rockefellers Vertrauen ins Management war gut begründet. Es gibt keine Belege dafür, dass er jemals versucht hätte, die Universitätsverwaltung direkt zu beeinflussen, beispielweise um Lehrkräfte zu feuern, die radikale Ansichten geäußert hatten. Harper, der Präsident der University of Chicago, hatte die Initiative ergriffen, Professor Edward W. Bemis fallen zu lassen, nachdem er zum Pullman-Streik von 1894 eine eisenbahnkritische Rede gehalten hatte. Rockefeller und Gates hatten lediglich die »richtigen« Männer zur Vertretung ihrer philanthropischen und finanziellen Interessen auserwählt – Männer, die sich von Werten und Meinungen leiten ließen, die ihren eigenen ähnlich waren, und von denen sie erwarten konnten, dass sie in ihrem Sinne handelten. In vielerlei Hinsicht bewiesen die lokalen Behörden, denen Rockefeller Vertrauen schenkte, dass dieses Prinzip richtig war.[103]

Ein letzter und wichtiger taktischer Grund für die Sicherstellung lokalen Engagements bestand darin, die Wirkung der einzelnen Subventionen zu vervielfachen. Die Rockefeller-Stiftungen verlangten von so gut wie allen Empfängern, einen Betrag aufzubringen, der genauso oder sogar viermal so hoch war wie der von der Stiftung gewährte Zuschuss. Die Treuhänder wurden also nicht nur um ihres stabilisierenden Einflusses wegen ausgewählt, sondern auch aufgrund »des Prestiges und der Autorität ihrer Namen«. Andrew Carnegie, der Präsident von Long Island Railroad William H. Baldwin, Harvard-Präsident Charles W. Eliot, Johns-Hopkins-Präsident Daniel Coit Gilman, Verleger Walter Hines Page, Bankier George Foster Peabody und andere angesehene Persönlichkeiten wurden vom

GEB ernannt, um »die allgemeine öffentliche Zustimmung und eine aktive und starke öffentliche Zusammenarbeit« für die GEB-Programme sicherzustellen. Indem sie die öffentliche Unterstützung sicherte und entsprechende Eigenbeiträge forderte, war die Stiftung in der Lage, den Einfluss der Spendenprogramme zu multiplizieren. Bis 1925 hatte das GEB Hochschulen und Universitäten in den Vereinigten Staaten 60 Millionen Dollar für Reformen zur Verfügung gestellt, die von ihm als wünschenswert eingestuft wurden, und im Rahmen seines »Matching Grant«-Programms (Unterstützung gegen gleich hohe Selbstbeteiligung) von den Institutionen verlangt, für die vom GEB geforderten Reformen weitere 140 Millionen Dollar aufzubringen. Bis 1928 hatte das GEB rund 50 Millionen Dollar an medizinische Hochschulen gespendet, um ganz bestimmte Reformen voranzubringen (dazu mehr in Kapitel 4) und insgesamt das Zehnfache dieser Summe erzielt.[104]

So entwickelten die Rockefeller-Philanthropien unter der Leitung fähiger Manager selbstbewusste strategische Programme, um die Hochschulausbildung, das Gesundheitswesen und andere sozialen Institutionen zu reformieren. Der Tenor ihrer Programme lag auf der Systematisierung und Rationalisierung dieser Institutionen, um sie an die Bedürfnisse des Unternehmenskapitalismus anzupassen.

In der Tat brachte der Aufstieg des Industriekapitalismus viele neue Bedürfnisse mit sich, die auch Gruppierungen abseits der kapitalistischen Klasse Möglichkeiten boten. Um Kosten zu senken und gleichzeitig die Kontrolle des Managements über die Produktion zu erhöhen, wurden die Arbeitsprozesse neu gestaltet. Wissenschaftler erarbeiteten für die technischen Innovationen die notwendigen Kenntnisse. Ingenieure passten das wissenschaftliche Know-how an die Produktion an und entwarfen neue Methoden und Maschinen, die den Bedarf an Facharbeitern reduzierten, die Produktivität steigerten und dem Management generell eine bessere Kontrolle über den gesamten Produktionsprozess ermöglichten.

In der Gesellschaftsstruktur bildete sich eine neue Schicht aus Managern und Fachleuten heraus, die für die Gestaltung und Organisation der Produktion sowie jener Institutionen zuständig waren, die das soziale Beziehungsgeflecht der kapitalistischen Gesellschaft abbildeten und kontrollierten. Hochschulen und Universitäten wurden zu Ausbildungs- und Forschungsagenturen, die Fachwissen sowie Ingenieure, Wissenschaftler, Anwälte, Lehrer und weitere Fachleute und Sozialmanager hervorbrachten. Manager wurden für ihre Leistungen gut bezahlt, und einige von ihnen schafften es wie Gates in die höchsten Kreise der alles beherrschenden besitzenden Klasse. Doch obwohl dies für »die meisten Manager von Unternehmen und Institutionen« nicht der Fall war, »denken und handeln [sie] immer noch so, als würde die Firma ihnen gehören«, wie William Appleman Williams es ausdrückte.[105] Sie setzten sich also ganz und gar für das herrschende Wirtschaftssystem ein.

Aus einer früheren merkantilistisch geprägten Philanthropie entwickelte sich eine neue Unternehmensphilanthropie, deren Ziel es nicht war, das Schicksal der Opfer des Industriekapitalismus zu lindern, sondern soziale Institutionen zu gestalten und zu lenken. Stiftungen waren und sind nach wie vor wichtige Bollwerke, durch die vermögende Privatleute mithilfe kreativer und loyaler Manager Universitäten, medizinische Hochschulen und andere »öffentlichen« Einrichtungen beeinflussen und oft sogar kontrollieren. Die Rockefeller-Stiftungen erarbeiteten Richtlinien und Strategien, die danach auch andere Stiftungen befolgten. Gates leitete die Rockefeller-Philanthropien mit »Vorstellungskraft, Wagemut und einem intuitiven Sinn für Bildungsstrategien«.[106] Pritchett, der Gates nacheiferte, machte Carnegies Stiftung zu einem Motor des sozialen Wandels. In vielerlei Hinsicht verstanden Manager wie Gates und Pritchett die Abläufe und Bedürfnisse des Kapitalismus besser als die vorgeblichen Eigner des Systems.

Umfassende gesellschaftliche Veränderungen aber erfordern mehr als nur das Engagement der herrschenden Klasse. Während die Arbeiterklasse unter der kapitalistischen Umorganisierung der Produktionsprozesse litt, hängten sich einige Gruppierungen mit großem Gewinn an die aufstrebende Unternehmerklasse. Als Gegenleistung dafür, dass sie zu Managern der Produktion oder der sozialen Beziehungen wurden, erlangten neue Berufsfelder wie Ingenieurwesen und Sozialarbeit, aber auch alte wie Rechtswesen und Medizin einen höheren Status. Der nahezu fantastische Aufstieg der Medizin von einem schier verächtlichen Rang in olympische Höhen ist ein gutes Beispiel für die gravierenden Konsequenzen, die drohen, wenn sich eine Interessengruppe den Bedürfnissen der herrschenden Klasse anpasst.

KAPITEL 2

Medizinwissenschaften I: der ideologische Aufschwung eines Berufsstands

—

Die Bemühungen der Ärzteschaft, das Vertrauen der Öffentlichkeit zu gewinnen und ihr Einkommen und ihren Status zu erhöhen, wurden fast das ganze 19. Jahrhundert hindurch enttäuscht. Trotz verschiedener Versuche, den hart umkämpften Markt für medizinische Dienste zu verändern, litt der größte Teil dieser Zunft unter dem Wettbewerb, der sowohl innerhalb der eigenen Reihen als auch außerhalb der orthodoxen Medizin stattfand.

In diesem Kapitel werden wir sehen, wie der Aufstieg der Wissenschaften im späteren 19. Jahrhundert die Lösung für das Problem lieferte, nach der medizinische Reformer bis dahin erfolglos gesucht hatten. Einige Ärzte und Biologen beschlossen, bei problematischen Krankheitsfällen die Methoden und Prinzipien wissenschaftlicher Forschung anzuwenden, obwohl diese Herangehensweise in den 1860er-Jahren noch wenig Unterstützung fand und sogar innerhalb ihres eigenen Berufsstands nur eine sehr kleine Rolle spielte. Doch um die Mitte des Jahrhunderts herum griffen tonangebende Reformer unter den Eliteärzten die »wissenschaftliche Medizin« auf und machten sie zur Ideologie der von ihnen angestrebten Berufsreform. Die medizinischen Wissenschaften versorgten die Ärzte mit immer effektiveren Verfahrensweisen, verliehen ihnen in der Öffentlichkeit mehr Glaubwürdigkeit und führten zu einer Eindämmung des unter ihnen herrschenden wirtschaftlichen Wettbewerbs. Die »wissenschaftliche Medizin« wurde als vereinheitlichende Theorie übernommen, die es dem Berufsstand ermöglichte, eine starke politische Organisation zu entwickeln und politische wie finanzielle Unterstützung von wohlhabenden Personen zu gewinnen. Das Wichtigste war vermutlich, dass die Verbindung von Medizin und Wissenschaft von den neuen technisch, beruflich und unternehmerisch orientierten Gruppierungen unterstützt wurde, die mit dem Wachstum des Unternehmenskapitalismus zu tun hatten.

Die amerikanische Medizin im 19. Jahrhundert

Gegen 1800 absolvierten nahezu alle amerikanischen Ärzte ihre Ausbildung an der Seite eines praktizierenden Arztes, dem sie bei einfachen Tätigkeiten und bei der Zubereitung von Medikamenten assistierten. Medizinische Vorlesungen waren im 18. Jahrhundert hierzulande nicht üblich, sodass junge Männer aus der Oberschicht für ihr Medizinstudium ins Ausland gingen, insbesondere nach Schottland. Die Handvoll in Edinburgh ausgebildeter Ärzte etablierten in Amerika sehr erfolgreiche Praxen mit den wohlhabendsten Stadtbewohnern als Patienten sowie lukrative Beratungspraxen. Vor 1800 hatten nur um die Hundert amerikanische Ärzte in Edinburgh Medizinkurse besucht, und nur drei amerikanische Medizinstudiengänge – in Pennsylvania, Harvard und Dartmouth – boten Vorlesungen zur Ergänzung ihrer Ausbildung an. Die Absolventen dieser Institute bildeten eine medizinische Elite und zusammen mit den gewöhnlichen, in einer Lehre ausgebildeten Ärzten den selbst ernannten »regulären« Berufsstand.[1]

Doch die meisten Amerikaner wurden nicht von solchen »regulären« Ärzten medizinisch versorgt. Während der Großteil der Bevölkerung auf dem Land oder in Kleinstädten lebte, wohnten die meisten via Lehre ausgebildeten Ärzte und die wenigen Absolventen medizinischer Fakultäten in den großen Städten. In Virginia etwa traf man um 1800 nur 3 Prozent der Bevölkerung in den elf größten Städten an, wohingegen ein Viertel aller bekannten Ärzte in eben diesen elf Städten praktizierte.[2]

So konsultierten die meisten Amerikaner, wenn sie krank waren, Kräuterheilkundige. Diese ganzheitlichen Heiler hatten keine formelle Ausbildung, sondern lernten ihr Handwerk hauptsächlich bei anderen Heilkundigen. Einige davon waren Hebammen, andere waren Frauen und Männer, die mit Kräutern experimentiert hatten und für ihre Fähigkeiten, Kranke zu heilen, bekannt waren. Auf dem Land gab es viele solche Laienheiler. Sie verdienten damit aber nur selten ihren Lebensunterhalt und verlangten nur kleine Beträge für ihre Dienste.[3] Reguläre Ärzte hingegen machten ihre Kunst immer mehr zum Hauptberuf und berechneten deutlich höhere Honorare, häufig unterstützt durch die »Gebührenverordnungen« der medizinischen Fachgesellschaften, die eine Untergrenze für die Honorare der konkurrierenden Ärzte festlegten.

Doch die ungleichmäßige Versorgung der Bevölkerung mit regulären Ärzten und deren höhere Gebühren waren nur zwei Gründe, warum sie in der ersten Hälfte des 19. Jahrhunderts sehr unpopulär waren. Großteils bedingt durch die soziale, wirtschaftliche und geografische Trennung vom Volk, wurde die klinische Praxis orthodoxer Ärzte vom Großteil der Bevölkerung sehr gefürchtet. Nicht nur bot ihre Medizin wenig Hoffnung auf Heilung, sondern ihre heroischen Methoden waren darüber hinaus unangenehm und hatten häufig tödliche Folgen. Das Skalpell war ein unentbehrliches Instrument und durfte bei den allermeisten Behandlungen nicht fehlen. So riet Benjamin Rush, von der Revolution bis in Jeffersons Zeit der prominenteste Arzt in Amerika, bei Gelbfieber zum Aderlass, und zwar »nicht nur wenn der Puls stark und schnell ist, sondern auch, wenn er langsam und verkrampft ist«.[4] Wurde einmal kein Aderlass empfohlen, wurde Kalomel (Merkurchlorid), Jalape oder ein anderes Abführmittel verabreicht. Das davon hervorgerufene heftige Erbrechen und Abführen war noch mehr verhasst als die Eiterblasen, die als Therapieform ebenfalls induziert wurden. Nachdem er den Körper und die Krankheit mit Aderlass, Blasenbildung und Abführen attackiert hatte, verabreichte der

Arzt ein arsenhaltiges Tonikum, um den geschwächten Patienten wieder zu stärken.

Im Gegensatz zu dieser unangenehmen und häufig desaströsen Behandlung durch die regulären Ärzte waren die milden Therapeutika der empirischen Kräuterheilkundigen angenehmer und beeinträchtigten zumindest nicht die natürliche Heilung. Ihre milden Brechmittel und Stimulanzien schienen der Natur näher zu sein als der übermäßige Aderlass und die groben Abführmaßnahmen der klassischen Ärzte.[5]

In der ersten Hälfte des 19. Jahrhunderts griffen Letztere, die immer noch die Konkurrenz der empirisch fundierten Kräuterheilkunde zu fürchten hatten, auf immer höhere Dosierungen ihrer Mittel zurück.

Im Glauben, jede Veränderung der Symptome eines Patienten sei von Vorteil, und im Bestreben, ihre Kunst von den Methoden der Laien zu unterscheiden, ließen die damaligen Ärzte ihre Patienten verstärkt bluten und verdoppelten und verdreifachten die Kalomel- und Jalape-Dosierungen. Diese todesmutige Therapie der Ärzteschaft wurde zum Gegenstand immer heftiger werdender Angriffe. Thomas Jefferson bezeichnete diese als »unerfahrene und anmaßende Bande medizinischer Neulinge, die auf die Welt losgelassen wird«. Mitte des 19. Jahrhunderts hatten von Cholera Infizierte eine ebenso große Chance, von der Krankheit wie vom Arzt umgebracht zu werden.

Die furchteinflößenden und nutzlosen Methoden dieses Berufsstands ließen das Vertrauen der Öffentlichkeit auf einen historischen Tiefpunkt sinken.[6] In dem Versuch, das öffentliche Vertrauen auf lokaler wie regionaler Ebene zurückzugewinnen und den Wettbewerb zu reduzieren, bemühten sich seine tonangebenden Mitglieder im 19. Jahrhundert vermehrt um Zulassungsgesetze, gründeten neue medizinische Verbände und Schulen, stellten Diplome aus, organisierten bundesstaatliche und nationale medizinische Gesellschaften, forderten Reformen der medizinischen Lehreinrichtungen und verabschiedeten ethische Kodizes – doch ohne dass sich ihre Effizienz, ihre Glaubwürdigkeit, ihr Status oder ihr Vermögen auch nur annähernd verbesserten.

Approbation

Trotz der Antipathie, die ihnen großteils vonseiten der Bevölkerung entgegenschlug, vermochten Vertreter des Ärztestandes Ende des 19. Jahrhunderts Herren in den bundesstaatlichen Parlamenten zu überzeugen, Gesetze zur Zulassung von Ärzten zu verabschieden, um die Ausübung der Kräuterheilkunde einzuschränken oder sogar zu verbieten. Die Approbation verlieh ausschließlich regulären Ärzten das Recht, Honorare einzufordern. Dieses gesetzlich sanktionierte ökonomische Privileg verschaffte diesem Berufsstand zwar kein wirtschaftliches Monopol, aber es stellte ihn über die Laienheiler und die meisten anderen Amerikaner.

Nicht nur hatte die Öffentlichkeit kein Vertrauen in die klinischen Methoden der regulären Ärzte, sondern Populisten sprachen sich während der Regierungszeit von Präsident Jackson auch gegen jede Form von Klassenprivilegien aus. So wurden bis 1850 die Approbationsgesetze in fast allen Bundesstaaten wieder aufgehoben. Ausschlaggebend dafür war das Popular Health Movement, eine lockere populistische Bewegung aus Laienheilern, Kräuterkundigen, Handwerkern, Bauern und Arbeitern, die gegen die gesetzlichen Auflagen kämpften, welche die privilegierte Stellung der Ärzte schützten.[7]

Medizinische Strömungen und Schulen

Der gedemütigte Berufsstand war tief gespalten. Viele Ärzte, die der halsbrecherischen Medizin kritisch gegenüberstanden, fühlten sich von den angenehmeren neuen medizinischen Strömungen wie Homöopathie und Eklektizismus angezogen, die immer populärer wurden. Diese bauten auf pflanzlichen Arzneimitteln, einer bestimmten Technik oder Verfahrensweise auf, wobei sie jeweils Elemente hinzufügten, die es ihnen ermöglichten, ein erweitertes Studium in ihrem Bereich zu fordern.

Die Homöopathie, wie sie ihr Begründer, der deutsche Arzt Samuel Hahnemann, definierte, basierte auf der weithin akzeptierten Meinung, dass die Symptome einer Krankheit die Krankheit selbst darstellen und folglich die Beseitigung der Symptome eine Heilung darstellt. Hahnemann fand heraus, dass manche Arzneimittel bei einer gesunden Person dieselben Symptome hervorrufen (also die »Krankheit« verursachten), die sie bei einer kranken Person beseitigen (also »heilen«). Beispielsweise rief Zimtrinde, die zu jener Zeit zur Symptomlinderung bei Malaria eingesetzt wurde, bei gesunden Menschen Malariasymptome hervor. Aus diesen Beobachtungen entwickelte er das, was er das Gesetz »Similia similibus curentur« (»Ähnliches möge durch Ähnliches geheilt werden«) nannte. Nach Hahnemann erhöhte zudem die Verdünnung einer Arznei auf ein Zehntausendstel oder sogar Millionstel ihrer ursprünglichen Stärke die Potenz der Arznei.[8]

Der Wettbewerb zwischen den einzelnen Gruppierungen und das Fehlen ihrer maßgeblichen öffentlichen Unterstützung führten dazu, dass keine von ihnen in der Lage war, durch Approbationen die Oberhand zu erlangen. So wandten sie sich, wie auch der orthodoxe Berufsstand, der medizinischen Ausbildung und Studiengängen zu, um neue Ärzte in ihren Reihen zu rekrutieren und zu zertifizieren und so den jeweiligen Berufsstand aufzubauen. Überall im Land entstanden medizinische Fakultäten, insgesamt wurden zwischen 1800 und 1900 um die 400 gegründet.[9] Ärzte organisierten an ihrem Ort Schulen, um ihre Praxen mithilfe der Studiengebühren besser auszustatten, über ihre Absolventen an mehr Patienten heranzukommen und so ihr Einkommen aufzubessern. In einer Zeit, als 1000 bis 2000 Dollar im Jahr für einen Arzt einen guten Verdienst bedeuteten, nahm ein Mitglied einer medizinischen Fakultät aus Studentengebühren und der eigenen Privatpraxis im Durchschnitt über 5000 Dollar jährlich ein, geschäftstüchtigere und sehr beliebte Kollegen sogar 10 000 Dollar und noch mehr.[10] So wie vor dem Bürgerkrieg rivalisierende protestantische Glaubensgemeinschaften und politische Gruppierungen Hunderte von allgemeinen Hochschulen gegründet hatten, riefen auch viele medizinische Gruppen zahlreiche medizinische Schulen ins Leben, um ihre Wettbewerbsposition zu verbessern. Allerdings hatte die orthodoxe Ärzteschaft bei Weitem die meisten Schulen unter ihrer Leitung.[11]

Der Anwuchs medizinischer Schulen im 19. Jahrhundert sicherte die Vorherrschaft von diplomierten Ärzten über Laienheiler und anders gesinnte Ärzte.

Um 1860 gab es zehnmal so viele reguläre Ärzte wie Mediziner anderer Strömungen.[12] Da es an zahlreichen Orten preisgünstige medizinische Hochschulen gab, beschlossen viele junge Männer (und auch einige Frauen), eine medizinische Laufbahn einzuschlagen. Die Absolventen, von denen so einige aus Bauern- und Arbeiterfamilien stammten, bevölkerten Amerikas Städte und ländliche Gebiete. Die Elite[13] der herkömmlichen Ärzteschaft ärgerte sich über die Konkurrenz innerhalb ihrer eigenen Riege, sparte sich ihre giftigsten Anschuldigungen aber für konkurrierende Gruppierungen auf. Ein Vertreter von Letzteren sei »der größte Feind des Medizinerberufs«, sagte der Dekan der medizinischen Fakultät der Tulane University, denn er stelle »ein Hindernis für den finanziellen Erfolg des ehrbaren Mediziners dar«.[14]

Die stetig weiter ansteigende Anzahl von Ärzten versetzte die organisierten Mediziner in große Sorge, denn ihnen war klar, dass eine größere Menge von Ärzten den Status und das Einkommen des ganzen Berufsstands eher senken als anheben würde. Da die öffentliche Unterstützung, die für effektive Gesetze über die Zulassung von Ärzten erforderlich gewesen wäre, fehlte und die demütigende Niederlage, die sie bei ihrem Bemühen um eine medizinische Approbation zu Anfang des Jahrhunderts erlitten hatten, immer noch in schmerzhafter Erinnerung war, wandten sich die Reformer einer Reformierung der medizinischen Schulen zu. Sie glaubten, dass eine Anhebung der Ausbildungsstandards und die damit erwartete Abnahme von Immatrikulationen gleichzeitig das Vertrauen der Bevölkerung in die medizinische Praxis stärken und die Anzahl der Ärzte senken würde. Diese Strategie stellte sie allerdings vor die Frage, wie sie die unabhängigen medizinischen Schulen in privater Hand kontrollieren konnten.

Medizinische Fachgesellschaften

Lokale und bundesstaatliche medizinische Gesellschaften, die die Ärzte repräsentierten, führten mit den medizinischen Schulen auf dem jeweiligen Gebiet einen Kampf. 1847 taten sich die Gesellschaften zur American Medical Association

(AMA) zusammen. Bei der Gründungsversammlung verabschiedeten führende Ärzte Resolutionen, die die Anforderungen an die vorbereitende Ausbildung vor der Zulassung zum Medizinstudium erhöhen sollten. Zu jener Zeit verfügten so wenige Amerikaner über die erforderliche Ausbildung, dass die Durchsetzung dieser Standards nach Meinung des Historikers William Rothstein »praktisch jede medizinische Schule im Land zum Schließen gezwungen und die Reihen der formal ausgebildeten Ärzte innerhalb weniger Jahre dezimiert hätte«.[15]

Seit ihrer Gründung stand die AMA den Interessen proprietärer medizinischer Hochschulen und ihren Fakultäten feindlich gegenüber. Die Ärzte wollten die Anzahl der Absolventen medizinischer Schulen niedrig halten, um die Konkurrenz im Berufsstand zu verringern, während die medizinischen Fakultäten jedwede Reformen ablehnten, weil sie ihre Studiengebühren und späteren Beratungshonorare möglichst hoch halten wollten. Zum Unglück für die Ärzteschaft glaubten die Anführer der Reformer fälschlicherweise, dass die Einbeziehung der medizinischen Fakultäten in die neue landesweite Organisation es den medizinischen Gesellschaften ermöglichen würde, sie zu kontrollieren. Dieser strategische Irrtum lähmte die AMA als Vorhut der Interessen der Ärzte bis 1874, als das Stimmrecht der medizinischen Hochschulen in der Vereinigung abgeschafft wurde.

Ethikkodizes

Die Angriffe der AMA auf die medizinische Ausbildung und insbesondere andere medizinische Gruppierungen stützten sich auf einen »Ethikkodex«, der auf ihrem ersten Kongress verabschiedet wurde. Mit diesem Kodex hoffte die AMA, den Patienten die Möglichkeit zu nehmen, ihre Ärzte oder die Meinungsverschiedenheiten zwischen Ärzten zu beurteilen, Angriffe auf »irreguläre« Ärzte und »Quacksalber« zu fördern und allgemein den Wettbewerb zwischen regulären Ärzten zu verringern. Die AMA befahl Patienten, ihren Ärzten zu vertrauen, und beklagte gleichzeitig die niedrigen Standards der medizinischen

Ausbildung. »Der Gehorsam eines Patienten den Verordnungen seines Arztes gegenüber sollte unverzüglich und selbstverständlich sein«, heißt es in diesem Ethikkodex. Der Patient »sollte niemals zulassen, dass seine eigene ungehobelte Meinung, was ihre Tauglichkeit anbelange, seine Achtsamkeit ihnen gegenüber beeinflussen«.[16]

Diese Bemühungen, den ökonomischen Status und die Macht des Berufsstands wieder zu stärken, legitimierten die Ärztevereinigungen mit moralischen und ethischen Grundsätzen. Seit der Kolonialzeit waren Verstöße gegen »Ethikkodizes« ein Grund für die Ächtung nicht konformer Ärzte gewesen. Diese wurden nicht nur gegen andere Gruppierungen und Laienheiler angewandt, sondern auch gegen Mitglieder der regulären Ärzteschaft, die sich mit Homöopathen und Eklektikern berieten, und sogar gegen die aufkommenden medizinischen Fachgebiete, die der Allgemeinmedizin Konkurrenz machten. Der AMA-Kodex schaffte es nicht, die Unterstützung der Bevölkerung zu gewinnen oder den Wettbewerb zu unterbinden, obwohl die Angriffe der medizinischen Gesellschaften auf Mitglieder, die angeblich gegen den Kodex verstoßen hatten, einige Ärzte einschüchterten und die Feindseligkeit zwischen den Berufsgruppen verstärkten.[17]

Kurz gesagt: Konflikte zwischen Ärzten und medizinischen Fakultäten, Allgemein- oder Fachmedizinern, »regulären« Ärzten und abweichenden Strömungen sorgten das ganze 19. Jahrhundert hindurch für eine gravierende Spaltung des heilenden Berufsstands. Die zusammenhanglose Strategie der regulären Ärzteschaft und die schwache Struktur ihrer Organisation, der AMA, führten dazu, dass keine einzige Gruppierung in der Lage war, den Wettbewerbsmarkt unangefochten zu beherrschen.

Die Zahl der Medizinabsolventen stieg unvermindert an. Ende des 19. Jahrhunderts kam in den USA durchschnittlich ein Arzt auf 568 Einwohner.[18] Verglichen mit Europa (das am häufigsten herangezogene Beispiel war Deutschland mit einem Arzt für 2000 Einwohner), waren die Vereinigten Staaten mit Ärzten regelrecht »überfüllt«. Der wirtschaftliche Status der Ärzte reichte von arm (200 Dollar im Jahr) bis zu reich (einige wenige Eliteärzte verdienten bis zu 30 000 Dollar im Jahr). Die prominentesten Sprecher des Berufsstands beklagten gegen Ende des Jahrhunderts vor allem dieses »Überangebot« an Ärzten, ihr niedriges Einkommen und ihren geringen sozialen Status.

Die medizinischen Reformer, die diese Wunden zu heilen versuchten, hatten es mit drei grundlegenden Problemen zu tun. Erstens fehlte den Ärzten eine einheitliche *fachliche* Grundlage, um Streitigkeiten untereinander zu regeln. Ohne einen allgemeinen Konsens über die fachlichen Kriterien, Wirksamkeit und Berechtigung von Heilmaßnahmen konkurrierten alle Strömungen auf dem medizinischen Markt miteinander. Aber ohne öffentliches Vertrauen in die Berechtigung einer Gruppe konnte keine von ihnen ein medizinisches Monopol beanspruchen und die Konkurrenz ausschalten.

Aufgrund dieser fehlenden fachlichen Grundlage befanden zweitens sich alle in einer zu schwachen Position, um öffentliche Unterstützung zu erhalten und somit die *politische* Kontrolle über den Zugang zur medizinischen Praxis zu erlangen. Frühere Bemühungen des regulären Berufsstands um eine Lizenzierung hatten infolge des organisierten Widerstands anderer Verbände und des Misstrauens der Bevölkerung mit einer demütigenden Niederlage geendet.

Drittens trennten zumindest innerhalb der dominierenden Gruppierung unterschiedliche wirtschaftliche Interessen diejenigen, die Medizin praktizierten, von denen, die künftige Ärzte ausbildeten. Praktizierende Ärzte wollten die Anzahl der Konkurrenten begrenzen, wohingegen die Teilzeitdozenten Lehrinstitute erhalten wollten, da sie einen lukrativen Nebenerwerb darstellten.

Professionalisierung mit Lücken

Ohne das Vertrauen der Öffentlichkeit in ihre fachlichen Fähigkeiten zu besitzen, hatten Ärzte im 19. Jahrhundert und bereits davor Normen proklamiert, um ihre Autorität gegen die Laienbevölkerung zu untermauern. Mithilfe von Forderungen nach Anerkennung ihrer fachlichen Kompetenz (an die sie selbst zweifellos glaubte) versuchte die offizielle Ärzteschaft, ihre Ansprüche auf professionelle Autorität zu legitimieren. Die Anerkennung dieser Autorität galt für den

Berufsstand als notwendig, um die wirtschaftlichen Bedingungen seiner Arbeit zu kontrollieren. Indem diese ordnungsgemäßen Ärzte eine Reihe von Normen und Werten, die im Zusammenhang mit ihrer Arbeit standen, proklamierten, hofften sie, den Wettbewerb auf dem medizinischen Sektor und einen entsprechenden Markt für sich zu gewinnen.

Was genau die Grundlagen von beruflichem Status und beruflicher Macht ausmacht, debattieren die Soziologen noch immer und zählen dafür für gewöhnlich eine Reihe wesentlicher Merkmale auf, die bestimmte Berufe von der allgemeinen Masse unterscheiden sollen. 1928 definierte A. M. Carr-Saunders, der Vater der Berufssoziologie, einen Beruf als eine Tätigkeit, die 1) auf einer speziellen intellektuellen Ausbildung oder einem Studium beruht, 2) eine qualifizierte Dienstleistung für andere erbringt und für die 3) ein Honorar oder ein Gehalt bezahlt wird.[19] 30 Jahre später unterstrich William Goode als »Kerncharakteristika« von Berufen eine längere spezialisierte Ausbildung in einer Institution abstrakten Wissens und eine Kollektiv- oder Dienstleistungsorientierung.[20] Andere Soziologen ergänzten die Liste formaler Kennzeichen von Berufen um einen systematischen theoretischen Aufbau, die Akzeptanz der Autorität des Berufstätigen durch alle, die sich als Kunden oder Klienten an ihn wenden, den Schutz seiner Autorität durch die politische Gemeinschaft, einen Ethikkodex zur Regelung der beruflichen Beziehungen und eine Reihe von Werten, Normen und Symbolen, die die Solidarität unter den Mitgliedern des Berufsstands fördern.[21]

Doch solche Listen mit formalen Kennzeichen erweisen sich in der realen Welt als recht nutzlos, um bestimmte Berufe von anderen zu unterscheiden. Schlimmer noch: Sie neigen dazu, die politische und die ökonomische Dynamik zu übersehen, die für den Prozess der Professionalisierung wesentlich sind, und lassen beruflichen Status und Macht als unvermeidliches und wünschenswertes Merkmal moderner Gesellschaften erscheinen. In der Realität, so beobachtete Eliot Freidson, schafft jeder Beruf, der einen professionellen Status anstrebt, einen systematischen Theorierahmen, beansprucht die ausschließliche Autorität seiner Mitglieder, übernimmt einen ethischen Kodex, versucht, unter seinen Mitgliedern eine Solidarität auf Grundlage formaler Werte, Normen und

Symbole aufzubauen, und schmückt sich überdies mit den bekannten Medaillen der Berufe, um seine Ansprüche zu untermauern. »Fehlt ein systematischer theoretischer Rahmen«, so Freidson, »so wird er geschaffen, nur um sagen zu können, dass es ihn gibt.«[22]

Die Verpflichtung zur Dienstleistung, so Harold Wilensky, ist »der Dreh- und Angelpunkt, um den sich der moralische Anspruch auf den beruflichen Status dreht«.[23] Wie bei vielen solchen beruflichen Normen gibt es auch hier keine eindeutigen Hinweise darauf, dass die Orientierung auf die Dienstleistung unter den Berufstätigen tatsächlich stark ausgeprägt und weitverbreitet ist. Nach Begutachtung der soziologischen Literatur, die solche Behauptungen aufstellt, kam Freidson zu dem Schluss: »Es ist unverblümte Tatsache, dass Diskussionen über Berufe per Definition und ohne empirische Belege davon ausgehen oder beteuern, dass die ›Orientierung auf die Dienstleistung‹ unter Berufstätigen besonders häufig ist.«[24]

Tatsächlich lassen sich viele akademischen Sozialwissenschaftler von ihrem eigenen (in der Regel eigennützigen) Glauben in die »Wissenschaft« und »Kompetenz« dazu verleiten, berufliche Normen mit der Realität der beruflichen Praxis und Motivation zu verwechseln. Für einige Soziologen waren ethische Kodizes aufrichtige Versuche der Berufsstände, Kompetenz und Seriosität zu garantieren. Carr-Saunders glaubte, dass »die Grundlagen der Kodizes nicht generell feindselig betrachtet würden, wenn sie besser verstanden würden«.[25]

In jüngerer Zeit haben sich einige Soziologen kritischer mit beruflichen Normen auseinandergesetzt. So sagt Everett Hughes, die weitverbreitete Akzeptanz von Normen wie »Der Berufstätige sollte nahezu komplette Kontrolle über das haben, was er für den Kunden tut« und »Nur der Fachmann kann sagen, wenn sein Kollege einen Fehler macht« werde von Berufstätigen dazu benutzt werden, um Fehler zu vertuschen.[26]

Was bei der Überprüfung des Professionalisierungsprozesses in der soziologischen Literatur weitgehend ignoriert wird, ist die Frage, wie wichtig politische Macht für die Erlangung und Aufrechterhaltung des beruflichen Status ist. Die Geschichte des Ärztestands im 19. Jahrhundert zeigt, dass er nicht in der Lage war, ohne ausreichende politische Macht seine wirtschaftlichen und beruflichen

Bedingungen zu kontrollieren. Erste Bemühungen um eine Lizenzierung wurden in der Jackson-Ära von einer populären Bewegung aus Laienheilern und anderen Populisten niedergeschlagen. Versuche des Berufsstands, die medizinische Ausbildung als Reformstrategie zu nutzen, wurden aufgrund der fehlenden Kontrolle über medizinische Fakultäten ausgebremst. Zwar organisierten die tonangebenden Reformer eine nationale Ärztevereinigung, die medizinischen Fakultäten aber befanden sich außerhalb der Reichweite der American Medical Association. Ethikkodizes, die den aktuellen Berufsnormen Ausdruck verliehen, konnten weder die öffentliche Unterstützung für den Berufsstand gewinnen noch den Wettbewerb innerhalb der Ärzteschaft beseitigen. Die Reformer wollten Macht erlangen, um die Instrumente der Professionalisierung durchzusetzen, die für die Ärzte hohe Einkommen, hohen sozialen Status und dauerhaften Wohlstand sicherstellten.

Freidson hält eisern an dieser Interpretation der Professionalisierung fest. »Nicht die Ausbildung als solche, sondern nur *die Frage der Autonomie und Kontrolle über die Ausbildung, die dem Berufsstand von einer Elite oder der Öffentlichkeit, die von seiner Bedeutung überzeugt ist, zugestanden wird,* scheint die Berufe klar unterscheiden zu können«, sagt er. »Und der Prozess, der das Ergebnis bestimmt, ist eher politischer und sozialer als technischer Natur – ein Prozess, in dem Macht und überzeugende Rhetorik von größerer Bedeutung sind als objektives Wissen, objektive Ausbildung und Arbeit.« Die Art der Ausbildung, das Dienstleistungsideal, der ethische Kodex und der Aufbau der abstrakten Theorie bilden zusammen die »Ideologie eines Berufsstands, eine wohlüberlegte Rhetorik in einem politischen Prozess der Lobbyarbeit, der Öffentlichkeitsarbeit und anderer Formen der Überzeugungsarbeit, um ein angestrebtes Ziel zu erreichen – die vollständige Kontrolle über seine Arbeit«.[27]

Aus dieser Perspektive kann die Geschichte der Medizin als politischer Prozess verstanden werden, in dem die einzelnen Reformen – wie sehr sie auch die fachliche Effektivität der Ärzte verbessern mögen – auch Überzeugungsinstrumente und Symbole der Legitimität darstellen. Die Ziele der Reformer waren die kollektive Kontrolle des Berufsstands über seine Arbeitsbedingungen und seinen wirtschaftlichen Status, um eine Hierarchie der Autoritäten und der Macht unter den Heilberufen zu etablieren und sicherzustellen, dass Ärzte in jeder historischen Epoche an der Spitze dieser Hierarchie stehen und möglichst hohe Einkommen haben.

Unterstützung für solche Interessen müsste von außerhalb der Ärzteschaft kommen. Während man sich also um die Glaubwürdigkeit »der Öffentlichkeit« bemühte, betrachteten die Anführer des Berufsstands ihren Kampf nicht als Basisbewegung. Da sie eine soziale und wirtschaftliche Position über der Bevölkerungsmehrheit anstrebten, konnten sie bestenfalls darauf hoffen, dass das Volk sie in Kauf nehmen würde. Aktive Unterstützung hatte von den höheren gesellschaftlichen Rängen herzukommen. Im 18. Jahrhundert hatten sich Ärzte an Gutsbesitzer und reiche Kaufleute gewandt, um die Unterstützung in den Parlamenten der Bundesstaaten zu gewinnen. Im 19. Jahrhundert bewies eine politische Revolte von unten die Unzulänglichkeiten der rein gesetzlichen Maßnahmen. Darüber hinaus lag die politische Macht zunehmend in den Händen einer neuen Gesellschaftsklasse – eben jener Kapitalisten, die große Produktions- und Handelsunternehmen kontrollierten und die das Gesicht der Nation im Guten wie im Schlechten verändern sollten. Ihre Unternehmen waren es, um die sich die neuen Städte entwickelten. Aus ihren Fabriken kamen der Stahl und die Maschinen, die dieselben Männer in die Lage versetzten, das Land kommerziell mit Eisenbahnen, Handelswaren und sogar Armeen zu einigen. Von ihren Unternehmen ging der Bedarf an ausländischen Ressourcen aus, und sie waren es, die die Waren für den Auslandsmarkt lieferten und Amerika damit rasch zu einer Weltmacht machten. Diese Leute bildeten im Amerika des ausgehenden 19. Jahrhunderts die aufstrebende Klasse. Und die Gesellschaftsgruppen, die mit ihren Unternehmen oder Interessen in Bezug standen, hatten die Möglichkeit, mit ihnen zusammen aufzusteigen.

Immer mehr Ärzten wurde klar, dass die vollständige Professionalisierung der Medizin nur dann möglich war, wenn sie eine Ideologie und eine Praxis entwarfen, die zu den Ideen und Interessen der sozial und politisch dominierenden Gesellschaftsgruppen passten. Es war *wünschenswert*, dass die ganze Gesellschaft ihre fachliche Effektivität erkannte, aber *entscheidend*, dass die Klassen und Gruppierungen, die mit den aufstrebenden Schichten in Bezug standen, daran glaubten. Die sich herausbildende Dominanz wissenschaftlicher Medizin innerhalb des Berufsstands lieferte das perfekte Material und die ideologische Basis für eine Allianz der Ärzteschaft mit anderen Berufsständen (insbesondere Ingenieuren und Juristen), Führungskräften in Unternehmen und allen Rängen der kapitalistischen Klasse. So entdeckte der Berufsstand der Ärzte eine Ideologie, die mit der Weltanschauung und den politischen und ökonomischen Interessen der Kapitalisten sowie der neuen Manager- und Expertenschicht kompatibel war.

Medizin als Wissenschaft

In Deutschland und Frankreich florierte im 19. Jahrhundert die medizinische Forschung, und selbst in den USA leisteten Biologen und Ärzte ihre Beiträge. 1818 war der New Yorker Chirurg Valentine Mott einer der Ersten, der sich an große Arterienoperationen in Herznähe heranwagte. Und er war nicht der einzige Amerikaner, der neue chirurgische Methoden ausprobierte, während Kollegen neue Erkenntnisse zur Internistik beitrugen. Die 1847 gegründete New York Academy of Medicine und die Pathological Society in Philadelphia förderten Auseinandersetzungen über medizinische Forschung und Wissenschaften.[28]

Doch nur wenige Einsichten und Projekte derselben erwiesen sich unmittelbar für die medizinische Praxis von Nutzen. Es darf angezweifelt werden, dass die neuen Operationstechniken ohne aseptische Verfahren von vielen Patienten überlebt werden konnten. Zwar ermöglichte die genauere Unterscheidung von Krankheiten eine bessere Überwachung, aber die immer noch gängigen kruden Behandlungsmethoden führten genauso häufig zum Tod des Patienten wie zuvor.

Von der Jahrhundertmitte an lieferte die medizinische Forschung in Europa praxistauglichere Ergebnisse. 1858 stellte Rudolf Virchow ein allgemeines Krankheitskonzept vor, das auf der zellulären Struktur des Körpers basierte. Aus den Erkenntnissen der Zellphysiologie, -anatomie und -pathologie entwickelten Pasteur, Koch und weitere medizinische Forscher neue Konzepte und Anwendungsgebiete der Bakteriologie.[29] Im letzten Viertel des Jahrhunderts begannen spezialisierte deutsche Laboratorien, die generalistisch orientierten Botaniker, Biologen und Mediziner zu ersetzen. Ihre Erkenntnisse gaben den medizinischen Wissenschaften eine reduktionistischere und fachlich effektivere Richtung.

Auch in der medizinischen Praxis in Amerika spiegelte sich die allmähliche Akzeptanz der neuen Fortschritte in Europa wider. Ab den 1870er-Jahren gingen zahlreiche ehrgeizige amerikanische Ärzte, die sich ohne Einkommen die Reise und den Auslandsaufenthalt leisten konnten, in die berühmten Laboratorien deutscher und österreichischer Universitäten, um dort ein Jahr oder länger zu studieren. Zwischen 1870 und dem Ausbruch des Ersten Weltkriegs 1914 studierten allein in Deutschland etwa 15 000 amerikanische Ärzte.[30]

Die meisten von ihnen kehrten im Anschluss nach Amerika zurück, um lukrative Praxen zu eröffnen, einige von ihnen setzten sich aber hauptsächlich für die Entwicklung der labortechnischen Wissenschaften in den USA ein. Das Leipziger Carl-Ludwig-Institut für Physiologie brachte mehrere Koryphäen der amerikanischen Kindermedizin hervor. Henry Pickering Bowditch, einer von Ludwigs Studenten, gründete 1871 die erste Abteilung für experimentelle Physiologie an der Harvard University, und William Henry Welch, ein weiterer Ludwig-Schüler, rief 1878 das erste pathologische Labor des Landes an der medizinischen Fakultät des Bellevue Hospital ins Leben.[31]

15 Jahre später entwuchs die amerikanische Medizin mit der Eröffnung der Johns Hopkins Medical School den Kinderschuhen. Diese war den deutschen medizinischen Hochschulen nachempfunden und hatte einen starken Schwerpunkt auf der medizinischen Grundlagenforschung. In der laborwissenschaftlichen Fakultät der Johns Hopkins sollten zum ersten Mal in den Vereinigten Staaten Vollzeitdozenten und -forscher arbeiten, für ein Gehalt, das zum Leben reichte und das Ablenkungen durch private Praxen überflüssig machte. So gut wie das ganze Kollegium hatte in Deutschland studiert. Hopkins und später Harvard, Yale und Pennsylvania wurden zu den amerikanischen Ausbildungsstätten von wissenschaftlich-medizinischem Fachpersonal. Je mehr Anerkennung die wissenschaftliche Medizin fand, desto mehr buhlten medizinische Hochschulen im ganzen Land um Hopkins-Absolventen, um ihren farblosen Fakultäten Glanz zu verleihen.

Auch die medizinische Praxis begann sich mit zunehmender Anerkennung der Medizinwissenschaften zu verändern. Ärzte übernahmen nach und nach unkomplizierte wissenschaftliche Methoden, die für ihre Patienten hinnehmbar waren und das Leiden zumindest zu verringern und Symptome zu lindern *schienen.*[32] Aderlass und Kalomel wurden von den 1870er-Jahren an seltener verordnet, allerdings bedienten sich viele Ärzte ihrer noch bis in die 1920er-Jahre.

Ärzte, die genug Geld hatten, um ein Jahr in Europa zu studieren, waren in der Lage, repräsentativere Praxen aufzubauen als in Amerika ausgebildete Doktoren, und nahmen sich selbst in der Regel aus dem Wettbewerb mit der Mehrheit der Ärzte heraus, indem sie sich auf Gynäkologie, Chirurgie, Augenheilkunde oder einen anderen der neuen medizinischen Fachgebiete spezialisierten. Bald entstand dadurch in der Ärzteschaft eine neue Elite, und ihr guter Ruf lockte den Mittelstand und die wohlhabenden Schichten in ihre Praxen.[33]

Als sich die wissenschaftliche Medizin immer weiter ausbreitete und mehr Ärzte einbezog, stiegen die angesehensten unter den Eliteärzten noch höher auf. Sie stellten schnell fest, dass die »wissenschaftliche Medizin« nicht nur effektiver war als die heroischen kruden Methoden von einst, sondern auch weitaus profitabler.

Im 19. Jahrhundert hatten die Anführer der Ärzteschaft zahlreiche Versuche unternommen, den Berufsstand aufzuwerten, doch keiner von ihnen war erfolgreich gewesen. Erst die medizinische Wissenschaft sollte sich als Schlüssel zur Reform erweisen. Die medizinische Forschung brachte neue Erkenntnisse hervor und ließ auf effektivere Präventiv- und Therapietechniken hoffen, als sie die orthodoxe Medizin bot. Doch die wissenschaftlich orientierte Medizin diente nicht nur dem Zweck, die Arbeit in den Arztpraxen fachlich effizienter zu gestalten, sondern auch dazu, *Ideologie der Professionalisierung* voranzutreiben, die Unterstützung der mit dem Industriekapitalismus verbundenen herrschenden Gruppen zu gewinnen, die vollständige Dominanz der Ärzteschaft im Gesundheitswesen zu zementieren und das Einkommen und den Status der Ärzte als Gruppe zu erhöhen.

Doch trotz der offensichtlichen Vorteile für die Ärzte lieferte die wissenschaftliche Medizin die Saat für die endgültige Zerstörung des Berufsstands. Im Folgenden werden wir sehen, wie sich diese Dialektik entwickelte. Wir werden die Vorteile entdecken, die der Berufsstand aus der Übernahme der wissenschaftlichen Medizin zog, die Widersprüche, die diesem historischen Prozess innewohnten und die Position des Arztberufes zu untergraben begannen, sowie die neuen Kräfte und Widersprüche, die nun auftauchen.

Das Vertrauen der Öffentlichkeit im Visier

Die wissenschaftliche Medizin löste zwei große Probleme, mit denen die Ärzteschaft im ausgehenden 19. Jahrhundert konfrontiert war: das mangelnde Vertrauen der Bevölkerung in die Wirksamkeit ihrer Dienste und den Wettbewerb innerhalb des Berufsstands.

Denn statt Ehrfurcht und Vertrauen zu erwecken, hatte die reguläre Ärzteschaft in der Bevölkerung bislang nur Angst und Spott geerntet. Folglich war es im 19. Jahrhundert die Hauptaufgabe ihrer professionellen Wortführer, die öffentliche Unterstützung und Gunst zu gewinnen. Der Ethikkodex der AMA sollte der Laienbevölkerung garantieren, dass Ärzte kompetent und ethisch auf dem richtigen Weg waren, und die Öffentlichkeit dazu bringen, ihr Vertrauen in reguläre Mediziner zu setzen. Doch ohne schlüssige Erfahrungen am eigenen Leibe oder überzeugende Propaganda als Ersatz dafür hatten ihre Behauptungen oder Anweisungen keine Wirksamkeit.

Homöopathie, Eklektizismus und Osteopathie hatten zwar nicht so viele Gönner wie der reguläre Berufsstand, fanden in der Bevölkerung aber breiten Zuspruch. Auch unter wohlhabenden und einflussreichen Gruppen glaubten viele an ihre Wirksamkeit. Die Methoden in diesen Fachbereichen wurden für vergleichsweise ebenso effektiv und mit Sicherheit weniger gefährlich gehalten als die der meisten regulären Ärzte. Überdies forderten sie kein Monopol, was angesichts des schlechten Rufs von Letzteren und der Tatsache, dass bei den meisten kleinen akuten und chronischen Beschwerden auf Hausmittel zurückgegriffen wurde, eine kluge und politisch pragmatische Entscheidung war.

Damit der reguläre Berufsstand im Wettbewerb mit den anderen medizinischen Gruppierungen die Oberhand gewinnen konnte, musste er in erster Linie sowohl absolut wie relativ das Vertrauen der Bevölkerung gewinnen. Für eine konzertierte und erfolgreiche Öffentlichkeitskampagne in diesem Sinne lieferte die wissenschaftliche Medizin die richtige Grundlage. Sie war aber keineswegs auf das gemeine amerikanische Volk ausgerichtet, sondern nur auf die Wohlhabenden und Mächtigen der Gesellschaft sowie die neuen »Mittelschichten«. Beide Gruppen verdankten ihre privilegierten Positionen der intensiven Industrialisierung, die mit dem Sezessionskrieg begonnen hatte, und so waren sie von einer Medizin, die ihre Industriekultur, Werte, Weltanschauung und Ideologie teilte, besonders angetan. Das »Wissenschaftsmanagement« analysierte die Laborprozesse in der Produktion, teilte sie in Einzelgebiete auf und organisierte sie unter der Kontrolle der Geschäftsleitung und für deren Profit neu.[34] Diese Verfahrensweise ähnelte jener der »wissenschaftlichen Medizin«, die den Körper in seine Einzelteile zerlegte, diese der Kontrolle von Medizinwissenschaftlern unterwarf und so für einen gesünderen und leistungsfähigeren Körper sorgte.

Die Keimtheorie, die Krankheiten auf unterschiedliche externe Erreger zurückführte, war für die reguläre Ärzteschaft und für diese neuen Industrie- und Unternehmenseliten besonders interessant. Sie ermutigte den Gedanken, für die Heilung spezifischer pathologischer Zustände benötige man auch spezifische Therapien,[35] und zahlte sich für die Ärzte in einer höheren fachlichen Effizienz und einem höheren Ansehen in der Öffentlichkeit aus. Natürlich war dies weder das Hauptanliegen der einflussreichen Kapitalisten noch das der medizinischen Forscher. Diese Männer (in ihren Reihen gab es kaum Frauen) sahen in der wissenschaftlichen Medizin die Möglichkeit, Krankheiten durch technologische Intervention zu vermeiden, die den angreifenden Organismus und seine Ansteckungsweise identifizierten und ihn dann an der Quelle angriffen oder ihn dazu benutzten, um im Körper eine Immunreaktion zu erzeugen. Krankheit wurde als technisches Problem betrachtet, das mit ausreichend Begabung und Hilfsmitteln zu bewältigen war. Für die medizinische Forschung bestätigten die Keimtheorie und die Erkenntnisse der Bakteriologie den Wert ihres Handwerks und sorgten für zunehmende Unterstützung ihrer Arbeit. Für die Kapitalisten eröffneten die bakteriologischen Untersuchungen und die Anwendung ihrer Erkenntnisse die Möglichkeit, den Tribut zu verringern, den Krankheiten von den Ressourcen der Gesellschaft forderte.

Die Wegbereiter der wissenschaftlichen Medizin und die Ärzte anderer medizinischer Strömungen hatten die Klassifizierung von Krankheiten bereits erheblich optimiert. Lange Zeit hatten europäische Ärzte im Feld medizinischer Entdeckungen dominiert, auch wenn ab und an ein Amerikaner etwas dazu beitrug. 1836 schaffte es William Gerhardt, ein Arzt am Philadelphia Hospital, Fleckfieber (englisch »typhus«) von Typhus abdominalis (englisch »thyphoid fever«) zu unterscheiden. Doch solange es keine Therapie gegen die entsprechende Erkrankung gab, waren solche Klassifikationen kaum von praktischem Nutzen. Während Aderlass, Abführen, Bläschenbildung und Elixiere weiterhin zum Standardrepertoire regulärer Ärzte gehörten, wandten Homöopathen, vielseitige Naturheilpraktiker und Laienheiler eine breite Palette von Kräutern an und berichteten oft von hohen Heilungsraten. Noch in den 1880er-Jahren standen der regulären Ärzteschaft kaum Medikamente zur Verfügung, deren Heilwirkung allgemein anerkannt war: Chinin konnte Malariaopfer retten, Quecksilber Syphilis heilen, und Digitalis war bei Herzerkrankungen oftmals nützlich.[36]

Auf dem Gebiet der Krankheitsprävention war man etwas erfolgreicher. Im 18. Jahrhundert unterzogen sich wohlhabende Europäer und Amerikaner der Variolation, einer ziemlich gefährlichen Pockenimpfung, die im Nahen und Fernen Osten schon seit Jahrhunderten angewandt wurde. 1798 führte Edward Jenner die Schutzimpfung gegen Kuhpocken ein, die effektiv und etwas sicherer war als die Variolation.[37]

1866, als in den USA die dritte große Choleraepidemie wütete, fand die Auffassung, es handle sich bei Cholera um eine ansteckende Erkrankung, nahezu einhellige Befürwortung in der Ärzteschaft und stützte den bereits starken Volksglauben an die Ansteckungsgefahr. Die Forderung der Mediziner, die amerikanischen Städte vom Schmutz zu befreien, gewann die Unterstützung der Geschäftswelt und trug dazu bei, die Ausbreitung von Cholera einzudämmen und die hohen Sterblichkeitsraten zu verhindern, die die vorherigen

Epidemien gekennzeichnet hatten. Der Erfolg dieser Präventivmaßnahme war auf die Sanitärtechnik zurückzuführen und hatte zur Folge, dass Sanitärprogramme mehr Unterstützung fanden.[38]

Trotz der mageren Resultate hielten führende Ärzte und die neue Klasse medizinischer Forscher an ihrem Glauben fest, am Ende würden die Medizinwissenschaften von Erfolg gekrönt sein. Und tatsächlich wurden in den 1880er- und 1890er-Jahren in Europa große Durchbrüche gefeiert. 1883 und 1884 gelang es Edwin Klebs und Friedrich Loeffler, den Erreger der Diphtherie zu isolieren, die im 19. Jahrhundert viele Menschenleben gefordert hatte, und Anfang der 1890er-Jahre entwickelten Emil von Behring und sein Team ein Gegengift gegen Diphtherie. Dieses senkte zwar kaum die Todesrate, untermauerte aber den Glauben, dass todbringende Epidemien, die bis dahin mit Resignation hingenommen wurden, verhindert werden könnten, wenn man ihre Ursachen verstand.[39]

Derartige Erkenntnisse wurden in den 1880er- und 1890er-Jahren überall auf der Welt gefeiert. Davon profitierten die Medizinwissenschaften, denn nun wurde ihnen Respekt entgegengebracht und sie erhielten politische und finanzielle Unterstützung. Außerdem ebneten solche Erfolge den Weg zu Wohlstand. Die deutsche Regierung stattete Robert Koch und Paul Ehrlich mit Laboratorien aus, in Frankreich finanzierten öffentliche Spenden ein Forschungsinstitut für Louis Pasteur, und in England und Japan sponserten private Philanthropien neue medizinische Forschungseinrichtungen.

In den Vereinigten Staaten hingegen hinkte die private und öffentliche Unterstützung der medizinischen Forschung hinterher. Zwar bekam die Veterinärmedizin vom Landwirtschaftsministerium Hilfe, um Epidemien einzudämmen, die die Investitionen in die Viehzucht bedrohten. Doch Regierungsbeamte und Philanthropen sahen wenig Wert in der Erforschung menschlicher Krankheiten, wie Richard Shryock anmerkt, »zum Teil aufgrund des Zustands der medizinischen Wissenschaften vor 1885 und zum Teil, weil das menschliche Wohlergehen keinen direkten finanziellen Profit einbrachte, Schweine aber schon«.[40] Die Erkenntnisse aus den 1880er- und 1890er-Jahren versprachen jedoch, dass wissenschaftlich-medizinische Forschung nicht nur Heilmittel, sondern auch Methoden zum Schutz vor Infektionen und zur Verhinderung von Epidemien liefern würde, sobald die Wissenschaft die Keime, die die großen Seuchen verursachten, identifizieren können würde. Diese Erwartungen bestimmten das Leben der Forscher, verbreiteten sich aber auch rasch in den Mittelschichten und unter jenen, die Amerikas neue Industriemächte besaßen und kontrollierten.

Die medizinische Forschung rettete die medizinischen Berufe, insbesondere die Ärzteschaft, vor dem mangelnden Vertrauen in ihre Effektivität. Die bisherigen wenigen, gleichwohl wichtigen Ergebnisse (hauptsächlich) in der Bakteriologie stärkten den Glauben an die fachliche Wirksamkeit des ganzen Berufsstands, auch wenn die tatsächlichen Folgen des Fortschritts in der Bekämpfung von Infektionskrankheiten nicht annähernd so groß waren wie von den Verfechtern behauptet. Das Arsenal an wirksamen Waffen gegen Krankheiten hatte sich nicht spektakulär erweitert, aber die begrenzten Fortschritte schufen die Grundlage dafür, die Öffentlichkeit davon zu überzeugen, dass die wissenschaftliche Medizin Auswirkungen auf alle Mitglieder des Berufsstands hatte – sowohl auf die Ärzte als auch auf die Forscher, die in der Theorie und den Methoden der wissenschaftlich-medizinischen Forschung ausgebildet waren.

Der leichte Effektivitätsanstieg in der neuen Medizin wurde in der Eigenpropaganda des Berufsstandes und in den Medien übertrieben dargestellt. Ab den 1890er-Jahren stimmten populäre Zeitschriften und Zeitungen in das Loblied ein, das medizinische Fachjournale über die Errungenschaften und die großartige Zukunft der medizinischen Wissenschaften sangen. In vielen (Fach-) Zeitschriften erschienen Artikel, die sich über »populäre medizinische Irrtümer« lustig machten und stattdessen die »Triumphe der modernen Medizin« und den »Krieg gegen Krankheiten« priesen. Sie bezeichneten die Medizin als »exakte Wissenschaft« und Ärzte als wissbegierige und skeptische Wissenschaftler, die »voreilige Schlüsse oder eine allzu bereite Abhängigkeit von Formeln« geflissentlich vermieden.[41]

Dass die Medizin nun als glaubwürdiger galt, war wichtig, um die Öffentlichkeit davon zu überzeugen, dass Ärzte mit wissenschaftlichem Medizinstudium Kenntnisse hatten, für die es sich zu bezahlen lohnt. Denn könnten Ärzte für einen Patienten nicht mehr erreichen als ein Kräuterheilkundiger oder nicht verschreibungspflichtige Medikamente, so gäbe es kaum einen Grund dafür,

für kostspielige Arztbesuche Geld auszugeben. Die wissenschaftliche Medizin hüllte den modernen Arzt in eine Aura therapeutischer Effizienz, und die (geringfügigen) Fortschritte stärkten diese Aura. Darüber hinaus trug das technische Fachwissen, das mit der wissenschaftlichen Medizin einherging, zu einer wirksameren Mystifizierung von Rolle und Tätigkeit des Arztes bei, als es die bisherigen Vorstellungen von Krankheitsätiologie, unangenehmen Heilverfahren und durchschaubaren »ethischen« Kodizes vermocht hatten. Dadurch untermauerte die wissenschaftliche Medizin den Anspruch der Ärzteschaft auf ein Kontrollmonopol über alle Heilmethoden. Diese Vorteile bildeten die Grundlage für andere Gewinne und trugen dazu bei, alternative Heilmethoden, das Hebammenwesen und andere Konkurrenz auszuschalten.

Um die Konkurrenz vom medizinischen Markt zu verdrängen, schrieb der reguläre Berufsstand der wissenschaftlichen Medizin größere Wirksamkeit zu als einer Medizin, die sich als »Kunst« verstehe, »sektiererisch« oder gar »Quacksalberei« sei. Sie sei nicht nur *effektiver*, sondern auch die *einzige* Medizin, die wirklich Gültigkeit habe – ein Anspruch, den jede vorherige Strömung ebenfalls für sich vertreten hatte. Die wissenschaftliche Medizin wurde als allgemeingültige medizinische Theorie und Praxis schlechthin gefeiert – die einzige, die nicht auf Dogmen, sondern auf überprüfbaren Wahrheiten beruhte.[42] Als alleinige zulässige Form von Medizin sollte sie ein Approbationsmonopol erhalten, und »ausschließlich jene Männer und Frauen, die ein Interesse an wissenschaftlicher Medizin haben«, sollten bundesstaatlichen Ärztevereinigungen beitreten dürfen.[43] Aber dieses Interesse zu bekunden bedeutete noch lange nicht, dass sie auch aufgenommen wurden.

Doch die Volksheilkunde blieb in den USA weiterhin sehr verbreitet, vor allem in ländlichen Gebieten, aber auch in den Städten. Jede Familie hatte ihre traditionellen Heilmittel, sie waren ein fester Teil der Familienüberlieferung, an den man glaubte und der von Generation zu Generation weitergegeben wurden. In der Regel setzten sich die Familienarzneien einer jungen Frau nach der Heirat auch in ihrer neuen Familie durch.[44] Während einige dieser Mittel zweifellos Placebos darstellten, waren viele mit Sicherheit wirksam und sorgten für Linderung, wenn nicht sogar Heilung. Und solche Traditionen behinderten die Akzeptanz der wissenschaftlichen Medizin.

Die meisten Ärzte waren sehr pragmatisch und erarbeiteten sich ein Repertoire an Fertigkeiten, in das sie einige neue Techniken integrierten, die wirksam zu sein schienen und von den Patienten gerne akzeptiert wurden. Diese Land- und Stadtärzte waren von der medizinischen Wissenschaft nicht besonders beeindruckt. Sie betrachteten diese als ein Instrument, das ihnen effektivere Heilmethoden ermöglichte, insofern die Behauptungen stimmten und die Technik kein völlig neues praktisches Verfahren bedeutete.

Robert Pusey, der in den 1870er- und 1880er-Jahren in Kentucky als Landarzt arbeitete, verwendete ein Fieberthermometer, verschiedene Spekula und eine Spritze. Manchmal griff er auf das Stethoskop zurück, aber im Grunde zog er es vor, sein Ohr an die Brust des Patienten zu legen. Mit dieser einfachen Methode konnte er die meisten Krankheiten erlauschen und unterscheiden, und zwar genauso gut, wie es sein wissenschaftlich ausgebildeter Sohn mit dem Stethoskop zu tun vermochte. Seine Entscheidungen beruhten auf Erfahrung, er las Fallberichte in der konkreteren und präziseren medizinischen Literatur und misstraute Zeitschriftenartikeln. Dr. Pusey Sr. akzeptierte die Bakteriologie zwar grundsätzlich, aber nicht generell für Infektionskrankheiten, sondern hauptsächlich als Erklärung für eitrige Infektionen. Zuweilen wandte er Kalomel an, mischte und verkaufte seine eigenen Medikamente, verordnete keine apothekenpflichtigen Mittel und verschrieb häufig Strychnin und Arsen als Tonika. Als ihm das Know-how und die Techniken chirurgischer Eingriffe zur Verfügung standen, führte er auch diese durch, mit Chloroform als Narkose- und Asepsismittel.[45]

Gewiss würde sich die Propaganda für die wissenschaftliche Medizin irgendwann erfolgreich erweisen, aber dafür brauchte es Zeit. John Shaw Billings, ein führender medizinischer Reformer des ausgehenden 19. Jahrhunderts, beobachtete, dass Ärzte, deren Arbeit nicht durch »Quacksalber« beeinträchtigt wurde, Reformen gleichgültig gegenüberstanden, während jene, die einen größeren Praxisbedarf hatten, sich über solche Konkurrenten rasch empörten. Billings gab durchaus zu, dass viele »Quacksalber« da, wo die Wissenschaft versagte, effektive Heilmethoden vorweisen konnten. Doch dies ließ ihn in seiner Ablehnung aller nicht wissenschaftlichen medizinischen Strömungen nicht kürzertreten, denn für ihn war es eher ein taktisches Problem, die amerikanische Bevölkerung davon zu überzeugen, dass es in ihrem Interesse sei, »Quacksalberei« zu unterdrücken. Die Öffentlichkeit würde schon noch von den beachtlichen Fortschritten der Medizinwissenschaften erfahren, vorerst sei es »notwendig, langsam vorzugehen und abzuwarten, bis es mehr Belege gibt«.[46]

Da die Reformer glaubten, die wissenschaftliche Medizin würde die fachliche Effektivität des Ärztestandes steigern, propagierten sie diese als die *einzige* wirksame Heilmethode. Mit der Propaganda hofften sie, den öffentlichen Widerstand gegen sie nicht nur zu brechen, sondern sogar das Verlangen nach ihr anzufachen – und dadurch Ärzte dazu zu bringen, sich der neuen »nicht sektiererischen« Medizin anzuschließen.

Einschränkung des Wettbewerbs

Als die wissenschaftliche Medizin in der Bevölkerung und in der Fachwelt an Glaubwürdigkeit gewann, löste sie auch das wesentlich schwerwiegendere zweite Problem, mit dem der Berufsstand im 19. Jahrhundert konfrontiert war: das Problem der Konkurrenz.

Bisher war der Berufsstand vom Wettbewerb zwischen den zahlreichen medizinischen Gruppierungen, zwischen praktizierenden Ärzten und medizinischen Fakultäten sowie auch innerhalb der eigenen »überfüllten« Reihen geplagt worden, doch nun rettete ihn der Triumph der wissenschaftlichen Medizin vor internen Konkurrenzkämpfen. Erstens boten die fachlichen Anforderungen, die das Unterrichten von wissenschaftlichen Methoden stellte, diverse Vorteile für die Eliteärzte. Zweitens schmiedete die wissenschaftliche Medizin im Interesse der Eliteärzte und der medizinischen Fakultäten eine neue Einigkeit. Drittens schwächte die wissenschaftliche Medizin dank ihrer zunehmenden Legitimation die bisher stärksten medizinischen Strömungen und schweißte sie in ihrer Unterordnung unter die neuen dominierenden Kräfte des Berufsstands zusammen. Und viertens förderte die wissenschaftliche Medizin die Spezialisierung, die im Wesentlichen eine Folge des Konkurrenzkampfs innerhalb der Medizin war. Insgesamt bestand der Einfluss der wissenschaftlichen Medizin auf den Berufsstand darin, die Kontrolle durch Eliteärzte und medizinische Fakultäten zu legitimieren.

Die fachlichen Anforderungen der medizinischen Ausbildung

Die neuen Akademiker

Um Ärzte zu Vermittlern von vielerlei Fertigkeiten im Kontext eines mystifizierten Wissens zu machen, war eine extensive und esoterische Ausbildung erforderlich. Die medizinischen Reformer des 19. Jahrhunderts sahen den Arzt als Wissenschaftler auf der Bettkante ihrer Patienten. Ärzte sollten denken und reden wie Wissenschaftler und in Anatomie, Physiologie, Bakteriologie, Pathologie, Pharmakologie und Naturwissenschaften ausgebildet sein. Sie sollten Gesundheit und Krankheit nicht ganzheitlich denken, also in Form von allgemeinen Beziehungen zwischen Körpersystemen oder zwischen der Person und der Umwelt, sondern unter dem Aspekt der Mikrokonzepte von Physiologie, Anatomie, Bakteriologie und Zellpathologie. Diese Wissenschaften und ihre reduktionistischen Konzepte wurden im späten 19. Jahrhundert allmählich zur anerkannten Grundlage der medizinischen Ausbildung.

Die medizinischen Hochschulen des 19. Jahrhunderts beschäftigten Ärzte, häufig sehr begabte Männer, die ihre »Kunst« ausgezeichnet beherrschten, aber in der »Wissenschaft« weniger erfahren waren. Daher wurden laborwissenschaftliche Kurse immer weniger von lokalen Ärzten abgehalten, sondern zunehmend von speziell dafür ausgebildeten Medizinern. Die neuen akademischen Ärzte, die diese Laborwissenschaften der medizinischen Praxis vorzogen, profitierten vom steigenden Bedarf an gut ausgebildetem Lehrpersonal. Auf diejenigen, die es sich leisten konnten, 1 oder 2 Jahre in Deutschland oder Österreich zu studieren, warteten in Amerika zukunftssichere, ja zuweilen sogar lukrative Karrieren.

1893 war die Johns Hopkins Medical School die erste in den Vereinigten Staaten, die diese Laborfachleute hauptberuflich beschäftigte und ihnen Gehälter bezahlte, die es ihnen erlaubten, ihre gesamte Zeit und Energie in Forschung und Lehre zu stecken. Die neue Vollzeitorganisation des laborwissenschaftlichen Lehrkörpers galt als großer Fortschritt in der medizinischen Ausbildung in Amerika. Sie wurde bald von anderen Eliteschulen übernommen und entwickelte sich nach und nach zur Norm. Obwohl die Dozenten der Laborwissenschaften für ein Gehalt von 3000 bis 4000 Dollar im Jahr auf ein Einkommen von 10 000 Dollar und mehr verzichteten, das sie in privaten Praxen hätten verdienen können, gab es mehr als genug Bewerber für diese Stellen.[47]

Einige Giganten der medizinischen Reform wie etwa William H. Welch, mochten die ärztliche Praxisarbeit nicht, denn sie fürchteten die Unsicherheit des Wettbewerbs unter den niedergelassenen Ärzten und sehnten sich nach der Chance, medizinische Forschung zu betreiben, ohne von der Pflicht, einen Patientenstamm aufrechtzuerhalten, abgelenkt zu werden. Bevor Welch 1876 nach Europa ging, um seine medizinischen Fähigkeiten auszubauen, vertraute er seiner Schwester an, dass ihm die Vorstellung, »auf Biegen und Brechen einen Patientenstamm zusammenzubringen«, Angst mache. Wie die meisten Medizinabsolventen hatte Welch die Wunschvorstellung, es sei »doch viel schöner, einen Lehrstuhl an einer medizinischen Hochschule zu haben und ein Gehalt zu bekommen […] und von Patienten umworben zu werden, statt sie zu umwerben.« Sein Auslandsstudium würde ihm einen Vorsprung vor der Konkurrenz geben: »Wenn mir die Aneignung von ein wenig deutschem Wissen einen kleinen Vorsprung vor ein paar Tausend Rivalen verschafft und ich dadurch meine Konkurrenten auf ein paar Hundert reduzieren kann, könnte ich diesen Punkt doch abhaken.«[48]

Die Konzentration auf die wissenschaftliche Medizin schuf also nie da gewesene Möglichkeiten für Ärzte als medizinische Wissenschaftler. Es entstanden immer mehr Stellen, und nach und nach entwickelte sich ein Kern von Fachleuten, die sich mehr denn je dafür engagierten, dass die wissenschaftliche

Medizin die Kunst der Medizin vollständig verdrängte. Diese Medizinwissenschaftler interessierten sich nicht mehr für Arztpraxen, sondern nur noch für medizinische Hochschulen, mit denen sie sich regelrecht identifizierten. Als Vorreiter dieser neuen Erfolgsstrategie ihres Berufsstands und Empfänger von unzähligen Millionen Dollar an Kapitalinvestitionen für medizinische Forschung und Ausbildung avancierten die neuen medizinischen Akademiker zum Symbol der neuen Ärzteschaft. In den 1890er-Jahren positionierte sich der Berufsstand der medizinischen Wissenschaftler in den USA erstmals über dem der niedergelassenen Ärzte.[49] Trotz ihres eher bescheidenen Mittelschichteinkommens waren die Wissenschaftler zur neuen Elite der Ärzteschaft aufgestiegen.

Die Lehrkörper an den meisten renommierten Hochschulen erwarben sich ihren Ruf durch Forschungsbeiträge auf ihrem jeweiligen Gebiet. Und wer den besten Ruf hatte, lockte die fähigsten Studenten und die wohlhabendsten Patienten an. 1903 bekam William Halsted, ein berühmter Chirurg an der Johns Hopkins Medical School, 10 000 Dollar für eine Blinddarmoperation, und sein Kollege Howard Kelly konnte für einen großen chirurgischen Eingriff 20 000 Dollar berechnen.[50] Im Gegensatz zu den medizinischen Fakultäten von einst, deren Einkünfte durch Studiengebühren und Empfehlungen ihrer vielen ehemaligen Studenten aufgestockt wurden, war das Einkommen der neuen Akademiker an die Förderung der medizinischen Wissenschaft gebunden. Es lag also in ihrem Interesse, die Standards der Hochschulen aufzuwerten und die wissenschaftliche Medizin zur einzig zulässigen Theorie und Praxis zu machen.

Der vorherrschende Typ einer medizinischen Hochschule im Besitz der Fakultät lebte von Studentengebühren und war solange erfolgreich, wie die Zahl der Immatrikulationen hoch und die Kosten niedrig gehalten werden konnten. Praktizierenden Ärzte hingegen ging es nur dann gut, wenn weniger Ärzte ausgebildet wurden und es folglich weniger Konkurrenz gab. Dieser wirtschaftliche Interessenskonflikt hatte das ganze 19. Jahrhundert hindurch praktizierende Eliteärzte von medizinischen Fakultäten getrennt. Die neue Vorherrschaft der wissenschaftlichen Medizin verwandelte den alten Konflikt nun in eine Allianz zwischen den wissenschaftlichen Fakultäten und der praktizierenden Elite.

Die Interessen dieser neuen Wissenschaftler an der medizinischen Ausbildung waren somit an die Vorherrschaft der wissenschaftlichen Medizin gebunden und *nicht* an eine große Studentenzahl oder gar an eine große Anzahl medizinischer Lehrinstitute. Sie schlossen sich um die Jahrhundertwende als Vorreiter der Reform des ganzen Berufsstands der praktizierenden Ärztelite an, gewannen mit ihr zusammen die Kontrolle über die AMA und organisierten diese zu jenem politischen Instrument um, wie wir es heute kennen. Sie wollten die AMA und die führenden medizinischen Schulen nutzen, um die fachlichen, wirtschaftlichen und sozialen Kräfte innerhalb des medizinischen Berufsstands vollständig zu verändern.

Die fachlichen Anforderungen, die die Entwicklung und die Lehre der wissenschaftlichen Medizin mit sich brachten, verschärften die Unterscheidung zwischen Laborwissenschaftlern und praktischen Ärzten, sorgten für immer neue Betätigungsmöglichkeiten für medizinische Wissenschaftler und brachten sie innerhalb des Berufsstands in elitäre und einflussreiche Positionen. Gleichzeitig bildeten diese Fortschritte die Grundlage für die Allianz zwischen diesen neuen Elitelehrkräften und den Eliteärzten und gaben ihnen die Macht, den Berufsstand zu kontrollieren und zu transformieren.

»Weniger und besser«

Als sich ein professioneller Konsens über die wissenschaftliche Medizin herausbildete, einigten sich die wissenschaftlichen Lehrkräfte und die Eliteärzte auf »objektive« Kriterien zur Beurteilung der medizinischen Fakultäten. Die Anforderungen an das wissenschaftliche Medizinstudium waren ziemlich klar. Wenn Studenten zu Medizinwissenschaftlern ausgebildet werden sollten, mussten sie in Biologie und Physik unterrichtet werden, und sie müssen lernen, die Prinzipien dieser Wissenschaften auf die Krankheiten realer Menschen anzuwenden. Erfahrung und gesunder Menschenverstand sprachen für Laborkurse in den Wissenschaften und für die Anwendung der Wissenschaften in der Klinikpraxis. Zu lernen, *wie*, ist mindestens genauso wichtig, wie zu lernen, *was*.

Die fachlichen Anforderungen an die Lehre der wissenschaftlichen Medizin legen recht klare Kriterien für die Beurteilung medizinischer Hochschulen nahe. Wird die Prämisse einer wissenschaftlichen Ausbildung akzeptiert, so muss jedes gute medizinische Programm über angemessene Laboreinrichtungen, klinische Lehreinrichtungen und gut ausgebildete Labor- und Klinikdozenten verfügen.

Während über die Kriterien, was »angemessen« ist, diskutiert werden kann (und wurde), wurden die Standards von jenen definiert, die sich Machtpositionen sichern konnten. Die AMA wurde zum Instrument politischer Machenschaften innerhalb des Ärztestands und der ganzen Gesellschaft. Die Reformer nutzten die fachlichen Anforderungen an die Ausbildung medizinischer Wissenschaftler, um Standards festzulegen und dann die medizinischen Hochschulen anhand dieser Standards zu beurteilen. An diesen Standards gemessen standen im 19. Jahrhundert – mit einigen wenigen Ausnahmen, wofür Johns Hopkins ein leuchtendes Beispiel war – praktisch alle medizinischen Hochschulen schlecht da.

Das wissenschaftliche Medizinstudium war und ist fraglos eine kostspielige Angelegenheit. Die Kosten für Laboratorien und Klinikausstattungen überstiegen die Ressourcen der meisten Hochschulen des 19. und frühen 20. Jahrhunderts. Studiengebühren konnten die höheren Gehälter der Dozenten, die viel Zeit in Forschung und Lehre steckten, nicht decken, ganz zu schweigen von den immer häufiger anfallenden Vollzeitgehältern der Laborlehrkräfte. Keine medizinische Hochschule konnte von Studiengebühren leben und gleichzeitig ihren Studenten die immer nötiger werdenden medizinisch-wissenschaftlichen Studiengänge anbieten.

In einigen Bundesstaaten wurden Absolventen von medizinischen Hochschulen ohne diese Studiengänge, Einrichtungen und dieses Lehrpersonal zu den Zulassungsprüfungen nicht zugelassen. Die Examen orientierten sich zunehmend an den Informationen und Sichtweisen, die in wissenschaftlich ausgerichteten Institutionen vermittelt wurden, und die Absolventen unzureichend ausgestatteter Schulen fielen immer häufiger durch.[51] Da sich die Hochschulen durch Studiengebühren finanzierten und Studenten wenig motiviert waren, jene zu besuchen, die sie nicht auf die staatlichen Prüfungen vorbereiteten, verloren die unzureichend ausgestatteten Hochschulen den Wettbewerb um die Studenten und ihr Geld. 1901 stellte AMA-Präsident Charles Reed fest: »Die gesetzlichen Anforderungen setzen die kleinen, privaten und schlecht ausgestatteten Institutionen unter einen nahezu tödlichen Druck.«[52] So sorgten die fachlichen Anforderungen der wissenschaftlichen Ausbildung für den Untergang proprietärer medizinischer Schulen. Abraham Flexner merkte dazu später an: »Vermutlich hat nichts mehr zur Diskreditierung dieses kommerziellen Ansatzes beigetragen als die Tatsache, dass er sich nicht mehr lohnt. Von einem jährlichen Defizit ist es nur ein kleiner Schritt zur Schlussfolgerung, dass die ganze Sache ohnehin falsch ist.«[53]

Im vierten Kapitel werden wir sehen, wie diese Umstände der AMA und kapitalistischen Stiftungen dazu verhalfen, das Medizinstudium in den Vereinigten Staaten zu transformieren. Für den Augenblick reicht es anzumerken, dass ohne ausreichend Kapital und Schenkungen keine medizinische Hochschule in der Lage war, die Ära der wissenschaftlichen Medizin zu überstehen. Von 1905 an – dem ersten Jahr, in dem der neue Council on Medical Education der AMA ernsthaft tätig war – kam es im ganzen Land zum Zusammenbruch oder zu Fusionierungen von Hochschulen. Zwischen 1905 und 1910 wurden insgesamt 30 Schulen zusammengefasst und 21 geschlossen.[54] Die Zahl der medizinischen Hochschulen sank von 166 im Jahr 1904 auf 133 im Jahr 1910 und auf 104 im Jahr 1915 und erreichte 1929 einen Tiefststand von 76. Um die Lehr- und Forschungskapazitäten im Zuge der Neuorganisation zu konzentrieren, verringerten viele Institutionen die Anzahl der Studenten. Somit wurden die fachlichen Anforderungen an das wissenschaftliche Medizinstudium dazu genutzt, Hochschulen zu schließen und die Anzahl neuer Ärzte zu reduzieren, wodurch der Wettbewerb innerhalb des Berufsstands geringer und das Einkommen der approbierten Ärzte höher wurden.

Darüber hinaus »erforderte« das wissenschaftliche Medizinstudium nun mehr Vorbildung. Studenten, die ein Medizinstudium aufnehmen wollten, sollten zuvor jeweils ein ganzes Jahr Chemie, Physik und Biologie studiert haben.

Die Forderung nach strengen Richtlinien für die Vorbildung war in der Ära der wissenschaftlichen Medizin nichts Neues. Im 18. und 19. Jahrhundert war es in England, wo die »Ärzte« eine kleine Elite oberhalb der Chirurgen und Apotheker bildeten, für Ärzte unerlässlich, als Gentlemen angesehen zu werden. Da sie nur unter den Wohlhabenden praktizierten, war es für ihr Einkommen wichtig, sich unter die Oberschicht mischen zu können. Als sich Berufsprofile herausbildeten, wurde eine liberale Bildung zum Kennzeichen gehobener Herkunft. »Sie macht einen vielleicht nicht zum Gentleman«, merkte W. J. Reader an, »aber ohne sie könnte man kaum darauf hoffen, ein Gentleman zu sein.«[55] Und auch in den Vereinigten Staaten gehörte zu einem Gentleman ein Hochschulstudium. Bei denjenigen, die nicht in eine privilegierte Klasse hineingeboren worden waren, vermochte eine eventuelle Hochschulausbildung »die groben Kanten eines Mannes vom Lande glatt zu scheuern« und ihnen ein angemessenes Erscheinungsbild zu verleihen, sodass sie in eine höhere Gesellschaftsschicht aufsteigen konnten.[56]

Da überrascht es nicht, dass Mitte des 19. Jahrhunderts umfangreiche Bildungsanforderungen als zwingend galten, um sicherzustellen, dass Ärzte tatsächlich Gentlemen waren. Daniel Drake, der damals wohl namhafteste amerikanische Arzt, kritisierte die Unwissenheit seiner Kollegen in den Fächern Latein und Griechisch, ohne die ein Arzt »ungeachtet seiner Begabung und beruflichen Befähigung defizitär und unkultiviert erscheint«.[57] Diese Besorgnis bestand weiterhin und wurde 1906 von dem berühmten Dr. Welch von der Johns Hopkins Medical School aufgegriffen: »Die soziale Stellung des Mediziners und sein Einfluss auf die Gemeinschaft hängen in erheblichem Maß von seiner Vorbildung und seiner Allgemeinbildung ab.«[58]

Eliteärzte beklagten häufig die »grobe und gewöhnliche Natur« eines Großteils ihres Berufsstands,[59] und es genügten einige wenige Mitglieder, die nicht über den Glanz der Oberschicht verfügten, um den Status aller Ärzte abzuwerten. Die große Anzahl preiswerter Privatschulen ermöglichte es jungen Männern, während des Medizinstudiums bei den Eltern zu wohnen, und machte die Medizin zu einer Karriereleiter, auf der mancher Bauernjunge, Handwerker und Werkstattschreiber in die Mittelschicht aufsteigen und ein gewisses Einkommen erzielen konnte. Doch nicht nur die unzureichende Ausbildung an den kommerziellen Hochschulen war den Elitereformern ein Dorn im Auge, sondern eben auch die Leute, die dadurch in den Berufsstand drängten. Frank Billings drückte 1903 in seiner Präsidentenansprache vor der AMA seine Geringschätzung »dieser Sonnenuntergangsschulen« aus, die Abendkurse anboten und es »dem Angestellten, dem Straßenbahnschaffner, dem Pförtner und anderen, die tagsüber arbeiten, ermöglichen, einen Abschluss zu erwerben«.[60]

Ehe sich die wissenschaftliche Medizin durchsetzte, wurden Versuche, das Medizinstudium zu verlängern und die Anforderungen an die Vorbildung zu erhöhen, mit dem Vorwurf des Elitismus belegt. »Diese Strömung in den medizinischen Gesellschaften hat aristokratische Züge«, stellte Martyn Paine, ein Mitglied der medizinischen Fakultät der New York University, 1846 fest. »Das bedeutet Unterdrückung der Armen, um die medizinischen Hochschulen zu schwächen.«[61]

Auch nach der Jahrhundertwende warnten einige Führungspersönlichkeiten im Bildungswesen noch davor, arme Menschen von der Medizin auszuschließen. 1908 kritisierte der Präsident der Indiana University, W. L. Bryan, den Vorschlag der medizinischen AMA-Hochschulen, die Studenten sollten vor der Zulassung 2 Jahre an einem geisteswissenschaftlichen College studiert haben. Die Zulassungsbedingungen zu verschärfen würde »den Ausschluss Tausender Männer vom Medizinstudium bedeuten, die weder dumm noch unfähig sind«, aufgrund ihrer »Armut und anderer schwerer Bedingungen« aus den höheren Schulen jedoch ausgeschlossen waren.[62] Doch genau dies war das Ziel der Ärzteschaft: nämlich die ärmeren Schichten aus ihren Reihen auszuschließen.

Die wissenschaftliche Medizin bot eine »objektive« Grundlage für die Forderung einer längeren Vorbildung. Hatten die Studenten für die Studienzulassung Hochschulkurse in Physik, Chemie und Biologie zu absolvieren, ließ sich auch gegen weitere Anforderungen nichts einwenden. So erhöhten die Schulen, die den Standard setzten, ihre Anforderungen vom Highschool-Abschluss auf 2 Jahre geisteswissenschaftliches Studium und schließlich auf einen Bachelorabschluss. Vom Augenblick ihrer Eröffnung an verlangte die Johns Hopkins Medical School für die Zulassung einen Bachelorabschluss und für ihren prestigeträchtigen

Doktortitel ein 4-jähriges Studium. Als Harvard 1901 den Bachelorabschluss als Voraussetzung für das Medizinstudium einführte, sank die Zahl der Studienanfänger von einem Rekordhoch von 198 im Jahr zuvor auf 67.[63] Die geforderte Vorbildung war dem Großteil der amerikanischen Jugend um mehrere Schritte voraus und ermöglichte es dem Ärztestand, seinen Nachwuchs aus den »besseren« Schichten zu rekrutieren.

War das nun eine unbeabsichtigte Folge der fachlichen »Anforderungen« für ein Medizinstudium, oder war es einfach ein Ergebnis, das man sich wünschte und für das die wissenschaftliche Medizin nur die Grundlage bot? Angesichts der Ziele der ärztlichen Führungsriege im 19. Jahrhundert – die Zahl der Ärzte zu verringern und ihr Ansehen in der Gesellschaft zu erhöhen – scheint die wissenschaftliche Medizin die glaubwürdige Begründung geliefert zu haben, nach der alle vorherigen Generationen medizinischer Eliten vergeblich gesucht hatten. Die geforderte Vorbildung sortierte die wirtschaftlich und gesellschaftlich »Ungeeigneten« aus. Einige Reformer rechtfertigten diese Selektion mit den Kosten des wissenschaftlichen Medizinstudiums. »Es zahlt sich nicht aus, einem 5-Dollar-Jungen eine 5000-Dollar-Ausbildung zu gewähren«, stimmte John Shaw Billings 1886 zu, während er dabei half, die medizinische Ausbildung an der Johns Hopkins zu organisieren.[64] Aber die meisten Eliteärzte wollten einfach nur die »professionelle Degeneration« abschaffen, wie es Dr. Inez C. Philbrick um die Jahrhundertwende formulierte. Philbrick, eine erfolgreiche praktische Ärztin in Lincoln, Nebraska, rief ihre Kollegen auf: »Weniger ist besser sollte unser Motto sein.«[65]

Zusammenfassend kann man sagen, dass die fachlichen Voraussetzungen des wissenschaftlichen Medizinstudiums den Ärzten neue Karrieremöglichkeiten eröffneten und eine völlig neue Position als Vollzeitforscher und -lehrer sowie eine neue Gruppe von Elitedozenten schufen, die ein materielles Interesse an medizinischen Hochschulen mit einem Engagement für die Förderung der wissenschaftlichen Medizin verbanden. Zugleich bildeten diese fachlichen Anforderungen an die neue medizinische Ausbildung die Standards und das Prinzip, die Anzahl der Absolventen medizinischer Fakultäten zu verringern und das soziale Niveau des gesamten Berufsstands anzuheben.

Die »nicht sektiererische« Medizin untergräbt die »Sekten«

Als die wissenschaftliche Medizin immer mehr Zustimmung fand, schwächte das die anderen medizinischen, sogenannten »sektiererischen« Strömungen. Indem sie die AMA in die Lage versetzte, Letztere ihren eigenen Ausbildungs- und Praxisstandards unterzuordnen, schuf die wissenschaftliche Medizin überdies eine Einheit innerhalb ihres Berufsstands. Überwältigt von den vielen Behauptungen über die fachliche Effektivität der wissenschaftlichen Medizin begannen die anderen großen Heilmethoden, die wissenschaftliche Medizin in ihre Lehre und Praxis zu integrieren.

Die Homöopathie, im 19. Jahrhundert die stärkste Konkurrentin der regulären Ärzteschaft, gab nach und nach ihre spezifischen Charakteristika auf. Die meisten homöopathisch arbeitenden Ärzte in Amerika brachen Mitte des Jahrhunderts mit der reinen homöopathischen Theorie, indem sie das, was sie an der regulären Medizin für berechtigt hielten, übernahmen und insbesondere die alten kruden Therapien verwarfen. Sie fegten die Puristen aus ihren Reihen, indem sie homöopathische Medizinhochschulen gründeten, die bis dahin als unnötig gegolten hatten, und eine Ausbildung in allgemeinen medizinischen Fertigkeiten, einschließlich Chirurgie, forderten.[66] Mitte des 19. Jahrhunderts waren die meisten amerikanischen Homöopathen reguläre Ärzte gewesen, die die Wirkungslosigkeit der regulären Medizin und ihre zunehmende Unpopularität unzufrieden gemacht hatten. 1849 gründeten Tausend Ärzte und Laien, die von der Unfähigkeit des orthodoxen Berufsstands, während der Choleraepidemie das Leiden zu lindern, enttäuscht waren, in Cincinnati, Ohio, eine homöopathische Gesellschaft.[67]

Da die Homöopathie für die regulären Ärzte eine direkte Konkurrenz darstellte, gab es Kampagnen, sie aus medizinischen Gesellschaften auszuschließen und ihr Klinikprivilegien abzusprechen. So schloss die Massachusetts Medical Society von 1860 an Homöopathen aus. In den 1870er-Jahren lancierte die AMA einen generellen Angriff auf die Homöopathie und andere »exklusive Medizinsysteme« mit dem Argument, Ärzte verletzten den ethischen Kodex der

AMA, wenn sie anders gesinnte Heiler und weibliche oder dunkelhäutige Ärzte konsultierten. Im Lauf der 1870er-Jahre wurden dann unter dem Druck der wachsenden Frauenrechtsbewegung die Restriktionen gegen Ärztinnen aufgehoben, und der Ausschluss von Schwarzen wurde gelockert, obwohl die lokalen Ärztevereinigungen und Krankenhäuser ihre rassistischen Praktiken ganz offen fortsetzten. Aber die Angriffe auf »irreguläre« Ärzte hielten das ganze Jahrhundert hindurch an.[68]

Ende des 19. Jahrhunderts verordneten nahezu alle Homöopathen sowohl reguläre als auch homöopathische Medikamente. Führende Homöopathen verkündeten sogar, die große Mehrheit unter ihnen glaube nicht an winzig kleine Dosierungen, lehne die Allgemeingültigkeit des Grundsatzes »Ähnliches heilt Ähnliches« ab und verwende in der Regel die gleichen Medikamente wie reguläre Ärzte. Homöopathen begannen sich für klinische Fachgebiete zu interessieren, und 1899 definierte das American Institute of Homeopathy den homöopathischen Arzt neu als »einen Arzt, der seinem medizinischen Wissen das spezifische Wissen über homöopathische Behandlungsmöglichkeiten hinzufügt«.[69] Wie andere unorthodoxe medizinische Ansätze wurde auch die Homöopathie von der Konkurrenz der wissenschaftlichen Medizin überrollt.

Dennoch führten die anhaltende Popularität der Homöopathie und der eklektischen Medizin sowie die lückenhafte Akzeptanz der wissenschaftlichen Medizin dazu, dass die Oberhäupter des regulären Berufsstands Mühe hatten, an die exklusiven Lizenzierungsprivilegien in den Bundesstaaten heranzukommen. Da eine Annäherung zwischen Homöopathen, Eklektikern und regulären Ärzten in Praxis und Ausbildung die Dominanz der wissenschaftlichen Ausbildung zu sichern vermochte, war es eine politische Notwendigkeit, die Separationen zwischen den verschiedenen Richtungen vorläufig zu ignorieren. Nur durch die gemeinsamen Bemühungen des regulären und »irregulären« Ärztestands konnten Gesetze durchgesetzt werden, die die medizinische Praxis auf wissenschaftlich ausgebildete Ärzte beschränkte. Im ganzen Land war sich die Führungsriege des Berufsstands mit William Osier, dem berühmtesten amerikanischen Arzt jener Zeit, einig, der im Jahr 1891 der medizinischen Gesellschaft von Maryland riet: »Wenn wir Gesetze zum Schutz der Öffentlichkeit wollen, müssen wir sie gemeinsam fordern, nicht einzeln.«[70] Und so stellten sie gemeinsame Forderungen.

Ab den 1870er-Jahren wurden in den Bundesstaaten Prüfungsausschüsse für die Zulassung von Ärzten gegründet. 1873 verabschiedete Texas das erste moderne Gesetz zur Ausübung der ärztlichen Tätigkeit – ein moralischer Sieg für den Berufsstand, der die bitteren Erinnerungen an die Abschaffung der Approbation in der Jackson-Ära wettmachte. Das Illinois Board of Health, die Zulassungsbehörde des Bundesstaates, wurde zum Vorbild der ganzen Nation. Von 1880 an bewertete es amerikanische und kanadische Medizinhochschulen nach den qualitativen Kriterien der Association of American Medical Colleges, einer Organisation elitärer, wissenschaftlich orientierter Institutionen.[71]

In mindestens 33 der 45 Bundesstaaten, die bis 1900 Zulassungsgesetze verabschieden sollten, waren nicht reguläre Ärzte in der einen oder anderen Weise an der medizinischen Approbation beteiligt, und in 20 Bundesstaaten waren Ärzte aus mindestens zwei Sekten in den Zulassungsgremien vertreten.[72] Durch die Zusammenarbeit bei der Zulassung wurde der nicht reguläre Berufsstand in den Kreis der angesehenen Ärzte aufgenommen. Da die wissenschaftliche Medizin Jahr für Jahr an Boden gewann, meinten die führenden Homöopathen, dass sie durch die Verbindung mit dem regulären Berufsstand nichts verlieren, aber viel gewinnen könnten. Der Präsident der AMA räumte 1901 sogar ein, »mit erweiterten und zunehmend einheitlichen Lehrplänen« sei es kaum sinnvoll, zu behaupten, dass konkurrierende medizinische Strömungen weniger qualifiziert seien als der reguläre Ärztestand.[73]

Die führenden Reformer im regulären Berufsstand ernteten den größten Lohn. Durch die Kooperation mit den nicht regulären Verbänden erzielten sie Zulassungsgesetze, die wissenschaftlich orientierte Reformen als die einzige gültige Grundlage medizinischer Ausbildung anerkannten. Innerhalb kürzester Zeit sicherten sie sich die vollständige Kontrolle über die Zulassung und die Ressourcen für die Reform der medizinischen Ausbildung. Egal, ob diese Eliteärzte ihren schlussendlichen Vorteil aus der Zusammenarbeit mit den Homöopathen und Eklektikern vorhersahen oder sich von der reinen Zweckmäßigkeit, ungetrübt durch irgendeine Strategie, leiten ließen – die gemeinsamen Bemühungen um Zulassungsgesetze beschleunigten inmitten der zunehmenden Unterstützung für die wissenschaftliche Medizin die Eliminierung anderer medizinischer Ansätze.

1903 übernahm die AMA die Strategie explizit. Auf ihrem jährlichen Kongress stimmten die Delegierten dafür, den jahrzehntealten Ausschluss von Ärzten, die zu Homöopathen oder Eklektikern ausgebildet waren, sich aber nicht als solche »bezeichneten«, abzuschaffen.[74] 2 Jahre zuvor hatte AMA-Präsident Charles Reed darauf hingewiesen, welch positiven Auswirkungen die Aufnahme aller zugelassenen Ärzte in die staatlichen Medizingesellschaften hätte. Die New Yorker Medical Society, so sagte Reed, habe durch die Abschaffung ihrer Ausschlusspolitik die Registrierung von andersdenkenden Ärzten um »fast 90 Prozent« reduziert.[75]

Vermutlich war die wissenschaftliche Medizin bei einigen Erkrankungen, für die sie Behandlungsmethoden entwickelt hatte, effektiver als Homöopathie und Eklektizismus, doch sie war nicht – insbesondere nicht um die Jahrhundertwende – die Wunderwaffe, für die sie gehalten wurde. Die allzu optimistische Einschätzung der Reformer teilten viele zeitgenössische Medizinhistoriker. William Rothstein etwa behauptet, dass »irreguläre medizinische Strömungen in der Medizin nur so lange überleben konnten, wie medizinisch stichhaltige Therapien nur einen geringfügigen der von den Ärzten angewendeten Therapien ausmachten. Sobald medizinisch stichhaltige Therapien den dominanten Teil der medizinischen Praxis bildeten, gingen andere medizinische Ansätze deutlich zurück.«[76]

Tatsächlich war die Anzahl medizinisch *wirksamer* Therapien in den ersten Jahren des 20. Jahrhunderts, also jener Zeit, als alternative medizinische Ansätze in der Medizin dahinschwanden, nicht signifikant angestiegen.[77] Vielmehr traf die Kampagne um die Anerkennung der wissenschaftlichen Medizin bei der neuen Techniker- und Managerschicht auf Anklang, die mit dem industriellen Kapitalismus und den von ihnen kontrollierten Medien verbunden waren. Sie etablierte in der Öffentlichkeit den Glauben an die umfassende Wirksamkeit der wissenschaftlichen Medizin und untergrub zusammen mit den politischen Machenschaften der medizinischen Elitereformer die medizinischen Heilmethoden, die mit dem regulären Berufsstand konkurrierten.

Spezialisierung: weniger Konkurrenz für die Elite

Medizinwissenschaftliche Fortschritte bildeten im späten 19. Jahrhundert rasch das technische Fundament, auf dem einige Ärzte hochspezialisiertes Know-how vorwiesen, das der gewöhnliche Arzt nicht bieten konnte. An und für sich waren medizinische Fortschritte allen Ärzten zugänglich, tatsächlich aber erarbeiteten sich nur diejenigen die für neue Techniken und Inventionen erforderlichen Kenntnisse, die in einem bestimmten Fachbereich studiert hatten. Für das 1851 von Helmholtz entwickelte Ophthalmoskop etwa waren ein umfangreiches Studium und viel Übung nötig, um zu wissen, wonach man auf der anderen Seite der Hornhaut suchen musste. Anästhesie, Antisepsis und Asepsis machten chirurgische Eingriffe relativ sicher, aber zu Meistern der chirurgischen Techniken wurden nur diejenigen, die ihr ganzes Augenmerk darauf richteten.

Die medizinische Spezialisierung beruhte auf einer reduktionistischen Analyse des Körpers und der Erkrankung. Ihre konkrete Entwicklung wurde durch Fortschritte in der medizinischen Wissenschaft ermöglicht. Nichtsdestotrotz wurde die Spezialisierung unter den Ärzten auch vom wirtschaftlichen Wettbewerb innerhalb des Berufsstands gefördert und profitierte vom neuen Markt für technischere, scheinbar wissenschaftlichere Dienstleistungen. Aufgrund der Unzufriedenheit unter den ehrgeizigeren Mitgliedern des Berufsstands studierten allein in Deutschland rund 15000 amerikanische Ärzte Medizin. Bei ihrer Rückkehr wollten sie die Früchte ihrer fortschrittlichen Ausbildung ernten und spezialisierten sich auf bestimmte Bereiche der klinischen Medizin.[78] Erfolgreiche Fachärzte verdienten bald mehr als doppelt so viel als die besser gestellten Allgemeinmediziner.[79] Elitäre, wissenschaftlich orientierte Ärzte betrachteten die Spezialisierung als persönlichen Weg, um auf dem wettbewerbsorientierten Markt zu bestehen.

Der Bedarf an Fachärzten wuchs mit der städtischen oberen Mittelschicht. Patienten, deren gesellschaftlicher Status auf dem Wachstum von Technologie und Industrialisierung basierte, suchten sich Ärzte, deren Methoden dieselbe Weltanschauung suggerierten. Der gynäkologischen Theorie zufolge beruhten die meisten Frauenkrankheiten auf Uterusproblemen oder gingen zumindest damit einher. Wie Barbara Ehrenreich und Deirdre English ausführlich darlegten, assoziierte man im viktorianischen Zeitalter Weiblichkeit mit Invalidität sowie körperlicher und emotionaler Gebrechlichkeit. Frauen der »besseren« Schichten wurden als krank definiert, um ihre Rolle als Zierde in der Gesellschaft zu untermauern, den finanziellen und sozialen Erfolg ihrer Ehemänner zu demonstrieren und sie von den Frauen der unteren Schichten zu unterscheiden, von denen erwartet wurde, dass sie arbeiteten, und die als abstoßend galten.[80]

Gynäkologische Chirurgen nutzten die vermeintliche Gebrechlichkeit der Frauen der oberen Mittelschicht und die schrecklichen Folgen einer »gekippten« Gebärmutter oder eines ebensolchen Geschlechtstriebs aus. Bei diesen und anderen Frauenkrankheiten wurden Hysterektomien, Ovariektomien und Klitoridektomien[81] angeordnet. Einige Gynäkologen wie etwa Horatio Bigelow, der 1885 einen Artikel für das *AMA Journal* verfasste, zogen dem übereilten Einsatz von Skalpell oder mechanischer Geräte »konservative« Verfahren vor. Bigelow war der Meinung, dass »die Berücksichtigung aller Details des Lebens, selbst der unbedeutendsten, bessere Ergebnisse bringt, denn die Summe der kleinen Dinge führt zur Entstehung der großen, und auch psychische Bedingungen und Reaktionen sind zu beachten«.[82] Eine solche Sorgfalt machte natürlich tägliche Arztbesuche erforderlich.

Gynäkologen passten ihre medizinischen Theorien den vorherrschenden Vorstellungen über die Frau in der Gesellschaft an und erarbeiteten sich damit einen neuen und lukrativen Markt. Frauen der Oberschicht wurden zu Objekten messerwetzender gynäkologischer Chirurgen oder zu kränklichen Geiseln allzu »aufmerksamer« Frauenärzte. Von den frühen 1890er-Jahren an sorgten die Bauch- und Unterleibschirurgie für eine Art Goldrausch der Gynäkologen, und die Chirurgen waren, in den Worten des *AMA Journal*, »ein so rastloser und ehrgeiziger Pulk, wie es ihn auf dem Schlachtfeld um Ruhm noch nicht gegeben hatte«.[83]

Die Allgemeinärzte litten darunter, dass ihre Patientinnen mit Beschwerden, die früher von ihnen behandelt wurden, nun zum Facharzt gingen. Ab den 1850er-Jahren attackierten die von Allgemeinmedizinern dominierten Ärztevereinigungen diesen aus ihrer Sicht unfairen Wettbewerb. 1874 entschied der Justizrat der AMA, dass Fachärzte nur damit werben durften, dass ihre Praxis

»auf Frauenkrankheiten« oder »auf Erkrankungen des Auges und des Ohres beschränkt« sei. Solche Restriktionen für Fachärzte widersprachen den Behauptungen der wissenschaftlichen Wortführer, dass eine Spezialisierung auf größerem Fachwissen beruhte, das Allgemeinärzten nicht hatten. Zudem konnten zu jener Zeit nur wenige Ärzte ihre Praxis vollständig auf ein Fachgebiet beschränken, weil die Spezialisierung noch nicht weithin akzeptiert war.[84]

Die Umstände änderten sich jedoch bald, zumindest in großen und mittelgroßen Städten, in denen Fachärzte die medizinischen Wissenschaften durch ihre eigenen Gesellschaften vorantrieben. Nach einer Abfuhr durch die AMA, die 1887 als Gastgeber des International Medical Congress ein Komitee aus medizinisch konservativen Experten und nicht aus angesehenen medizinischen Wissenschaftlern benannte, gründeten Fachärzte und andere medizinische Wissenschaftler die Association of American Physicians. 1888 taten sich alle nationalen Fachärztegesellschaften zum American Congress of Physicians and Surgeons (»Amerikanischen Ärzte- und Chirurgenkongress«) zusammen, einer Allianz abseits der AMA. In den letzten Jahren des 19. Jahrhunderts, als die Medizinwissenschaften großen Auftrieb und Fachärzte eine sicherere wirtschaftliche Basis hatten, stiegen die Mitgliederzahlen der wissenschaftlichen Gesellschaften – insbesondere in den Städten im Osten des Landes, wo die medizinischen Zentren allmählich die Medizin dominierten –, während die der AMA stagnierten.[85]

Medizinische Fachverbände sollten nicht nur die Spezialisierung fördern, sondern auch die Akzeptanz der Fachärzte durch die Allgemeinmediziner gewinnen. Obwohl sie Konkurrenten waren, waren Fachärzte doch hauptsächlich auf Empfehlungen anderer Ärzte angewiesen, wohingegen Allgemeinärzte dazu bewogen werden mussten, schwierige Fälle an Fachärzte zu überweisen. Als Ansporn traten viele, wenn nicht die meisten Fachärzte einen Teil ihres Honorars an den überweisenden Arzt ab.[86] Das Honorarsplitting wurde zu einer weltweit verbreiteten Praxis, die den Wettbewerb zu kontrollieren und die Akzeptanz der Fachärzte unter den Allgemeinärzten zu fördern half.

Doch das Honorarsplitting war ein privates Instrument von Einzelpersonen, das dazu diente, die Konkurrenzstellung untereinander abzuschwächen. Damit es vom organisierten Berufsstand als Ganzes angewandt würde, wären ein offenes

Eingeständnis seiner Existenz und seiner Legitimität innerhalb des Berufsstands erforderlich. Das wäre aber noch schlimmer als die Konkurrenz, die das Honorarsplitting regeln sollte, weil es ein rein kommerziell begründetes Arrangement war, das die Ansprüche der Berufsgruppe auf Fachwissen und Privilegien untergrub. Dadurch schrumpfte das Vertrauen der Bevölkerung in die Ärzteschaft, und deren gesellschaftliche und politische Stellung wurde schwächer. Das Honorarsplitting konnte die Interessenskonflikte zwischen Fach- und Allgemeinärzten auf nationaler Ebene nicht lösen.

Tatsächlich hat die Entstehung von Spezialisten und Subspezialisten die Konkurrenz innerhalb des medizinischen Berufsstands letzten Endes verringert. Das Verhältnis von Allgemeinärzten zur Bevölkerung ist von über 170 zu 100 000 im Jahr 1900 auf unter 60 pro 100 000 im Jahr 1976 gesunken.[87] Aber die Aufteilung der ärztlichen Tätigkeit in Fachbereiche schuf Probleme innerhalb des Berufsstands, weil sie Allgemein- gegen Fachärzte stellte. Der Rückgang an Allgemeinmedizinern entschärfte das Problem zwar etwas, aber um die Jahrhundertwende bestand nach wie vor eine gravierende Spaltung, die die Bemühungen der wissenschaftlich orientierten Eliteärzte und der medizinischen Lehrkräfte, die die Reformbewegung anführten, behinderte.

Im 20. Jahrhundert entstanden neue Ebenen der Fachärztezulassung. Dem American College of Surgeons (der »Amerikanischen Chirurgenfakultät«) wurde vorgeworfen, elitär und unamerikanisch zu sein, weil es die Chirurgie auf Ärzte und Kliniken mit speziellen Lizenzen beschränken wollte. 1912 wurde Franklin Martins PR-Tour für das College of Surgeons durch Zwischenrufe feindselig gestimmter Allgemeinmediziner gestört. Den Fakultätskollegen wurde vorgeworfen, sie würden entweder den Berufsstand herabwürdigen, weil sie »einen verklärten Chirurgenverband nach Vorbild der Gewerkschaften« bildeten, oder eine neue Oligarchie, »eine exklusive Vierhundertschaft innerhalb des Ärztestandes« errichten.[88]

Zu den Reformführern, die sich im Umfeld der AMA zusammentaten, gehörten viele führende Fachärzte, die jedoch die Wichtigkeit erkannten, die Interessen des gesamten Berufsstands in den Vordergrund ihrer Kampagne zu stellen. Nach einer Niederlage 1898 waren ihre Versuche, die AMA zu einer effizienteren nationalen Organisation zu machen, 1901 und 1902 von Erfolg gekrönt. Zu ihrer Strategie gehörte die heikle Aufgabe, die konkurrierenden Fach- und Allgemeinärzte zusammenzubringen und die Fachärzte in das wichtigste politische Instrument des Berufsstands, die AMA, einzubinden.

Gewinne und Verluste

Die wissenschaftliche Medizin erwies sich für die Reform als effektive Doktrin und verlieh der Ärzteschaft Aufschwung. Sie erhöhte die fachliche Effektivität der Ärzte und lieferte so eine Grundlage für mehr öffentliches Vertrauen in den Berufsstand. Der Bedarf an Forschung und Lehre in den Medizinwissenschaften schuf eine völlig neue Kategorie akademischer Medizin und vereinte die Interessen dieser akademischen Ärzte, die den Sieg wissenschaftlicher Medizinhochschulen über weniger qualifizierte anstrebten, mit den Interessen der Eliteärzte, die den Ausstoß von und den Wettbewerb zwischen Ärzten reduzieren wollten, um ihr Einkommen und ihren Status zu erhöhen. Die hohen Anforderungen an das wissenschaftliche Medizinstudium brachten die Möglichkeiten der »kommerziellen« medizinischen Ausbildung an ihre Grenzen, was zur Schließung zahlreicher medizinischer Hochschulen und zu weniger Studienabsolventen führte. Sie lieferten auch die Begründung für das Postulat einer umfassenden Vorbildung als Voraussetzung für ein Medizinstudium, wodurch die ärmere Bevölkerung aus der Medizin verdrängt und die gesellschaftliche Basis des Berufsstands angehoben wurde. Darüber hinaus unterwanderte die wissenschaftliche Medizin die »sektiererische« Medizin, indem sie den größten Teil des gespaltenen Berufsstands unter dem Banner der »nicht sektiererischen« wissenschaftlichen Medizin vereinte. Und schließlich schuf sie durch den Spezialisierungsprozess die Grundlage dafür, dass innerhalb der Ärzteschaft immer weniger Wettbewerb herrschte. So trug die wissenschaftliche Medizin zur vollständigen Professionalisierung der Medizin bei.

Diese Errungenschaften des medizinischen Berufsstands gingen allerdings mit ein paar Einbußen einher, von denen einige auf Kosten der weniger mächtigen Mitglieder gingen. Die Gewinne der Fachärzte, der neuen Elite unter der Ärzteschaft, bedeuteten für die Allgemeinmediziner Verluste. Die wissenschaftliche Medizin versorgte die wissenschaftliche Elite mit Mitteln, mit denen sie ihre Position sichern und die vollständige Kontrolle übernehmen konnte.

Während die Gesellschaft nun von effektiveren Techniken gegen Infektionskrankheiten profitierte, wurden ihr die traditionellen Techniken vorenthalten, und sie geriet in eine Abhängigkeit von der technologischen Medizin. Die Propaganda der reformwilligen Elite pries die wissenschaftliche Medizin als das Nonplusultra in Sachen Gesundheit und Krankheit an. Durch ihre Kampagne schloss der medizinische Berufsstand pflanzenbasierte Präventions- und Heilmethoden aus, die erst heute wieder an Popularität gewinnen. Außerdem schränkte er den Wirkungsbereich der medizinischen Forschung auf reduktionistische Konzepte ein und ignorierte die sozialen und wirtschaftlichen Zusammenhänge von Gesundheit und Krankheit fast völlig.

Der Arzt wurde als allwissend und seine Fähigkeiten als allmächtig dargestellt. Die Patienten, die die Ansprüche des Berufsstands akzeptierten und sich für ihr Geld etwas erhofften, erwarteten, dass die Ärzte sie mit Heilmitteln gegen ihre Leiden versorgten. Da sie diese einträgliche Einstellung nicht gefährden wollten, waren die meisten Ärzte der Ansicht, dass »ein Arzt, der es versäumt, etwas für den Patienten zu tun, sich an seiner Pflicht und seinem Privileg vergeht«[89] – so die Worte eines Arztes im ausgehenden 19. Jahrhundert. Doch diese lukrative Zuschreibung ärztlicher Allwissenheit war ein zweischneidiges Schwert. Dem Versprechen zufolge, die Medizinwissenschaften seien nahezu unfehlbar, verlangten die Patienten eine Entschädigung, wenn sie durch fehlerhafte Behandlungsverfahren der wissenschaftlichen Ärzte zu Schaden kamen. Und so gab es zwischen 1900 und 1915 mehr Kunstfehlerprozesse als im gesamten 19. Jahrhundert.[90]

Die am stärksten unterdrückten Gesellschaftsschichten litten natürlich am meisten unter dieser vollständigen Professionalisierung der Medizin. Und die ärmeren Schichten im Allgemeinen und ethnische und rassische Minderheiten im Besonderen litten doppelt: ihre Ärzte, weil sie aus dem Berufsstand ausgeschlossen waren, und die Patienten, weil ihnen die medizinische Versorgung durch indigene, traditionelle Methoden verwehrt war. Anfang des 20. Jahrhunderts verließen sich die Menschen, die es sich leisten konnten, immer mehr auf Fachärzte und übergingen Allgemeinmediziner oft völlig. Die Armen füllten die Wartezimmer und Untersuchungstische der Lehrkrankenhäuser und wurden zum Unterrichts- und Forschungsmaterial für Praktikanten, Assistenzärzte und Fachärzte. Die Lohnempfänger der Nation, die von den Wohltätigkeitskliniken aufgrund fehlender Bedürftigkeitsnachweise ausgeschlossen waren und sich die Honorare niedergelassener Fachärzte häufig nicht leisten konnten, waren die alltäglichen Patienten der nicht zur Elite gehörigen Allgemeinmediziner.[91] Nach den weitgehend erfolgreichen Kampagnen der Ärzte, Hebammen abzuschaffen, war den Frauen und Männern der Arbeiterklasse und der ländlichen Gebiete der Zugang zu einer Dienstleistung abgeschnitten, die für das Wohlergehen der Familie während und nach der Geburt gesorgt hatte. Sie sahen sich gezwungen, die höheren Honorare der Ärzte und die Kosten für ein Krankenhausbett zu bezahlen.[92] Frauen mussten unnötige Operationen und die nahezu erdrückende Aufmerksamkeit der Gynäkologen ertragen und waren zusammen mit der Arbeiterklasse und rassischen Minderheiten vom Arztberuf ausgeschlossen.

Je weniger Ärzte um das Geld der Kundschaft konkurrierten, umso höher wurde ihr Einkommen und umso geringer der Anteil jener Ärzte, die in den Arbeiter- und Armenvierteln der Städte oder auf dem Land arbeiteten. Die Mittelschicht wurde für die Mehrheit der Ärzte zur wichtigsten Einnahmequelle. Wie Morris Fishbein, Herausgeber des *AMA Journal*, 1927 selbstgefällig anmerkte: »Der Arzt der Zukunft wird es hauptsächlich mit dieser Gruppe zu tun haben. Von ihr werden die meisten Ärzte, die selbst der Mittelschicht angehören, ihr Einkommen beziehen.«[93]

Die Dynamik, die weiße, männliche Ärzte aus der Mittel- und Oberschicht an die Spitze der Hierarchie beförderte, beruhte nicht auf Verschwörungen oder bewussten Täuschungsmanövern, sondern die Ärzte handelten in ihrem kollektiven Eigeninteresse. Zwar gerieten die unterschiedlichen Interessengruppen innerhalb des Berufsstands noch häufig aneinander, allmählich aber wichen diese Konflikte der Überzeugung, wer sich der wissenschaftlichen Medizin verschreibe, könne davon nur profitieren. Da blieben die Homöopathen und Eklektiker der alten Schule natürlich auf der Strecke, und die Inhaber übermäßig kommerziell ausgerichteter Medizinhochschulen verloren ihre lukrativen Institutionen. Die meisten Ärzte konnten sich aber auf die Ziele der Reformkampagne - mehr Respekt für ihre Fertigkeiten, ein höherer sozialer Status und mehr Geld - und auf die Maßnahmen berufen, die für deren Erreichen erforderlich waren. Zweifellos kam es auf diesem Weg zu Verschwörungen und bewussten Täuschungsmanövern (in Kapitel 4 werden wir einige Beispiele dafür kennenlernen), aber die Anführer der Reform waren davon überzeugt, dass ihre Mission sowohl der Gesellschaft als auch dem Ärztestand zugutekommen würde. Nichtsdestotrotz ist es schwer vorstellbar, dass die vollständige Professionalisierung der Medizin den Interessen von mehr als einer kleinen Minderheit der Bevölkerung diente.

Die technischen Beschränkungen der Medizin des 19. Jahrhunderts wurden im 20. Jahrhundert durch technische Engstirnigkeit ersetzt; der Berufspluralismus durch ein Berufsmonopol, das von einer Elite aus Fachärzten und Akademikern kontrolliert wurde; die kulturell vielfältige und breit gefächerte Gruppe von Heilkundigen durch eine stärker stratifizierte und für viele unzugängliche Berufsklasse. Dies sind nur ein paar Beispiele für die gesellschaftlichen Verluste, die mit den neuen Errungenschaften der Profession einhergingen. Für die amerikanische Unternehmerschicht jedoch bedeutete die Konsolidierung einer wissenschaftlichen Ärzteschaft einen großen Gewinn.

KAPITEL 3

Medizinwissenschaften II: die Bewahrung des Kapitals

—

Die wissenschaftliche Medizin war für den medizinischen Berufsstand zwar von großem Nutzen, stellte die Ärzte aber auch vor einen unlösbaren Widerspruch. Denn die Entwicklung der Medizinwissenschaften war in den kapitalistischen Ländern ganz und gar auf Technologie ausgerichtet. Je höher das technologische Niveau, desto effektiver oder zumindest marktfähiger, so glaubte man, sei die Arbeit von Ärzten und Forschern. Doch desto mehr Kapital wurde auch für die medizinische Praxis und die Forschung benötigt. Die Investitionen in Klinik- und Laborausstattungen und die enormen Kosten für hochspezialisierte Lehrkräfte und Forscher überstiegen die finanziellen Mittel, die die Ärzten selbst zur Verfügung hatten.[1] So mussten sie sich außerhalb ihres Berufsstands auf die Suche nach Kapital machen, und im Jahr 1900 gab es nur eine einzige Klasse, die mit derartigen Finanzmitteln aufwarten konnte. Vermögende Kapitalisten waren in einer Position, die es ihnen erlaubte, der Ärzteschaft Vorschriften zu machen, die ihren eigenen Interessen genauso oder noch mehr zugutekamen als denen der Mediziner. In diesem Kapitel erfahren Sie, wie die medizinischen Wissenschaften der kapitalistischen Einmischung Tür und Tor öffneten und dadurch nicht nur den Bedürfnissen der Mediziner, sondern auch denen der Kapitalisten dienten.

Medizintechnologie und Kapital

Der typische Hausarzt des 19. Jahrhunderts besaß ein paar Instrumente: Spekula, ein Thermometer und ein Stethoskop für Untersuchungen, Sägen für Amputationen und eine Kiste mit Medikamenten, die er an die Patienten verkaufte – insgesamt eine wirklich geringfügige Investition. Die Medizin des 20. Jahrhunderts hingegen verlangte eine Unmenge an Technologie, die sich ein Arzt nicht mehr leisten konnte. Nun wurden Krankenhäuser, in die man die Armen einst zum Sterben gebracht hatte, zur Werkstatt der Ärzte. Sie stellten dem Arzt nicht nur voll ausgestattete Operationssäle, Röntgengeräte und andere diagnostische und therapeutische Apparate zur Verfügung, sondern auch Personal, das die Patienten von ihren Familien trennte, in die Hände von Fachexperten gab und dafür sorgte, dass die Anweisungen des Arztes befolgt wurden. Während die Kutsche, die den Arzt zum Haus des Patienten brachte, noch das Arzt-Patienten-Verhältnis des 19. Jahrhunderts charakterisiert hatte, wurden nun der Patient in der mäßig ausgestatteten Praxis seines Arztes und alsdann Arzt und Patient im Krankenhaus zum Symbol der Moderne.

Nach dem groß angelegten Ausbau der Kliniken in den 1890er-Jahren stand jetzt die Fortentwicklung der Chirurgie als Fachbereich auf dem Programm. Die herausragenden chirurgischen Leistungen von Halsted an der Johns Hopkins Medical School und von Kollegen an der Mayo Clinic unterstützten die Forderung des Berufsstands, Krankenhäuser mit modernen Chirurgieabteilungen zu errichten. Rosemary Stevens merkt an: »Die meisten heute existierenden Kliniken wurden zwischen 1880 und 1920 gegründet, und erstmals kamen viele Vertreter der Mittelschicht in die Krankenhäuser.« 1873 hatte es in den Vereinigten Staaten nur 178 Krankenhäuser gegeben, 1909 waren es 4359 mit insgesamt 421 000 Betten.[2]

Die Ärzte waren immer mehr auf die Kliniken angewiesen. 1929 standen sieben von zehn Ärzten in der einen oder anderen Form mit einem Krankenhaus in Verbindung. In New York und Chicago verbrachte jeder Arzt, ob Fach- oder Allgemeinarzt, bis zu 30 Prozent seiner Arbeitszeit in Kliniken.[3]

Um die Jahrhundertwende wurde der Berufsstand immer abhängiger von kostspieliger institutionalisierter Technologie. Das für Krankenhäuser sowie für die medizinische Ausbildung und Forschung benötigte Kapital überstieg die Mittel der Ärzteschaft. Ein voll ausgestattetes Krankenaus mittlerer Größe war ein teures Bauprojekt. Die Zimmer- und Dienstleistungsgebühren konnten die alljährlichen Kosten für den Betrieb der Klinik nicht decken, insbesondere wenn sie eine Art kostenlose Werkstatt für die Ärzte war. Zwar konnte man von den Patienten erwarten, dass sie für ihre Pflege einen bestimmten Betrag bezahlten, aber über eine vage festgelegte Grenze hinaus war davon auszugehen, dass jede weitere Gebühr zu einer geringeren Inanspruchnahme der Klinik führen und die Einnahmen letztlich schmälern würde. So häuften sich Jahr für Jahr Fehlbeträge in den Krankenhäusern an, die irgendwie beglichen werden mussten.

Die Defizitfinanzierung spiegelte die gesellschaftliche Rolle der Krankenhäuser als karitative Einrichtung wider. Historisch betrachtet haben Krankenhäuser immer die Klassenstruktur der Gesellschaft reflektiert – von ihren Anfängen im Mittelalter als Zufluchtsstätten für erkrankte Arme bis hin zu ihrer neuen Rolle der Versorgung von Patienten aller Schichten. Entsprechend ihrer Stellung im Klassengefüge wurde von den Reichen erwartet, dass sie die Gesamtkosten für den von ihnen in Anspruch genommenen Privatraum und ihre Gesundheitspflege tragen. Die Mittelschicht, die weniger Komfort und Personal zu ihrer Verfügung hatte, sollte ihre Kosten selbst übernehmen, aber nicht unbedingt die ganzen klinischen Aspekte miteinbeziehen. Von den Armen wurde bis vor Kurzem noch erwartet, ihren Möglichkeiten entsprechend zu bezahlen, und das war sehr wenig. Ihre Versorgung wurde als Wohltätigkeit eingestuft, und entsprechend den weitverbreiteten Vorstellungen von der Bedeutung der Arbeit und der Faulheit der Armen waren Einrichtungen und Betreuung für die Mittellosen bestenfalls karg und schlimmstenfalls demütigend. Zudem dienten sie Kliniken mit Medizinfakultäten, die immer zahlreicher wurden, als Forschungs- und Lehrmaterial. Um die Klassenunterschiede, die sich im Krankenhaus widerspiegeln, und die dementsprechenden Defizite auszugleichen, wurden die Reichen aufgefordert, der Klinik Geld zu geben, damit die Kosten für die Pflege der Armen bezahlt werden konnten. Der karitative Charakter von Kliniken bietet Wohlhabenden die nahezu perfekte Gelegenheit, ihr Noblesse-oblige-Konzept an einer Institution zu demonstrieren, die die Klassenstruktur der Gesellschaft öffentlich sichtbar macht und damit verfestigt.

Die Organisation und Finanzierung von Krankenhäusern bieten Ärzten eindeutig die Möglichkeit, ihren Beruf auszuüben und Geld zu verdienen, und kommen der oberen Mittel- sowie der Oberschicht zugute, indem sie ihnen Einrichtungen zur Verfügung stellen, die ihrem sozialen Status entsprechen, und ihnen zugleich die Chance geben, durch Wohltätigkeit gegenüber dem Krankenhaus ihre überlegene Stellung zu demonstrieren. Die Abhängigkeit der Ärzteschaft von den Reichen hätte zu Feindseligkeiten führen können, da ihrer beider Interessen an der Klinik aber kompatibel waren, gestaltete sich ihre Beziehung symbiotisch. Wohlhabende Frauen und Männer öffneten Spendensammlern ihre Herzen – und ihre Geldbeutel.

Medizinische Forschung und medizinische Lehre waren unterschiedliche Angelegenheiten. Kliniken sprachen nur die Menschen vor Ort an, während die neuen wissenschaftlichen Medizinhochschulen ihre Studenten und Dozenten mindestens aus dem ganzen Bundesstaat, wenn nicht sogar aus dem gesamten Land bezogen. Und die medizinische Forschung war eine langfristige Investition, mit der neues Know-how und neue Technologien entwickelt wurden, die nicht nur den Armen, sondern dem ganzen Land dienen würden. Medizinische Lehrkräfte und Forscher waren keine lokalen Ärzte von Rang mehr, sondern erwarben sich, wenn überhaupt, nur noch innerhalb der eigenen Reihen einen Ruf. Reiche Männer und Frauen vor Ort konnten durch Appelle an ihren Lokalstolz dazu gebracht werden, in der ansässigen Hochschule ein Labor einzurichten, aber solche Charity-Projekte hatten nicht denselben publikumswirksamen Effekt wie Krankenhäuser, die stadtbekannten Ärzten ihre medizinische Ausstattung zur Verfügung stellten und im Dienst der Armen standen. Für die medizinische Lehre und Forschung waren weitaus höhere Summen nötig als für den Bau eines Krankenhauses, doch noch größere Investitionen verlangte die Unterstützung des Lehr- und Forschungspersonals der vermögenden lokalen Oberschicht ab.

Die Kombination aus den höheren erforderlichen Geldsummen, der weniger direkten karitativen und weniger sichtbaren Funktion der medizinischen Forschung und Lehre, den langfristigen Investitionen und ihrer landesweiten Auswirkung machten die medizinische Ausbildung und Forschung eher zu philanthropischen Projekten einer nationalen wohlhabenden Klasse als von lokalen Reichen. Und so stellte in den 1890er-Jahren eine neue nationale Kapitalistenschicht die lokalen Geschäftsleute und aristokratischen Eliten in den Schatten.[4] Ihr Vermögen stammte aus Investitionen in nationale Unternehmen, und ihre Vorstellungen darüber, was für die Gesellschaft gut und nötig sei, gingen über die ihrer unbedeutenderen lokalen Kollegen weit hinaus. Während viele von ihnen ohne strategisches Ziel spendeten und nur um Aufmerksamkeit buhlten, verfolgten einige eigene Strategien und Interessen.

So wie gut vernetzte Ärzte an den Lokalstolz und die wohltätigen Verpflichtungen der lokalen Oberschicht appellierten, wenn sie ein modernes Krankenhaus für ihre Gemeinde bauen lassen wollten, schrieben sich akademische Mediziner und Wissenschaftler die gesellschaftlichen Bedürfnisse auf die Fahne, um Männer und Frauen mit noch größeren Vermögen zu erreichen. Ein paar berühmte medizinische Ausbildungszentren waren relativ begütert. Charles Eliot erkannte, dass eine Reform der medizinischen Fakultät an der Harvard University nötig war, um größere Schenkungen und Stiftungen zu erhalten. Johns Hopkins vermachte sein Vermögen aus der Baltimore and Ohio Railroad einem Krankenhaus mit medizinischer Hochschule sowie einer allgemeinen Universität; für die Eröffnung der medizinischen Fakultät war jedoch noch mehr Geld nötig, und dies wurde tatsächlich von wohlhabenden Einzelpersonen gespendet. Doch das waren Ausnahmen. »Nicht einmal ein halbes Dutzend Institutionen haben ansehnliche Beträge erhalten, und nur sehr wenige überhaupt etwas«, beklagte das *AMA Journal* im Jahr 1900. Die Schenkungen, die nötig waren, um »die medizinische Ausbildung und Wissenschaft voranzubringen«, mussten aber von außerhalb des Berufsstands kommen.[5] Wie einige Wortführer der Reform voraussahen und befürchteten, barg diese Abhängigkeit von der Philanthropie für die Aufbringung dieses Kapitals Gefahren.

Welch: ein Rockefeller-Medizinmann

William H. Welchs persönliche Misere und späterer Erfolg sind bezeichnend für den aufsteigenden Stern der Medizinforschung. Als er 1878 von seinem Pathologiestudium in Deutschland nach Amerika zurückkam, fand Welch in New York kaum die nötige Unterstützung, um sich der Laborforschung widmen zu können. Zwar wurde er durch Francis Delafield vom renommierten College of Physicians and Surgeons ermutigt, fand aber keine Räumlichkeiten, in denen er ein Labor hätte einrichten können. Schließlich wandte er sich an die weniger hoch angesehene medizinische Hochschule des Bellevue Hospital und handelte die Nutzung von drei Räumen, ein paar Küchentischen und Gerätschaften im Wert von 25 Dollar aus. Mit Fröschen, die er in den Sümpfen rund um das Haus seiner Schwester im Hinterland New Yorks einsammelte, gab Welch den ersten Pathologiekurs, der je an einer amerikanischen Medizinschule angeboten wurde. Mit den Gebühren seiner sechs Studenten, der Vorbereitung der Medizinstudenten auf Zulassungsprüfungen (die er zusammen mit einem anderen Arzt anbot) und einem Assistenzjob bei Dr. Austin Flint, einem reichen und prominenten Medizinprofessor am Bellevue, kam er über die Runden.[6]

Sein Studium in Europa und seine außergewöhnliche Arbeit brachten Welch sofortige Anerkennung ein. Innerhalb eines Jahres steuerten die Absolventen des New Yorker College of Physicians and Surgeons genügend Geld bei, um ihm ein einfaches Pathologielabor an ihrer Alma Mater anbieten zu können. Doch Welch fühlte sich dem Bellevue verpflichtet und wollte auf den mit mehr Sicherheit verbundenen Lehrstuhl in Pathologie an der neuen Johns Hopkins Medical School warten. Angelockt durch das »akademischere« Umfeld dort, die Befreiung von der »Plackerei des Unterrichtens«, ein auf 4000 Dollar dotiertes Jahresgehalt und bezahlte Assistenten schockierte Welch die New Yorker Ärzteschaft und Freunde, indem er ein künftiges Einkommen von »mindestens 20 000 Dollar« für eine Stelle in der Provinz von Baltimore ausschlug.[7]

Bevor Welch 1884 die Stelle an der Hopkins antrat, verbrachte er fast ein Jahr mit bakteriologischen Studien in Leipzig und Berlin bei Robert Koch. Bakteriologie studierte er hauptsächlich deshalb, um im zunehmenden Wettkampf um medizinische Entdeckungen nicht ins Hintertreffen zu geraten.[8] Welchs einzigartige Hingabe an seine Karriere brachte ihm Erfolg ein. Doch obwohl er bewundert wurde und in der Gesellschaft beliebt war, schottete er sich privat von anderen Menschen ab, egal ob Mann oder Frau.[9]

Welchs Ansehen als Forscher und Forschungsorganisator wuchs bereits, ehe die Johns Hopkins Medical School im Jahr 1893 mit ihm als erstem Dekan eröffnet wurde. Um die Jahrhundertwende sprach sich Welchs professioneller Ruf allmählich auch in Laienkreisen herum. 1901 wurde Frederick T. Gates, der Großmeister der Rockefeller-Philanthropie, auf ihn aufmerksam, und Welch wurde gebeten, bei der Organisation des Rockefeller Institute for Medical Research mitzuarbeiten. Bald wurde er Chefberater der Rockefeller-Stiftungen für medizinische Projekte, er leistete wichtige Beiträge für die Finanzierung der medizinischen Ausbildung in den Vereinigten Staaten und in China, für die Entwicklung von Programmen für das öffentliche Gesundheitswesen in den USA und auf der ganzen Welt, für die Organisation und Leitung der landesweit ersten Schule für Gesundheitswesen sowie vieles andere mehr. 1930 wurde sein 80. Geburtstag mit einer Rundfunk-Liveübertragung in den USA und Europa unter dem Vorsitz von Präsident Hoover gewürdigt, sekundiert von Feierlichkeiten in europäischen und japanischen Städten.

William H. Welch war in der Tat ein Mann, dessen Leben und berufliche Laufbahn die Geschicke der medizinischen Wissenschaften von ihren mühsamen Anfängen bis hin zu ihrem gewaltigen materiellen Erfolg überspannte. Sein Leben war die perfekte Mischung aus Ehrgeiz, Talent, Zielstrebigkeit und Chancen, und das ließ ihn zu einem Vorbild der akademischen Medizin in den Vereinigten Staaten werden. Seine Geselligkeit und sein Witz bewahrten ihn davor, seiner Ablehnung von intimen Beziehungen zum Trotz zum Einsiedler zu werden. Sein außergewöhnliches Talent in Verbindung mit seinem anfänglich fast krampfhaften Ehrgeiz verschaffte ihm in der Medizin einen Vorsprung vor der Konkurrenz.

Doch diese Eigenschaften hätten ihm wenig genutzt, wenn sich nicht in den richtigen Augenblicken Chancen aufgetan hätten. Denn wäre Welch nicht als weißer Junge in einer wohlhabenden Gesellschaftsschicht zur Welt gekommen, hätte er nie die nötige materielle Unterstützung bekommen. Wäre er 50 Jahre früher zur Welt gekommen, wäre die wissenschaftliche Medizin noch nicht gefördert worden. Wäre er 50 Jahre später zur Welt gekommen, wäre er sehr wahrscheinlich nur ein kompetenter Medizinwissenschaftler unter vielen gewesen. Hätte die Johns Hopkins Medical School nicht gerade ihren Lehrkörper zusammengestellt, als er ein aufsteigender Stern in der New Yorker Medizinszene war, wäre er vermutlich gezwungen gewesen, seine Energie in eine lukrative Privatpraxis zu stecken, und hätte sich nicht auf so einzigartige Weise der akademischen Medizin verschreiben können. Hätten die Rockefeller-Philanthropien nicht die wissenschaftliche Medizinforschung fördern, die medizinische Ausbildung reformieren und öffentliche Gesundheitsprogramme entwickeln wollen, hätte es ihm vermutlich an Möglichkeiten zur Entfaltung seiner Talente gefehlt, und er wäre wohl nicht zu Berühmtheit und einem solchen Ruf als verdienter Staatsmann gekommen. Zwar wusste Welch stets die richtige Person am richtigen Ort zur richtigen Zeit zu sein, gleichwohl beruhte seine Karriere nicht nur auf Glück, sondern sein Geschlecht, seine Rassenzugehörigkeit und seine soziale Schicht waren entscheidende Voraussetzungen für seinen Erfolg. Die wichtigste von allen war aber vielleicht die Entstehung des Unternehmerkapitalismus, weil dieser dafür sorgte, dass seine Forschung materiell und die wissenschaftliche Medizin ideologisch und kulturell unterstützt wurde.

Wahrscheinlich wäre Welch aber auch ohne die Rockefellers gut zurechtgekommen, denn sein Ruf hätte es ihm ermöglicht, die besten medizinwissenschaftlichen Positionen zu bekleiden. Die medizinische Forschung und Lehre als Ganzes wurden jedoch vom Rockefeller-Vermögen immens vorangetrieben. Unter der geschickten Leitung der Stiftungsmanager wurde das Rockefeller-Vermögen die größte einzelne Kapitalquelle für die Entwicklung der medizinischen Wissenschaften in den Vereinigten Staaten, für die Umstellung der medizinischen Ausbildung auf eine wissenschaftliche Forschungsgrundlage und für die Entwicklung öffentlicher Gesundheitsprogramme in den USA und im Ausland.

In den ersten 25 Jahren des 20. Jahrhunderts entwickelten die Rockefeller-Direktoren eine endgültige Strategie für ihre Kapitalanlage in der Medizin. Zuweilen unterstützte diese Strategie bestimmte Interessen in der Medizin oder widersetzte sich ihnen, aber solche Allianzen oder Desallianzen entstanden nie zufällig, sondern waren vorhersehbare und notwendige Konsequenzen der Rolle, welche die moderne Medizin in der Gesellschaft übernommen hatte und welche von den Spitzen der amerikanischen Klassenstruktur gewünscht wurde.

Warum wurde eine einzige der wissenschaftlichen Medizinforschung gewidmete Institution mit so viel Rockefeller-Geld – bis 1928 ganze 65 Millionen Dollar – überhäuft? Was motivierte die Rockefeller-Philanthropen dazu, so viel Energie und Geld in die Medizin zu stecken? Wie wichtig waren dabei Humanismus und Mitmenschlichkeit? Versprachen sie sich von ihrem Einsatz materiellen Profit? Glaubten sie als Kapitalisten und Unternehmensmanager, dass dies ihren persönlichen Interessen oder denen ihrer Klasse dienen würde? Hinter den Fassaden, die durch stiftungsfinanzierte Storys und autorisierte Biografien aufgebaut wurden, schimmert das Selbstverständnis durch, mit der sie ihre Pionierarbeit vorantrieben, und lässt ihre Bedenken und Gedanken sichtbar werden.

Rockefeller-Geld und wissenschaftliche Medizin: ein soziales Investment

Am 2. Juni 1901 bejubelten New Yorks Zeitungen die Gründung des Rockefeller Institute for Medical Research. Dieses berühmteste Beispiel eines privaten Philanthropie-Projekts, das die medizinische Forschung förderte, läutete in den USA eine neue Ära ein. Mehr als seine Vorgänger im Ausland hatte das Rockefeller Institute eine lange Liste an Krankheiten im Visier, deren biologische und chemische Ursachen es erkunden wollte, entwickelte Präventions- und Heilmethoden und bildete Hunderte von medizinischen Forschern aus.

Das Institut begann mit der bescheidenen Zusage von jährlichen 20 000 Dollar als Forschungszuschuss, bald aber spendete ihm John Davison Rockefeller eine Million Dollar. Bis 1928 sollten sich die Rockefeller-Schenkungen auf insgesamt 65 Millionen Dollar belaufen, was damals eine gigantische Summe war. Öffentlich wurden diese wohltätigen Spenden Rockefeller Sr. und seinem Sohn zugeschrieben, aber es war Frederick T. Gates, der die Strategien ausarbeitete und die Investitionen in die medizinische Forschung und Lehre sowie das Gesundheitswesen initiierte.

1915 schrieb Gates seine Erinnerungen an die Anfänge des Instituts nieder. Seine an Anekdoten reiche Geschichte wird in der Literatur über die Ursprünge der medizinischen Rockefeller-Philanthropie am meisten zitiert.[10] In dem Werk, das getrost als Folklore betrachtet werden kann, beschreibt er die Beweggründe, die zu seinem Engagement und zur Gründung des Rockefeller Institute geführt haben sollen.

So schildert Gates, wie ihm die Idee zu dem Institut kam. Zwischen 1880 und 1888 hatte er als Pfarrer der Central-Baptist-Kirche in Minneapolis unzählige Erlebnisse mit regulären Ärzten und Homöopathen. Seine Besuche in »Hunderten von Krankenzimmern« und seine enge Beziehung zu mehreren Ärzten ließen in ihm »eine tiefgreifende Skepsis gegenüber der Medizin beider Schulen, wie sie derzeit praktiziert wurden«, aufkommen. Bezüglich der Homöopathie kam er zu dem Schluss, dass ihr Begründer Samuel Hahnemann »nicht viel mehr als ein Verrückter« war. Doch auch der regulären beziehungsweise orthodoxen Schule vertraute er nicht wesentlich mehr.

Dann, im Jahr 1897, 6 Jahre nachdem er für Rockefeller zu arbeiten begonnen hatte, nahm er sich eines ehemaligen Mitglieds seiner Gemeinde in Minneapolis an, das in New York Medizin studierte. Er bat den jungen Mann, ihm einen lesbaren medizinischen Text vorzuschlagen, der in den besten medizinischen Hochschulen verwendet wurde. Auf Empfehlung seines jungen Freundes hin kaufte Gates sich eine Ausgabe von William Osiers Buch *Principles and Practice of Medicine*, das 1892 veröffentlicht worden war, sowie ein medizinisches Taschenwörterbuch.

Als er bei seiner Familie in den Catskill Mountains Urlaub machte, las er Osiers rund 1000-seitiges Buch mit Enthüllungen über den Zustand der Medizin. Osier stellte darin die Begrenztheit des damaligen medizinischen Wissens und Arbeitens bloß. Gates erfuhr, dass viele Krankheiten von Keimen verursacht werden, aber nur sehr wenige von ihnen identifiziert und isoliert worden waren, während man viele »noch zu entdecken« hoffe.

> Als ich das Buch beiseitelegte, wurde mir bewusst, wie sehr das wissenschaftliche Studium der Medizin in allen zivilisierten Ländern und vielleicht am meisten in diesem Land vernachlässigt worden war. Ich erkannte auch sehr deutlich, woran das lag. Zunächst waren die Untersuchungsinstrumente, das Mikroskop und die Wissenschaft der Chemie erst vor Kurzem entwickelt worden. Pasteurs Keimtheorie der Krankheiten war ebenfalls neu. Und während andere wissenschaftliche Fachgebiete wie Astronomie, Chemie, Physik etc. in Hochschulen und Universitäten der ganzen zivilisierten Welt sehr großzügig subventioniert wurden, wurde die Medizin aufgrund der eigentümlichen kommerziellen Organisationen der medizinischen Hochschulen selten, wenn überhaupt, irgendwo dotiert. Forschung und Lehre waren ganz und gar in den Händen praktizierender Ärzte, die nur hier und da etwas Zeit für die Forschung erübrigen konnten. Mir wurde bewusst, dass die Medizin kaum darauf hoffen konnte, eine Wissenschaft zu werden, solange sie nicht finanziell unterstützt wurde und sich qualifizierte Männer nicht in Vollzeit dem Studium und der Forschung widmen konnten – und zwar unabhängig von ihrer Arztpraxis und mit einem ausreichenden Gehalt. Zu diesem Zweck, so schien es mir, sollte in den Vereinigten Staaten ein Institut für medizinische Forschung gegründet werden.

Im Juli kam Gates mit »seinem Osier« in der Hand in sein Büro im Standard-Oil-Gebäude zurück und diktierte eine Mitteilung an Rockefeller. Er brachte seine Schlussfolgerungen über den tragischen Zustand der Medizin in den USA und ihr immenses Potenzial vor und wies auf den Nutzen des Robert Koch-Instituts in Berlin und des Louis-Pasteur-Instituts in Paris hin. Um seine Empfehlung eines Instituts in Amerika zu untermauern, erklärte Gates Rockefeller, dass Pasteurs Erkenntnisse über Milzbrand und Gärungskrankheiten »der französischen Nation einen Betrag ersparten, der höher als die gesamten Kosten des deutsch-französischen Krieges war«. Er bestand auch darauf, dass ein von Rockefeller gegründetes Institut andere wohlhabende Männer und Frauen anspornen würde, weitere Forschungszentren zu finanzieren, und diese Bemühungen »reichlich Früchte tragen« würden.

Zwar veranlasste diese Nachricht Rockefeller nicht, umgehend tätig zu werden, lieferte aber 6 Monate später die schlüssige Begründung für die Ablehnung, das Rush Medical College der University of Chicago anzugliedern, die zu jener Zeit Rockefellers liebstes und umfangreichstes philanthropisches Projekt war. Das Rush College war eine angesehene Hochschule für reguläre Medizin im Gefolge der wissenschaftlichen Vorreiter, gehörte aber nicht zu ihnen. Mit Rockefellers Genehmigung drängte Gates die Universitätsverwaltung dazu, das Rush College aufzugeben, und bot ihr stattdessen ein neues medizinisches Zentrum an, das »prächtig ausgestattet ist, *sich in erster Linie der Forschung widmet und die Praxis selbst zu einem Teil der Forschung macht*«. Aus irgendeinem Grund, der wahrscheinlich mit dem Einfluss der wohlhabenden und gesellschaftlich wie politisch prominenten Ärzte unter den Rush-Lehrkräften zu tun hatte, wurde die Ehe dann doch noch geschlossen. Damit verlor Chicago zwar die Chance auf das vorgeschlagene Institut, doch Gates' Idee für das Institut war in die Welt gesetzt und aus den Fängen der »sektiererischen« Gruppierungen gerettet.

Gates' Vorschlag wurde in den Jahren 1899–1900 sorgfältig geprüft. Gates und Rockefeller Jr., der ab 1897 zum Philanthropie-Team gehörte, beauftragten Starr J. Murphy, einen befreundeten Anwalt und Nachbarn von Gates in Montclair, New Jersey, sich europäische Institute genau anzusehen und mit führenden amerikanischen Medizinforschern zu beraten. L. Emmet Holt, der Arzt mehrerer Enkelkinder von Rockefeller Sr. und ein Gemeindemitglied in Rockefeller Jr.s Baptistenkirche in der Fifth Avenue in New York, beeindruckte Letzteren mit einer breit angelegten und fundierten biologischen Grundlagenforschung, die vor Kurzem zur Entdeckung des Diphtherieantitoxins geführt hatte. Für die Lösung anderer großer Probleme in der Medizin, sagte er Rockefeller Jr., seien »Männer und Ressourcen« nötig, »die einzig und allein in die Forschung gesteckt werden können«.[11]

Dann erkrankte im Dezember 1900 John Rockefeller McCormick, der 3-jährige Enkel von Rockefeller Sr., an Scharlach und starb am zweiten Tag des neuen

Jahres. Der alte Mann, ein Anhänger der Homöopathie, gab jedes Zögern hinsichtlich der Unterstützung der wissenschaftlichen Medizinforschung auf, als renommierte New Yorker Ärzte ihm sagten, sie wüssten kaum etwas über die Ursachen von Scharlach und hätten kein Mittel dagegen.[12]

Gates und die Rockefellers waren auch wegen der Konkurrenz ihres geplanten Instituts in Sorge. Andrew Carnegies rivalisierende Carnegie Institution of Washington, die 1902 mit 10 Millionen Dollar ausgestattet wurde, befand sich zu jener Zeit in der Planungsphase. Rockefeller Jr. war über diese Konkurrenz so besorgt, dass er dem Stahlmagnaten die Vereinbarung abrang, dass dessen Institut nicht in die medizinische Forschung einsteigen würde. Zu derselben Zeit gründete Henry Phipps in Philadelphia ein Institut zur Erforschung der Tuberkulose. Doch Konkurrenz kam sogar aus der eigenen Familie: Rockefellers Tochter Edith und ihr Mann Harold F. McCormick enthüllten Pläne für einen Tribut an ihren Sohn, das John Rockefeller McCormick Memorial Institute for Infectious Diseases (»Institut für Infektionskrankheiten im Gedenken an John Rockefeller McCormick«) in Chicago.[13]

Im März 1901 verpflichtete sich Rockefeller, das von Gates vorgeschlagene Institut zu finanzieren. Das Rockefeller Institute for Medical Research nahm mit jährlichen 20 000 Dollar an Zuschüssen für die Forscher und bald darauf mit einer Rockefeller-Spende in Höhe von einer Million Dollar die Arbeit auf. Sein Vorstand setzte sich aus Ärzten mit einer Ausbildung in Pathologie – darunter Holt und Welch – zusammen, die sich dazu verpflichteten, sich für die bakteriologische Forschung einzusetzen. Geschäftsführer war Dr. Simon Flexner.

Im Laufe der folgenden 2 Jahre wurde Gates immer ungeduldiger, da die »Medizin-Gentlemen« sich darauf beschränkten, kleine Forschungsprojekte im ganzen Land zu unterstützen.[14] Im Herbst 1904 öffnete das Gremium dann seine ersten Laboratorien und begann mit einem eigenen medizinischen Forschungsprogramm. Im November 1907 gewährte Rockefeller dem Institut eine weitere Spende, hielt aber die Hälfte der von den Direktoren geforderten 6 Millionen Dollar zurück. Im Oktober 1910 schließlich, nach einer Neuorganisierung des Instituts – das Direktorengremium nahm nun als Board of Scientific Directors eine geringere Rolle ein, und es wurde ein neues Treuhändergremium mit Gates an der Spitze gegründet –, stockte Rockefeller das Stiftungskapital auf und versorgte das Institut mit jährlich 6,4 Millionen Dollar. Bis 1920 stifteten die Rockefellers dem Institut insgesamt 23 Millionen und bis 1928 rund 65 Millionen Dollar.[15]

Das Institut war – hauptsächlich aus Effektivitätsgründen und um Konflikte mit Rockefeller Sr.s Engagement für die Homöopathie zu vermeiden – unabhängig von irgendeiner Universität. Erstens wollten Gates und Rockefeller Jr., dass das Institut von jedem Unterrichtsdruck befreit war. Denn es war ja ihr Ziel, Ergebnisse in der Medizin zu liefern, um Krankheiten in der Gesellschaft zu reduzieren, und hätten die Forscher auch unterrichten müssen, so hätte dies eine Aufteilung der Ressourcen bedeutet.[16]

Zweitens war die Handvoll wissenschaftlicher Medizinhochschulen, die nominell über den »sektiererischen« medizinischen Alternativen standen, die Domäne der regulären Berufselite, doch Rockefeller Sr., wie gesagt ein lebenslanger Anhänger der Homöopathie, lehnte alles ab, was den Konflikt der regulären Ärztestand mit der Homöopathie verstärken würde. Zweifellos aufgrund dessen unterstützte Rockefeller 1898 Gates' Widerstand gegen die Verbindung zwischen der University of Chicago und dem Rush Medical College, das ein vollkommenes Geschöpf des regulären Berufsstands und damit ein Gegner der Homöopathie war. Kurzzeitig wurden Columbia und Harvard als Partner des Instituts in Erwägung gezogen, aber auch sie waren Hochschulen der regulären Elite. Obwohl weder Gates noch Rockefeller Jr. die Bedenken von Rockefeller Sr. ernst nahmen, mussten sie es vermeiden, Einwände von ihm zu provozieren, sie würden in dem Konflikt nur eine Seite – und zwar die falsche – unterstützen. Mit dem Beispiel des unabhängigen Pasteur-Instituts vor Augen, der Effizienz eines reinen Forschungsinstituts als Hauptanliegen und ihrem Wunsch, Rockefeller Sr. in seiner Abneigung gegen reguläre Schulen zu beschwichtigen, stimmten Gates und Jr. zu, für ihr Projekt jegliche Zugehörigkeit zu einer Universität auszuschließen.[17]

Homöopathie: ein schwelender Konflikt

Der Konflikt um die Homöopathie sollte einige Jahre andauern. Er dient als erhellendes Beispiel für die Mechanismen der Rockefeller-Philanthropien und verdeutlicht einen ideologischen Unterschied zwischen den Raubkapitalisten nach Art von Rockefeller Sr., die riesige Industrieimperien aufbauten, und der nachfolgenden Generation von geschäftsführenden Unternehmenskapitalisten.

Rockefeller drückte nach wie vor seine Besorgnis aus, dass sein Geld innerhalb des Instituts und später durch seine philanthropische Unterstützung der medizinischen Ausbildung dafür verwendet werden könnte, die reguläre Ärzteschaft zulasten der Homöopathen zu unterstützen. »Ich bin Anhänger der Homöopathie «, rügte er 1916 seine Mitarbeiter. »Ich wünsche, dass Homöopathen von allen medizinischen Einrichtungen, die wir unterstützen, fair, höflich und tolerant behandelt werden.«[18] Im Jahr 1919, als er erwog, seinem General Education Board 45 Millionen Dollar zukommen zu lassen, um die medizinische Ausbildung zu fördern, warnte Rockefeller seinen Sohn und die anderen Mitarbeiter erneut: »Die homöopathische Lehre sollte nicht ausgeschlossen werden, … sie sollte genauso wie die Allopathie[19] angeboten werden.«

Sein Sohn und sein Team betonten immer wieder, dass »die wissenschaftliche Medizin die frühere Unterscheidung zwischen den sogenannten homöopathischen und den sogenannten allopathischen Schulen obsolet gemacht hat«.[20] Die neue Medizin sei frei von Dogmen und von Werten. Sie vertrete keine »vorgefassten Meinungen« über die Welt, sondern nur »nachgewiesene Tatsachen«.[21] Die medizinische Wissenschaft sei frei von »medizinischen Dogmen jeglicher Art«.[22]

Darüber hinaus, so schrieb ein getreuer Berater an den alten Mann, seien die Homöopathen und regulären Schulen dabei, »immer näher zusammenzurücken. Die Diskriminierungen, denen Homöopathen früher ausgesetzt waren, werden immer weniger.« Simon Flexner versicherte, dass man am Rockefeller Institute »keinen Unterschied macht und qualifizierte Männer unabhängig von der Schule, in der sie ausgebildet wurden, in seinem Stab willkommen heißt«.[23]

Dass John D. Rockefeller persönlich einen Homöopathen unterstützte, mag überraschen. Aber Rockefeller und die Homöopathie waren beide Produkte des 19. Jahrhunderts. Ab Mitte des 19. Jahrhunderts fand die Homöopathie in den Vereinigten Staaten vor allem in der Oberschicht Anklang. Sie war sicherer als die kruden Praktiken der regulären Medizin und ein Zeichen von Wohlstand und gutem Geschmack, weil sie in Europa bei Adeligen und bei den oberen Zehntausend – die von reichen Amerikanern gerne nachgeahmt wurden – sehr in Mode war.[24] Rockefeller, der beim Ausbruch des Sezessionskrieges 22 Jahre alt war, wuchs in dem Glauben auf, dass Homöopathie medizinisch wie gesellschaftlich erstrebenswert sei.

Zwar hatte Rockefeller beim Aufbau seines Standard-Oil-Imperiums auf Chemiker und Ingenieure zurückgegriffen, doch seine wichtigsten Aktivposten waren stets sein ungezügelter Ehrgeiz und sein intuitives und cleveres Gespür für günstige Gelegenheiten gewesen. Von allen Raubkapitalisten häufte er das größte Vermögen an, indem er seinen Arbeitern so wenig wie nur möglich bezahlte und auf dem Markt rücksichtslos handelte: Er verlangte von den Eisenbahnen große Preisnachlässe für Transporte und senkte die Preise für raffinierte Ölprodukte, um Konkurrenten zu verdrängen. Die Einschätzung seines Sohnes und seiner späteren Manager hinsichtlich der Bedeutung der Wissenschaften für die Entwicklung des industriellen Kapitalismus teilte er nicht vollumfänglich.

Von dem Moment an, als er sich zurückzog und sein Vermögen nicht mehr selbst verschenken wollte, ließ er Gates und seinem Sohn im Allgemeinen freie Hand. Er wusste, dass seine vertrauten Mitarbeiter sein Vermögen so sorgfältig wie er selbst verteilen würden. Im Rahmen seiner Philanthropie war er zwar der Besitzer seines Reichtums, wollte aber nicht die Autorität besitzen, politische Maßnahmen zu ergreifen. Es schien ihm zu genügen, dass ihm nicht mehr Spott, sondern Dankbarkeit entgegengebracht wurde. Abgesehen von gelegentlichen Nachfragen, wortkargen Antworten auf Bitten seiner Berater nach Millionen von Dollar und Einwänden gegen die ungerechte Behandlung von Homöopathen überließ Rockefeller Sr. die Leitung seiner Philanthropien und seines Finanzimperiums Gates und seinem Sohn.

Obwohl Gates und Rockefeller Jr. bei der Ausarbeitung von Programmen und auch dann, wenn es darum ging, dem gelegentlich widerwilligen Senior Geld zu entlocken, zusammenarbeiteten, räumte Rockefeller Jr. selbst ein, dass »Gates der brillante Träumer und Erschaffer war« und er »der Verkäufer – der Mittler zwischen Vater und dem richtigen Augenblick«.[25] Zum Glück für die Geschichtsschreibung brachte Gates seine Ideen eifrig zu Papier und hinterließ seine Gedanken in Briefen an Rockefeller Sr., in Vorträgen vor verschiedenen philanthropischen Gremien und in Notizen an sich selbst und seine Mitarbeiter. Angesichts seiner zentralen Funktion in den Rockefeller-Philanthropien und deren Bedeutung für die Entwicklung der wissenschaftlichen Medizin sind Gates' Ansichten über die Rolle und die Folgen der Medizinwissenschaften äußerst aufschlussreich.

Der Kapitalist Gates und die Medizinwissenschaften

Gates, der wichtigste Rockefeller-Medizinmann, fühlte sich von der Medizinwissenschaft angezogen. Es waren aber nicht die Reize der Wissenschaft selbst, die sein Interesse weckten, denn wie die meisten gebildeten Menschen des ausgehenden 19. Jahrhunderts hatte er nur eine vage Vorstellung vom medizinischen Fortschritt. Er kannte Pasteur und die Keimtheorie von Krankheiten. Er hatte Osier gelesen und wusste um das Potenzial der medizinischen Wissenschaften. Aber er hatte noch nie von Dr. Simon Flexner oder Dr. William H. Welch gehört, und er hatte, bevor er das medizinische Institut gründete, keinerlei Kontakt zu anderen Medizinwissenschaftlern. Und trotzdem »erkannte er klug und klar den ungeheuren Bedarf an medizinischer Forschung«. Welche Anträge für die medizinische Wissenschaft auch immer auf Gates' Schreibtisch landeten, keiner davon wurde ernst genommen – bis 1907 die McGill University um Hilfe bat, zwei abgebrannte Gebäude der medizinischen Fakultät zu ersetzen.[26]

Gates blieb innerhalb der medizinischen Philanthropie immer eine autonome Figur. Er ließ sich von seinen eigenen Vorstellungen über den Wert der Medizin und seinen eigenen Strategien zur Entwicklung ihrer Rolle in der amerikanischen Gesellschaft leiten. Sicherlich hatten Mediziner, die er respektierte – allen voran Simon Flexner und William Welch –, einen gewissen Einfluss auf ihn, aber nur, weil ihre Vorstellungen und Beiträge seinen *eigenen* Plänen für die Transformation der Medizin entsprachen. Doch was waren seine Vorstellungen über die Rolle und Funktion der wissenschaftlichen Medizin?

Wir können Gates tatsächlich humanitäre Beweggründe zuschreiben. Sein Dienst an den Kranken und Sterbenden in seiner Pfarrgemeinde in Minneapolis hatte zweifellos sein Mitgefühl für die Leidenden geweckt. Und in seinen späteren Jahren stand für ihn die medizinische Wissenschaft über allem, was es je in der Geschichte gegeben hatte. Nichts habe »so viel für die Kräfte der Zivilisation getan, [...] um das Glück der Menschheit zu fördern und menschliches Leid zu lindern«, wie die Medizin.[27]

Typisch für Gates war es, dass er, als er die Errungenschaften der medizinischen Wissenschaft aufzählte, das Lindern menschlichen Leids nach der Förderung der »Kräfte der Zivilisation« einreiht. Das ist kein kleinlicher Kritikpunkt, denn Gates' Hauptanliegen war in der Tat die Entwicklung und Erweiterung der angloamerikanischen Zivilisation. Was für ihn Zivilisation bedeutete, wird auf den folgenden Seiten klar werden, hier aber bedeutete »Zivilisation« die Werte von Arbeit und einem disziplinierten Leben, was hieß einem gesellschaftlichen Leben, das rund um produktive Arbeit und bescheidenen Konsum aufgebaut war. »Zivilisation« bedeutete auch das Recht und tatsächlich die Verantwortung reicher Menschen, die Gesellschaft zu lenken, und die Verantwortung der Industriegesellschaften, wirtschaftlich schwächer entwickelte Gesellschaften zu dirigieren. Kurz gesagt: »Zivilisation« war für Gates gleichbedeutend mit dem Industriekapitalismus und -imperialismus.

Welchen Wert hatte die wissenschaftliche Medizin für den Kapitalismus? Gates malte sich zahlreiche materielle und gesellschaftspolitische Folgewirkungen der medizinischen Wissenschaft aus, die in einem niemals endenden Strom die kapitalistische Gesellschaft stärken würden.

Gesündere Arbeiter

Der *materielle* Nutzen der Medizin besteht in einer gesünderen Bevölkerung und damit einer gesünderen Arbeiterschaft. Was Pasteur mit seiner Arbeit über Milzbrand für die französische Viehindustrie getan hatte, könnten die Medizinwissenschaften für die ganze Gesellschaft tun. Die Erkenntnisse der Medizinwissenschaften waren besonders für die Prävention von Krankheiten von Bedeutung. »Wenn man sich gesund erhält«, bemerkte Gates, »kann man alle Annehmlichkeiten, Freuden und finanziellen Vorteile, die eine dauerhafte Gesundheit mit sich bringt, auch genießen«. Vom Anfang bis zum Ende seiner Laufbahn bestand Gates darauf, dass »das Hauptziel der medizinischen Wissenschaft nicht die Heilung, sondern die Prävention sein sollte«.[28]

Gates war der Meinung, dass die Ereignisse seine These bestätigten. Im ersten Viertel des 20. Jahrhunderts hätten »Hygienewissenschaft und Präventivmedizin« die Krankheitsfälle halbiert, beteuerte er und zog dafür Zahlen des amerikanischen Statistikamts über Sterblichkeitsraten, Statistiken von Versicherungsunternehmen und Berichte bundesstaatlicher und lokaler Gesundheitsbehörden heran.[29] Zwar stellten Krankheiten nach wie vor ein großes Hindernis für die volle Nutzung der Arbeitskräfte dar, aber die wissenschaftlichen Errungenschaften zahlten sich aus. Gates zitierte einen Bericht, laut dem jeden Tag 20 Prozent der Beschäftigten in großen Unternehmen aus Krankheitsgründen zu Hause blieben, aber, so fügte er triumphierend hinzu, »selbst eine so hohe Zahl liegt wohl weit unter der der Armeen von [General] Washington«.[30]

Gates war bei Weitem nicht der Einzige, der das Potenzial der Medizin für Kapitalisten propagierte. 1925 bemerkte er, dass große Unternehmen massiv medizinische Präventivprogramme sponserten, »weil sich Gesundheit in vielerlei Hinsicht als profitabel erweist«.[31] Gesunde Arbeiter sind profitabel, weil sie das »menschliche Kapital« des Unternehmers sind, das er für die Produktion von verkäuflichen Waren und Dienstleistungen einsetzt. Genauso wie in Maschinen investiertes Kapital mithilfe angemessener Wartungsprogramme abgesichert werden muss, so muss auch dieses Humankapital gewartet und repariert werden: Diese Sichtweise war in diversen Kontexten schon seit Langem anerkannt.

Dass Sklavenhalter in den Südstaaten und ihre Ärzte die schwarzen Sklaven als Kapitalinvestition betrachteten, die vor Behinderungen oder Tod möglichst bewahrt zu werden hatte, verleiht dem Mythos der patriarchalischen Sklaverei eine gewisse Glaubwürdigkeit. In einer Studie über die Rolle der Medizin in den Südstaaten nach dem Bürgerkrieg kam Walter Fisher zu dem Schluss, dass Sklaven vor allem deswegen medizinisch versorgt wurden, weil sie eine enorme wirtschaftliche Investition des Sklavenhalters darstellten.[32] Jeder Plantagenbesitzer wusste, dass »sein Kapital zu pflegen bedeutete, seine Neger zu pflegen«, so Dr. Richard Arnold, ein Oberschichtarzt aus Savannah. Das Interesse der Sklavenhalter an der Erhaltung ihrer Investitionen machte die Sklaverei im Süden zur »einzigen Institution, in der die Interessen und die Humanität Hand in Hand gingen«, fügte Dr. Arnold zynisch hinzu.[33]

Doch nicht nur Rassismus und Sklaverei förderten das »paternalistische« Eigeninteresse. Die United States Sanitary Commission, die 1861 gegründet wurde, um die Unionssoldaten auf den Schlachtfeldern im Süden medizinisch zu versorgen, war nach eigenen Angaben keine humanitäre Organisation. Die von wohlhabenden Oststaatlern geleitete Kommission erklärte, ihr »höchstes Ziel ist weder Humanität noch Wohltätigkeit, sondern das Leben und die Kraft des Soldaten für den Dienst für die Nation zu sichern«. Das Leben eines einzigen Soldaten zu retten, so wurde kalkuliert, senke die monetären Kriegskosten und bewahre den Soldaten als »Produzenten«, wenn er später »zur industriellen Tätigkeit des zivilen Lebens zurückkehrte«. Jedes Soldatenleben war für die Gesellschaft »nicht weniger als tausend Dollar« wert.[34]

Mit dem raschen Ausbau einer industriellen Grundlage in den Vereinigten Staaten während und nach dem Sezessionskrieg betrachteten Unternehmer in vielen Industriezweigen ihre Arbeiter als austauschbare Ressource. Insbesondere durch die zunehmende Mechanisierung und industrielle Produktion, den gesunkenen Bedarf an fähigen Arbeitern und ein unbegrenztes Angebot an verzweifelten Immigranten wurde die Erwerbsbevölkerung ein Meer aus Männern und Frauen, die von Unternehmern je nach Bedarf eingestellt und wieder hinausgeworfen wurden. Arbeiter, die in ihren Jobs verstümmelt, getötet oder einfach nur ausgelaugt worden waren, wurden einfach durch andere Arbeitslose ersetzt.

Als die Arbeitslosenzahlen mit Kriegsausbruch oder durch wirtschaftliche Aufschwünge sanken, als die Arbeitnehmer sich organisierten, um ihre Arbeitsbedingungen und ihren Lohn zu verbessern, und als die Arbeitgeber feststellten, dass Produktionsausfälle aufgrund von Krankheit und schneller Fluktuation ihrer Arbeiter sie Gewinne kosteten, entwickelten aufgeklärte Geschäftsmänner eine neue Einstellung ihren Arbeitern gegenüber. Es war aber nicht etwa die Sorge um die Bedürfnisse der Arbeitnehmer, die zu besseren Bedingungen sowie Gesundheits- und Wohlfahrtsprogrammen führte, sondern diese Reformen entsprangen der gewerkschaftlichen und politischen Organisation der Arbeiterschaft und der Notwendigkeit, die Arbeitskräfte entsprechend den Erfordernissen der kapitalistischen Produktion zu disziplinieren. Ein Unternehmen, das seine Arbeitsbedingungen verbesserte, büßte weniger Arbeitstage aufgrund von Streiks ein. Ein Unternehmen, das sich bemühte, seine Arbeitnehmer zu halten, konnte die Produktivität seiner Kapitalinvestitionen steigern, und ein Unternehmen, das Betriebswohnungen, Aktienanteile und eine betriebsärztliche Versorgung bot, erhöhte die Abhängigkeit der Arbeitnehmer vom Unternehmen und reduzierte das Risiko einer gewerkschaftlichen Organisation. Zudem konnten Unternehmen, die in den ersten Jahren des 20. Jahrhunderts bis zum Ersten Weltkrieg freiwillig handelten, das Risiko restriktiver Gesetze verringern, die vom Progressivismus gefordert wurden. Bereits 1892 kündigte Andrew Carnegie nach dem blutig niedergeschlagenen Homestead-Streik eine versöhnlichere Haltung seinen Arbeitern gegenüber an, denn er wollte dem Verlust erfahrener Mitarbeiter vorbeugen. Doch es gibt kaum Hinweise darauf, dass er oder sein Unternehmen tatsächlich auch demgemäß handelte. »Es ist unmöglich«, sagte Carnegie, »neue Männer zu finden, die die komplizierten Maschinen eines modernen Stahlwerks erfolgreich bedienen können.«[35] Eine stabile Arbeiterschaft wurde zum wichtigen Faktor für die Produktivitäts- und Profitstrategien moderner Industrieunternehmen. »Es ist ein gutes Geschäft, Leben und Gesundheit zu bewahren«, bemerkte John Topping von Republic Steel, denn damit »wird einer der wichtigsten Wirtschaftsfaktoren in der Produktion gesichert«.[36]

Industrielle, die sich auf dem Markt durchsetzten und zu Monopolisten ihrer Branche wurden, hatten das Kapital und die Weitsicht, die gewerkschaftliche

Organisierung abzuwenden und ihre Belegschaft durch Gesundheits- und Sozialprogramme zu sichern. Stahlwerke, Eisenbahn- und Ölgesellschaften sowie andere Unternehmen entwickelten umfangreiche Programme zur medizinischen Versorgung ihrer Arbeiter, stellten Ärzte ein oder schlossen mit ihnen Verträge und richteten eigene Werksapotheken oder -krankenhäuser ein.

Die Bemühungen der Sklavenhalter und der U.S. Sanitary Commission, Leben durch Heilung von Krankheit zu erhalten, zielten darauf ab, ihr Humankapital zu bewahren, wobei das eine einem Individuum »gehörte« und das andere einer ganzen Klasse zugutekam. Die medizinischen Programme einzelner Unternehmen sollten vornehmlich die gewerkschaftliche Organisation untergraben und ihre Arbeiterschaft stabilisieren, deren bessere Gesundheit weniger Hauptzweck als ein Bonus war. Sklavenhalter und Industrieunternehmen handelten also nach aufgeklärtem Eigeninteresse, während die von der Oberschicht Beauftragten der Sanitary Commission einen weitsichtigeren Plan für die Investition in die Arbeitskraft der Gesamtgesellschaft hatten. Letzterer drückt das Interesse einer ganzen Klasse aus – das Interesse der Kapitalistenklasse an einer stabilen und gesunden Arbeiterschaft.

Frederick T. Gates formulierte diese langfristige Perspektive immer wieder und richtete seine philanthropischen Programme nach ihr aus. Er wusste, wie wichtig eine gesunde Arbeiterschaft für das Wachstum von Kapital und industrieller Produktion waren. Die Rockefeller Sanitary Commission, die Gates 1909 gründete, sollte im Süden der USA die Hakenwurmkrankheit ausrotten. Charles Wardell Stiles, ein Zoologe, der der Regierung angehörte, überzeugte Gates und Rockefeller Jr. davon, dass die Hakenwurminfektion »eine der bedeutendsten Krankheiten im Süden« und eine der Ursachen »der sprichwörtlichen Faulheit der ärmeren Schichten der weißen Bevölkerung« sei. Wie stolz die Rockefellers und Gates auch darauf waren, das Leid Tausender Südstaatler zu lindern, ihr Hauptanreiz war eindeutig die höhere Produktivität von Arbeitern, die von dem endemischen Parasiten befreit worden waren. Gates bemerkte, dass die Lagerbestände der Baumwollspinnereien in den stark infizierten Überflutungsgebieten von North Carolina weniger wert waren als die der Spinnereien in anderen Regionen des Bundesstaates, in denen weniger Menschen infiziert waren. »Das«, so erklärte er

Rockefeller Sr., »liegt an der ineffektiven Arbeit in diesen Baumwollspinnereien, und die geht auf die Infizierung mit dem Hakenwurm zurück, der die Arbeiter schwächt.« Gates kalkulierte: »In den Gebieten, in denen der Befall stärker ist, braucht man rund 25 Prozent mehr Arbeitskräfte, um die gleichen Ergebnisse zu erzielen.« Das bedeutete auch 25 Prozent mehr Unterkünfte für die Arbeiter, mehr Maschinen und somit mehr Kapital und höhere Betriebskosten. »Deshalb ist der Lagerbestand dieser Spinnereien kleiner, und die Profite sind geringer.«[37]

Die Rockefellers hatten zwar keine nennenswerten Beteiligungen an Textilfabriken im Süden, waren wegen ihrer umfangreichen und weitverbreiteten Investitionen aber um die Produktivität der gesamten Ökonomie besorgt. Die Sanitary Commission war deshalb eine logische Fortsetzung ihrer Ausbildungsprogramme in den Südstaaten (die in Kapitel 1 vorgestellt wurden), die alle schlussendlich darauf abzielten, die Ökonomie im Süden ans Herrschaftsgebiet der Kapitalisten im Norden des Landes anzugliedern.

Mithilfe der International Health Commission – dem ersten Programm der 1913 gegründeten Rockefeller Foundation – wurden das Hakenwurmprogramm und andere öffentliche Gesundheitsprogramme im Gesundheitswesen auf die ganze Welt ausgedehnt. Keines dieser Programme war darauf ausgerichtet, bestimmte Rockefeller-Investitionen im Ausland zu unterstützen. Sie zielten vielmehr darauf ab, die Gesundheit der Arbeiterschaft in allen Ländern zu verbessern, um ein ausreichendes wirtschaftliches Wachstum zu ermöglichen und die Vereinigten Staaten mit Rohmaterialien und einem Markt für amerikanische Produkte zu versorgen. Stacy May, der Ökonom und Direktor einer von Rockefeller kontrollierten internationalen Investitionsgesellschaft, bekräftigte den Wert solcher Programme: »Wo Massenerkrankungen unter Kontrolle gebracht werden, steigt tendenziell die Produktion – durch die Erhöhung des Anteils erwachsener Arbeiter an der Gesamtbevölkerung und durch die Stärkung ihrer Kraft und ihres Arbeitswillens.«[38]

Jedes dieser Programme lässt sich auf das pauschale Interesse von Gates und den Rockefellers am dauerhaften wirtschaftlichen und sozialen Überleben der kapitalistischen Gesellschaft zurückführen. Gates sah die Gesundheit der Bevölkerung aus einer kapitalistischen Perspektive, die weiter gefasst war als wahrscheinlich die jeder anderen wichtigen Figur in den medizinischen Reformbewegungen jener Zeit. Doch obwohl seine klar ausgesprochenen Ansichten über das Verhältnis von Gesundheit und Kapitalismus umfassender waren als jene anderer damaliger Kapitalisten, war er nicht der Einzige, der die Bedeutung solcher Programme betonte.

Die American Association for Labor Legislation – eine Allianz zwischen Progressisten unter den liberalen Wirtschaftsführern, ein paar Wortführern aus der Arbeiterschaft und Reformern aus der oberen Mittelschicht – gewann mit ihrem Vorschlag einer obligatorischen nationalen Krankenversicherung, die hauptsächlich auf dem Eigeninteresse der Unternehmer beruhte, die Unterstützung der Geschäftswelt. »Krankheiten und Verletzungen verursachen infolge von verlorener Arbeitszeit, stillstehenden Maschinen und ineffektiver Arbeit sowohl für das Unternehmen als auch für die Arbeitnehmer einen großen wirtschaftlichen Schaden«, verkündete Howell Cheney von den Cheney Brothers' Silk Mills. »Es liegt unmittelbar im Interesse des Unternehmens sowie des Einzelnen, für die Wiederherstellung der Gesundheit und somit für Effizienz zu sorgen und daher die besten Voraussetzungen für die Gesundung zu schaffen.«[39]

Der Ausschuss der National Association of Manufacturers (»des nationalen Herstellerverbands«) für die Verbesserung der Industrie zog die obligatorische Krankenversicherung den freiwilligen Systemen vor und unterstützte sie, denn er maß einer gesunden Arbeiterschaft große Bedeutung bei. »Wir wissen, dass es Unternehmer gibt, die sich nicht an freiwillige Systeme halten würden«, warnte das NAM-Komitee. Selbst ein Unternehmer, der die langfristigen Vorteile »aufgeklärter« Arbeitsverhältnisse erkenne, könne die Augen davor verschließen, um den Gewinn für das laufende Jahr zu maximieren. Dieses Thema sei so wichtig, dass der Staat »die Eigenverantwortung des Einzelnen dem Allgemeinwohl unterordnen« müsse.[40]

Es war *nicht* die Sorge um den Erhalt des menschlichen Lebens, die Amerikas Wirtschaftsliberale in der Progressive Era dazu veranlasste, eine verpflichtende Krankenversicherung zu unterstützen. Von Bismarck über die Conservative Party in England bis hin zur American Association for Labor Legislation (»amerikanischer Arbeitsrechtverein«) und zur National Civic Foundation (»nationale

Stiftung für Bürgerrecht«) glaubten die weitsichtigen Anführer des Unternehmenskapitalismus, dass eine staatlich geförderte Krankenversicherung, Entschädigungen für Arbeitnehmer und andere soziale Sicherheitsmaßnahmen die Attraktivität radikaler Arbeiter- und Sozialismusbewegungen verringern würden.[41] In der Hoffnung, die mit ihrem Los unzufriedene Arbeiterschaft zu entpolitisieren, schlossen sich führende Unternehmer den Reformern an und forderten ebenfalls moderate Neuregelungen. Trotz dieser zweckmäßigen Anwendung von medizinischen Versorgungsprogrammen waren führende Vertreter vieler Unternehmen sowie die konservative National Association of Manufacturers davon überzeugt, dass die medizinische Versorgung der gesamten Bevölkerung die Gesundheit der Arbeitnehmer und ihrer Familien, einschließlich der künftigen Arbeitnehmer, deutlich verbessern würde. Da sie die Sorgen der Geschäftswelt teilten, betrachteten die Vorreiter der wissenschaftlichen Medizin den wirtschaftlichen Nutzen der Medizin als eine ihrer wichtigsten Folgen, wohingegen Ärzte, die im Gesundheitsprogramm einzelner Unternehmen tätig waren, eine engere Perspektive hatten. So sagte C. W. Hopkins, Chefchirurg bei der Chicago and Northwestern Railroad, 1915 vor dem Kongress der American Academy of Medicine, die Eisenbahngesellschaft hielte es für wirtschaftlich erstrebenswert, Gesundheitsprogramme ins Leben zu rufen. Denn die Ausbildung eines Arbeitnehmers koste 500 Dollar, gesunde, erfahrene Arbeiter aber seien wichtig, um Unfälle zu verhindern, durch die Passagiere verletzt und Eigentum zerstört würden. »Inzwischen wissen die Chefetagen der Eisenbahnen sehr gut«, merkte Dr. Hopkins an, »dass es genauso wichtig ist, für ihre kranken und verletzten Arbeiter zu sorgen, wie einen bestimmten Effizienz- oder Perfektionsstandard ihres rollenden Materials und ihrer Schienen aufrechtzuerhalten.«[42]

Die Strategien der Männer, die die medizinische Reformbewegung an den Eliteuniversitäten und auf nationaler Ebene anführten, hatten weitsichtigere Ansichten über die materielle Bedeutung der Medizin zur Grundlage. Charles W. Eliot, jener Harvard-Präsident, der 1869 große medizinische Reformen anstieß, betrachtete die medizinische Forschung sowohl als zweckfrei als auch als zweckbezogen. 1906 definierte Eliot auf der Einweihungsfeier der Laboratorien des Rockefeller Institute das primäre Ziel der Medizin als Streben nach

»Wahrheit im Abstrakten« und die sekundären Ziele als Verhinderung »industrieller Verluste durch Krankheit und vorzeitigen Tod von Menschen und Nutztieren« sowie als Verringerung der negativen Folgen von Krankheiten auf die menschliche Zufriedenheit.[43]

Auf derselben Feier stellte William H. Welch stolz fest, dass die wissenschaftliche Medizin »die großen industriellen Taten moderner Zeiten, die Bemühungen um die Kolonisierung und die Rückgewinnung riesiger tropischer Regionen für die Zivilisation und das gewaltige Unterfangen, den Panamakanal zu bauen« ermöglicht hatte.[44] Im Wesentlichen begnügten sich akademische Ärzte damit, jene Nutzung der Medizinwissenschaften zu unterstützen, die von den philanthropischen Strategen, deren Finanzierungsprogramme die Entwicklung und Anwendung der Forschung lenkten, festgelegt worden waren. Damit akzeptierte der Ärztestand die kapitalistische Definition von Gesundheit als Fähigkeit zu arbeiten.

Ideologische Medizin

Die industrielle Weltanschauung

Für den Philanthropen und Kapitalisten Gates waren die materiellen Folgen der medizinischen Wissenschaft nur einer ihrer Vorzüge, die anderen waren ihm sogar wichtiger. Gates erkannte und verstand die ideologischen Funktionen der Medizin wahrscheinlich besser als jeder Zeitgenosse. So kreisten seine Gedanken etwa um die Beziehung zwischen der wissenschaftlichen Medizin und der kapitalistisch-industriellen Ideologie, und er stellte systematische Überlegungen über den gesellschaftlichen Wert der Medizinwissenschaften als Ideologie und kulturelle Kraft an.

Für Mitglieder jeder Gesellschaft oder Gesellschaftsschicht, deren Existenz eng mit dem Industrialismus verbunden ist, ist die wissenschaftsmedizinische Definition von Gesundheit und Krankheit ansprechender als irgendwelche mystischen Glaubenssysteme, denn die präzise Analyse des gesamten menschlichen Körpers entspricht der industriellen Organisation des Produktionsprozesses. Aus der Sicht eines Industriellen bietet die wissenschaftliche Medizin dasselbe grenzenlose Effizienzpotenzial, wie es Wissenschaft und Technik für die Produktion und die soziale Organisation tun. Genauso wie die Industrie auf die Wissenschaft angewiesen ist, um technisch leistungsstarke Geräte zu produzieren, sollten die wissenschaftsbasierte Medizin und ihre mechanistischen Konzepte von Körper und Krankheit leistungsstarke Instrumente liefern, um Krankheitserreger zu erkennen, zu eliminieren und gegen sie vorzubeugen sowie körperliche Fehlfunktionen zu beheben.

Gates und andere industrielle Kapitalisten stellten eine große Übereinstimmung zwischen den Konzepten dieser neuen Medizin und ihrer eigenen Weltanschauung fest. Der Körper, glaubte Gates, sei ein Mikrokosmos der Gesellschaft, und Krankheiten stellten eine Invasion von außen dar. Die medizinische Forschung müsse die Krankheitserreger entdecken und die Mittel finden, um ihr zerstörerisches Werk am Körper zu verhindern oder diesen zu heilen. Dass aus Gates' Sicht Gesundheit die Abwesenheit von Krankheit war, geht aus seiner Erklärung an Rockefeller hervor:

> Nahezu alle Erkrankungen werden von lebenden Keimen tierischer und pflanzlicher Herkunft verursacht, die sich im menschlichen Körper einnisten und sich unter günstigen Bedingungen mit enormer Geschwindigkeit vermehren, bis sie die Funktionen der befallenen Organe stören und entweder sie selbst oder ihre Produkte die Quellen des Lebens vergiften.

Die Heilmethoden der Natur seien der Organisation der Industriegesellschaft erstaunlich ähnlich.

> Wenn beispielsweise die Haut mit einem Messer eingeschnitten wird, schickt die Natur umgehend Schwadronen weißer Blutkörperchen und anderer heilender Kräfte an den Ort des Geschehens. Genauso

> wie beim Ertönen des Alarms von allen Seiten sofort Feuerwehrwagen zum Brandort sausen, eilen die heilenden Kräfte aus jedem Teil des Körpers an die verletzte Stelle – einige, um die in die Wunde eingedrungenen Keime zu vernichten, andere, um die verletzten Teile wieder zusammenzusetzen.

Der Körper, in dem die Natur ihre Arbeit verrichte, sei wie ein Lilliput-Dorf mitsamt einer modernen Gesellschaftsorganisation und Industriefabriken aufgebaut.

> Er verfügt über ein Netzwerk aus gut isolierten Nerven, die wie Telefondrähte funktionieren und sofort Alarm auslösen, sobald irgendwo Gefahr droht. Er ist mit einem ausgeklügelten Polizeiapparat ausgestattet, mit Hunderten von Wachen, in die die kriminellen Elemente verbracht und eingesperrt werden, […] und er hat ein vollständiges und ausgeklügeltes Abwassersystem.

Das industrielle Leben des Körpers bestehe aus einer unendlichen Anzahl

> mikroskopisch kleiner Zellen. Jede dieser Zellen ist ein kleines Chemielabor, in das kontinuierlich das passende Rohmaterial geleitet wird. Der Prozess des chemischen Spaltens und Zusammenfügens läuft automatisch und beständig ab, und ebenso beständig wird ein für das Leben und die Gesundheit des Körpers notwendiges Endprodukt ausgeschieden. Und nicht nur das: Körperorgane wie Leber, Magen, Bauchspeicheldrüse, Nieren und Gallenblase sind große lokale Produktionszentren, die aus unendlich vielen Zellgruppen bestehen, die jeweils die gleichen Produkte herstellen, ähnlich wie sich Unternehmen mit gleichen Produktionszielen häufig in ganz bestimmten Regionen konzentrieren.[45]

»Wir sind Ehrfurcht erregend und wunderbar gemacht«, schloss Gates ironisch, als würde er eine neue Maschine anpreisen, die nach Gottes Ebenbild erschaffen wurde. Da »die Natur die große Ärztin« sei, hätten ihre Heilkräfte das Versagen aller nicht wissenschaftlichen und der Wissenschaft vorausgehenden Formen der Medizin verschleiert. Gates glaubte, dass die Heilung von Krankheiten vor dem Aufkommen der wissenschaftlichen Medizin ausschließlich auf die Kraft der Natur als Heilerin zurückzuführen sei. Homöopathische und andere medizinische Richtungen wie die Christliche Wissenschaft, Psychotherapie, Osteopathie, indianische Kräuterheilkunde und TCM-Medizin hätten nur überleben können, indem sie Heilmittel der Natur als ihre eigenen ausgaben.

Nur die Wissenschaft vermöge die Natur zu durchschauen. »Die Wissenschaft hat die Laboratorien der Natur entdeckt, in denen diese ihre Reserven einlagert, und sie ihr geraubt, um sie am Menschen anzuwenden.« In Gates' Zeit kämpften medizinische Forscher an zwei Fronten: »Sie versuchen, viele weitere geheime Prozesse in den Laboratorien der Natur zu verstehen und ans Licht zu bringen«, und »sie arbeiten daran, neue chemische Kombinationen zu entwickeln, die Krankheiten heilen können«.

Gates betrachtete den menschlichen Körper als ein Naturrätsel, das von der Wissenschaft erforscht und verstanden werden musste. Aus seiner Sicht, die wissenschaftliche Ärzte, Ingenieure und Berufstätige aller Arten sowie die meisten Führungskräfte und Eigentümer von Unternehmen teilten, war Gesundheit die Abwesenheit von Krankheit und die Medizin eine rein technische Aufgabe. Die Wissenschaft half der Industrie, die Produktion neu zu organisieren, indem sie Maschinen entwickelte, die die menschliche Arbeit regulierten und verbilligten und der Natur ein kostengünstiges, verkaufsfähiges Produkt entlockten. Überdies entlockte die Wissenschaft der Natur die Geheimnisse des Lebens, welche die Medizin dann dafür einsetzte, lebens- und kommerzbedrohende Krankheiten und Seuchen verstehen zu lernen und Methoden zu ihrer Verhinderung oder Heilung zu erarbeiten. Die Gesundheit der Bevölkerung zu verbessern und folglich die Natur zu durchschauen und zu manipulieren war also eine Aufgabe für Ingenieure.

Gates' Ansichten unterschieden sich kaum von denen der medizinischen Wissenschaftler jener Zeit. Zwar stellten nur wenige eine direkte Analogie zur Industriegesellschaft her, doch fast alle stellten sich den Körper in mechanischen

Begriffen vor – eine Sicht, aus der eine solche Analogie konsequent hervorgeht. Die Ähnlichkeit zwischen den Gedankengebäuden der wissenschaftlichen Medizin und der Weltanschauung des industriellen Kapitalismus führte ganz selbstverständlich dazu, dass die neue Ordnung wissenschaftlich arbeitende Ärzte jedweden »Quacksalbern« und »Sektierern« vorzog. Der medizinische Berufsstand profitierte von der Kompatibilität seiner Theorien mit den Ansichten der neuen herrschenden Klasse, und die kapitalistische Gesellschaftsordnung zog daraus außerordentliche ideologische und kulturelle Vorteile.

Industrielle Kultur und kapitalistische Legitimation

Die Beschäftigung der Medizinwissenschaften mit der mikrobiologischen Interaktion zwischen dem menschlichen Körper und bestimmten Krankheiten hatte politische Konsequenzen, die Gates und ein paar andere vorausgesehen hatten. Kurz gesagt verstand Gates die wissenschaftliche Medizin als Kraft, die erstens dazu beitrug, die aufkommende Industriegesellschaft mithilfe technikorientierter Werte und Kultur zu vereinen und zu integrieren, und zweitens den Kapitalismus legitimierte, indem sie die Aufmerksamkeit von strukturellen und anderen umweltbedingten Krankheitsursachen ablenkte.

Gates und andere Führungskräfte in den Rockefeller-Stiftungen glaubten, die Medizin habe eine wichtige kulturelle Funktion. Gates war der Meinung, dass »das intimste, wertvollste und höchste Interesse eines jeden Menschen der heilende Dienst der Medizin« sei, also dem Ziel der Medizin entspreche. Nach Nahrung, Wasser, Schlaf und Geschlechtsverkehr sei es das wichtigste Bedürfnis aller Menschen, frei von Krankheiten zu sein. Der Wunsch nach Gesundheit sei eine einende Kraft, »deren Kostbarkeit sowohl in die Paläste der Reichen als auch die Hütten der Armen hineinreicht«. Medizin ist »eine Arbeit, die überall vordringt«. Daher seien auch »die Werte der medizinischen Forschung die universellsten auf der Erde und die innerlichsten und wichtigsten Werte für jeden lebenden Menschen«.[46]

Aufgrund der einzigartigen Akzeptanz, die alle Menschen der Medizin entgegenbrachten, entdeckte die Rockefeller Foundation etwas, worum auch Missionare wussten: Medizin konnte zur Bekehrung und Kolonisierung der Heiden eingesetzt werden. Deshalb widmeten sich die Rockefeller-Philanthropien von 1909 an nicht mehr nur der Schaffung öffentlicher Schulen und der Förderung landwirtschaftlicher Projekte im Süden, sondern entwickelten auch öffentliche Gesundheitsprogramme, mit denen sich selbst die Unwilligsten locken ließen.

In China wechselte Gates von der Unterstützung religiöser Missionare zum Aufbau eines medizinischen Systems nach westlichem Vorbild über. Diese Episode ist faszinierend – zum einen wegen des hohen Stellenwerts, den Gates, ein Mann Gottes, der wissenschaftlichen Medizin für die Förderung des westlichen Einflusses beimaß, zum anderen wegen der unverfrorenen imperialistischen Motive, die er den Rockefeller-Philanthropien im Ausland unterschob. 1905 drängte Gates Rockefeller, der häufig Baptistenmissionare unterstützte, 100 000 Dollar an eine Organisation aus Kongregationsmissionen zu spenden.[47]

»Zum ersten Mal in der Weltgeschichte«, erklärte Gates Rockefeller,

> sind nun alle Nationen und alle Inseln des Ozeans tatsächlich offen und bieten ein freies Feld für das Licht und die Philanthropie des Englisch sprechenden Volkes [...] Die christlichen Organisationen sind insgesamt sehr gründlich an alle Küsten, alle strategischen Punkte und in alle Einreisehäfen vorgedrungen und haben sich dort fest etabliert.

Für Gates war die Konvertierung von Heiden zu gottesfürchtigen Christen »kein Maßstab« für den Nutzen von Missionen:

> Sieht man von der Bekehrung von Menschen ab, so würde ich zu behaupten wagen, dass allein schon die kommerziellen Resultate der Missionsarbeit für unser eigenes Land das Tausendfache dessen wert sind, was jedes Jahr für Missionen ausgegeben wird [...] Aus rein kommerzieller Sicht ist die Missionsarbeit immens profitabel. Für den

> Lebensunterhalt der Amerikaner ist unser Importhandel, der hauptsächlich auf den von Missionaren eröffneten Handelswegen basiert, enorm wichtig. Billige Importe aus heidnischen Ländern versorgen uns mit vielen Luxusgütern und nicht wenigen Annehmlichkeiten, die für uns heute als notwendig gelten.

Doch wie Gates weiter ausführte, brauchte der industrielle Kapitalismus nicht nur Rohmaterial und billige Produkte, sondern auch neue Märkte für seine vielen Fabrikate:

> Unsere Importe werden durch die Exporte unserer amerikanischen Erzeugnisse in dieselben Länder ausgeglichen. Unser Exporthandel wächst in Riesenschritten. Ein solches Wachstum wäre ohne die kommerzielle Eroberung fremder Länder unter der Leitung von Missionaren völlig undenkbar. Welch ein Segen für die heimische Industrie und Produktion!

Eine Zeit lang war die Missionierung in China ein wirksames Mittel, um die chinesische Selbstbestimmung zu untergraben. Missionare waren die Samthandschuhe des Imperialismus, die häufig durch eine geballte Faust unterstützt wurden. Dennoch war die Missionsarbeit, die durch Schulen und medizinische Programme gefördert wurde, ein sehr offensichtlicher Versuch, europäische und amerikanische Interessen durchzusetzen. Der englische Ökonom J. A. Hobson machte zu jener Zeit die Bemerkung: »Der Imperialismus im Fernen Osten ist nahezu aller Motive und Methoden bar, außer denen, die eindeutig kommerziellen Ursprungs sind.«[48]

Wie überall auf der Welt kamen die Rockefeller-Philanthropen auch in China bald zu dem Schluss, dass die Medizin und die öffentliche Gesundheit viel effektiver waren als Missionare oder Armeen mit den gleichen Zielen. Die Rockefeller Foundation entband das Peking Union Medical College von der Kontrolle durch die Missionsgesellschaft, unterstellte es der Stiftung und baute es zu einem völlig säkularen, weltweit anerkannten medizinischen Zentrum aus. Insgesamt steckte es in das medizinische Programm in China 45 Millionen Dollar.

Auf den Philippinen rüstete die International Health Commission der Stiftung ein Lazarettschiff aus, das den aufständischen Moro-Stämmen medizinische Versorgung und die »Vorzüge der Zivilisation« bringen sollte. Die Stiftungsbeauftragten waren begeistert, dass diese medizinische Arbeit »es dem Arzt und der Krankenschwester ermöglichte, sicher an viele Orte zu gelangen, die für den Soldaten extrem gefährlich waren«. Ihr Schaffen ebnete »den Weg zur Errichtung von Industrie- und Regelschulen« und diente als »erster Schritt zu einem dauerhaften zivilisatorischen Einfluss«.[49] So hatte die medizinische Versorgung für die Unterwerfung primitiver Völker und ihre Einbindung in die gewünschten Kolonialverhältnisse »einige Vorteile gegenüber Maschinengewehren«, wie es Stiftungspräsident George Vincent ausdrückte.[50]

Angesichts der ausgesprochen imperialistischen Ambitionen der Vereinigten Staaten zu Beginn des 20. Jahrhunderts konnten sich die Verantwortlichen der Rockefeller-Philanthropie offen zu ihrem Einsatz der Medizin für die Integration Andersdenkender in die industrielle und kapitalistische Gesellschaft bekennen. Ihre medizinischen Programme im eigenen Land verfolgten genau dieselben Ziele, auch wenn Gates und andere hier weitaus vorsichtiger waren, wenn die Sprache darauf kam.

Die Religion als vertrauter Arm der Sozialordnung wurde immer mehr durch die Medizin ersetzt. Im Bildungswesen war die Vermittlung von Werten eine Selbstverständlichkeit, und Versuche, die Schulen zu reformieren, riefen in einer klassenbewussten Gesellschaft wütende Reaktionen hervor.[51] So schlossen sich 1914 viele Zeitungen den Angriffen der National Association auf die Carnegie- und die Rockefeller-Stiftung an und warfen den Stiftungen vor, »unsere Schulen zu Fabriken für die Produktion von Männern und Frauen nach den Vorgaben von Rockefeller und Carnegie zu machen«.[52] Eine Einflussnahme durch die Medizin war weniger auffällig.

Dass Gates nun die Medizin als erstrebenswerten Ersatz für die Religion betrachtete, war in der Tat eine interessante Wendung. Gates war bekanntlich nacheinander baptistischer Priester, Geschäftsführer der American Baptist Education Society und Rockefellers oberster Leutnant und als solcher für die Philanthropie des Industriellen und einen großen Teil von dessen Finanzimperium verantwortlich. Wie andere Führungskräfte identifizierte auch er sich mit den Interessen und dem Schicksal seines Arbeitgebers.

Kurz nach seinem Wechsel vom Pfarramt an die Spitze des größten Philanthropie- und Finanzimperiums der Welt begann sich Gates' Einstellung zur Religion zu ändern. Er las die Bibel kritischer und war schon bald davon überzeugt, dass »Christus die baptistische Kirche gar nicht gegründet und auch nicht beabsichtigt hatte, diese oder irgendeine andere Kirche zu gründen; dass weder er noch seine Jünger zu seinen Lebzeiten getauft hatten; dass die Kommunion von Christus nicht als kirchliche Anordnung gedacht war und dass das ganze baptistische Konstrukt auf Texten beruhte, die keine Autorität besaßen, und auf kirchlichen Vorstellungen, die dem Geist Christi völlig fremd waren«.[53] Gates hatte sich selbst vom Baptismus zum Kapitalismus und Szientismus bekehrt!

Die Medizin war ein fundamentaler Teil seiner neuen »Religion«. Während die Theologie »im Lichte der Wissenschaft neu konstruiert« wurde, verkündete die wissenschaftliche Medizin »neue moralische Gesetze und neue gesellschaftliche Gesetze – neue Definitionen dessen, was in unseren Beziehungen richtig und falsch ist«. Für Gates war das Rockefeller Institute for Medical Research ein »theologisches Seminar unter der Leitung von Rev. Simon Flexner, D. D.«.[54]

Gates erklärte nicht, was er mit seiner Metapher genau meinte, es scheint aber auf der Hand zu liegen, dass für ihn die Medizin in der industriellen Gesellschaft das Gegenstück zur Religion war und durch ihre universelle Anziehungskraft und unwiderstehliche Privatheit allen Menschen moralische Prinzipien, »neue Pflichten« und die Werte der Wissenschaft brachte. Diese Funktion schrieben ihr auch führende Mitglieder des medizinischen Berufsstands zu. So legte Dr. John B. Roberts 1904 in seiner Präsidentenansprache vor der American Academy of Medicine »Die Pflicht des Arztes gegenüber dem Staat« dar: Der Arzt »sollte die Laien lehren, dass geistige Hygiene oder Disziplin für ein gutes Leben und Glück genauso wichtig ist wie die körperliche Hygiene. Geisteshygiene schafft eine Stimmung religiöser Toleranz und Ruhe«, während »Körperhygiene für eine gesunde Verdauung und einen guten Körper sorgt, der Einkommen heranschafft, und den Menschen für diese und die nächste Welt tauglich macht.«[55] Die wissenschaftliche Medizin fungierte also als perfektes Instrument, um die neue Industriegesellschaft zu einen und zu integrieren und eine neue Weltordnung zu erschaffen, die auf Wert und Kultur von Wissenschaft, Technologie und Kapitalismus beruhte.

Die westliche wissenschaftliche Medizin war ein außerordentlich gutes Instrument für die Vereinigten Staaten, um Lateinamerika, Asien und Afrika zu beherrschen. Aber sie war ebenso nützlich, um die ländlichen und technisch wie industriell ahnungslosen Nordamerikaner dazu zu bringen, zu akzeptieren, dass Wissenschaft und Technik ihr Leben bestimmten. Die Wissenschaft hatte eine Grundlage für die Rationalisierung der Industrien geschaffen, für die Organisation der Produktion im Einklang mit den Erfordernissen des Profits und des Kapitalwachstums und gleichzeitig für die Untergrabung der Argumente der Arbeiter, die neue Technologie nehme ihnen die Kontrolle über den Herstellungsprozess. Die Anwendung der Wissenschaften auf die Industrie entpolitisierte tatsächlich den gesamten Produktionsprozess und sorgte für den Anschein, Fortschritt sei ein Gebot der Technologie selbst. Hinter dieser Herrschaft der Technologie stand ein noch grundlegenderer Imperativ: das Bedürfnis des Kapitalismus nach wirtschaftlichem Wachstum. Der wissenschaftliche und technologische Fortschritt scheint zwar eine unabhängige Variable zu sein, von der das Wirtschaftswachstum essenziell abhängt. Doch Wissenschaft und Technik werden hauptsächlich in einer Weise fortentwickelt, die der kapitalistischen Gesellschaft nützt, und wie Jürgen Habermas gezeigt hat, »scheint die Entwicklung des Gesellschaftssystems durch die Stringenz des wissenschaftlich-technologischen Fortschritts bestimmt zu sein«.[56]

Die gleiche Mystifizierung, mit der der technologische »Imperativ« den Produktionsprozess ummantelt, wird auf alle gesellschaftlichen Bereiche ausgedehnt. Maschinenbauingenieure unter Leitung von Frederick Taylor erarbeiteten »effizientere« Methoden zur Nutzung der menschlichen Arbeitskräfte in der Fabrik, vor allem durch die Trennung von geistigen und manuellen Aufgaben, die Neuorganisation des Arbeitsprozesses unter der Kontrolle des Managements und die Ersetzung nicht ausgebildeter durch ausgebildete Arbeiter, wo immer dies möglich war. Taylors »wissenschaftliches Management« erhöhte zwar nicht unbedingt den Profit, war aber eine sehr effektive Form der sozialen Kontrolle.[57] Es lieferte eine moralische Begründung für die Forderung nach Gehorsam gegenüber kapitalistischen Werten wie harter Arbeit und diszipliniertem Leben. »Zu große Freiheit«, schrieb Taylor an Harvard-Präsident Charles Eliot, »führt dazu, dass viele Menschen auf Abwege geraten, die den richtigen Weg nehmen würden, wenn man sie zu gutem Verhalten gezwungen hätte.«[58] Auch Hausfrauen und Mütter wurden zu mehr Effizienz ermahnt, denn das Zuhause war »Teil der großen Produktionsfabrik von Bürgern«.[59] Führende Persönlichkeiten aus Industrie und Gesellschaft der Progressive Era hofften unabhängig davon, ob sie selbst progressiv waren oder nicht, auf die Rationalisierung aller sozialen Beziehungen. Der Kult um die Effizienz hat in der Kultur und im Geist Amerikas die Vorstellung verankert, dass der Technologie gedient werden müsse. Zur bereits weitverbreiteten Vorstellung, Wissenschaft und Technik seien wertfrei, kam als starke moralische Kraft nun noch der technologische Imperativ hinzu.

Unternehmensvorstände, Präsidenten von Eliteuniversitäten und Philanthropen unterstützten einhellig die neue Religion der Wissenschaften. »Respekt vor dem Wissenden und Ergebenheit gegenüber bewiesener Wahrheit«, predigte Nicholas Murray Butler, Präsident der Columbia University, »sind Merkmale einer Zivilisation, die auf Felsen errichtet ist.«[60]

Forschungsinstitute waren die Tempel der neuen Religion. Das Rockefeller Institute for Medical Research würde in dreierlei Hinsicht wichtig sein, prophezeite Butler den Honoratioren bei der Eröffnungsfeier der Laboratorien des Instituts. Es würde das medizinische Wissen der Menschheit erweitern, dazu beitragen, die erforderlichen Wissenschaftler auszubilden, und es würde »helfen, die Achtung vor der Wissenschaft und der wissenschaftlichen Methode zu verbreiten«. Jeder dieser Beiträge sei ein Dienst an der Öffentlichkeit, fügte er hinzu, »aber der zuletzt genannte ist vielleicht der größte«.[61]

Als Teil der glühenden Kampagne für die Wissenschaft trug die wissenschaftliche Medizin dazu bei, die Industriekultur, wenngleich eine kapitalistische Industriekultur, im ganzen Land und sogar in der ganzen Welt zu verbreiten. Aber die wissenschaftliche Medizin entwickelte auch eine ideologische Perspektive, die die großen Ungleichheiten der kapitalistischen Gesellschaft und das Elend legitimierte, das aus der privaten Aneignung der Human- und Umweltressourcen resultierte.

Einst standen viele Ärzte an der Spitze fortschrittlicher Sozialreformen. Mitte des 19. Jahrhunderts war die Sozialmedizin ein hoch entwickelter Bereich. Villermé, Buchez und Guérin in Frankreich, Neumann, Virchow und Leubuscher in Deutschland sowie Dutzende weniger bekannte Ärzte studierten die ökonomischen, sozialen und arbeitsbedingten Ursachen von Krankheiten und arbeiteten an Reformen, um sie aus der Welt zu schaffen. Rudolf Virchow, einer der Väter der modernen Zellphysiologie, räsonierte, Medizin müsse »sich in das politische und gesellschaftliche Leben einmischen. Sie muss auf die Hindernisse hinweisen, die ein normales Funktionieren der Lebensprozesse stören, und deren Beseitigung erwirken.«[62] Viele Ärzte und Hygieniker haben unmenschliche und gefährliche Arbeitsbedingungen, Arbeitslosigkeit, miserable Lebensumstände, Unterernährung und Armut allgemein als wichtigste Ursachen für hohe Krankheitsraten und vorzeitigen Tod in der europäischen Arbeiterschaft identifiziert und statistisch dokumentiert. Und das Scheitern der Reformbewegung von 1848, an der sich viele dieser Ärzte beteiligt hatten, hielt sie nicht davon ab, sich weiterhin für eine Veränderung der Verhältnisse einzusetzen.

Seit Pasteur und Koch aber dominierte in der medizinischen Forschung eine konservative Sichtweise. Das klinische beziehungsweise medizinische Modell fokussierte sich auf die Einzelperson und die bakteriologische Forschung auf einzelne externe und spezifische Krankheitserreger. Diese Sichtweise förderte die Idee, man benötige spezifische Therapien, um bestimmte pathologische Zustände zu heilen, und lenkte die Aufmerksamkeit von den sozialen und wirtschaftlichen Krankheitsursachen ab. Als Robert Koch 1882 dem Berliner Institut für Physiologie seine Entdeckung des Tuberkelbazillus präsentierte, waren viele Medizinwissenschaftler nicht seiner Meinung, dass dieser Bazillus Tuberkulose *verursache*, denn Virchow und andere vertraten die Auffassung, dass pathogene Mikroorganismen, die in gesunden Körpern lebten, nicht *die Ursache* von Krankheiten seien. Ihres Erachtens konnten invasive Mikroorganismen Krankheiten nur dann verursachen, wenn der Wirtsorganismus durch physiologisches oder umweltbedingtes Leid geschwächt war.[63] Dennoch ernteten Pasteur und Koch für ihre technischen Errungenschaften den verdienten Applaus, und ihre Anhänger und sie erhielten von ihrer jeweiligen Regierung und von wohlhabenden Privatpersonen umfangreiche finanzielle Unterstützung. In Europa und den Vereinigten Staaten erkannten Eliteärzte die vor ihnen liegenden Möglichkeiten, und führende Kapitalisten zeigten ihre Wertschätzung der ideologischen Rolle der medizinischen Wissenschaft.

Die Ideologen der kapitalistischen Gesellschaft verkündeten die Unzulänglichkeit unserer Herrschaft über die Natur, also das Ungenügen unserer technischen Fortschritte als Hauptursache des Elends. »Das Problem ist«, schrieb Gates an Rockefeller, »dass die Decke des Glücks anscheinend zu kurz ist. Wenn man sie über den Kopf hochzieht, entblößt man die Füße, und wenn man sich damit auf einer Seite einwickelt, deckt man sich auf der anderen Seite auf.« Zwar gebe es wohl keinen Weg, die »Gesamtsumme menschlichen Glücks« zu erhöhen, es sei aber sicher, dass das Rockefeller Institute »die Gesamtsumme des menschlichen Elends tatsächlich und gewaltig verringert«.[64]

Worin Unglück seinen Ursprung hat, liegt auf der Hand: Es kommt *nicht* von der ungleichen Verteilung des Reichtums her, von krank machenden Arbeits- und Lebensbedingungen, trübseliger und entfremdender Arbeit, von dem Stress häufiger und langer Arbeitslosigkeit, von der wirtschaftlichen Unsicherheit oder vom Wettkampf zwischen jenen, die nach höheren Positionen streben. »*Krankheit* ist das größte Übel der Menschheit«, verkündete Gates, »und *die größte Quelle fast aller anderen menschlichen Missstände* – von Armut, Kriminalität, Unwissenheit, Lasterhaftigkeit, Ineffizienz, von ererbten Makeln und zahlreichen weiteren Übeln.«[65] Nicht Armut oder die Stellung innerhalb der kapitalistischen Klassenstruktur, sondern Krankheit ist die Ursache für jenes Elend, das gemeinhin der Armut zugeschrieben wird. Mithin ist Elend ein technisches und kein soziales Problem.

Während sich »die meisten weltweiten Wohltätigkeitsorganisationen« darum bemühten, einer einzelnen armen Familie zu helfen oder indirekt »die Übel und Missstände der Gesellschaft zu lindern oder abzuschwächen, die hauptsächlich auf Krankheiten zurückzuführen sind«, machte sich das Rockefeller Institute an

»die Wurzel des Übels« und bereinigte »die eigentlichen Quellen menschlichen Elends«.[66] Dieses menschliche Unglück könne mittels Wissenschaft und Technik ausgemerzt werden. Dieselben Kräfte, die dazu beitrugen, Amerikas riesige und stetig wachsende industrielle Basis zu schaffen, konnten auch dazu genutzt werden, das Elend im Land zu lindern. Gates schloss sich damit anderen an, die alle sozialen Probleme »medikalisierten«, außerhalb des politischen Kontexts und religiös-moralischer Überlegungen betrachteten und allein technischem Sachverstand und professioneller Kontrolle unterstellten.

Rockefeller-Geld unterstützte keine medizinischen Studien, die die Beziehung zwischen gesellschaftlichen Faktoren und Gesundheit oder Krankheit untersuchten. In seinem ersten Jahrzehnt konzentrierte sich das Rockefeller Institute auf Chemie, Biologie, Pathologie, Bakteriologie, Physiologie, Pharmakologie und experimentelle Chirurgie.[67] Der Einfluss des sozialen, wirtschaftlichen und physikalischen Umfelds auf Gesundheit und Krankheit wurde ausgeklammert. Zwar befassten sich die Forscher des Instituts später auch mit der Ernährung als Faktor bei Malaria und einigen anderen parasitären und infektiösen Krankheiten, aber selbst dann weiteten sie ihre Schlussfolgerungen nicht auf die tatsächlichen sozialen Bedingungen aus, unter denen die Menschen lebten.[68] Von den über 650 Männern und Frauen, die ihre Fähigkeiten dem Rockefeller Institute zur Verfügung stellten, schien kaum jemand – mit der bemerkenswerten Ausnahme von René Dubos – die Rolle von Gesellschaft und Umwelt als Einflussfaktoren auf die von ihnen untersuchten Krankheiten zu verstehen.

Dieser biologische Reduktionismus durchzog alle medizinischen Rockefeller-Philanthropien. Als Gates, Rockefeller Jr. und andere Mitarbeiter der Rockefeller Foundation beschlossen, die erste Schule für Gesundheitsversorgung in den Vereinigten Staaten zu gründen, wählten sie Dr. Welch und die Johns Hopkins University als Vehikel aus, weil die neue Schule einen Schwerpunkt auf die Grundlagenwissenschaften legen und sich nicht zu sehr in soziale Fragen verstricken sollte.[69] Charles Wardell Stiles, der staatliche Zoologe, der den Hakenwurm auf den Radar der Rockefeller-Philanthropie gebracht hatte und zum wissenschaftlichen Direktor der Kampagne gegen die parasitäre Krankheit ernannt worden war, bewies, dass es möglich war, sich nur auf die Parasiten zu konzentrieren und sich von sozialen Belangen nicht ablenken zu lassen. In seinem Artikel »The Chain Gang as a Possible Disseminator of Intestinal Parasites and Infections« (»Die Sträflingskolonne als möglicher Verbreiter von Darmparasiten und Infektionen«) kritisierte Stiles mit keinem Wort die Sträflingskolonnen an sich, sondern nur den Mangel an Toiletten und beklagte die verpassten »Gelegenheiten für strenge Zucht«, die »diese Strafanstalten zu bewundernswerten Schulen machen könnten, in denen der Staat seinen Schützlingen leicht einige gute Lektionen in Sauberkeit, Hygiene und Gesundheitspflege erteilen könnte«.[70]

Gates schweift vom Kurs ab

Gates glaubte wirklich an technische Lösungen für Probleme sozialer Unzufriedenheit. Doch Gates hatte auch eine andere Seite – eine Seite, die die Ausbeutung der Arbeiter durch das Kapital erkannte, die Mitgefühl für die unterdrückten Männer und Frauen der industriellen Arbeiterklasse hatte. Als Vorstandsmitglied oder Vorstandsvorsitzender von mehr als einem Dutzend Unternehmen war Gates nicht Teil des alltäglichen Managements und daher nie persönlich in Arbeitskonflikte verwickelt. Von seiner hohen Position an der Spitze des Rockefeller-Finanz- und Philanthropie-Imperiums hatte Gates einen guten Überblick über die Bedürfnisse seiner Klasse und kannte passende Strategien, um sie zu stillen.

1916, 2 Jahre nach der lautstarken Kritik am Ludlow-Massaker[71] und in einer Zeit, in der »Arbeiter überall mehr Lohn fordern«, stellte sich Gates die strategische Frage: »Soll man sich dieser Forderung entgegensetzen oder sie unterstützen?« In einem Memorandum an sich selbst erarbeitete er sich seine Haltung gegenüber »Kapital und Arbeiterschaft«.[72] Erstens sei seines Erachtens die Gewerkschaftsbewegung egoistisch, gewalttätig, dumm, verdorben und unangebracht. Der Gewerkschaften wegen fordere die Arbeiterschaft »den höchstmöglichen Lohn« und verrichte »die geringstmögliche Arbeit«, während der am

Gemeinwohl interessierte Bürger, ob reicher Kapitalist oder armer Arbeiter, den »größtmöglichen Dienst« leiste und den »geringstmöglichen Anteil am öffentlichen Vermögen« verbrauche, indem er die Privatwirtschaft akzeptiere und spare.

Zweitens solle es das Ziel der Arbeiterschaft sein, ihre *realen* Löhne zu erhöhen, und nicht einfach, den anderen zuvorzukommen. »Wenn sich einige wenige Handwerke voll und ganz gewerkschaftlich organisieren und ihre Forderungen durchsetzen«, so Gates, »so geschieht dies auf Kosten aller anderen Handwerke, die gewerkschaftlich nicht so gut organisiert sind.« Die Gewerkschaften schienen sich wenig darum zu scheren, dass eine Lohnerhöhung für eine Gruppe einen Anstieg der Lebenshaltungskosten für alle anderen bedeutete, da die Arbeitgeber die gewährten Lohnerhöhungen an die Arbeitnehmer als Verbraucher weitergäben. Der Lohnempfänger werde diesen Kampf nur dann gewonnen haben, schlussfolgerte Gates, »wenn er nicht nur mehr Lohn bekommt, sondern wenn er damit auch mehr kaufen kann«. Höhere Löhne ohne höhere Lebenshaltungskosten seien das Ziel, »und der einzige Weg unter der Sonne, auf dem dies erreicht werden kann, ist, die Löhne aus den Erträgen des Kapitalisten herauszunehmen«.

Die Forderung der Arbeiterschaft nach einem größeren Anteil am Unternehmensvermögen hielt Gates für gerechtfertigt. Die Arbeiterklassen seien aufgrund der Art von Arbeit, die sie verrichten müssten, das Ausmaß an Arbeit, das von ihnen verlangt würde, und »der Entbehrungen, unter denen sie zu leiden haben«, »degradiert«. Die Unterschiede zwischen Reichen und Armen, zwischen Kapitalisten und Arbeitern, »sind nicht auf Vererbung, sondern auf die Umwelt zurückzuführen«. Die Reichen und Aristokraten hätten kein reineres Blut als die »missgestalteten, schlecht angezogenen, halb verrohten Männer und Frauen«, die von Kinderbeinen an in den Minen arbeiteten.

> Sollen wir diese Menschen, die unser Gesellschaftssystem zu dem gemacht hat, was sie sind, hassen und verachten und auf sie herabblicken, oder sollen wir sie bemitleiden und uns vorwerfen, dass wir sie zu dem gemacht haben, was sie sind, dass wir sie dort halten, wo sie sind, und dass wir uns mit den Früchten ihrer unbezahlten Arbeit schmücken?

Das kam an die Eloquenz eines Friedrich Engels heran!

Gates kam zu dem Schluss, es sei erforderlich und wünschenswert, dass das Kapital freiwillig seine Investitionsrendite von den damaligen 5 Prozent auf 2 Prozent senke und die Differenz den Arbeitnehmern zukommen ließe.

> Die Arbeitszeit reduzieren. Ihre Lebensbedingungen verbessern. Ihnen Gelegenheiten bieten für Musik, für Bilder, für alles, was sie geistig kultivieren, äußerlich verschönern und schmücken kann. Lasst uns selbst ein wenig von der handwerklichen Arbeit in der Welt verrichten, und statt dass sich ein paar wenige zulasten der vielen an die Spitzen setzen, lasst uns die Gesellschaft in all ihren Teilen auf ein höheres Niveau bringen.

Was Gates antrieb, war jedoch nicht Mitleid, sondern Angst. Er und andere Amerikaner aus der herrschenden Schicht waren über die heftigen Arbeiterkämpfe, das wachsende Selbstbewusstsein der Arbeiterklasse und die Unterstützung der sozialistischen Partei sowie die Unruhe unter den Progressisten in der Mittelschicht erschrocken. Dieser Klassenantagonismus richtete sich hauptsächlich gegen die große Vermögenskonzentration in den Industriemonopolen und die Zurschaustellung des Reichtums durch Leute wie die Vanderbilts und Astors. Gates, der sich schon immer für unauffälligen Konsum eingesetzt hatte, hoffte insgeheim auf vorübergehende unternehmensliberale Sozialreformen, um den erwarteten Aufruhr abzuwenden.

Als die Vereinigten Staaten in den Krieg in Europa eintraten, ließen Vollbeschäftigung und Patriotismus die progressive Reformbewegung in den Hintergrund treten und rechtfertigten das Zurückdrängen der Sozialisten und militanten Arbeiterorganisationen. Es gab keine unmittelbare Bedrohung mehr im Land, und Gates gab seine Überlegungen zur Umverteilung des Reichtums auf. Die Förderung der medizinischen und sozialwissenschaftlichen Forschung blieb nach wie vor die wichtigste Maßnahme der Stiftung zur Armutslinderung, obwohl der junge Rockefeller neue Programme im Bereich der Künste entwickelte, um der menschlichen Kultur Auftrieb zu verleihen.

Eine dauerhafte Investition

Von den erwarteten materiellen und politischen Vorzügen der medizinischen Wissenschaften abgesehen glaubte Gates, dass die Stiftung des Rockefeller-Instituts auch der dauerhaften Erkenntnisse wegen eine ideale Investition sei. Jede Generation übernehme aus der Vergangenheit und gebe an die Zukunft »nur das weiter, was sich als nachhaltig nützlich erwiesen hat«. Der »nutzlose Ballast« werde abgeworfen und zurückgelassen. Das Einzige, womit »die Menschheit leben muss«, sei »die alte Natur und ihre Gesetze in dieser Welt«, sagte Gates zu seinen Freunden am Rockefeller Institute. »Diese Gesetze sind unveränderlich, und die Menschheit wird sie niemals überleben. Was immer wir über die Natur und ihre Kräfte lernen und in unsere Wissenschaften integrieren, wird weitergegeben werden, auch wenn alles andere vergessen wird.«[73]

Trotz seiner naiven Vorstellung von den Wissenschaften erachtete Gates Spenden für die wissenschaftliche Forschung als dauerhaftes soziales Kapital – eine Investition, die bis in die ferne Zukunft Dividenden abwerfen würde.

Nebst dieser Beständigkeit würde eine Investition von Rockefeller in ein Institut für Medizinforschung andere dazu verlocken, mehr Geld in die medizinische Forschung zu stecken. Solch eine philanthropische Handlung würde »die öffentliche Aufmerksamkeit auf die Bedeutung der Forschung lenken« und »viele umsichtige vermögende Männer« dazu ermutigen, die Forschung in wissenschaftlich arbeitenden Medizinschulen im ganzen Land zu unterstützen.[74]

Schlussendlich flossen immer mehr private Vermögens- ebenso wie Steuergelder in die medizinische Forschung. 1911 drückte Gates seine Freude darüber aus, dass andere reiche Männer und Frauen Rockefellers Beispiel in der Tat gefolgt waren.[75] Mitte der 1920er-Jahre war sich Gates sicher, dass sich seine Strategie, öffentliche und private Spenden anzuregen, ausgezahlt hatte. »Nie zuvor war das gemeine Volk so bereit, die ausgestreckte Hand einer liberalen Philanthropie zu ergreifen«, sagte er zu den anderen Treuhändern der Rockefeller Foundation, »und durch Rechtssetzung, großzügige Besteuerung und private Generosität mitzuwirken.«[76]

All die finanzielle Unterstützung der Medizinwissenschaften und die soziale Anerkennung des wissenschaftlichen Ärztestands durch Mitglieder der Oberschicht verschafften den Ärzten einen höheren und stabileren Status. Medizinische Forschungsinstitute, so Gates, »haben der Medizin Würde und Ruhm verliehen«, mit der Folge, dass der medizinische Berufsstand »ein stolzes und gesundes Bewusstsein für die Würde seiner Berufung« entwickelt habe. Weitgehend ohne Zynismus glaubte Gates, »die Anhebung des medizinischen Berufsstands« geschehe in dessen eigenem Interesse und würde zur Stabilisierung einer zuweilen wackeligen Klassenstruktur beitragen.[77] Indem die von jeder sozialen Verantwortung befreite Ärzteschaft immer mehr ihre Pflicht erkannte, die bestehende Gesellschaftsordnung aufrechtzuerhalten, erhielt die kapitalistische Gesellschaft also eine weitere starke Stütze,

Mit ihrer Unterstützung der medizinischen Wissenschaften glaubten die philanthropischen Kapitalisten nicht nur ihre guten Taten zu demonstrieren. Denn erstens hatte die reduktionistische wissenschaftliche Medizin eine auffällige und nicht eben zufällige Ähnlichkeit mit der kapitalistischen Weltanschauung. Zweitens würde die wissenschaftliche Medizin dazu beitragen, alle Mitglieder der Gesellschaft, unabhängig von ihren Berufen oder ihrer sozialen Stellung, in eine technisch-industrielle Kultur zu integrieren und die zersplitterte und häufig zerbrechliche kapitalistisch-industrielle Gesellschaftsordnung zu einen. Drittens würde die Medizinwissenschaft dazu beitragen, die weitverbreiteten Klassentheorien über Armut durch die Sichtweise zu ersetzen, dass Ungleichheit und Unzufriedenheit rein technische Probleme seien, die sich auch technisch lösen ließen, wodurch die Medizin entpolitisiert und der Kapitalismus legitimiert werden würde. Und schließlich würde die medizinische Wissenschaft dazu beitragen, den Ärztestand gesellschaftlich anzuheben und unter seinen Mitgliedern eine stärkere Identifizierung mit der höchsten Gesellschaftsklasse, letztlich der Kapitalistenklasse selbst, zu ermöglichen.

Gates glaubte, dass all diese Merkmale und Konsequenzen der wissenschaftlichen Medizin für die Gesellschaft positiv seien, so wie er auch Rockefellers großes Vermögen und seine eigenen Entscheidungen, wie dieses ausgegeben wurde, als segensreich für die Gesellschaft betrachtete. Andere Kapitalisten,

Regierungsbeamte und Ärzte waren, was den Nutzen der wissenschaftlichen Medizin und Forschung anbelangte, ganz und gar einer Meinung mit Gates. Ihre Ansichten sind zwar selten so eindeutig und kohärent dokumentiert wie die von Gates, zeigen sich aber in ihren Programmen und Interessensbekundungen. Der Einfluss von Gates' Gedanken über die wissenschaftliche Medizin ging weit über den Support, den das Rockefeller Institute dieser gewährte, und die Ermutigung weiterer Forschungsprogramme hinaus. Gates hatte die Ideen und das Geld zu seiner Verfügung, die nötig waren, um zahlreiche öffentliche Gesundheitsprogramme und ein großes Programm zur Reform der medizinischen Ausbildung zu entwickeln und zu starten.

Abbildung 1: John D. Rockefeller, dessen Vermögen aus der Standard Oil Company die enormen philanthropischen Projekte in seinem Namen finanzierte, und John D. Rockefeller Jr., der das Finanzimperium und die Philanthropien seines Vaters übernahm (1921)

Abbildung 2: Andrew Carnegie, der »Stahlmagnat«, dessen Stiftung den Flexner-Report, einen Meilenstein in der Reform der medizinischen Ausbildung, finanzierte (1914)

Abbildung 3: Henry S. Pritchett, der erste Präsident der Carnegie Foundation (um 1915)

Abbildung 4: Frederick T. Gates, ein Baptistenpfarrer, der zum Architekten der Rockefeller-Philanthropie und Direktor von Rockefellers Finanzimperium wurde (1922)

Abbildung 5: Frederick T. Gates (sitzend) und Dr. Simon Flexner, Gründer bzw. erster Direktor des Rockefeller Institute for Medical Research

Abbildung 6: Abraham Flexner, Autor des berühmten Berichts über die medizinische Ausbildung für die Carnegie Foundation und erster Direktor von Rockefellers philanthropischen Programmen in der medizinischen Ausbildung

Abbildung 7: Der erste Vorstand des Rockefeller Institute, von links nach rechts: Simon Flexner (Direktor), Theobald Smith, Hermann M. Biggs, William H. Welch (erster Dekan der Johns Hopkins Medical School), T. Mitchell Prudden, L. Emmett Holt, Christian A. Herter

Abbildung 8: Treuhänder des General Education Board, der ersten Rockefeller-Stiftung, auf einer Klausur in Rockland, Maine, im Juli 1915.

Vorderste Reihe, von links nach rechts: Edwin A. Alderman, Frederick T. Gates, Charles W. Eliot (ehemaliger Präsident der Harvard University), Harry Pratt Judson (Präsident der University of Chicago), Wallace Buttrick (Geschäftsführer des Gremiums). Zweite Reihe, von links nach rechts: Wickliffe Rose (Vorsitzender der Rockefeller-Programme zum öffentlichen Gesundheitswesen), Hollis B. Frissell, John D. Rockefeller Jr., E. C. Sage, Albert Shaw, Abraham Flexner. Dritte Reihe, von links nach rechts: George E. Vincent (Präsident der Rockefeller Foundation), Anson Phelps Stokes, Starr J. Murphy, Jerome D. Greene

KAPITEL 4

Reform der medizinischen Ausbildung: Wer wird die Medizin in Zukunft beherrschen?

—

Sogar am Ende des 19. Jahrhunderts klagten amerikanische Ärzte noch über ihre »Armut« und ihren niedrigen sozialen Status. Diejenigen, die in Europa studiert hatten, traf die Geringschätzung besonders hart, die Ärzten in Amerika im Gegensatz zu ihren Kollegen in Deutschland entgegengebracht wurde. Die unterschiedlichen Einkommen von Ärzten führten dazu, dass ein paar wohlhabend und andere arm waren. Wie es die Zeitschrift der New York State Medical Society ausdrückte: »Einige wenige beziehen ein stattliches Einkommen, viele ein mittelprächtiges Salär die Mehrheit einen Hungerlohn.«[1]

Die meisten Wortführer des Berufsstands machten für ihre relative Armut das »Überangebot« an Ärzten verantwortlich. Das *AMA Journal* schrieb 1901, dass der Tod oder die Pensionierung älterer Ärzte sowie das Bevölkerungswachstum »Platz für fast 3300 neue Ärzte im Jahr« schaffe, die 160 medizinischen Hochschulen im Land aber nahezu doppelt so viele ausbildeten.[2]

Um mit diesen Problemen umzugehen, verfolgte der Berufsstand eine Reformstrategie, die sich effektiv auf die wissenschaftlich orientierte Medizin und die sich entwickelnde Medizinwissenschaft stützte. Sein Ziel war es, einen Verband zu bilden, der zusammen mit den wissenschaftlichen Medizinhochschulen die praktischen Ärzte vertrat und Kontrolle über die medizinische Ausbildung ausübte. Diese Maßnahmen waren mit hohen Aufwendungen für die medizinische Ausbildung verbunden und machten eine grundlegend andere Finanzierung der Medizinhochschulen nötig.

Da sie auf fremdes Kapital angewiesen war, öffnete die Ärzteschaft die Tür für Einflüsse von außen. Infolgedessen mischten sich die Unternehmensphilanthropen ein, und die Reformkampagne für die medizinische Ausbildung wurde zu einem Kampf um die Kontrolle mit den niedergelassenen Ärzten auf der einen und den akademischen Ärzten und der Kapitalistenklasse auf der anderen Seite. Der Konflikt um diese Kontrolle, zu dem wir nun kommen, drehte sich im Wesentlichen um die Frage, wessen Interessen das Gesundheitssystem dienen würde.

Die Praktiker fassen Fuß

Um 1900 begann sich die von den Eliteärzten entwickelte Strategie auszuzahlen, durch eine verringerte Anzahl von Ärzten ihr Einkommen und ihren gesellschaftlichen Stand zu erhöhen. Trotz der begrenzten finanziellen Unterstützung sorgte die medizinische Forschung dafür, dass den modernen praktischen Ärzten mehr Vertrauen entgegengebracht wurde. An einigen führenden Universitäten wurden Reformen eingeleitet, die einen neuen Standard setzten, dem sich bald weitere Lehreinrichtungen anschlossen. Die meisten Bundesstaaten hatten zwar Zulassungsbehörden für Ärzte eingerichtet, gaben jedoch unterschiedliche Standards vor. Allen voran hatte das Illinois Board of Health mit einer grausamen Bewertung aller medizinischen Schulen in den USA und Kanada begonnen. Sein 1889 veröffentlichter Bericht erschütterte so einige unter den 179 regulären, den 26 homöopathischen und 26 eklektischen, den 13 gemischten sowie den 13 als »betrügerisch« verurteilten Lehreinrichtungen.[3]

All diese Fortschritte konnten aber zwei große Hindernisse auf dem Weg zum beruflichen Aufstieg nicht beseitigen. Erstens blieben die meisten medizinischen Schulen außer Kontrolle. Denn im letzten Viertel des 19. Jahrhunderts waren über 114 neue Schulen gegründet worden, die ihre finanzielle Lage dazu zwang, sich der Strategie der Reformer zu widersetzen, die Anzahl an Absolventen zu senken.[4] Es handelte sich großteils um kleine profitorientierte Unternehmen, deren Besitzer die Lehre selbst übernahmen und deren Verkaufsprodukt medizinische Studienabschlüsse waren. Da sie, um zu überleben, Gewinn machen mussten und folglich auf Studiengebühren angewiesen waren, bildeten sie weiterhin viele Ärzte aus. Als proprietäre Unternehmen, die nur den direkt beteiligten Lehrkräften Gewinn einbrachten, konnten sie aber kein externes Kapital für kostspielige Lehr- und Forschungsprogramme beziehen, wie sie für eine wissenschaftliche medizinische Ausbildung notwendig waren. Deshalb wurde »wissenschaftliche Medizin« nur an ein paar Fakultäten an Universitäten gelehrt, und auch dort nur eingeschränkt – mit Ausnahme der Johns Hopkins Medical School, die weit oberhalb der Norm lag.

Das zweite Hindernis für die Umsetzung der Reformstrategie war der Mangel an Organisation innerhalb des Berufsstands, denn die AMA hatte ihren Auftrag nicht erfüllt. Sie war in den letzten Jahren des 19. Jahrhunderts von Facharztverbänden überholt worden, die von der American Academy of Medicine und anderen Organisationen gegründet wurden, um die von der AMA vernachlässigte Reformfunktion zu übernehmen, und die sich 1888 zum American Congress of Physicians and Surgeons zusammenschlossen. Überdies führte die Mitgliedschaft in lokalen und bundesstaatlichen medizinischen Gesellschaften nicht zu einer Mitgliedschaft in der nationalen AMA, weshalb im Jahr 1900 nur 8400 Ärzte zur AMA gehörten, die meisten aber von ihr ausgeschlossen waren.[5] Die nationale Gesellschaft hatte keine strukturellen Verbindungen zu den bundesstaatlichen und lokalen Verbänden und agierte in einem Vakuum. Strukturell schwach, zahlenmäßig klein und von traditionellen Ärzten dominiert, die sich nur halbherzig mit der wissenschaftlichen Medizin beschäftigten, schien »die Stimme des ärztlichen Berufsstands« an Kehlkopfentzündung zu leiden.

Ehe die Ärzteschaft Reformen in der medizinischen Ausbildung durchsetzen konnte, musste sie also ihre eigene Organisation in Ordnung bringen. Nach ein paar abgewürgten Versuchen der Reorganisation zum Ende des 19. Jahrhunderts gewannen die Reformer die Unterstützung von bundesstaatlichen Medizinverbänden und gestalteten die AMA auf dem Kongress von 1901 in St. Paul vollständig um. Die neue Organisation, die bis heute existiert, machte die lokalen Ärzteverbände zu den Basiseinheiten der Gesellschaft. Die einzelnen Ärzte traten Ortsverbänden bei und hatten Repräsentanten im jeweiligen bundesstaatlichen Verband, der wiederum Delegierte für das neu gegründete Hauptgremium – das gesetzgebende Organ der nationalen Vereinigung – wählte. Der Präsident der AMA und ein Kuratorium wurden mit umfangreichen Befugnissen ausgestattet. Unter der geschickten Leitung von Dr. George H. Simmons – jenem Reformer, der kurz zuvor zum Generalsekretär der AMA und Herausgeber ihres *Journal* ernannt worden war – und unter dem Vorsitz von Dr. Charles A. L. Reed wurde der Plan zur Neuorganisation umgesetzt und ohne Widerrede befolgt.[6]

Diese Neuorganisation hatte eine hierarchische, repräsentative Struktur, deren Autoritätsausübung davon abhing, wie stark die Ortsverbände – die Hochburgen der beruflichen Interessen – waren, und sorgte bei den bundesstaatlichen und nationalen Verbänden für eine stabile Führung, die die Ressourcen im Interesse des Berufsstands besser koordinieren und mobilisieren konnte. Es war geplant, die Verbände auf bundesstaatlicher Ebene in die nationale Gesellschaft einzubinden und – mit den Worten des Komitees zur Neuorganisation – »die wissenschaftliche Medizin zu fördern und die Ärzteschaft zu einer Kraft im sozialen und politischen Leben der Republik zu machen«.[7] Dieser Plan wurde auch erfolgreich realisiert.

Ärzte, die den Berufsstand in einer Aufwertungskampagne einen wollten, rückten von den Randflügeln in den Mittelpunkt, und George Simmons hauchte dem AMA-*Journal* mit der Reformbewegungsmission neues Leben ein. Die AMA-Führung bat Ärzte im ganzen Land, Gesetzesreformen anzustoßen, die bundesstaatlichen Zulassungsbehörden zu überprüfen und die medizinischen Hochschulen dazu zu bewegen, ihre Approbationskriterien und Lehrpläne zu ändern. Die erhöhte Effektivität der AMA sorgte dafür, dass auch die vielen Spezialisten, die anscheinend vergessen hatten, dass sie in erster Linie Ärzte und erst in zweiter Linie Chirurgen oder Gynäkologen waren, den Verband unterstützten und ihm beitraten. Niedergelassene Ärzte aller Arten fingen an, die koordinierte bundesstaatliche und nationale Vereinigung im Sinne ihrer gemeinsamen Interessen zu unterstützen. 1910 waren rund 70 000 Ärzte AMA-Mitglieder – mehr als achtmal so viele wie zur Jahrhundertwende.

Obwohl viele gewöhnliche Ärzte mit der zentralisierten Kontrolle der AMA-Büros in Chicago und mit der Reformstrategie eher unzufrieden waren, standen die meisten hinter ihr,[8] denn sie ärgerten sich über die wirtschaftlichen und gesellschaftlichen Verhältnisse ihres Berufsstands, insbesondere wenn sie erkannten, dass es durchaus besser laufen könnte. Sie wussten, dass der Kampf unter den Ärzten um einen größeren Anteil an den medizinischen Einkünften nur ein paar wenigen half und dass die Interessen jedes einzelnen Arztes an die Interessen des ganzen Berufsstands gebunden waren.

Die Führungsriege dieser Reform – eine Koalition aus niedergelassenen Ärzten und dem Lehrkörper der medizinischen Hochschulen – artikulierte die Wünsche der meisten Ärzte nach finanziellem und gesellschaftlichem Aufstieg und bot eine praktikable Strategie an, um diese Ziele zu erreichen. Sie kontrollierte zwischen dem ausgehenden 19. Jahrhundert und dem Ersten Weltkrieg die AMA, teilte sich mit ihr die Präsidentschaft, schloss sich ihrer Reformstrategie an und machte sich zusammen mit ihr an die Umsetzung.[9]

Das medizinische Ausbildungsgremium

Nachdem die Reformer die Kontrolle über die neu organisierte AMA übernommen hatten, begannen sie, ihr wirksamstes Instrument zur Umgestaltung des Berufsstands einzusetzen. 1904 tauschte die AMA ihr vorläufiges Komitee für medizinische Ausbildung durch den ständigen Council on Medical Education unter der Leitung des tatkräftigen und einfallsreichen Arthur Dean Bevan aus, der ein erfolgreicher Chirurg und Teilzeitprofessor am Rush Medical College in Chicago war. Das neue Gremium wurde mit einem Mitarbeiterstab ausgestattet, der ihm helfen sollte, »landesweiten Einfluss und Kontrolle über die medizinische Ausbildung«[10] auszuüben.

Um diese Kontrolle zu erleichtern, lud es 1905 die bundesstaatlichen Zulassungsbehörden zu einer Konferenz ein, auf der der jeweilige Stand der medizinischen Ausbildung überprüft und Standards festgelegt wurden. Das Gremium beschloss dort »einen idealen Standard, auf den in Zukunft hingearbeitet wird« – einen Standard, der die medizinische Ausbildung in den USA auf die gleiche Basis wie in England, Frankreich und Deutschland stellen würde – sowie »einen vorläufigen Mindeststandard«. Dieser Mindeststandard war: 1) eine Vorbildung von 4 Highschool-Jahren, 2) ein 4-jähriges Medizinstudium und 3) eine vor einem bundesstaatlichen Zulassungsausschuss bestandene Abschlussprüfung.[11]

Bevan drängte lokale und bundesstaatliche Medizingesellschaften dazu, sich stärker in die Reformbewegung einzubringen und dafür zu sorgen, dass »die richtige Art von Männern« in die Zulassungsausschüsse gewählt wurden. Innerhalb von 2 Jahren hatten die bundesstaatlichen Medizingesellschaften unter Leitung des Council on Medical Education die Kontrolle der Zulassungsbehörden übernommen, und diese entwickelten sich durch den Einfluss der bundesstaatlichen Gesellschaften und den direkten Kontakt mit dem Council immer mehr zu Erfüllungsgehilfen von dessen Aktionsplan.[12]

Je mehr die bundesstaatlichen Behörden mit dem Council kooperierten, nur noch Diplome von Medizinhochschulen »mit gutem Ansehen« akzeptierten und ihre Prüfungen an den Lehrplänen der wissenschaftlichen Hochschulen ausrichteten, umso ungewisser wurde – von den bereits an die Bedürfnisse der wissenschaftlichen Medizin abgestimmten Eliteschulen abgesehen – die Zukunft aller medizinischen Schulen. Jene Schulen, die über ausreichende Ressourcen für Laboratorien, »klinisches Material« und wissenschaftlich ausgebildete Lehrkräfte verfügten, hatten einigermaßen gute Aussichten. Die Absolventen solcher Schulen wurden von den bundesstaatlichen Behörden zum Approbationsexamen zugelassen und hatten recht gute Chancen, dieses auch zu bestehen. So hatten Medizinstudenten kaum Anlass, nicht zugelassene Schulen – oder Schulen, deren Absolventen das Zulassungsexamen in der Regel nicht bestanden – zu besuchen und dafür Gebühren zu zahlen. Da aber nicht alle Zulassungsbehörden in der Hand der bundesstaatlichen Ärztevereinigungen waren, entwickelte der Council eine neue Taktik, um die medizinische Ausbildung zu verbessern, mehr Schulen zu schließen und sich eine Kontrollfunktion zu erarbeiten.

1906 prüfte das Gremium alle 160 medizinischen Hochschulen im Land. Jede einzelne erhielt Besuch von Generalsekretär Dr. N. P. Colwell oder einem anderen Council-Mitglied und wurde klassifiziert. Zu den Kriterien gehörten der Anteil ihrer Absolventen, die die Zulassungsprüfung bestanden hatten, die Durchsetzung der erforderlichen Vorbildung, der Lehrplan, die Labor- und Klinikausstattung und -ausbildung, die Fakultät für Laborwissenschaften, und ob die Schule gewinnorientiert geführt wurde. Der Bericht über jede Schule wurde dann an die bundesstaatliche Zulassungsbehörde geschickt, und der Prozentsatz der Absolventen, die durch die Zulassungsprüfung gefallen waren, im *AMA Journal* veröffentlicht.[13]

1907 teilte der Council die medizinischen Hochschulen nach den genannten Kriterien in die Klassen A, B und C ein. Von den 160 geprüften Schulen wurden 82 als medizinische Hochschulen der Klasse A eingestuft, 46 als Klasse B und 32 als Klasse C. Die Auswirkungen des Council-Berichts waren gewaltig. 50 Schulen erklärten sich bereit, für die Zulassung zum Medizinstudium ein jeweils einjähriges Studium in Physik, Chemie, Biologie und einer modernen Sprache zu fordern. Einige Schulen befürchteten ihren Untergang und schlossen sich mit anderen Medizinschulen vor Ort zusammen, um Einrichtungen und Personal einzusparen. Andere sahen ein, dass ihnen die Ressourcen fehlten, um den intensiveren Wettbewerb zu überstehen. So sank bis 1910 die Anzahl der Schulen von 166 auf 131.[14]

Während die ärztlichen Reformführer auf strengere Standards in der medizinischen Ausbildung drängten, kämpften die medizinischen Hochschulen ums Überleben. Die Association of American Medical Colleges (AAMC), die rund ein Drittel aller amerikanischen Medizinhochschulen repräsentierte, versuchte ihre Mitgliedsschulen – »die höhere Klasse medizinischer Hochschulen« – von gewöhnlichen Schulen abzusetzen. Denn sie befürchtete, dass höhere Standards für die Zulassung und den Unterricht selbst die besten Schulen in den Konkurs treiben würden. Als Vertreterin der Elite und Rückhalt der wissenschaftlichen Medizin – der Schulen selbst – befürwortete die AAMC die Zusammenarbeit mit dem Council on Medical Education und den bundesstaatlichen Zulassungsbehörden. Die AAMC strebte einheitliche Mindeststandards im ganzen Land an, damit die Anforderungen der einzelnen Bundesstaaten an die Medizinschulen jenem Standard, der von einem gemeinsamen Ausschuss aller drei Organisationen empfohlen wurde, »entsprechen, aber nicht darüber hinausgehen«.[15]

Obwohl der Council on Medical Education innerhalb des Berufsstands weder rechtliche Befugnisse noch Autorität hatte, verstanden der Vorsitzende Bevan, AMA-Geschäftsführer und *Journal*-Herausgeber Simmons sowie andere professionelle Reformer sehr wohl dessen Führungsrolle sowie den großen Vorteil einer Strategie, die mit den historischen Kräften im Einklang stand. Die Medizin war in der Zeit der Wissenschaft angekommen: Die Mittel- und Oberschichten, deren Dominanz auf der Industrialisierung beruhte, waren empfänglich für das, was die Vertreter der wissenschaftlichen Medizin innerhalb des Berufsstands zu bieten hatten. Bundesstaatliche Zulassungsbehörden, die unter dem Einfluss der medizinischen Gesellschaften standen oder sogar in ihren Händen waren, stellten die Vorherrschaft der wissenschaftlichen Schulen und die Wettbewerbsnachteile der wirtschaftlich schwächeren Schulen sicher. Die Kosten für ein wissenschaftliches Medizinstudium überstiegen die finanziellen Möglichkeiten der proprietären Hochschulen. Zwar konnte der Council die Schließung von Schulen nicht anordnen, er scharte aber politische Verbündete in den bundesstaatlichen Behörden und die Kräfte des Marktes um sich, um das Ancien Régime zu vernichten.

Wer bezahlt die medizinische Ausbildung?

Zwar hatten die vom AMA-Vorstand angestoßenen und durchgesetzten Reformen eindeutig den gewünschten Effekt, dennoch war die Macht des Berufsstands, seine ultimativen Ziele zu erreichen, begrenzt. Denn im ausgehenden 19. Jahrhundert waren fast alle Medizinhochschulen auf die Studiengebühren angewiesen, ja den meisten unabhängigen und vielen nominell zu Universitäten gehörenden Medizinhochschulen stand gar keine andere Einnahmequelle zur Verfügung. Schließlich war die wissenschaftliche Medizin eine kostspielige Angelegenheit, und für das Unterrichten der wissenschaftlichen Medizin waren teure Laborgebäude und ein Lehrkrankenhaus sowie die entsprechende Ausstattung nötig. Besaß ein Fakultätsmitglied eine moderne Privatpraxis, so war es denkbar, dass die eine oder andere von ihnen von wohlhabenden Männern und Frauen vor Ort übernommen wurde. Und so konnte sich manch eine Schule, die an eine finanziell gut ausgestattete Universität angeschlossen war, solche Einrichtungen leisten. Doch es ging nicht nur um die Finanzierung technischer Apparaturen.

Die größten laufenden Kosten einer wissenschaftlichen Medizinhochschule fielen auf die Dozenten in den Laborwissenschaften. Ein praktischer Arzt war vielleicht gut genug, um klinische Medizin zu unterrichten, aber in der Regel fehlte ihm das erforderliche Wissen in Physiologie, Bakteriologie oder Pathologie. Diese grundlegenden medizinischen Wissenschaften mussten von Medizinwissenschaftlern unterrichtet werden, die auf dem jeweiligen Spezialgebiet ausgebildet waren und durch ihre laufende Forschung mit den Entwicklungen Schritt hielten. Solche Dozenten, die sich ganz der Lehre und Forschung verschreiben mussten, stellten um die Jahrhundertwende den größten Kostenfaktor einer wissenschaftlichen Medizinhochschule dar.

Die Kosten eines wissenschaftlichen Medizinstudiums überstiegen die Mittel der Studenten. »Es kostet mehr, einen Medizinstudenten auszubilden«, merkte Bevan an, »als er in Form von Studiengebühren bezahlen kann.«[16] Das nötige Kapital und die laufenden Kosten der wissenschaftlichen Medizinausbildung gingen aber über die finanziellen Mittel der Ärzteschaft selbst hinaus. Wohlhabende Ärzte konnten vielleicht einen kleinen Teil des nötigen Kapitals für eine Medizinschule aufbringen, aber die Reformer erkannten bald, dass das meiste Kapital für wissenschaftliche Medizinhochschulen von außerhalb des Berufsstands bezogen werden musste.[17] Eventuell konnten die Bundesstaaten davon überzeugt werden, bundesstaatliche Institutionen zu unterstützen, aber die meisten Medizinschulen und Universitäten – und ganz gewiss die meisten Eliteschulen –

lagen in privater Hand. »Die Öffentlichkeit muss über die Bedürfnisse und die Möglichkeiten der modernen Medizin aufgeklärt werden«, sagte Bevan, und den Philanthropen musste bewiesen werden, dass die Medizin ihre Zuwendungen verdiente.[18] Aufgrund der Höhe der Kosten musste ein Großteil des Geldes aus dem Vermögen der reichsten Männer und Frauen Amerikas herkommen.

Die Medizinreformer waren sich der Risiken durchaus bewusst, die eine Unterstützung von außen mit sich brachte. »Reiche Männer könnten der Sache der medizinischen Ausbildung schaden«, warnte das *AMA Journal* 1901, wenn die Spenden nicht von den Ärzten kontrolliert werden würden.[19] Und so übernahm Bevan mit dem Segen der anderen Wortführer des Berufsstandes die Aufgabe, die Stiftungsgelder für medizinische Hochschulen einzutreiben und zu verwalten. »Wir müssen für sie staatliche und private Spenden beschaffen«, sagte er 1907 auf der nationalen Council-Konferenz. »Wir müssen eine aktive Propaganda ins Leben rufen, um Geld für die medizinische Ausbildung zu bekommen.«[20]

Hilfe von der Carnegie-Stiftung

Von den Auswirkungen des Gutachtens des Councils beeindruckt bat Bevan die Carnegie Foundation for the Advancement of Teaching (»Stiftung zur Förderung der Lehre«) um Unterstützung. Allerdings tat er dies nicht, damit sie die Arbeit des Councils kopiere, sondern um seiner Kampagne mit dem Prestige der Stiftung und dem Anschein von »Objektivität« Nachdruck zu verleihen. Denn Bevan wusste um das Potenzial der Stiftung, die öffentliche Meinung zu beeinflussen und Philanthropen eine glaubwürdige Blaupause zu liefern, der sie folgen und demgemäß Geld in die medizinische Ausbildung stecken konnten. Es war auch klar, dass eine Organisation von außerhalb des Berufsstands medizinische Schulen, die sich einer Umstrukturierung oder einer Schließung widersetzten, offen angreifen konnte, ohne dass es zu einer erneuten Abspaltung der Medizinschulen von der Reformleitung kommen würde. Auf der ersten nationalen Konferenz des Councils 1905 kritisierte Bevan proprietäre Medizinschulen als

Reformhindernis, sah sich aber aus Gründen der Diplomatie gezwungen, der »Eigentums- und Berufsinteressen« wegen, die in sie gesetzt wurden, Nachsicht zu üben.[21]

1907 lud Bevan Henry S. Pritchett, den Präsidenten der Carnegie Foundation for the Advancement of Teaching, dazu ein, die aus dem Council-Gutachten gewonnenen Daten zu sichten. Bei einem Treffen im Chicago Club wurde deutlich, dass sich Bevan und Pritchett über den Wert einer von Carnegie gesponserten Studie zur medizinischen Ausbildung einig waren. Für Bevan könnte die Carnegie-Studie ein schweres Geschütz in der Kampagne für die Reform der medizinischen Ausbildung sein. Pritchett hatte für dieses Anliegen Verständnis, allerdings hauptsächlich in Zusammenhang mit dem Programm der Stiftung zur Reformierung und Rationalisierung der amerikanischen Hochschulen und Universitäten, einschließlich der Fachschulen.[22]

Die Stiftung war 1905 gegründet worden, um dem Status von Hochschuldozenten Aufschwung zu verleihen und ein einheitliches System der Hochschulbildung zu schaffen. Aus den Gesprächen zwischen Carnegie und Pritchett entwickelte sich der Plan, die Ausbildung durch die Zuckerbrot-und-Peitsche-Methode aufzuwerten. Die neue Stiftung stellte anfangs 10 Millionen Dollar zur Verfügung, um ein Pensionsprogramm für Hochschuldozenten zu unterstützen. Die Pensionen sollten ohne jegliche Kosten für die Institution oder die einzelnen Lehrkräfte ausbezahlt werden, aber nur dann, wenn die Schule die von der Stiftung festgelegten Bedingungen erfüllte. Konfessionelle Hochschulen waren zu diesem Pensionsplan nicht zugelassen. Natürlich stellte die Religion eine bedeutende moralische Instanz dar, sie propagierte aber nicht die Allgemeingültigkeit der Wissenschaft, und von Hochschulen mit konkurrierenden Konfessionen war zu erwarten, dass sie mehr Interesse daran hatten, ihren Glauben zu verbreiten, als Wissenschaftler und Ingenieure auszubilden. Um sich für Lehrkräfte attraktiver zu machen, bedrängten konfessionelle Hochschulen die Stiftung mit Anfragen, wie sie ihre Statuten ändern könnten, um Anspruch auf die kostenlosen Pensionen zu erhalten. Darüber hinaus stellte die Stiftung akademische und finanzielle Anforderungen, um die ärmeren Hochschulen zu zwingen, die akademischen Standards der besser gestellten Schulen zu übernehmen, und um die Hochschulbildung im ganzen Land nach einem einheitlichen Muster zu gestalten.[23]

So passte Bevans Forderung nach einer Überprüfung der medizinischen Hochschulen gut zum allgemeinen Programm der Stiftung und bot dieser die Gelegenheit, sich für die Reformierung der medizinischen Ausbildung einzusetzen. Pritchett diskutierte die vorgeschlagene Studie mit Charles Eliot, dem Präsidenten der Harvard University und einem der Treuhänder der Carnegie Foundation, des General Education Board von Rockefeller und des Rockefeller Institute for Medical Research. Er sprach auch mit Dr. Simon Flexner, dem Direktor des Rockefeller Institute, der als Leiter des Gutachtens seinen Bruder Abraham vorschlug. Dieser Vorschlag passte gut zu Pritchetts Vorstellung, dass die Studie zur Reformierung der Hochschulbildung beitragen sollte.[24]

Abraham Flexner war Pädagoge von Beruf und hatte seinen Bachelorabschluss nach 2 Jahren fleißiger und harter Arbeit an der Johns Hopkins University gemacht. Später gründete und führte er eine eigene Schule zur Studienvorbereitung in Louisville und studierte in Harvard ein weiteres Jahr Pädagogik. Im Sommer 1908 schrieb er in Heidelberg sein Buch *The American College*, das nach eigener Aussage »ziemlich flach« ausfiel. Noch in demselben Sommer kehrte er arbeitslos und »auf nahezu alles vorbereitet« aus Europa zurück. In der Hoffnung auf eine Stelle initiierte Flexner ein Treffen mit Pritchett. Sie sprachen über die Hochschulbildung und ihre Probleme und waren sich einig, dass eine Reform nötig sei. »Als ich ihn das nächste Mal traf«, erinnerte sich Flexner später, »fragte er mich, ob ich eine Studie über Medizinschulen machen wollte.« Flexner war begeistert, »aber mir kam in den Sinn, Pritchett könne mich mit meinem Bruder Simon am Rockefeller Institute verwechselt haben, und so wies ich ihn darauf hin, dass ich kein Mediziner bin und noch nie einen Fuß in eine medizinische Hochschule gesetzt hatte.«

»Genau das will ich ja«, entgegnete Pritchett, »denn meines Erachtens sollten diese Fachschulen nicht aus der Sicht eines Arztes, sondern vom Standpunkt des Pädagogen aus begutachtet werden. Ich kenne Ihren Bruder, es liegt keine Verwechslung vor. Doch dies ist eine Aufgabe für einen Laien und nicht für einen Mediziner.«[25]

Einem Arztbericht über die medizinische Ausbildung würde es an Glaubwürdigkeit fehlen, und die Spaltung zwischen praktischen Ärzten und Teilzeitdozenten an Medizinhochschulen würde zusätzlich genährt werden. Zudem wollte Pritchett, der sicherlich nicht gegen die Förderung des ärztlichen Berufsstands eingestellt war, dass die medizinische Ausbildung in ein allgemeines Bildungssystem eingegliedert würde. Der Bericht eines Pädagogen, der von der Bedeutung eines wissenschaftlichen Arztberufs überzeugt war, würde sowohl die richtige Perspektive als auch Glaubwürdigkeit bieten.[26]

Bei ihrem Treffen im November 1908 bat Pritchett die Treuhänder der Carnegie Foundation, die Studie und ausreichend Finanzmittel zu genehmigen. Mit ihrem Einverständnis machte sich Flexner umgehend an die Studie.[27] Bevan leitete die Reformkampagne, Pritchett finanzierte sie mit Carnegies Geld, und Abraham Flexner setzte sie um.

Der »Flexner-Report«

Als strukturierter Akademiker begann Flexner damit, Recherchen über die Geschichte der medizinischen Ausbildung in Europa und Amerika zu machen. Er reiste nach Chicago, um die Studie mit George Simmons, dem Generalsekretär der AMA und Herausgeber des *AMA Journal*, zu besprechen, traf sich mit Bevan und Colwell, dem Generalsekretär des Council on Medical Education, und las Colwells Berichte über Medizinschulen, die er »achtbar und sorgfältig« fand, aber auch »äußerst diplomatisch«.

Dann besuchte Flexner seine Alma Mater, die Johns Hopkins University, um sich dort mit den führenden Mitgliedern der medizinischen Fakultät zu treffen, den Doktoren Welch, Halsted, Mall, Abel und Howell. Für Flexner war die Johns Hopkins Medical School »eine kleine, aber perfekte medizinische Hochschule, die an amerikanische Verhältnisse angepasst« war und »in einer neuen Weise die besten Merkmale der medizinischen Ausbildung in England, Frankreich und Deutschland« verkörperte. Die Johns Hopkins wurde für ihn zum leuchtenden

Beispiel. »Ohne dieses Muster im Hinterkopf hätte ich kaum etwas zustande gebracht.«[28]

Flexner sah seine Aufgabe darin, die Johns Hopkins Medical School zu einem Standardmodell zu machen, an dem alle anderen medizinischen Ausbildungsstätten in den USA gemessen werden sollten, denn Letztere verblassten neben »diesem einen hellen Fleck«. Sein Loblied auf die Hopkins School war regelrecht ekstatisch:

> Sie hatte Ideale und Männer, die diese Ideale verkörperten, und übte einen solchen Einfluss aus, dass das amerikanische Medizinstudium in einem halben Jahrhundert vom niedrigsten auf das höchste Niveau in der zivilisierten Welt gelangte. Gilman, Welch, Mall, Halsted und ihren Kollegen und Studenten, die zu den Sternen gegriffen haben und niemals zurückgewichen sind, gebührt alle Ehre![29]

Flexner besuchte jede einzelne der 155 medizinischen Hochschulen in den USA und Kanada, und in den meisten Fällen begleitete ihn Colwell von der AMA dabei. In fast allen Schulen legten die Schulverwaltung und der Lehrkörper die Fakten auf den Tisch – Einrichtungen, Laborausstattung, Anzahl der Lehrkräfte und ihre Qualifikation, Anzahl der Studenten und ihre Studienvorbereitung, Lehrplan, verfügbare Patienten als Lehrmaterial, Einkommen aus Studiengebühren und Stiftungen.[30]

Auch das Verwaltungs- und Lehrpersonal von Schulen, die in zahlreichen dem Council on Medical Education wichtigen Bereichen Defizite aufwiesen, gewährten Flexner und Colwell Zugang zu ihren Einrichtungen und Mitarbeitern sowie Einblick in die Geschäftsbücher. Viele Schulen wurden von Ärzten geführt, die darauf bedacht waren, den Status des Berufsstands anzuheben, und wussten, wie wichtig es war, wissenschaftliche medizinische Lehrinstitute zu erschaffen. Ein noch überzeugenderes Argument für die willige Mitarbeit der meisten Schulen war der Glaube ihrer Dekane, Dozenten und Treuhänder, auf Flexners Besuch würden »Geldgeschenke von Mr. Carnegie folgen, um die Dinge in Ordnung zu bringen«. Was auch immer die Dekane und Dozenten der medizinischen Schulen in der Folge an öffentlicher Kritik zu befürchten hatten, sie waren sich darüber im Klaren, dass sie mit ihrem schnellen Untergang rechnen mussten, wenn sie mit den Verfassern der Carnegie-Studie nicht zusammenarbeiteten. Der Markt für das Medizinstudium war sehr umkämpft, und schlechte Publicity hätte ernsthaften Schaden angerichtet. Aber noch gefährlicher war die Dynamik des Wettbewerbsmarktes selbst. Denn während viele konkurrierende Medizinhochschulen aus ihrer Beteiligung an der Carnegie-Studie großen Nutzen zogen – etwa Kapital oder ein neues Labor –, war der finanzielle Absturz und der Untergang der weniger begünstigten Schulen vorprogrammiert.[31]

Dennoch wehrten sich ein paar Schulen gegen die Untersuchung, was ihnen aber nur Misstrauen einbrachte. Pritchett teilte diesen widerspenstigen Medizinschulen mit, dass »alle Hochschulen und Universitäten, ob mit Steuern oder privaten Zuwendungen finanziert, in Wahrheit öffentliche Dienstleistungsunternehmen« seien, und dass Stiftung, Ärzteschaft und Öffentlichkeit folglich ein Recht darauf hätten, über ihre Finanzen und Ausbildungspraktiken Bescheid zu wissen. Statt diese Einmischung von außen zu fürchten, begrüßten die führenden Reformer unter den Ärzten diese Haltung, denn sie förderte nicht nur ihre Kampagne, sondern erkannte die wichtige gesellschaftliche Funktion der Medizin an.[32]

Flexners Ergebnisse

Innerhalb von 18 Monaten hatte Flexner alle Medizinschulen besucht und seinen Bericht abgefasst. Die Kürze seiner Aufenthalte dort und die Bissigkeit seiner Kommentare zu dem, was er vorfand, bescherten ihm unter den medizinischen Reformern den Ruf, »unberechenbar« zu sein und »vorschnell zu urteilen«. Die medizinische Fakultät in Harvard war beleidigt und verunglimpfte im Gegenzug seine Fähigkeiten, während die Lehrkörper an weniger bedeutenden Schulen nur gereizt reagieren konnten.[33]

Flexners Kritik an amerikanischen Schulen und seine Reformvorschläge stimmten mit der Einstellung der führenden Reformer des medizinischen

Berufsstands perfekt überein. So warf er den Medizinschulen vor, zu viele Ärzte auszubilden, für die Zulassung zum Medizinstudium zu wenig Vorbildung vorauszusetzen, über unzureichende Einrichtungen und Lehrkräfte zu verfügen, eine ungenügende Ausbildung zu gewährleisten und eine gesellschaftliche Zusammensetzung des Ärztestands zu schaffen, die ihrer wichtigen sozialen Rolle nicht gerecht wurde.

Flexner wie Pritchett sprachen der sich verändernden Rolle der Medizin in der Gesellschaft hohe Bedeutung zu. Die überlieferte »individuelle und heilende« Funktion des Arztes, wurde immer rascher zu einer »gesellschaftlichen und präventiven«.[34] Ist die Gesellschaft aber für wichtige soziale Funktionen auf Ärzte »angewiesen«, so muss jede politische Berufsreformmaßnahme als Erstes »die Interessen der Sozialordnung« im Blick haben.[35] Doch was stimmte aus Sicht der Gesellschaft mit der Ärzteschaft nicht?

Das Überangebot an Ärzten war laut Pritchett und Flexner das größte Problem dieser Profession. Während Deutschland mit einem Arzt pro 2000 Einwohner gut auskam, herrschte in den Vereinigten Staaten mit durchschnittlich einem Arzt pro 568 Einwohner ein starkes Überangebot. Das zwang die Ärzte dazu, miteinander zu konkurrieren, um einen relativ unbeweglichen Patientenmarkt zu kämpfen und sich gegenseitig zu unnötigen Dienstleistungen anzustiften, um ihr Einkommen aufzubessern. Das Überangebot »senkt die Anzahl gut ausgebildeter Männer, die mit ihrem Beruf ihren Lebensunterhalt verdienen können« und machte eine Medizinerkarriere für kompetente Männer weniger attraktiv. »Das Land braucht weniger und bessere Ärzte«, argumentierte Flexner, und *»der Weg, um sie besser zu machen, ist, weniger zu produzieren«*.[36]

Der wichtigste Grund für das Überangebot an Ärzten und für ihren generell niedrigen Standard waren die vielen »kommerziellen« Medizinhochschulen. Nur fünfzig von den 155 Medizinhochschulen gehörten zu Universitäten, der Rest, ob unabhängig oder nominell an eine Universität angeschlossen, wurde tatsächlich ohne jede Außenkontrolle vom Lehrkörper alleine geführt. Diese proprietären Schulen waren auf die Studiengebühren angewiesen, die unter jenen Ärzten aufgeteilt wurden, die vor Ort an der Schule lehrten. Viele davon stockten ihr Einkommen durch »ärztliche Beratungen [auf], die ihnen loyale ehemalige Studenten zuspielten«. Die Lehrstühle an den kommerziellen Schulen wurden gekauft und verkauft, zuweilen für bis zu 3000 Dollar.[37]

Die kommerziellen Medizinschulen zogen laut Flexner die gesamte medizinische Ausbildung nach unten. Da ihr Einkommen ausschließlich aus Studiengebühren bestand, ließen diese Schulen so viele Studenten wie möglich zu und senkten ihre Ausgaben auf das absolute Minimum herab. Weil Vorlesungen die billigste Ausbildungsmaßnahme waren, bei denen das Einkommen aus den Studiengebühren direkt den Dozenten zukam, statt in Gebäude, Laboratorien oder deren Ausstattung zu fließen, bestand das Medizinstudium bis in die 1880er-Jahre nahezu ausschließlich aus Vorlesungen. Die Kosten für eine labortechnische und klinische Ausbildung für den wissenschaftlichen Mediziner überstiegen die Ressourcen der proprietären medizinischen Hochschulen bei Weitem. Die Entscheidung lag auf der Hand. »Der Arztberuf ist ein Organ, das von der Gesellschaft um ihrer eigenen höchsten Absichten willen ausdifferenziert wurde, und kein Geschäft, das von Einzelpersonen nach ihrem Gutdünken ausgebeutet werden darf.«[38] Um ihren gemeinnützigen Charakter sicherzustellen, mussten die Medizinschulen integrale Bestandteile von Universitäten werden.

Aufgrund der gesellschaftlichen Bedeutung des Berufsstands sollte nicht nur die medizinische Ausbildung keiner proprietären Organisation überlassen werden, sondern sie sollte auch denjenigen vorbehalten sein, die sich »ein liberales und uneigennütziges Ausbildungserlebnis« leisten konnten. Proprietäre Medizinschulen zogen mit ihrer Zulassungsbedingung von 4 Jahren Highschool oder einem »Äquivalent […] eine Masse unvorbereiteter Jugendlicher an […], die aus Industrieberufen zum Medizinstudium wechselten«. Doch weder »der primitive Junge« noch »der stumpfsinnige Büroangestellte« waren für eine Karriere in der Medizin geeignet.[39] Flexner schlug als Voraussetzung eines Studiums an einer Medizinhochschule mindestens 2 Jahre an einem College vor – und das zu einer Zeit, als nur 15 Prozent der Bevölkerung im Highschool-Alter eine Highschool besuchten und nur 5 Prozent im entsprechenden Alter an einem College oder einer Universität eingeschrieben waren.[40]

Dem Rassismus seiner Zeit entsprechend war Flexner der Meinung, dass »die Praxis eines Negerarztes auf seine eigene Rasse beschränkt« sein sollte.

Doch »Menschlichkeit und ebenso Selbstschutz« sollten die weiße Gesellschaft dazu bewegen, eine bessere Ausbildung für schwarze Ärzte zu unterstützen, denn »zehn Millionen von ihnen leben in engem Kontakt mit sechzig Millionen Weißen«. Zudem waren schwarze Ärzte für »die geistige und moralische Besserung« ihrer Rasse wichtig, wofür die Schaffung eines elitären Kerns schwarzer wissenschaftlicher Ärzte erforderlich sei. Getreu seinem Motto »Je weniger umso besser« empfahl Flexner jedoch, dass von den damals sieben Medizinschulen für Schwarze nur Meharry und Howard weiterbestehen sollten.[41]

Flexner riet auch zur Schließung von drei Medizinhochschulen für Frauen. Ausschließliche Frauenhochschulen seien unnötig und unwirtschaftlich, da Frauen »die medizinische Ausbildung heute [...] praktisch zu den gleichen Bedingungen wie Männern offenstehe«. Ginge die Anzahl weiblicher Medizinstudentinnen zurück, so zeige dies, dass es entweder »keine starke Nachfrage nach Ärztinnen oder keinen starken Wunsch auf Seiten der Frauen gab, in den Beruf einzusteigen«, oder beides. Wie die meisten seiner Kollegen schien Flexner zu glauben, dass Frauen nur ausnahmsweise für die geistigen Strapazen der Medizin geeignet seien und dass Frauen der Mittel- oder Oberschicht besser als Patientinnen denn als Ärztinnen taugten.[42]

Die Konsequenz war ganz offensichtlich, generell weniger Ärzte auszubilden, insbesondere unter jungen Männern, die aus der Arbeiterklasse stammten und arm waren, sowie Schwarzen und Frauen. Um die soziale Stellung und den wissenschaftlichen Status der Medizin sowie das Einkommen der Ärzte auf ein Niveau anzuheben, das ihrer Rolle in der Gesellschaft entsprach, waren laut Flexner diese Veränderungen nötig.

Flexner stellte fest, dass nur 23 von den 155 Medizinschulen im Land ein zwei- oder mehrjähriges Studium vor dem Medizinstudium voraussetzten. Und 132 Schulen ließen Studenten mit Highschool-Abschluss oder einem »Äquivalent« zu. Letzteres sei eine hinnehmbare »vorübergehende Anordnung«, wenn es nicht genug College-Studenten gab, um die offenen Studienplätze zu besetzen, aber nur 2 Jahre College böten »die vielgestaltige und erweiternde kulturelle Erfahrung«, die ein moderner Arzt bräuchte.[43]

Ein Studium in Biologie, Chemie und Physik sollte vor der Aufnahme eines Medizinstudiums obligatorisch sein, und der Lehrplan der Medizinhochschulen sollte dahin gehend entwickelt werden. In den ersten 2 Jahren sollten die Studenten Anatomie, Physiologie, Bakteriologie, Pathologie und Pharmakologie studieren, und nach diesem gründlichen Studium der Laborwissenschaften im dritten und vierten Jahr in den betreuten klinischen Studien unterwiesen werden. Nur die besseren Medizinschulen, die an Universitäten angeschlossen waren und ein 2-jähriges Hochschulstudium voraussetzten, erfüllten diesen Modellstudienplan.[44]

Flexners Report war also darauf ausgerichtet, die medizinische Ausbildung entsprechend des Bedarfs der wissenschaftlichen Medizin auf eine einheitliche Basis zu stellen und den Status des Berufsstands auf ein Niveau zu befördern, dass seiner bedeutenden Rolle in der Gesellschaft entsprach. Um dies zu erreichen, war es nötig, kommerzielle Schulen zu schließen, die unteren Gesellschaftsschichten auszuschließen, Frauen und Schwarzen weniger Möglichkeiten zu bieten, innerhalb der Medizin zu arbeiten, die Vorbedingungen eines Medizinstudiums zu erschweren und den Lehrplan zu einem gestuften 4-jährigen Studium zu vereinheitlichen. Die Verringerung der Ärztezahl war nicht nur ein Nebenprodukt von Flexners Programm, denn: »Eine bessere medizinische Ausbildung kann nicht mit der Begründung abgelehnt werden, dass sie die Schulen zerstört und die Zahl der Absolventen reduziert: Genau das ist notwendig«, so Flexner.[45]

Seine Analyse und Empfehlungen waren denen der Reformatoren innerhalb des Berufsstands auffallend ähnlich. Mindestens 10 Jahre vor der Veröffentlichung von Flexners Bericht im Jahr 1910 hatten medizinische Fachzeitschriften konstatiert, dass es ein Überangebot an Ärzten gebe und eine bessere medizinische Ausbildung der beste Weg sei, um ihre Anzahl zu senken. »Wir erhöhen Jahr für Jahr den Standard der medizinischen Ausbildung, doch Hochschulen schießen wie Pilze aus dem Boden und verschwinden einfach nicht«, klagte George Frank Lydston 1900 gegenüber seinen Kollegen. »Wir haben unser Bestes getan, um durch die Produktion zu vieler Ärzte den Wettbewerb zu fördern.«[46]

1901 warnte das *AMA Journal*, das weitere Zunehmen der Ärzteschaft müsse eingedämmt werden, »damit die einzelnen Mitglieder die Ausübung der Medizin als lukrative Beschäftigung betrachten können«.[47] Und 1905 sagte V. C.

Vaughan, Mitglied des Council on Medical Education, auf dessen erster nationaler Konferenz: »Das Angebot entspricht recht genau der Nachfrage, und deshalb ist es an der Zeit, die Zulassungshürde eine Stufe höher zu setzen.«[48] Auch das Argument, dass Medizinstudenten nur aus den besseren Schichten kommen sollten, stammte nicht von Flexner.[49]

Auf der Nationalkonferenz 1905 und im Jahr darauf hatte der Council darauf gedrängt, als vorläufige Vorbedingung einen Highschool-Abschluss und je ein Jahr Physik, Chemie und Biologie an der Universität zu verlangen. Zudem hatte er einen 4-jährigen Studienplan mit Anatomie, Physiologie, Pathologie, Pharmakologie und Bakteriologie in den ersten 2 Jahren und einem überwachten klinischen Studium in den beiden letzten Jahren empfohlen.[50]

Die strikte Zugehörigkeit zu einer Universität war mit der Veröffentlichung von Flexners Report mindestens 40 Jahre lang ein Eckpfeiler der Reformbewegung in der medizinischen Ausbildung. Die Universitätszugehörigkeit der meisten Medizinhochschulen im 19. Jahrhundert verlieh diesen Prestige und Legitimität und der medizinischen Fakultät größeres Ansehen, aber es gab nur wenige administrative oder akademische Verbindungen zwischen ihnen. Als Charles Eliot 1869 in Harvard die Präsidentschaft antrat, setzte er die Autorität der Universität über die medizinische Fakultät durch und drehte die Medizinschule »wie einen Pfannkuchen« um, so Oliver Wendell Holmes, der damals der medizinischen Fakultät angehörte. Eliots neues Regime hob die Eintrittsbedingungen an, führte wissenschaftliche Medizinkurse ein und zwang die Fakultät, sich der universitären Verwaltung und akademischen Autoritäten zu fügen. Indem er bewies, dass die Medizinschule kein Privatunternehmen »zum Nutzen einiger weniger Ärzte und Chirurgen« war, hoffte Eliot auf eine Stiftung. Und sein Plan hatte Erfolg. Die Unterordnung der medizinischen Fakultät unter die Universität wurde zu einem der wichtigsten Kriterien im Reformplan der medizinischen Ausbildung.[51]

Die Übereinstimmung von Flexners Analysen und Empfehlungen mit denen des Berufsstands könnte darauf zurückzuführen sein, dass die Forderungen der wissenschaftlichen Medizin überzeugend waren. Immerhin hatten zwei Untersuchungen der damaligen Ärzteschaft quasi dieselben Schlussfolgerungen gezogen, und die Defizite des Berufsstands und der medizinischen Ausbildung im Rahmen der strategischen Entwicklung der medizinischen Wissenschaft waren nicht zu übersehen. Aber Flexner stand der Ärzteschaft sehr nahe. Sein Bruder war Direktor des landesweit führenden medizinischen Forschungsinstituts, und während seiner Studie hatte er sich ausführlich mit der AMA-Führung beraten.

Tatsächlich war von Anfang an klar, dass die Carnegie-Studie Teil der Council-Kampagne sein würde, um den Reformplänen Glaubwürdigkeit zu verleihen. So schrieb Pritchett, Präsident der Carnegie Foundation, 6 Monate vor der Veröffentlichung von Flexners Bericht an Bevan:

> Bei dieser Überprüfung der Medizinschulen haben wir mit Ihnen und Ihrem Komitee Hand in Hand gearbeitet. Tatsächlich haben wir die Angelegenheit nur von Ihnen aufgegriffen und die Prüfung so fortgesetzt, wie Sie es getan haben, mit dem Unterschied, dass wir als unabhängige, von der Praxis losgelöste Organisation bestimmte Dinge tun dürfen, die Ihnen vielleicht verwehrt sind. Wenn unser Bericht herauskommt, wird er Munition in Ihren Händen sein.[52]

Darauf bedacht, Nutzen aus der Carnegie-Studie zu ziehen, wollte Bevan, dass Flexner und Pritchett sie ein paar Monate vor ihrer Veröffentlichung in einer AMA-Versammlung präsentierten. Doch Pritchett befürchtete, der Bericht könnte an Glaubwürdigkeit einbüßen und das »neutrale« Image der Stiftung leiden, wenn die Zusammenarbeit zwischen der Stiftung und der AMA – vor allem schon vor der Veröffentlichung – ans Licht käme. »Es ist wünschenswert«, teilte er Bevan insgeheim mit, »in der Zwischenzeit eine Position beizubehalten, die keine unmittelbare Verbindung zwischen unserer beider Bemühungen nahelegt.«

Die Verschleierung dieser Verbindung erhöhte zwar die Glaubwürdigkeit von Flexners Bericht, hatte aber auf die sich bereits abzeichnende Transformation keine essenzielle Auswirkung, sondern unterstützte lediglich die sozialen und wirtschaftlichen Kräfte, die sich bereits in Bewegung gesetzt hatten.

Die Konsequenzen des Berichts

Als der Flexner-Report aber dann als »Bulletin Number Four« herauskam, sah sich die Carnegie Foundation wegen ihrer Zusammenarbeit mit dem »Medical Trust« – der AMA und ihrem Council on Medical Education – »mehr Steinwürfen ausgesetzt, als sie erwartet hatte«. Pritchett war peinlich berührt von dem »irgendwie dogmatischen Ton« des Berichts, der den Vorwurf geheimer Absprachen mit der AMA glaubwürdig erscheinen ließ, aber Bevan und die AMA fühlten sich »durch eine solche Assoziation sehr geschmeichelt«. Ungeachtet der öffentlichen Anprangerung der Stiftung, die Pritchett als unangenehm empfand, wichen weder er noch die Stiftung von ihrer Unterstützung der AMA ab.[53]

Pritchett zog nicht in Erwägung, dass der Einklang zwischen seiner Stiftung und dem medizinischen Berufsstand die übergeordneten Ziele der Stiftung gefährden könnte. Erst 1913 erkannte er allmählich einen Konflikt zwischen dem Ziel der Ärzteschaft, alle möglichen Medizinschulen zu schließen, und den Zielen der Stiftung, die Hochschulbildung zu rationalisieren und dafür zu sorgen, dass eine Berufsgruppe eine wichtige Funktion in der Gesellschaft erfüllen konnte. Die Forderung des Councils nach einem Jahr Vorbereitungsstudium für die Zulassung zu allen medizinischen Hochschulen im Land ignorierte die regionalen Unterschiede und insbesondere den relativen Rückstand der Südstaaten. Pritchett befürchtete, dass eben jenes Klassifizierungsschema, das ihn 1907 so beeindruckt hatte, dafür verwendet wurde, die medizinische Ausbildung vom Rest des Schulsystems abzuheben, statt die niedrigschwelligen Schulen dazu zu bringen, die Forderung nach entsprechender Vorbildung zu erfüllen. Er beschuldigte den Council, »die pädagogischen Ergebnisse, die das Schulsystem selbst erreichen kann«, zu vernachlässigen, und warnte ihn: »Ihre Macht wird schnell schwinden, wenn Sie Kurse befürworten, die pädagogisch nicht vertretbar sind.«[54]

Allmählich erkannte Pritchett, dass den Ärztestand seine Eigeninteressen zu Handlungen motivieren würden, die im Konflikt mit jenen Interessen stand, die die Stiftung unterstützen wollte. 1918 war Pritchett endgültig klar geworden, dass die AMA die gesamte medizinische Ausbildung für Schwarze zunichte machen würde, wenn diese sich selbst überlassen bliebe. Und da die Carnegie

Foundation von der gesellschaftlichen Bedeutung schwarzer Ärzte für die schwarze Bevölkerung überzeugt war, unterstützte sie die Meharry-Medizinschule, die der Council jedoch nur in Klasse B eingestuft hatte. Pritchett protestierte gegen die »massive Ungerechtigkeit, die den Negerschulen angetan wird«, weil der Council ihnen gegenüber de facto nicht die gleiche Nachsicht übe wie den weißen Schulen im Süden gegenüber. Die Maßnahmen der eifrigen AMA-Reformer führten zur Schließung medizinischer Hochschulen und zum Ende des Bemühens um ein einheitliches Schulsystem, ohne Rücksicht auf das öffentliche Interesse zu nehmen, wie es von den führenden Stiftungen definiert worden war. Daraufhin drohte Pritchett, ein Treffen seiner und Rockefellers Stiftung mit Repräsentanten einiger Zulassungsbehörden und jener Medizinschulen einzuberufen, die zu den Dutzend »stärkeren« gehörten, um den Council zu zwingen, »seine derzeitige Klassifizierung der medizinischen Hochschulen zu überarbeiten«.[55] 10 Jahre nach jener freundlichen Begegnung, die er mit Bevan im Chicago Club gehabt hatte, betrachtete Pritchett die Macht des Councils wie Dr. Frankenstein die von ihm selbst geschaffene Kreatur.

Pritchetts Bestürzung darüber, wie der Council seine Macht ausnutzte, wurde durch den Carnegie-Bericht zweifellos noch verstärkt. Dabei wird zuweilen vergessen, dass es nicht dieser Bericht war, der die Reformbewegung der medizinischen Schulen ins Leben rief, sondern Letztere schon 40 Jahre früher in Gang gekommen war und die ersten Früchte getragen hatte. Charles Eliot hatte ab 1870 die Reform der medizinischen Fakultät in Harvard in die Hand genommen. Im gleichen Jahrzehnt hatte erstmals eine amerikanische Universität in Michigan ein Lehrkrankenhaus gegründet, bundesstaatliche Zulassungsbehörden wurden (wieder) eingerichtet, und das Illinois Board of Health hatte mit der Bewertung medizinischer Hochschulen begonnen. Die vom Council on Medical Education selbst durchgeführte Untersuchung der Medizinschulen von 1907 war natürlich das Vorbild für Flexners Studie und hatte großen Einfluss, und die zunehmende Kontrolle des Berufsstands über die Zulassungsbehörden in den Bundesstaaten ermöglichte einen schnellen »Fortschritt«.[56]

Flexner wusste, dass bereits vor der Veröffentlichung seiner Studie große Fortschritte bei der Reformierung der medizinischen Ausbildung gemacht worden waren. Die Studienpläne der Medizinhochschulen waren auf 4 Jahre verlängert worden, neben dem didaktischen Unterricht wurden klinische Kurse eingeführt, inzwischen standen viele Laboratorien zur Verfügung und wurden weiter ausgebaut, es waren Zulassungsstandards eingeführt worden, die die Schulen mit unterschiedlichem Engagement einhielten, und in den meisten Bundesstaaten waren Ausschüsse eingerichtet worden, die für die Reformbewegung zuständig waren. Die Resultate all dieser Neuerungen waren bewundernswert. Und wie Flexner anmerkte, ging die Anzahl der Medizinschulen zurück, denn unabhängige sowie kommerzielle Schulen warfen schnell die Flinte ins Korn.[57]

Der Flexner-Report trug also nur zu einem Prozess bei, der bereits in vollem Gange war. Die Zusammenlegung oder Schließung medizinischer Schulen erfolgte vor dem Bericht genauso schnell wie danach. Zwischen 1904 und 1915 schlossen 92 Schulen ihre Tore beziehungsweise taten sich zusammen, 44 davon in den ersten 6 Jahren bis 1909 und 48 in den folgenden 6 Jahren bis 1915.[58]

Die fünf missbilligten Medizinschulen für Schwarze, die unter anderem aufgrund von Flexners Beurteilung von der Finanzierung abgeschnitten worden waren, wurden bald geschlossen. Und da Rassismus an den weißen Medizinschulen und medizinischen Organisationen ebenso weitverbreitet war wie in der übrigen Gesellschaft, ging die medizinische Versorgung der Schwarzen noch weiter zurück. 1910 kam in den Vereinigten Staaten auf 2883 schwarze Menschen gerade einmal ein schwarzer Arzt (im Vergleich dazu in der ganzen Nation ein Arzt auf 684 Menschen), und bis 1942 hatte sich das Verhältnis noch weiter verschlechtert: Nun gab es gerade einmal einen schwarzen Arzt für 3377 schwarze Menschen.[59] Auch Flexners Haltung gegenüber Frauen in der Medizin war extremer als die vieler Zeitgenossen und trug sicherlich dazu bei, dass zwischen 1900 und dem Zweiten Weltkrieg der Anteil der Frauen unter den Medizinabsolventen bei durchschnittlich gerade mal 5 Prozent lag. Da in jüngster Zeit um Fördermaßnahmen bei der Zulassung zum Medizinstudium gekämpft wurde, machen Frauen inzwischen ungefähr ein Fünftel aller Medizinstudenten aus und Schwarze 6 Prozent – beide zwar weit unterhalb ihres Anteils in der Bevölkerung, aber doch wesentlich höher als vor 10 Jahren.

Der Flexner-Report trug auch zur Schließung »sektiererischer« Medizinschulen bei, und wissenschaftliche Schulen nannten sich nicht mehr »regulär«. 1932 war Arthur Dean Bevan in der Lage, anerkennend zu sagen: »Wir waren natürlich Pritchett und Flexner sehr dankbar«, weil sie es ermöglicht haben, die homöopathischen und eklektischen Schulen, die 1910 existierten, »vom Markt zu drängen«.[60] Doch ganz so einflussreich, wie sich Bevan zu erinnern glaubte, war Flexners Bericht nicht: Die 31 homöopathischen und eklektischen Schulen, die es 1910 noch gab, waren im Vergleich zum Jahr 1900 um ein Drittel weniger geworden, aber nicht völlig verschwunden.[61]

Die direkten Auswirkungen des Berichts auf den Ärztestand waren moderat, die indirekten aber gigantisch. Wie Flexner selbst betonte, wandte sich der Bericht im Auftrag der Reformbewegung an die Öffentlichkeit. Er trug dazu bei, die Bevölkerung dazu zu »erziehen«, die wissenschaftliche Medizin zu akzeptieren, und – was am wichtigsten war – »erzog« wohlhabende Männer und Frauen dazu, ihre Philanthropien der forschungsorientierten wissenschaftlichen Medizinausbildung zuzuführen. Der Flexner-Report und die Unterstützung durch die Carnegie Foundation holten Partisanen mit wirtschaftlicher und politischer Macht an die Seite der »regulären« Ärzte und wissenschaftlichen Mediziner.

Innerhalb eines Jahres nach der Veröffentlichung des Berichts stürzte sich das General Education Board ernsthaft ins Getümmel. Bis 1920 hatte es fast 15 Millionen Dollar für die medizinische Ausbildung bewilligt, bis 1929 sogar insgesamt mehr als 78 Millionen. 1938 lagen die Beiträge aller Stiftungen für Medizinschulen bei über 150 Millionen Dollar.[62] Das häufig angewandte »Matching Grant«-Verfahren, bei dem die begünstigte Einrichtung einen gleich hohen Betrag selbst aufbringen musste, steigerte die Wirkung der Spenden erheblich. Da die Stiftungszuschüsse an bestimmte Reformen in den Medizinschulen geknüpft waren, hatten die Stiftungen einen großen Einfluss. Sie zwangen Schulen, sich auf die Forschung auszurichten, verlangten von den Lehrkrankenhäusern, ihre Autonomie und ihre Patientenversorgung den Interessen und der Autorität der Schule unterzuordnen, und führten Professuren in Festanstellung ein.

Die Macht der Stiftungen gründete sich darauf, dass sie das Fremdkapital für die Reformierung der medizinischen Ausbildung und des Berufsstands selbst beisteuerten und als Lieferanten dieses Kapitals in der Lage waren, der Ärzteschaft ihre Bedingungen zu diktieren. In den ersten Jahren war es jedoch die Ärzteschaft, die die Ziele und die Strategie definierte. Die Carnegie Foundation hatte ihre Mittel den Anführern des medizinischen Berufsstands zur Verfügung gestellt. Der Flexner-Report brachte nun die Interessen der Eliteärzte, des wissenschaftlichen medizinischen Lehrkörpers und der reichen Kapitalistenklasse zusammen. Er stärkte die Elite des Berufsstands und versetzte sie in die Lage, den Philanthropen gegenüber als Einheit aufzutreten, was die Carnegie Foundation noch förderte. Ohne den Carnegie-Bericht wären die Befürchtungen einer »fehlgeleiteten Großzügigkeit«, die das *AMA Journal* 1901 geäußert hatte,[63] vielleicht berechtigter gewesen, als sie es schlussendlich waren.

Das General Education Board: Die medizinische Ausbildung bekommt einen neuen Unterhändler

Während Pritchett die Seitenhiebe der Kritiker abwehrte und sich über die Unterstützung der Reformer aus der Ärzteschaft freute, wurde Flexner von der Stiftung ins Ausland geschickt, um europäische Medizinhochschulen zu begutachten. Als er im Frühjahr 1911 wieder in New York war und an dem Bericht über seine persönlichen Nachforschungen schrieb, lud ihn eines Tages Frederick T. Gates zum Mittagessen ein.

Gemäß Flexners Erinnerung an dieses folgenschwere Treffen ein paar Jahre später beglückwünschte Gates ihn zum »Bulletin Number Four« und fragte: »Was würden Sie tun, wenn Sie eine Million Dollar hätten, um die medizinische Ausbildung in den Vereinigten Staaten neu zu organisieren?«

»Ohne auch nur einen Augenblick zu zögern« empfahl Flexner, die gesamte Summe Welch und der Johns Hopkins Medical School zu geben. Er hätte niemanden in der Medizin empfehlen können, der Gates mehr am Herzen lag. Gates bat Flexner, sich von der Carnegie Foundation ein paar Wochen freizunehmen, um als Vertreter des General Education Board nach Baltimore zu reisen und ihm danach von seinen Erfahrungen an der Johns Hopkins zu berichten. In der Gewissheit, dass die eine Million Dollar tatsächlich zur Verfügung stand, machte sich Flexner voll Freude nach Baltimore auf.[64]

Dort ging Flexner direkt zu Welch und erklärte ihm, das GEB würde der Johns Hopkins Medical School eine Million Dollar offerieren und er sei hier, um die Situation für Gates zu begutachten. Daraufhin arrangierte Welch noch für denselben Abend im Maryland Club ein Dinner und lud zwei der berühmtesten Medizindozenten der Johns Hopkins ein, den Anatomen Franklin P. Mall als Repräsentanten der Medizinwissenschaftler und den Chirurgen William S. Halsted als faktischen Vertreter des Kliniklehrkörpers.

Mall sagte, ohne zu zögern: »Würde die Schule einen Betrag von etwa einer Million Dollar bekommen, so gäbe es damit meines Erachtens nur eins zu tun, nämlich jeden Penny dafür zu verwenden, die Köpfe und Assistenten der führenden klinischen Abteilungen auf eine feste Gehaltsbasis zu setzen.« Das, so fügte er hinzu, »ist die große Reform, die jetzt ansteht«.[65]

Dieser Vorschlag von Mall stand im Mittelpunkt des Berichtes, den Flexner bei seiner Rückkehr Gates erstattete. Flexner riet zu einer Spende von 1,5 Millionen Dollar, um die medizinische, die chirurgische, die obstetrische und die pädiatrische Station umzuorganisieren und dem klinischen Lehrpersonal eine Vollzeitanstellung zu geben. Die klinischen Dozenten, die zu diesem Zeitpunkt mit ärztlicher Beratung zwischen 20 000 und 35 000 Dollar im Jahr verdienten, sollten von der medizinischen Fakultät angestellt werden und *ihre gesamten Arzthonorare an die Schule abtreten*. Damit würde das Einkommen für einen Abteilungsleiter auf 10 000 Dollar sinken, was für die damalige Zeit noch immer ein sehr hohes Gehalt war, und für einen Assistenten auf 2500 Dollar.

Flexners Bericht, der ebenso gründlich war wie sein »Bulletin Number Four« und Gates' Berichte für Rockefeller fast 20 Jahre zuvor, hinterließ bei Gates einen großen Eindruck. Die Empfehlung wurde unter der Hand zu einer Maßnahme umformuliert, und Flexner reiste auf Gates' Bitte hin ein zweites Mal nach Baltimore, um sie Welch darzulegen und ihm informell und vertraulich die Zusage zu machen, dass das GEB einem Antrag der Hopkins Medical School auf 1,5 Millionen Dollar zur Durchführung der Reformen stattgeben würde. Welchs Aufgabe sei es, die Fakultät und die Treuhänder der Universität von der Reform zu überzeugen, denn deren Zustimmung sei die einzige Bedingung für den GEB-Zuschuss. »Es wurde keinerlei Druck ausgeübt«, erinnerte sich Flexner später, »es wurde auf nichts bestanden.« Da waren einfach nur diese 1,5 Millionen Dollar.[66]

Als Flexner dem GEB diesen Vorschlag unterbreitete, hatte der Vollzeitbeschäftigungsplan dort bereits einen starken Befürworter, denn 3 Jahre zuvor hatte Gates maßgeblich dazu beigetragen, dass an der neuen Klinik des Rockefeller Institute eine strikte Vollzeitbeschäftigung für medizinische Wissenschaftler eingeführt wurde.[67] In Hinsicht darauf, was für die Aufrechterhaltung und Weiterentwicklung der kapitalistischen Gesellschaft nötig war, glaubte Gates, dass der Vollzeitbeschäftigungsplan die Anwendung der Wissenschaften in der Medizin fördern und die Unabhängigkeit der Ärzteschaft verringern würde.

Gates – ein gewiefter Regisseur in Sachen Industrie, Finanzen und Philanthropie – glaubte wie andere Männer in seiner Position an den Nutzen von Wissenschaft und Technologie. Die Wissenschaft könnte die Ursachen von Krankheiten entdecken, und die Technologie Methoden erarbeiten, um Krankheiten vorzubeugen oder zu heilen. Aber die medizinischen Wissenschaften vermochten weder das Elend in der Welt zu lindern noch die Arbeiterschaft gesünder zu machen, wenn sich die Betroffenen ihre Dienste nicht leisten konnten. Auch die kulturellen und legitimierenden Funktionen der Medizin ließen sich nicht erfüllen, wenn die medizinischen Dienstleistungen für die arbeitende Bevölkerung unerschwinglich wären. Die finanzielle Eigenständigkeit des medizinischen Berufsstands hinderte diesen daran, seine Dienste für die Menschen verfügbar zu machen. »Die Praxis, seine eigenen Preise festzusetzen, die den amerikanischen Ärzten traditionell zugestanden wird«, schrieb Gates an die anderen GEB-Treuhänder, »ist gegenwärtig das größte Hindernis für die Dienlichkeit der medizinischen Wissenschaft. Denn sie beschränkt den Nutzen der Wissenschaft zu sehr auf die Reichen, obwohl sie doch das rechtmäßige Erbe aller Menschen ist und die Öffentlichkeit einen Anspruch darauf hat.«[68]

In wirtschaftlichen Sektoren, in denen der Profit im Mittelpunkt stand, war Kommerzialität in Ordnung, aber in der Medizin verstieß sie gegen die Bedürfnisse der kapitalistischen Gesellschaft. Das GEB übernahm die Vollzeitbeschäftigung in der medizinischen Ausbildung als zentrale Maßnahme, um den Ärztestand gefügig zu machen und dessen Praktiken den Erfordernissen des Industriekapitalismus unterzuordnen, medizinische Versorgung allgemein zugänglich zu machen oder, wie es das Mitglied Jerome D. Greene ausdrückte, um die »Kommerzialität in der Ärzteschaft« zu mäßigen.[69] Übernähmen die elitären medizinischen Hochschulen, die vom GEB unterstützt werden und den Standard bestimmen, das Festpreisschema für medizinische Leistungen, erklärte Gates, so würde »die öffentliche Meinung dieses Schema, insofern es angemessen ist, in kürzester Zeit nicht nur in ihren eigenen Städten, sondern auch in anderen Städten und schließlich im ganzen Land durchsetzen«.[70]

Der Vollzeitbeschäftigungsplan sollte in der Entwicklung der stiftungsfinanzierten medizinischen Ausbildung des folgenden Jahrzehnts eine zentrale Rolle spielen. Die neue Regelung veränderte das Verhältnis der Ärzteschaft zu den medizinischen Fakultäten der Universitäten und führte zu tiefen Gräben zwischen der reformorientierten Elite der Ärztevereinigungen und den Rockefeller-Philanthropien.

Vollzeitbeschäftigung: »Geld oder Glorie«

Wie Flexner selbst erklärte, wurde der Vollzeitbeschäftigungsplan für Klinikdozenten von Mall an ihn herangetragen, doch erstmals öffentlich propagiert worden war diese Idee 1902 von Lewellys F. Barker, einem ehemaligen Kollegen von Mall in Baltimore und späterem Anatomieprofessor in Chicago.[71] Ihre Ursprünge lassen sich vage auf deutsche Medizinlaboratorien zurückführen, doch hier ist ihre Einführung in den USA von Interesse.

1893 wurde der Vollzeitbeschäftigungsplan erstmals in den Vereinigten Staaten umgesetzt, als die Johns Hopkins Medical School ihre Pforten öffnete. Weil die neue Schule ihren Schwerpunkt auf die Forschung legte und örtliche Ärzte bekanntlich kaum in Laboratorien forschten, schrieb die Universität Vollzeitstellen für Anatomie, Physiologie, Pathologie und Pharmakologie aus. Vorbild für die Hopkins-Reform waren die deutschen medizinischen Laboratorien und

Universitäten, in denen Welch und andere Fakultätsmitglieder der Hopkins Medical School ihre wissenschaftliche Ausbildung absolviert hatten. Für einige der neuen Lehrkräfte, die ihre Zeit zuvor zwischen ihrer Arztpraxis und dem Unterrichten von Laborwissenschaften aufgeteilt hatten, bedeutete der Hopkins-Plan, dass sie ein Einkommen von jährlich 10 000 Dollar oder mehr aufgeben mussten und stattdessen ein Gehalt zwischen 3000 und 4000 Dollar bekamen. Aber kluge junge Männer wie Welch und Mall, die aktiv angeworben wurden, wollten unbedingt ohne eigene Praxis überleben.[72] Für diese Männer bestand Medizin aus Wissenschaften und Laboratorien und nicht aus Patienten und Hausbesuchen.

Welch wollte nie als praktischer Arzt arbeiten. Nach seinem Abschluss in Yale hatte er vor, Griechischlehrer zu werden, aber die Aussicht auf Arbeitslosigkeit durchkreuzte diese Ambitionen und trieb ihn dazu, seinem Vater in die Medizin zu folgen. Zwar entwickelte er ein Interesse an der Medizin, doch es entsprach nicht seiner Vision, am Krankenbett tätig zu sein. Welch hatte sich »in den Sezier- und Autopsiesälen für die Idee entflammt, Professor für pathologische Anatomie zu werden«, schrieb Simon Flexner, »um für den Rest seines Lebens zu studieren und zu forschen, ohne seinen Lebensunterhalt als praktischer Arzt verdienen zu müssen«. Die Entwicklung der wissenschaftlichen Medizin in den Vereinigten Staaten eröffnete Welch die Chance auf eine neue Art medizinischer Laufbahn, und so begann er, sich ehrgeizig eine Zukunft in den Medizinwissenschaften aufzubauen. Nach der Rückkehr von seinem postgradualen Medizinstudium in Europa gründete er mit ein wenig finanzieller Unterstützung von Freunden an der Medizinschule des Bellevue Hospital in New York das erste Pathologielabor der Vereinigten Staaten. Von dort wurde er als einer der ersten Vollzeitdozenten in Laborwissenschaften von Präsident Gilman an die bedeutende Johns Hopkins Medical School geholt, deren Dekan er bald werden sollte. Welch widmete sein Leben dem Aufbau des ersten medizinischen »Imperiums«, suchte die Gunst von Philanthropen, initiierte Reformen in der medizinischen Ausbildung und Forschung und plante und organisierte neue Programme und Institutionen.[73]

Franklin Paine Mall ging nach seinem Medizinabschluss an der University of Michigan im Jahr 1883 für weitere klinische Studien nach Deutschland und kehrte als engagierter Wissenschaftler zurück. In Ludwigs und anderen Laboratorien lernte er, die Wissenschaft zu lieben und die Freiheit zu schätzen, das zu studieren, was ihn interessierte. In seinem Anatomielabor an der Johns Hopkins erwies sich Mall als effizient organisierter Verwalter. Er kannte die Investitionen aller großen Universitäten und Stiftungen und war gut darin, Forschungsgelder für sein Labor aufzutreiben. Mall legte viel Wert auf originäre Forschung als Teil der Medizinerausbildung. Wäre für den Doktortitel eine Dissertation erforderlich, unterstrich er hoffungsvoll, »würde dies die wissenschaftliche Arbeit an den Medizinhochschulen ankurbeln, die Anzahl der Absolventen senken und die Qualität der Ärzte erhöhen«.[74]

Es war Carl Ludwig in Deutschland, der Mall die Idee mit der klinischen Vollzeitlehre suggeriert hatte. Er brachte sie mit nach Baltimore und Chicago und verbreitete sie unter Barker und anderen Kollegen. Für Mall war das Ringen um den Vollzeitbeschäftigungsplan ein Wettkampf zwischen dem klinischen Lehrkörper und praktischen Ärzten auf der einen und dem Lehrkörper der Laborwissenschaften auf der anderen Seite. Nachdem die Reformärzte für die ersten beiden Medizinstudienjahre, die der Grundlagenforschung gewidmet waren, Vollzeitstellen für Labordozenten gefordert hatten, »ist es nun an uns, für die letzten beiden Jahre dasselbe zu fordern«. Aufgrund des Vorschlags des GEB an die Hopkins siegesbewusst fügte Mall hinzu: »Der Tag der Abrechnung ist gekommen.« Die geringeren Gehälter der Vollzeitdozenten sollten brillante Männer und Frauen nicht davon abhalten, in dieses Gebiet einzusteigen. Wie Mall zu sagen pflegte, musste ein Arzt wählen, »welches ›G‹ er anbeten will – Geld oder Glorie«.

Andere Dozenten der Laborwissenschaften hatten ähnliche Beweggründe. Viele zog zweifellos das steigende Prestige zur wissenschaftlichen Medizin, andere hatten Interesse an der unbeirrbaren, auf ein Ziel ausgerichteten Beschäftigung in einem Labor, und wieder andere wollten dem Patientenandrang und dem nüchternen Alltag in der Arztpraxis entkommen.

Für die Laborwissenschaftler würde die Begrenzung des Klinikgehalts mehrere Dinge auf einmal bewirken. Erstens glaubten sie, dass die Medizin vor allem eine Wissenschaft sein sollte, die sich den biophysikalischen Ursachen von

Krankheiten widmet, und weniger eine Kunst der Krankenbettdiagnose und hoffnungsvoller Therapien. Zweitens: Angesichts der Tatsache, das die medizinischen Wissenschaften von einer Fakultät profitierten, die ganz der Forschung und Lehre gewidmet war, würde auch die klinische Ausbildung Nutzen daraus ziehen, wenn sich die klinischen Lehrkräfte ausschließlich der Forschung und Lehre hingaben. Drittens: Da die Medizinschulen mit den Arztpraxen um Zeit und Energie der in beiden tätigen Ärzte konkurrierten, würde die Schließung vieler privater Praxen die Organisation der Medizinschule vereinheitlichen und rationalisieren, und klinische Ärzte wären nicht mehr für eine Praxis außerhalb der Schule zuständig. Und schließlich würde die Schließung von deren Privatpraxen die materiellen Interessen aller Dozenten an der Medizinschule vereinen. Die klinischen Lehrkräfte, die große, schicke Arztpraxen aufgaben, würden ihr Einkommen und ihr Ansehen aus derselben Quelle beziehen wie die Labordozenten. Spätestens seit den Tagen von Benjamin Rush hatten Ärzte ihre Lehrtätigkeit an Medizinschulen genutzt, um große, angesehene und sehr lukrative Privatpraxen aufzubauen. Der vorgeschlagene Vollzeitbeschäftigungsplan würde deren Anzahl reduzieren und die klinischen Lehrkräfte an die Medizinschulen binden, und sie müssten sich nicht mehr zwischen persönlich lukrativen Patientengesprächen und den auf Forschung und Lehre ausgerichteten Bedürfnissen der Schule entscheiden.

Einigen praktischen Ärzte und akademischen Mediziner war aber klar, dass die Fakultät auch Lehrkräfte benötigte, die sich vor allem in der Lehre engagieren würden. Bereits 1900 schrieb das *AMA Journal*, dass klinische Stationen von Ärzten geleitet werden sollten, »die angemessen bezahlt werden und von denen mehr erwartet werden kann als von jenen, die ihren klinischen Dienst lediglich als Mittel dazu sehen, schnell einen großen eigenen Patientenstamm aufzubauen«.[75]

Aber als die Nachricht vom Hopkins-Plan die Runde machte, machte sich Empörung unter den niedergelassenen Ärzten breit. Die AMA stellte ein spezielles Komitee für die Neuorganisation des klinischen Unterrichts zusammen, dessen Vorsitzender Victor Vaughan aus Michigan versuchte, einen Mittelweg zu finden. Er lehnte die hochgradige Einmischung des klinischen Lehrkörpers in die ärztliche Praxis ab, äußerte die große Skepsis des Komitees gegenüber dem

Vollzeitbeschäftigungsplan und kam zu dem Schluss, dass dieser Plan, selbst wenn er ideal wäre, nur in einigen gut ausgestatteten Medizinschulen durchführbar sei.[76]

Viele klinische Dozenten schimpften, dass die in Laboren und auf Krankenstationen arbeitenden Vollzeitlehrkräfte »schlechte praktische Ärzte« seien, weil sie sich mehr mit der Forschung als mit den Patienten als leidenden Menschen beschäftigten. Ihrer Meinung nach würde ein Arzt ohne eigene Praxis die Verbindung mit der realen medizinischen Tätigkeit verlieren und gäbe ein schlechtes Beispiel für Medizinstudenten ab. William Osier, der berühmte Medizinprofessor an der Hopkins, der eine ganze Reihe von Reformen in der klinischen Lehre durchgeführt hatte, war stets ein Verfechter der »Medizin als Kunstform« *und* als Wissenschaft gewesen. Er stritt häufig mit Mall, für den die Medizin nur eine Forschungswissenschaft war. Als Osier 1904 die Hopkins Medical School verließ und nach Oxford ging, sagte er bitter zu Mall: »Ich gehe jetzt, und Sie können tun, was Sie wollen!«[77] Dass die Hopkins den Vollzeitbeschäftigungsplan dann umsetzte, dürfte ihn nicht überrascht haben, und von England aus ließ er scharfe Kritik verlauten. Auch die hoch angesehene Society of Clinical Surgery, zu der bekannte Chirurgen wie Charles Mayo und George W. Crile gehörten, sprach sich gegen den Plan aus, und andere allgemeine und fachmedizinische Gesellschaften stimmten in diesen Chor ein.[78]

Die Angriffe von Ärzten auf den Vollzeitbeschäftigungsplan verdeutlichten ihre ideologischen, materiellen und politischen Differenzen mit den akademischen Ärzten, insbesondere den Laborwissenschaftlern. Obwohl sie ihr gemeinsames Interesse an der Förderung der wissenschaftlichen Medizin Ende des 19. Jahrhunderts zusammengeführt hatte, entstanden schnell Unstimmigkeiten darüber, was das im Einzelnen bedeutete. Akademiker und Praktiker waren sich uneins über die Gewichtung von Wissenschaft und Kunst in der Medizin, über die finanziellen Interessen praktischer Ärzte in Kliniken und darüber, wer die Medizin kontrollieren sollte.

Medizinwissenschaftler und ihre Verbündeten in den Stiftungen waren der Meinung, die Medizin funktionierte am besten als exakte Wissenschaft, also dann, wenn sie im Labor Variablen isolierte und unter sehr präzisen Laborbedingungen

Heilmittel entwickelte, wohingegen praktische Ärzte, die ihren Patienten Heilverfahren verkaufen wollten, den Laborkontrollen nur selten Bedeutung für die Behandlung realer Menschen beimaßen. Trotz all ihrer Mängel waren die proprietären Schulen in den Worten von Rosemary Stevens »zumindest fest auf den durchschnittlichen Arzt ausgerichtet«.[79] Die medizinische Ideologie, die dem Vollzeitbeschäftigungsplan zugrunde lag, trieb jetzt Praktiker und Akademiker auseinander.

Ob die praktischen Ärzte mehr von ihrer Hingabe an die praktische Tätigkeit oder vom Blick auf ihre Bankkonten angetrieben waren, darüber lässt sich streiten. Die Themen waren so ineinander verwoben, dass nie ganz klar war, ob das Argument, die Medizin sei eine Kunst, nur ein Vorwand für finanzielle Motive war. Die Kliniker verteidigten ihre materiellen Interessen erbittert gegen den übergriffigen Vollzeitbeschäftigungsplan. Arthur Dean Bevan bezeichnete diesen als »unethisch und illegal«, weil er den klinischen Lehrkörper seines Einkommens beraube.[80]

Im Grunde offenbarte der Vollzeitbeschäftigungsplan einen politischen Konflikt, der aus den unterschiedlichen materiellen Bedingungen von praktischen und akademischen Medizinern erwuchs. Die AMA versuchte, die medizinische Ausbildung zu kontrollieren, um die Zulassung zum Arztberuf und darüber die medizinische Versorgung zu steuern. Die wissenschaftlichen Dozenten an Medizinschulen wiederum fanden, *sie* sollten die medizinische Versorgung kontrollieren. Medizinische Wissenschaftler, so bemerkte 1914 ein prominenter britischer Physiologe, sollten »das ganze System umgestalten, um Krankheiten an ihrem Ursprung zu bekämpfen […] Es ist sicherlich an der Zeit, dass diejenigen, die die wissenschaftlichen Grundlagen für die neuen Fortschritte gelegt haben, sich zusammensetzen, eine Art Generalstab bilden und zeigen, wie der Kampf geführt werden soll.«[81] Die Rockefeller-Philanthropen stellten sich klar an die Seite der medizinischen Wissenschaftler und versorgten die Armeen der akademischen Welt mit ihrem großen Vermögen

Hinter den zornigen Angriffen der AMA stand die Erkenntnis, dass ein Posten im medizinischen Lehrkörper kein lukrativer Nebenerwerb für niedergelassene Ärzte mehr sein würde *und* dass die Loyalität der Vollzeitdozenten in erster Linie den medizinischen Schulen und nicht dem organisierten Berufsstand gelten würde. Eliteärzte mussten sich nun zwischen einem guten Einkommen oder einer respektablen Position in Lehre und Forschung entscheiden. Aber noch entscheidender für die Strategie, die medizinische Ausbildung unter Kontrolle zu bringen, war der Umstand, dass der Vollzeitbeschäftigungsplan aufgrund der Einkommensminderung des klinischen Arztes und der Vereinnahmung seiner Loyalitäten und materiellen Interessen die klinischen Lehrkräfte von den niedergelassenen Ärzten völlig abspalten würde. Statt die Interessen der Eliteärzte mit denen der Medizinschulen zu verknüpfen, würde eine in Vollzeit tätige Lehrerschaft dazu beitragen, die Medizinschulen vom organisierten niedergelassenen Berufsstand zu trennen. Der Vollzeitbeschäftigungsplan würde den Einfluss des organisierten Berufsstands, insbesondere der AMA und ihres Council on Medical Education, in den Medizinschulen schwächen.

In den 1910er-Jahren hatte sich im Vergleich zur Jahrhundertwende natürlich vieles verändert. Die Reformer des Berufsstands hatten eine Menge von dem erreicht, was sie angestrebt hatten: Sie hatten die wissenschaftliche Medizin zum aufstrebenden Modell medizinischer Praxis und Lehre gemacht, sie hatten mit der Anzahl der Schulen auch die Anzahl neuer Ärzte deutlich reduziert, und sie hatten für eine Gesetzgebung und Zulassungsbestimmungen in ihrem Sinne gesorgt. Doch dieser Plan hatte eben erst angefangen, aufzugehen. Das Einkommen und Prestige der Ärzte stiegen an, und ein Ende dieses Prozesses war nicht abzusehen. Die medizinischen Hochschulen galten immer noch als Schlüssel zu dieser Strategie und zur weiteren Kontrolle des organisierten Berufsstands über seine eigenen materiellen Verhältnisse. Und die AMA-Führung war nicht gewillt, sich diese Kontrolle nehmen zu lassen. Der Berufsstand lancierte eine Kampagne, um den Vollzeitbeschäftigungsplan zu diskreditieren und zu bekämpfen.

Verkauf des Vollzeitbeschäftigungsangebots

Als scharfsinniger Medizinpolitiker hatte Welch geahnt, welchen Aufruhr der Plan hervorrufen würden. Bereits 4 Jahre bevor Mall die Idee an Flexner herantrug, hatte Welch Reformen gefordert, die es den Leitern der klinischen Abteilungen ermöglichen würden, »den Hauptanteil ihrer Energie und Zeit« der Lehre und Forschung zu widmen, »ohne dass sie ihren Lebensunterhalt in einer arbeitsreichen Praxis außerhalb der Schule verdienen müssen und ohne dass diese Praxis ihre Hauptbeschäftigung wird«.[82]

Als das GEB vorschlug, die Vollzeitorganisation der klinischen Abteilungen der Hopkins School zu finanzieren, stand Welch vor dem Dilemma, zwischen den Interessen der laborwissenschaftlichen Lehrkräfte und denen der praktizierenden Kliniker vermitteln zu müssen. So bat er das GEB, bei der Vollzeitbeschäftigung ein paar Ausnahmen zuzulassen, damit der Universitätspräsident oder »eine andere verantwortungsbewusste Autorität« bestimmten Professoren in Vollzeitanstellung erlauben konnte, ihre Arzthonorare zu behalten.[83] Doch das Board weigerte sich hartnäckig, irgendwelche Ausnahmen zuzulassen.

Die Labordozenten befürworteten den Plan einhellig, doch es gab, so erinnerte sich Flexner später, »unter den Klinikern [...] eine Spaltung«.[84] Innerhalb von 2 Jahren gewann Welch die Unterstützung der klinischen Lehrkräfte. Der Hopkins-Medizinprofessor Lewellys Barker jedoch, der 1902 öffentlich für den Vollzeitbeschäftigungsplan eingetreten war, stellte sich dem in den Weg, wählte »Geld« statt »Glorie« und gab seinen Lehrstuhl auf. Er war damit einverstanden, »klinischer Professor« zu werden, und bekam als solcher ein kleines Gehalt von der Schule, konnte sich aber die meiste Zeit seiner lukrativen privaten Praxis widmen. An seine Stelle trat Theodore Janeway, der seinen Sitz am College of Physicians and Surgeons und eine elitäre Praxis in New York aufgab und der erste in Vollzeit beschäftigte Medizinprofessor der Vereinigten Staaten wurde. William Halsted wurde zum Professor für Chirurgie ernannt und Charles Howland zum Professor für Pädiatrie. Im Oktober 1913 bewarb sich Welch schließlich formell um die Subvention und akzeptierte damit die Bedingung, dass die vollzeitbeschäftigten klinischen Lehrkräfte aller Ränge – vom wissenschaftlichen

Assistenten bis hinauf zum Professor – aus keinen anderen ärztlichen Betätigungen »irgendeinen finanziellen Nutzen ziehen« durften. Das Board sprach umgehend seine Zustimmung aus und bewilligte einen Zuschuss von 1,5 Millionen Dollar.[85]

3 Monate später beschloss das GEB, alle seine finanziellen Mittel für die medizinische Ausbildung für »die Einrichtung einer klinischen Vollzeitlehre« zu verwenden. Flexner war angeheuert worden, um das GEB-Programm für medizinische Ausbildung umzusetzen, und er widmete sich dieser Aufgabe mit der für ihn typischen Energie.[86]

Nach einem Jahr gab Welch bekannt, dass »das Vollzeitsystem ein großer Erfolg« an der Hopkins Medical School sei.[87] Halsted und Howland waren von dem System angetan, aber Janeway trat 1917 von seinem Posten zurück, um in New York wieder eine eigene Praxis zu führen. Wie er in einem Zeitschriftenartikel ausführte, war er mit der Vollzeitregelung zum einen unzufrieden, weil »externe Beschäftigungen« stets eine wichtige Quelle klinischer Erkenntnisse für ihn gewesen waren, und zum anderen, weil er und seine Familie an einen höheren Lebensstandard gewohnt waren, den er sich mit seinem aktuellen Gehalt nicht leisten konnte. Es sei »unnatürlich und widerspreche dem Rechtsempfinden des Patienten«, sagte er mit großer Sympathie für seine Patienten, »dass ein praktizierender Arzt für solche Dienste nicht das übliche Honorar erhält«.[88]

Indes gab Osier 1919 seinen Widerstand auf und bat Welch, seinen Einfluss dafür geltend zu machen, das GEB zu überzeugen, »der McGill University zu helfen, eine moderne Klinik für Medizin und Chirurgie zu gründen«. Osier stellte klar, dass er das Vollzeitbeschäftigungsschema zwar nie gutgeheißen hätte, aber inzwischen glaube, dass es für die kanadische Hochschule notwendig sei, weil »neue Verhältnisse eingetreten sind«, die dazu führen würden, dass die anderen hochrangigen Schulen, die bereits die Vollzeitlehre in Medizin und Chirurgie eingeführt hatten, McGill abhängen könnten.[89]

Im Laufe der nächsten Jahre stiftete das Board aus seinen allgemeinen Fonds mehr als 8 Millionen Dollar für ähnliche Umstellungen für die medizinischen Fakultäten der Washington University in St. Louis, der University of Chicago und Yale. Mithilfe des »Matching Grant«-Verfahrens flossen weitere Millionen in diese Reformen. Zwischen 1919 und 1921 übergab Rockefeller Sr.

dem General Education Board 45 Millionen Dollar allein für die medizinische Ausbildung.

Als ersten Zuschuss aus diesem Sonderfonds bekam die Vanderbilt University 4 Millionen Dollar, um die medizinische Fakultät in Nashville zu einem Modell für die Südstaaten zu machen. Nashville war für das GEB ein »strategischer Punkt« im Süden und die Vanderbilt University genau die richtige Institution, um die Strategie zur Aufwertung des »Gesundheitswesens und der landwirtschaftlichen Effizienz« im Süden anzuführen.[90] Bis 1960 erhielt Vanderbilt, die wichtigste weiße Universität des GEB im Süden, für die medizinische Ausbildung insgesamt 17,5 Millionen Dollar. Das Meharry Medical College, die Modellschule für Schwarze in den Südstaaten und eine von nur zwei, denen Flexner das Weiterleben zugestanden hatte, bekam nicht einmal halb so viel wie die weiße Schule.[91] Trotz seiner relativen Knausrigkeit gegenüber der medizinischen Ausbildung von Schwarzen glaubte das Board fest daran, dass wissenschaftlich ausgebildete schwarze Ärzte erforderlich waren, um den Gesundheitszustand der schwarzen Bevölkerung zu verbessern, den der Weißen in der Nachbarschaft zu schützen und für elitäre und »verantwortungsbewusste« Führungspersönlichkeiten unter den schwarzen Einwohnern zu sorgen. Durch seine jährlichen Zuwendungen für Meharry übte das Board erhebliche Kontrolle aus und führte in den 1930er-Jahren sogar die Vollzeitlehre in Medizin und Chirurgie ein – mit weißen Lehrkräften und einem sorgfältig ausgesuchten weißen Präsidenten.[92]

Mit seinen 45 Millionen Dollar zwang das Board die führenden medizinischen Hochschulen des Landes quasi dazu, den Vollzeitplan zu akzeptieren. Aber nicht alle Schulen ließen sich so leicht überzeugen wie die Hopkins.

Widerstand der »Boston Brahmins«

Harvard hielt der Einführung des Vollzeitbeschäftigungsplans stand. Als das GEB 1913 mit Welch die Details des Hopkins-Zuschusses aushandelte, forderte es die medizinische Fakultät an der Harvard University auf, sich um einen

Zuschuss zu bewerben, um ihre klinischen Abteilungen auf eine Vollzeitbeschäftigungsbasis umzustellen. Die hoch verschuldete Medizinfakultät versuchte, durch eine List an den Geldregen heranzukommen, und bat um 1,5 Millionen Dollar, damit alle Klinikstationen »auf einer zufriedenstellenden universitären Basis« umorganisiert werden könnten. Die klinischen Professoren würden »den *größten* Teil ihrer Arbeitszeit der Schule und Klinik widmen«, sollten aber weiterhin Honorare von ihren eigenen Patienten entgegennehmen können, die sie in Praxisräumen des Lehrkrankenhauses behandelten. Doch dieser Vorschlag stand kaum im Einklang mit der sehr wohl bekannten GEB-Definition des Begriffs »Vollzeitbeschäftigung«.[93]

Der Widerstand gegen die strikte Vollzeitvorschrift des GEB wurde in Harvard von zwei einflussreichen Mitgliedern des klinischen Lehrkörpers angeführt: Harvey Cushing, einem bekannten Neurochirurgen und Chefarzt der Chirurgie am Bent Brigham Hospital (einem Harvard-Lehrkrankenhaus), und Henry A. Christian, dem ehemaligen Dekan der medizinischen Fakultät. Cushing und Christian hatten – wie andere Mitglieder des klinischen Lehrkörpers in Harvard – einträgliche private Arztpraxen, die sie nicht aufgeben wollten. Ihres Erachtens reichte es aus, dass die klinischen Dozenten anboten, im Lehrkrankenhaus zu arbeiten und »ihre beruflichen Aktivitäten ausschließlich innerhalb seiner Mauern auszuführen«. Im Gegenzug beanspruchten sie, die Honorare von Patienten entgegennehmen zu können, »die uns in der von uns als gerechtfertigt angesehenen und zu diesem Zweck vorgesehenen Zeit konsultieren«. Obwohl Cushing sich der akademischen Medizin verpflichtet fühlte, bot er dem Harvard-Präsidenten Lowell sogar seine Kündigung an, denn ihm war klar, dass er als berühmter Chirurg für den akademischen Ruf der Universität und damit Präsident Lowell wichtiger war als die 1,5 Millionen Dollar.[94]

Gleichwohl drängten Gates und Flexner weiterhin auf strikte Einhaltung des Vollzeitplans und lehnten in Jahre andauernden Verhandlungen die Vorschläge von Harvard ab. Neben ihrem ideologischen Engagement für die Vollzeitbeschäftigung hatten die GEB-Mitglieder auch eine pragmatische Motivation, sie so schnell und so weit wie möglich voranzutreiben. Schließlich waren Harvard und andere Schulen, die es der medizinischen Lehrerschaft erlaubten, ihre Arzthonorare zu behalten, eine Bedrohung für die Lehrkörper jener Schulen, die sich an die GEB-Vorgaben hielten. 1921 versuchte David Edsall, der Dekan der medizinischen Fakultät von Harvard, den Johns-Hopkins-Pädiater Charles Howland mit dem gleichen Gehalt wie bisher *plus* Beratungshonoraren aus seiner Privatpraxis zu locken. Flexner musste der Hopkins Medical School beispringen, damit sie ihre Ausstattung aufbessern und Howland halten konnte.[95]

Harvard schaffte es, den Vollzeitplan dauerhaft abzulehnen, weil diese führende medizinische Hochschule einen hervorragenden Ruf genoss und ihr klinischer Lehrkörper in Bostons obersten Gesellschaftskreisen zu prominent war, als dass er einfach so hätte fallen gelassen werden können. Bereits im Jahr 1900 rühmte sich die medizinische Fakultät von Harvard, sie habe »vermutlich mehr klinisches Material unter Kontrolle als jede andere Schule im Land«.[96] Diese einflussreichen medizinischen Persönlichkeiten fungierten auch als Ärzte der Bostoner Oberschicht, der sogenannten »Boston Brahmins«, und durch ihren Verdienst und häufig auch ihre Herkunft gehörten sie in dieser klassenbewussten Stadt selbst zu dieser Schicht. Es bedurfte solcher »Brahmanen«, um sich dem verlockenden GEB-Angebot zum Trotz zu weigern, auf die Arzthonorare zu verzichten, insbesondere da die Bankkonten der Schulen tief in den roten Zahlen waren.

Angst und Schrecken im General Education Board

Inzwischen trug Charles W. Eliot, der illustre ehemalige Präsident von Harvard und einer der Treuhänder des GEB, den Kampf in den Sitzungssaal des GEB. Eliot brachte das Argument vor, dass »in den letzten Jahren von Männern in niedergelassenen Arztpraxen große Fortschritte in der medizinischen Behandlung gemacht wurden«.[97] Er sprach sich nicht nur für den jüngsten Harvard-Vorschlag aus, sondern auch für eine völlige Abkehr von der Vollzeitbeschäftigungspolitik und den verpflichtenden Verträgen, die das GEB den Hochschulen auferlegte, die seine Schenkung annahmen. Wie sich das Beharren des GEB auf Vollzeitbeschäftigung denn mit seiner theoretischen Nichteinmischungspolitik vereinbaren ließe, fragte er rhetorisch. Eliot erinnerte das Board daran, dass es sich dazu verpflichtet hatte, sich nicht in den laufenden Betrieb einer Empfängerinstitution einzumischen, »außer in Bezug auf deren vernünftiges Finanzmanagement«. Dennoch machte das Board seine strenge Auslegung der Vollzeitregelung im klinischen Lehrkörper zur Bedingung für einen finanziellen Zuschuss. »Diese Bedingung scheint mir nicht mit dem übereinzustimmen, was ich immer für die weise und generell akzeptable Politik des GEB gehalten habe«, schloss Eliot diplomatisch.[98]

Eliots Argumente stießen auf offene Ohren. Die Rockefeller-Philanthropien standen unter dem Beschuss von mehreren Gruppen, Einzelpersonen und Zeitungen, die einen beträchtlichen Teil des damaligen politischen Spektrums repräsentierten. Ida Tarbell lieferte mit ihrer »History of the Standard Oil Company«, die von 1902 bis 1904 im *McClure's Magazine* erschien, Zündstoff für die Auseinandersetzung mit John D. Rockefeller und seinem Finanzimperium. Die Wahl Theodore Roosevelts zum Präsidenten im Jahr 1904 beruhte auf leeren Versprechen, die Konzerne in die Schranken zu weisen. Vom wachsenden öffentlichen Groll gegen die »Räuberbarone« und im Wunsch, diesen Groll mithilfe stabiler politischer Institutionen zu kanalisieren, gewann die Progressistenbewegung für kleine Reformen und Klapse auf die Hände der größten Konzerne die Unterstützung des Gerichtswesens und des Kongresses. 1907 verhängte Bundesrichter Kenesaw Mountain Landis gegen die Standard Oil in Indiana eine bis dahin beispiellose Geldstrafe in Höhe von 29 Millionen Dollar, weil sie Rabatte von der Chicago and Alton Railroad erhalten hatte. Der Gang durch die Gerichte war eine noch nie da gewesene Kartellklage. Am 15. Mai 1911 ordnete der Oberste Gerichtshof die Auflösung des Standard Oil Trust an, der damals fast 90 Prozent der Ölraffination und des Ölhandels in den Vereinigten Staaten in der Hand hatte. Doch dadurch wurde weder das Standard-Oil-Imperium vernichtet noch das Vermögen von John D. Rockefeller und seiner Familie geschmälert. Nichtsdestotrotz nahmen die Rockefellers und ihre Industrie-, Finanz- und Philanthropieorganisationen diese Angriffe als Teil eines wachsenden öffentlichen Sturmlaufs gegen Rockefeller und die uneingeschränkte Kapitalanhäufung ernst.

In der Hoffnung, die feindselige Bevölkerung zu besänftigen und den gesellschaftlichen Wandel anzukurbeln, versuchte der Standard-Oil-Milliardär, vom Kongress die Genehmigung einer Satzung für die neue Rockefeller Foundation zu erhalten. Die vorgeschlagene Satzung löste einen wahren Feuersturm der Entrüstung seitens der Arbeiterschaft, der Progressistenleader und der Presse aus. Der *Los Angeles Record* prangerte die »gigantische Philanthropie« an, »mit der der alte Rockefeller sich selbst, seinen Sohn, seine gemästeten Kollegen und ihre mit schmutzigem Geld beladenen Kamele durch ›das Nadelöhr‹ zwängen« wolle.[99] Die Zeitung verlieh dem weitverbreiteten Misstrauen gegenüber der Philanthropie Gehör, indem sie argumentierte, dass die »monopolgeplagte Masse keine Wohltätigkeit unter irgendeinem Deckmangel will, sondern Gerechtigkeit«. Der Satzungsentwurf scheiterte im Kongress innerhalb von 3 Jahren immer wieder, der öffentliche Unmut ließ sich letztlich nicht beschwichtigen.

Zwar stieß die Rockefeller-Organisation in Albany auf eine offenere Haltung, und 1913 verabschiedete der Bundesstaat New York die uneingeschränkte Satzung der Rockefeller Foundation, doch selbst dort wurden Rockefeller persönlich wie seine Unternehmensphilanthropien von der Anti-Rockefeller-Stimmung der Progressistenbewegung verfolgt. 1917 brachte Senator John Boylan eine Gesetzesvorlage zur Aufhebung der Stiftungssatzung ein. Auch dieser Angriff vermochte die Rockefeller-Philanthropie nicht aufzuhalten, verschärfte aber den Beschuss. Und was die Rockefeller-Seite an dieser Kampagne am meisten verärgerte, waren die Aussagen und Reden von Bird S. Coler, einem angesehenen Wall-Street-Börsenmakler und Progressisten, der den Gesetzesentwurf unterstützte.[100]

Inzwischen waren die Programme der Rockefeller- und der Carnegie-Stiftung konkreteren Angriffen ausgesetzt. Die National Education Association (NEA) beschuldigte diese 1914 auf einer Versammlung in St. Paul, undemokratische Kontrollen in den Schulen einzuführen, und Zeitschriften der Arbeiterklasse und der Progressistenbewegung unterstützten die Resolution der NEA. Die radikalen Organe erkannten den kapitalistischen Charakter der Stiftungsprogramme für das Bildungswesen. Die in Pittsburgh, Pennsylvania, erscheinende Zeitung *Leader* erachtete die Stiftungsprogramme als so effektiv, »dass es für authentische

Lehrer schwierig ist, gegen die Klassenkonzepte anzukommen, die in Schulen und Hochschulen so hoch im Kurs stehen«.[101]

Die durchschlagendste Anklage erfolgte jedoch nach dem »Ludlow-Massaker« in der von Rockefeller kontrollierten Colorado Fuel and Iron Company (»Colorado Brennstoff- und Eisengesellschaft«). Als die Arbeiter in dem Bergwerk 1914 für die Anerkennung der Gewerkschaften, den Achtstundentag und die Befreiung von der erdrückenden finanziellen, politischen und sozialen Kontrolle des Unternehmens über die Ludlow-Arbeiter und ihre Familien streikten, ließ das Unternehmen bewaffnete Wachen aufmarschieren. Am 20. April erschoss die Privatarmee des Bergwerks zusammen mit der Nationalgarde sechs Arbeiter und verbrannte die Zelte, in denen die Familien der Streikenden zu leben gezwungen waren, wobei zwei Frauen und elf Kinder ums Leben kamen. Das Ludlow-Massaker schockierte die ohnehin schon empörte Bevölkerung und konzentrierte ihren Ärger auf die Rockefellers. Gewerkschaften, Anarchisten, Sozialisten und Radikale organisierten Demonstrationen und forderten umfassende Reformen zum Schutz der Arbeiter. Die Progressisten schlossen sich dem Aufruf zum Handeln an, und sogar konservative Zeitungen kritisierten das Bergbauunternehmen.

Um das Ludlow-Massaker, das Verhältnis zwischen Kapital und Arbeiterschaft und die Rolle von philanthropischen Stiftungen generell zu untersuchen, setzte der Kongress mit Zustimmung von Präsident Wilson die Commission on Industrial Relations (»Kommission für Arbeitsbeziehungen«) ein. Aus der Untersuchung der Kommission unter der Leitung von Frank Walsh ging die wichtige Rolle der Stiftungen beim Aufbau einer Suprastruktur hervor, die die Kontrolle des Kapitals auf die gesamte Gesellschaft ausdehnte. Die Walsh-Kommission lud Rockefeller Sr. und Jr., Charles W. Eliot und Jerome D. Greene vor, um über die Aktivitäten der Rockefeller Foundation auszusagen. Im Abschlussbericht der Kommission hieß es, die Politik der Rockefeller- und der Carnegie-Stiftung sei so »gefärbt, wenn nicht gar kontrolliert«, dass sie der Politik der großen Konzerne des Landes entspreche, die ihrerseits unter der Kontrolle von »einigen wenigen reichen und mächtigen Finanziers« stünden.[102]

Die Angriffe auf unbegrenzte Kapitalanhäufung im Allgemeinen und Standard Oil im Besonderen, die Feindseligkeit gegenüber Stiftungen und vor allem den

Rockefeller-Programmen sowie die wachsende Unterstützung radikaler und sozialistischer Arbeiterbewegungen beeindruckten die Männer der Rockefeller-Philanthropie. Eugene Debs, ein revolutionärer Sozialist, erhielt bei der Präsidentschaftswahl 1912 fast eine Million Stimmen. In den Rockefeller-Büros und -Konferenzsälen am Broadway 61 muss der Krawall vor der Tür zuweilen wie die Trompeten von Jericho geklungen haben.

GEB-Mitglied George Foster Peabody, ein New Yorker Bankier, befürchtete, diese Flutwelle könnte die Regierung dazu bringen, die Finanzierung von Bildungseinrichtungen selbst zu übernehmen (was die Stiftungen ihrer Macht und ihres Einflusses berauben würde), und sogar zu »Wirtschaftsgesetzen« führen, »die den Erwerb von übermäßigem Reichtum ausschließen« und somit das Ende des Kapitalismus einläuten würden. Angesichts solcher Gefahren mahnte Peabody zur Vorsicht.[103]

Charles Eliot befürchtete die Entstehung von Klassenkonflikten, glaubte aber, die beste Verteidigung seien eben jene Programme, die die Stiftung bereits realisiert hätte:

> Wir sollten uns nicht einbilden, dass der Prozess der Anhäufung großer Vermögen [...] über die kommenden Generationen hinweg andauern wird. [...] Die Übel, denen ich in den nächsten Jahren entgegensehe, sind die Ungerechtigkeit, die Menschen mit Besitz von jenen ohne Besitz angetan wird, sowie Korruption und Verschwendung der durch Steuern aufgebrachten Mittel. Gegen solche Übel kann meines Erachtens nur eine allgemeine Bildung schützen, zu der auch die konstante Erziehung zu Gerechtigkeit und Wohlwollen gehört.[104]

Gates befürchtete die »Konfiszierung« von Vermögen, glaubte aber an die Überlebenskraft des Kapitalismus. »Die Anerkennung des Rechts, übermäßigen Reichtum zu erwerben und zu bewahren, kennzeichnet den Anfang der Zivilisation«, notierte er 1911.[105] Er war dafür, das Prinzip der privaten Kontrolle des Reichtums beizubehalten, und lehnte spezielle Verteidigungsstrategien ab.

Als George Vincent, der Präsident der Rockefeller Foundation, den Jahresbericht für 1917 entwarf, schlug Gates vor, die darin enthaltene Erklärung zu einer neuen selbstbeschränkenden Maßnahme zu streichen. Diese Maßnahme schloss unter anderem aus, dass die Stiftung »Propaganda unterstützt, die darauf abzielt, die öffentliche Meinung über die Gesellschaftsordnung und politische Vorhaben zu beeinflussen«. Doch Vincent bestand auf der Erklärung mit der Begründung, dass »das, was die Gegner von Stiftungen am meisten zu stören scheint, der Versuch ist, Kontrolle über die öffentliche Meinung auszuüben«.[106] Er hoffte, diese formelle Erklärung, die solche Vorwürfe bestritt, würde von der Öffentlichkeit als Unschuldsbeweis akzeptiert werden.

Angst untergräbt den Vollzeitbeschäftigungsplan

Board-Mitglieder fürchteten, die Vollzeitbeschäftigungsverträge würden von der Bevölkerung als weiteres Beispiel für die privatkapitalistische Kontrolle über wichtige öffentliche Institutionen gewertet werden. Die Angst vor weiteren öffentlichen Angriffen und restriktiven Gesetzen ließ die Unterstützung für die Vollzeitpolitik innerhalb des GEB bröckeln. Anson Phelps Stokes, der sich Peabodys vorsichtiger Haltung anschloss, sprach sich gegen die Umsetzung des Vollzeitbeschäftigungsplans in Form von Verträgen aus. »Die Frage ist nicht, ob wir mit unserer Meinung richtig oder falsch liegen«, erklärte er. Der Vollzeitplan selbst war für ihn nicht das Problem, er hielt ihn sogar für ein löbliches Programm.

> Die Frage ist nur, ob wir es uns – in Hinsicht auf die Bevölkerung und unseren großen Reichtum – als Gremium wirklich leisten können, detaillierte Bedingungen zur medizinischen Bildungspolitik in Form von ausgefeilten Verträgen, die nur mit unserer Zustimmung geändert werden können, festzulegen oder zumindest zu verlangen. [...] Ich persönlich halte diese Politik für unklug und glaube, dass sie mit ernsten Risiken verbunden ist.[107]

Die »ausgefeilten Verträge« hatte Gates von der American Baptist Education Society für die Rockefeller-Geschäfte und -Philanthropien übernommen. In allen Verträgen des GEB mit den Empfängeruniversitäten war eine Klausel enthalten, in der stand, dass dann, wenn der Vollzeitbeschäftigungsplan »ohne die Zustimmung des besagten General Education Board aufgegeben, wesentlich verändert oder verlassen wird, die betroffene Universität auf Verlangen besagten Boards die besagten Wertpapiere oder alle Wertpapiere, die deren Reinvestition darstellen, zurückgeben« müsse.[108]

Stokes' Befürchtung, die Verträge könnten öffentlich bekannt werden, waren geradezu prophetisch. Während darauf Verlass war, dass Eliot, Lowell und die medizinische Fakultät an der Harvard University über ihren Konflikt mit dem GEB Stillschweigen bewahrten, war der temperamentvolle Columbia-Präsident Nicholas Murray Butler nicht abgeneigt, alles auszuplaudern. Also bot das GEB auf Flexners pragmatische Empfehlung hin der Columbia University einen großen Zuschuss an, allerdings unter der Bedingung, dass die Universität die medizinische Fakultät entschlossener überwachte, den amtierenden Dekan und den klinischen Lehrkörper entließ und gleichzeitig den Vollzeitplan umsetzte, die Anzahl der Studenten in der medizinischen Fakultät reduzierte und die vollständige Kontrolle über das Presbyterian Hospital als Lehreinrichtung übernahm.[109]

Nach langwierigen Verhandlungen zwischen Butler, Flexner und Treuhändern des Presbyterian Hospital verwarf Butler die Vorschläge als »derart reaktionär und im Widerspruch zu den Interessen der Öffentlichkeit, der medizinischen Ausbildung und der Columbia University stehend, dass sie unter keinen Umständen von uns gebilligt werden können«.[110]

Die Treuhänder des Presbyterian Hospital aber hatten, angeführt von den Philanthropen Edward S. Harkness, William J. Sloan und Henry W. deForest, die Gründung eines neuen medizinischen Zentrums im Auge und unterstützten alle Bedingungen des GEB. 1911 hatte Harkness dem Presbyterian Hospital 1,3 Millionen Dollar übergeben, um es dazu zu ermuntern, sich enger mit der Columbia University zusammenzuschließen, die wiederum der medizinischen Fakultät im Krankenhaus exklusive Lehrprivilegien geben und das Klinikpersonal kontrollieren sollte.[111] Verärgert über Butlers Weigerung und seine Unterstützung des bestehenden ärztlichen Lehrkörpers sprachen sich die Treuhänder dafür aus, alle Bande mit der Columbia Medical School zu lösen.[112]

Die Verhandlungen dauerten an, und 1919 schalteten sich Henry Pritchett und die Carnegie Foundation ein. Im Zusammenschluss mit dem GEB und der Rockefeller Foundation boten diese jeweils 1 Million Dollar für die Errichtung eines neuen medizinischen Zentrums an der Columbia und für dessen Fakultät. Doch das GEB hielt an der vollständigen Erfüllung ihrer Bedingung der Vollzeitbeschäftigung fest.[113]

Pritchett sah keinen Grund für diese Sturheit. »Es stimmt«, sagte er zu Flexner, »dass ein paar der Professoren eine kleine eigene Praxis führen dürfen. [...] Das ist keine hundertprozentige Erfüllung der Bedingungen, aber ich würde sagen, es ist vergleichbar mit dem Anspruch von Ivory Soap,[114] zu 99,44 Prozent pur zu sein.«[115]

Pritchett stand nicht nur der vollständigen Unterordnung des medizinischen Lehrkörpers durch eine strikte Vollzeitpolitik kritisch gegenüber, sondern befürchtete auch (vielleicht instinktiv) Angriffe auf die Stiftungen und die Empfängeruniversitäten. »Solch ein Vertrag, der eine Universität an eine strikte Politik bindet, die der Geldgeber festgelegt hat, ist meiner Meinung nach riskant«, sagte er besorgt zu GEB-Präsident Wallace Buttrick. »Wenn diese Verträge öffentlich werden, bin ich sicher, dass sie alle Bildungsstiftungen wie die Universitäten selbst ernsthafter Kritik aussetzen. Ein derartiges Regelwerk scheint mir für die Verwalter von Treuhandfonds gefährlich zu sein.«[116]

Die Standardantwort der GEB-Verantwortlichen auf dergleichen Kritik an ihren Vollzeitplanverträgen lautete: »Diese Richtlinien wurden uns von den Treuhändern und der medizinischen Fakultät der Universität selbst vorgeschlagen, und die Vertragsbedingungen entsprechen ihren eigenen Wünschen.«[117] Dieser Fiktion nach war es also Welch, der dem GEB den Vollzeitbeschäftigungsplan vorgeschlagen hatte. »Wir haben nie eine Einrichtung gebeten, den Plan zu übernehmen«, behauptete Buttrick. »Der Hopkins-Vorschlag stammt in allen Einzelheiten von Doktor Welch.«[118] Diese Schutzbehauptung wurde von vorsichtig formulierten Statements in Briefen, persönlichen Gesprächen und sogar den Verträgen selbst untermauert. Flexner und andere legten die Anforderungen des

GEB nur mündlich und unter vertraulichen Umständen dar und achteten stets darauf, dass alle schriftlichen Vorschläge von der Institution herkamen. Die mühsamen, fast pingeligen Verhandlungen mit der medizinischen Fakultät der Columbia University, ihrem Präsidenten Nicholas M. Butler und ihren Treuhändern widerlegten die Behauptungen des GEB, es habe »keine festgesetzten Richtlinien in Bezug auf die medizinische Ausbildung« und nie versucht, die interne Politik der Universitäten zu beeinflussen.[119]

Nach dem fortdauernden Widerstand von Harvard und Columbia, der Offenlegung der verpflichtenden Verträge, der öffentlich vorgetragenen Kritik der Ärzteschaft und einer langen Abfolge von Angriffen auf die Philanthropie von Unternehmern änderte das Board 1925 seine Verträge und damit seine Vollzeitbeschäftigungspolitik. Bis zu seinem Rücktritt im Jahr 1917 wurde Eliot nicht müde, den GEB in den Vorstandssitzungen anzugreifen und ihm vorzuwerfen, sich in die internen Angelegenheiten von Harvard einzumischen, indem es als Gegenleistung für einen Zuschuss die Vollzeitorganisation verlangte. Nach Eliot setzte Board-Mitglied Anson Phelps Stokes den Kampf um die Aufhebung bindender Verträge und der engen Definition von Vollzeitbeschäftigung des GEB fort.[120]

Augenwischerei: Gates steckt eine Niederlage ein

Mit dem Niedergang der Progressistenbewegung, dem Eintritt der Vereinigten Staaten in den Ersten Weltkrieg und der Unterdrückung radikaler und sozialistischer Bewegungen in der Nachkriegszeit war der öffentliche Ruf nach Abschaffung von Stiftungen oder zumindest deren strenger Restriktion zwar leiser geworden, doch die meisten GEB-Treuhänder befürchteten, solche Angriffe könnten wieder aufleben. »Eines Tages wird die Macht der ›Toten Hand‹[121] erneut Gegenstand politischer, wenn nicht sogar öffentlicher Diskussionen sein«, warnte Thomas M. Debevoise, Rechtsberater des GEB.[122]

Debevoise formulierte die Argumente zur Unterstützung der Treuhändermehrheit in ihrem Kampf mit Flexner und Gates. Zunächst war es wichtig, dass das GEB nicht *den Eindruck erweckte*, die Empfängereinrichtungen zu kontrollieren. »Es schadet dem Ansehen des Board, wenn es versucht, den Betrieb der von ihm subventionierten Objekten zu kontrollieren«, räsonierte Debevoise. Zweitens waren bindende Verträge *nicht notwendig*, um die Universitäten auf Kurs zu halten. »Für die meisten Schulen dürfte die Aussicht auf zusätzliche Unterstützung genügend Anreiz sein, um sie dazu zu bringen, den Vorstellungen des Board zu folgen.«[123]

Am 26. Februar 1925 stimmte das GEB unter Gates' hartnäckigem Widerspruch dafür, einen Vertrag mit der University of Chicago zu genehmigen, der den vollzeitbeschäftigten klinischen Lehrkräften keine Honorare für Behandlungen im hochschuleigenen Lehrkrankenhaus zugestand, ihnen aber erlaubte, »außerhalb des Universitätskrankenhauses eine Privatpraxis zu führen«. Überdies gestattete der Vertrag dem Treuhänderkuratorium der Universität, »in künftigen Jahren Modifizierungen und Anpassungen vorzunehmen, die die pädagogischen und wissenschaftlichen Erfahrungen rechtfertigen«.[124]

Noch in demselben Jahr folgte dann die letzte Niederlage für Gates und Flexner. Ende September stimmte der GEB-Vorstand für eine Änderung des ursprünglichen Vertrags mit den Universitäten Johns Hopkins, Vanderbilt, Washington (in St. Louis) und Yale, und zwar dahin gehend, dass das Treuhänderkuratorium die Vollzeitbeschäftigungsregelung modifizieren konnte, falls es gewünscht war. Gates bat ausdrücklich darum, dass sein negatives Votum zu Protokoll genommen werde.[125] Obwohl diese Vertragsänderung recht unbedeutend und eher eine Frage der Taktik war, empfand er diese Niederlage im Alter von 72 Jahren als persönlichen Angriff und politische Fehlentscheidung.

Der Vollzeitbeschäftigungsplan war ein erster entscheidender Schritt und der erste Vorstoß im Kampf der Unternehmensphilanthropie um die Kontrolle der medizinischen Ausbildung und Versorgung und die Etablierung des Prinzips, dass die Bedürfnisse der Gesellschaft, wie sie von der Unternehmerklasse definiert wurden, Vorrang vor den Interessen des medizinischen Berufsstands hatten. Er war der erste Versuch im großen Stil, das Gesundheitswesen in den Vereinigten Staaten zu rationalisieren. Gates erkannte ganz klar den potenziellen Wert der akademischen Medizin: Die Ärzte waren der Universität unterstellt, die

Universität wurde von wohlhabenden Männern und Frauen kontrolliert, und die akademischen Ärzte erforschten die Ursachen von Krankheiten und eliminierten diese Ursachen an ihrer mikrobiologischen Wurzel. All diese Zusammenhänge und Funktionen sollten sicherstellen, dass die akademischen Ärzte im Gegensatz zu ihren praktisch arbeitenden Kollegen den ihnen gestellten Anforderungen dienten und nicht irgendwelchen eigenen beruflichen Interessen.

Doch 1925 gehörte Gates bereits zu den Strategen einer vergangenen Ära. Selbst zwar ein loyaler Geschäftsführer, war er doch ein Produkt des frühen Unternehmenskapitalismus mit seinem groben Individualismus und dem staatsfreundlichen Unternehmensliberalismus sowie anderen von Fachleuten und Managern geleiteten bürokratischen Organisationen stets fremd geblieben. Er erkannte nicht, wie sehr die akademische Medizin längst zum Instrument von Stiftungs- und Kapitalinteressen geworden war.

Die medizinische Ausbildung war davon abhängig, dass ihre Kapital- und Betriebskosten von Dritten übernommen wurden, und konnte folglich von demjenigen gesteuert werden, der die Rechnungen bezahlte. Die Bemühungen des GEB und der Rockefeller Foundation, klinische Vollzeitabteilungen zu etablieren, zeigten ihre Wirkung, auch wenn es Widerstände gab und bindende Verträge letztlich gescheitert waren. Von den 13 Millionen Dollar, die 1926 für den Betrieb medizinischer Schulen ausgegeben wurden, entfiel der größte Brocken – 42 Prozent – auf die Gehälter der Vollzeitdozenten. Die Commission on Medical Education berichtete, dass in den 12 Jahren seit dem Start des GEB-Programms am Johns Hopkins die größte Budgeterhöhung »Gehälter und andere Ausgaben für klinische Abteilungen [betraf], insbesondere in den Schulen, die diese auf eine universitäre Basis stellten«.[126]

Die medizinischen Hochschulen befanden sich in einer Zwickmühle. Auf Studiengebühren angewiesen, waren sie bislang immer auf die Bedürfnisse der Studenten eingegangen. Doch um die Jahrhundertwende forderten die bundesstaatlichen Zulassungsbehörden zumindest eine rudimentäre wissenschaftliche Ausbildung. 1907 konnte der Generalsekretär der Association of American Medical Colleges berichten, Studenten würden nicht mehr nach dem preiswertesten Weg zu einem akademischen Grad in Medizin suchen, sondern wünschten sich gemäß der Vorgabe der bundesstaatlichen Behörden eine wissenschaftliche medizinische Ausbildung – »und sie sind bereit, dafür zu bezahlen«. Jede medizinische Hochschule, die mit »den besseren Schulen« Schritt hielt, stellte fest, »dass dieser Schritt in jeder Hinsicht profitabel war«.[127]

Der Haken an der Sache war jedoch, dass es mehr als nur Studiengebühren brauchte, um diese Schritte zu unternehmen. Obwohl die Studiengebühren angehoben wurden, um die nötigen Veränderungen zu finanzieren – 1910 verlangten 81 Prozent der Medizinschulen weniger als 150 Dollar im Jahr und 1925 85 Prozent mehr als 150 Dollar –, konnten sie einen bestimmten Betrag nicht übersteigen, den die Mittelschicht noch zu bezahlen bereit war. Dennoch machten 1927 Studiengebühren immer noch über ein Drittel des Jahreseinkommens einer Medizinschule aus. Die zweitgrößte Einnahmequelle waren Mitte der 1920er-Jahre Stiftungen – und diese machten für die meisten Schulen den Unterschied aus, ob sie zur Kategorie A gehörten oder es womöglich gar nicht schafften.[128] Der Einfluss des General Education Board und der Rockefeller Foundation war also enorm.

Staatliche Hochschulen: Profis, der Staat und der Unternehmensliberalismus

Zwischen 1919 und 1921 überredeten Rockefeller Jr., Flexner und Gates Rockefeller Sr., dem GEB 45 Millionen Dollar für die medizinische Ausbildung zu übergeben. Da das Stiftungsprogramm zum Aufbau mehrerer elitärer privater Medizinschulen in vollem Gang war, wollte Flexner es auf die weniger guten, aber nach wie vor »strategisch wertvollen« Schulen im Westen und Süden des Landes ausweiten.

> In den Oststaaten liegt die medizinische Ausbildung ganz in den Händen privat finanzierter Lehrinstitute, im Westen und Süden hingegen mit Ausnahme von acht oder zehn Schulen in jenen staatlicher Universitäten.

> Der Vorstand findet es zweckmäßig, dass medizinische Fakultäten um ihrer Weiterentwicklung willen mit Stiftungseinrichtungen zusammenarbeiten. Er hat zwar in diesem Bereich bisher keine Erfahrung mit bundesstaatlichen oder kommunalen Institutionen, doch es liegt auf der Hand, dass eine Zusammenarbeit mit bundesstaatlichen und kommunalen Universitäten erforderlich ist, wenn die wohltätigen Gaben von Mr. Rockefeller effektiv sein sollen.[129]

Es dauerte nicht lange, bis Flexner dem Board den konkreten Vorschlag unterbreitete, der University of Iowa zu helfen, ein modernes medizinisches Zentrum aufzubauen, das von dem veralteten kleinen Institut aus gesehen auf der anderen Flussseite stehen sollte. Der Bundesstaat hatte seine Unterstützung für diese Medizinschule von unter 70000 Dollar in den Jahren 1912 und 1913 auf mehr als 1 Million in den Jahren 1922 und 1923 erhöht. Doch trotz dieser Großzügigkeit konnte der Bundesstaat nicht die insgesamt 4,5 Millionen Dollar aufbringen, die für ein neues Medizinzentrum nötig waren. Mit der Versicherung, dass der Gouverneur und die Legislative das Projekt weiterhin unterstützen würden, schlug Flexner vor, dass die Rockefeller-Philanthropien 2,5 Millionen Dollar spenden sollten, wenn der Bundesstaat sich bereit erklärte, den Rest aus den Steuern der Bürger von Iowa aufzubringen.[130]

Als Flexner dem Board diese Idee vorlegte, bereitete Gates eine ungewöhnlich lange und leidenschaftliche Rede vor. Die Konferenz in Gedney Farms bei White Plains, Rockefellers favorisiertem Rückzugsort, entwickelte sich stürmisch und dauerte 2 Tage. Gates redete den ersten halben Tag lang, sein weißes Haar fiel ihm wirr in die Stirn, und seine temperamentvollen Gesten brachten seine Krawatte in Unordnung.[131]

Er sprach sich aus mehreren Gründen gegen die für Iowa vorgeschlagene Spende aus: Erstens handle es sich um eine staatliche Universität, folglich würde sie zweitens »von den Steuerzahlern kontrolliert«, drittens »kennt sich der Steuerzahler nicht mit dem Bedarf und den Kosten einer erstklassigen medizinischen Ausbildung aus«, viertens sei kein Versuch unternommen worden, »Iowa das zu geben, was Iowa am meisten braucht, nämlich die Erleuchtung des

Wählers«, fünftens sei die ansässige Führung in Iowa nicht in der Lage, ihre Ideale zur Förderung der medizinischen Hochschule zu verwirklichen, und sechstens stamme der Vorschlag von Flexner, den Gates als Emporkömmling und einen dieser »bürokratischen Beamten« verachtete, »die die Macht im Board an sich reißen«.[132]

Nach Gates' Ansprache trug Flexner seine Argumente für die Unterstützung der Medizinschule in Iowa vor, und zwar in seiner Erinnerung »so milde, wie es mir nur möglich war«. Er verteidigte den Plan als zweckmäßig und notwendig. »Wir versuchen, bei der Entwicklung eines hochwertigen landesweiten Bildungssystems mitzuwirken. Wenn wir unsere Mitwirkung auf gestiftete Institutionen beschränken, können wir praktisch nur im Osten tätig werden.« Flexners zurückhaltender Kurzvortrag zeugte von der Haltung eines siegessicheren Mannes.[133]

Am Nachmittag und am Folgetag griffen die GEB-Mitglieder in die Diskussion ein und sprachen sich mit überwältigender Mehrheit für die Finanzierung des Iowa-Vorschlags aus.

Gates sollte Flexner seine Opposition nie verzeihen. »Ich kann es kaum glauben«, schrieb er ihm wütend, »wie *konnten* Sie nur! Sie haben sich mit keinem meiner Argumente ehrlich auseinandergesetzt.« Die Regel, keine Spenden an staatliche Universitäten zu vergeben, war Gates heilig.[134]

Für Gates war die Frage, ob das Board staatlichen Universitäten Geld schenken sollte, generell mit seinen Ansichten über die Beziehungen zwischen Kapital und Staat sowie mit seiner Haltung der Bevölkerung gegenüber verbunden. Er sprach sich nicht gegen die Existenz staatlicher Universitäten an sich aus. »In der Tat kann man nicht umhin, ihnen einige Vorteile zuzugestehen, die sich aus dem Umstand ergeben, dass sie von Steuern finanziert sind«, so Gates. »Jeder Steuerzahler erfährt durch seinen jährlichen Steuerbescheid, dass höhere Bildung für eine Demokratie nicht weniger wichtig ist, als es die Grundschule und das Gymnasium vor seiner Haustür sind, dass alle drei gleichermaßen zum Erbe seiner Kinder gehören und dass die Universität kein Privileg ist, das dem Müßiggang, der Religion oder dem Reichtum vorbehalten ist, sondern jedem Bürger gleichermaßen zusteht.«[135]

Schenkungen aus Privatvermögen würden jedoch gegen das »Prinzip« der Finanzierung staatlicher Universitäten durch den Steuerzahler verstoßen.

Überdies seien sie »unnötig und überflüssig«, denn 1923 erhielten staatliche Medizinschulen 15-mal mehr staatliche Mittel als noch 1900, was ein Beweis für den »Stolz des Gesetzgebers und der Bevölkerung auf ihre Universitäten« sowie für die Verdreifachung des staatlichen Wohlstands sei.[136]

Schlimmer noch: Schenkungen der Rockefeller-Philanthropien an staatliche Universitäten würden mit den Erbschaftssteuern der Bundesstaaten und des Bundes kooperieren, »die darauf ausgerichtet sind, das gesamte sehr große Vermögen zu konfiszieren«. Da die Rockefeller-Philanthropien »der einzige wirklich sichere Teil des Rockefeller-Vermögens« seien, sollte keiner ihrer Fonds »in den geschwollenen Schlund der konfiskatorischen Bundesstaaten geworfen werden«.[137]

Private Hochschulen stiften

Diese Haltung gegenüber den Bundesstaaten gab das GEB von 1906 bis zur Grundsatzerklärung von 1919 über die Notwendigkeit der Ausweitung medizinischer Ausbildungsprogramme auf Medizinschulen in staatlicher Trägerschaft offiziell vor. Zunächst hatte Rockefeller Sr. das Board im Jahr 1902 mit einer Million Dollar finanziert. 1905 überredeten Gates und Rockefeller Jr. den alten Mann, weitere 10 Millionen zu spenden, damit das Board sein Programm ausweiten konnte. Gates verfasste Rockefellers Begleitbrief zu dieser Schenkung, in dem stand, das Geld solle dazu verwendet werden, »ein umfassendes höheres Bildungssystem in den Vereinigten Staaten zu fördern«. In seiner Funktion als Vorstandsmitglied definierte Gates dann, was »der Stifter« mit »seinem« Brief und Geschenk beabsichtige. Gates betonte, wie notwendig die Schaffung eines rationalisierten Systems aus stabilen Hochschulen und Universitäten sei, das »weitreichend und effizient verteilt« sei.[138]

Gates' Plan war es, in Ballungszentren private Institutionen aufzubauen und diese mit beträchtlichen finanziellen Mitteln auszustatten. Das Board sollte zwar durchaus »mit konfessionellen Einrichtungen zusammenarbeiten«, die damals die meisten privaten Hochschulen kontrollierten, doch die Schulen durften nicht unterstützt werden, solange sie einer Kirche fest angehörten. Die von Rockefeller – ebenso wie von Carnegie – subventionierten Hochschulen und Universitäten sollten alle unbedingt konfessionslos und nicht »sektiererisch« sein. Zudem, so erklärte Gates, »müssen wir die Zentren des Wohlstands und der Bevölkerung erfassen«. Denn nur diese könnten eine kontinuierliche Unterstützung der Universitäten und Hochschulen, eine angemessene Zahl an Immatrikulationen und eine förderliche Wechselbeziehung zwischen der Institution und der lokalen Unternehmensklasse gewährleisten und für »Einfluss, Nützlichkeit und jede Form von Macht« sorgen.[139]

In der Regel sollte die Unterstützung der Stiftung in Form von Beiträgen zur materiellen Ausstattung erfolgen und nicht in Form jährlicher Zuweisungen für den Betriebsetat. Gates und Rockefeller hatten aus ihren Erfahrungen mit der University of Chicago nämlich gelernt, dass die Aufstockung des Betriebsetats einer Hochschule leicht zu einer Art Treibsand werden konnte, der die gesamte Energie und das Vermögen der Stiftung aufbrauchte.

Außerdem nannte Gates vier strategische Gründe dafür, Stiftungen zur Hauptaufgabe des GEB zu machen.[140] Erstens verhalfen sie den Universitäten und Hochschulen zu finanzieller Stabilität und versetzten sie in die Lage, Lehrkräfte mit »großen Talenten und Fähigkeiten« anzuheuern, ohne ihnen hohe Gehälter zahlen zu müssen. Hochkarätige Akademiker würden »nicht von Geld, sondern von Beständigkeit, einem kontinuierlichen Arbeitsverhältnis sowie Ablenkungsfreiheit« angezogen. Dasselbe Argument, Menschen würden aufgrund von Sicherheit und ungestörten Forschungsmöglichkeiten eine akademische Laufbahn anstreben, wurde einige Jahre später zur Begründung des Vollzeitbeschäftigungsplans für klinische Lehrkräfte angeführt.[141]

Zweitens könnte die Stiftung durch Schenkungen an sorgsam ausgewählte Institutionen »unser Einkommen erhalten und mit stetig zunehmender und kumulativer Kraft auf die strategischen Punkte konzentrieren«, statt es in kleineren Beträgen für die Betriebsetats weniger wichtiger Programme zu verschwenden. Drittens würden allgemeine Zuwendungen des GEB weitere Spenden und persönliches Engagement der lokalen Geschäftsleute nach sich ziehen.[142]

Schlussendlich würden die finanzielle Stabilität der Hochschulen, die Beteiligung lokaler Kapitalisten sowie Macht und Reichtum dauerhafter Stiftungen wie dem GEB dafür sorgen, dass die Hochschulen nicht in die Hände des Volkes gelangten. Mit ausreichend Stiftungsgeldern könnte »kein Aufschrei der Massen das furchtlose Streben nach Wahrheit und deren Verkünden behindern«. Diese Wahrheit, wie auch die Hochschulen selbst, sollte nach Gates' beziehungsweise John Stuart Mills Meinung, den er hier zitiert, »den Verstand, die Ziele und die Fähigkeiten über die Herde stellen und die oberen Klassen erziehen«.[143]

Der Fehler der staatlichen Universitäten läge in ihrer finanziellen Abhängigkeit von der Legislative und der Bevölkerung. »Dieser Umstand wird zu einem gewichtigen Grund für die finanzielle Unterstützung privater Einrichtungen«, argumentierte Gates geradeheraus vor dem Board. »Sollte es irgendwann einmal darauf ankommen, so werden jene Einrichtungen, welche die staatlichen Institutionen am effektivsten erhalten können, die privaten und konfessionellen Hochschulen und Universitäten sein, die reichlich finanziert sind und die Wahrheit bewahren und lehren, was auch immer die Passionen der Stunde sein mögen, und schließlich die öffentliche Meinung in die richtigen Bahnen zurücklenken.« Laut Gates' Prophezeiung würden private Stiftungen die Universitäten leiten, die »es überall gibt und die frei« seien. Sie würden die öffentliche Meinung »zu allen Zeiten so aufklären und lenken, dass niemals ein Konflikt zwischen der Demokratie und ihren staatlichen Universitäten entstehen kann«.[144]

Die Vergabe von Stiftungsgeldern an Hochschulen, die in ein höheres Bildungssystem eingebunden sind, entspreche dem Pflanzen von »Apfelbäumen« im Obstgarten des Kapitalismus.

> Ich will in diesem Land hundert Hochschulen sehen, die so gepflanzt sind, dass sie das ganze Land bedecken und kein Teil brachliegt. Jede soll auf fruchtbaren Boden und keine im Schatten der anderen stehen. Sie alle sollen sich einer Schirmherrschaft erfreuen, die darauf achtet, dass sie – insbesondere in den ersten Jahren – bewässert und richtig gedüngt werden und dass zerstörende Kräfte, die sich stets auf Institutionen stürzen, zurückgeschnitten werden.[145]

Eine neue Rolle für den Staat

Solange Gates' Richtlinien gegen Spenden an staatliche Universitäten in Kraft waren, beteiligte sich das GEB mit Gates als Vorsitzendem (bis 1917) häufig an staatlichen Programmen. Das Board bezahlte die Gehälter von Pädagogikprofessoren an staatlichen Universitäten in den Südstaaten, die in ihrem jeweiligen Bundesstaat auf die Schaffung von steuerfinanzierten Hochschulen drängten, und erstattete dem US-Landwirtschaftsministerium die Kosten für landwirtschaftliche Lehrprogramme im Süden. Die Kampagne gegen den Hakenwurm in den Südstaaten und in der ganzen Welt wurde von bundesstaatlichen und staatlichen Gesundheitsabteilungen geführt, deren Unkosten zum Teil von Rockefeller-Geld gedeckt wurden.[146] Aber es gab zwei wichtige Unterschiede zwischen diesen Programmen und der Frage, ob medizinische Fakultäten staatlicher Universitäten unterstützt werden sollten.

Erstens konnte die Rockefeller-Organisation all diese Programme direkt kontrollieren. Das GEB ernannte die Pädagogikprofessoren und definierte ihre Aufgaben. Jeder Professor reiste »als Beauftragter der Universität, mit dem entsprechenden Wissen und moralischer Autorität ausgestattet«, durch seinen Bundesstaat. Die Hochschulen, die dank seiner Bemühungen dann gebaut wurden, wurden von der Regierung des Bundesstaats und der Gemeinde bezahlt und gefördert. In diesem Sinne beauftragte das GEB auch Seaman A. Knapp, das landwirtschaftliche Lehrprogramm zu entwickeln: »Die Bekämpfung des Hakenwurms scheint jeder Bundesstaat unter dem Deckmantel der staatlichen Gesundheitsbehörden selbst durchzuführen, in Wirklichkeit wird sie aber minutiös von Mr. Rockefellers Mitarbeitern geleitet und mit Mr. Rockefellers Geld bezahlt.«[147] Ganz offensichtlich waren Gates und die Rockefeller-Philanthropien bereit, dem Staat Geld zu geben, wenn dieser ihre Programme legitimierte und sie in der Lage waren, die Maßnahmen zu überwachen.

Zweitens unterschied sich die höhere Bildung von den anderen Programmen. Der größte Teil von Rockefellers Vermögen wurde dazu verwendet, die wirtschaftliche Basis der Gesellschaft auszubauen – »Arbeiter zu beschäftigen, die Mittel zum Lebensunterhalt zu vermehren und den nationalen Reichtum zu vergrößern«. Aber Gates erkannte, dass für das Überleben der Basis andere Faktoren der Zivilisation genauso wichtig waren. Während Rockefellers Industrieunternehmen »den nationalen Reichtum vergrößerten«, mussten seine Philanthropien »den Fortschritt in Staat und Recht, Sprache und Literatur, Philosophie und Wissenschaft sowie in Kunst und Kultiviertheit« fördern. Und all das »wird am besten mithilfe höherer Bildung begünstigt«.[148] So waren Institutionen, die nur in bestimmten Bereichen wie etwa Landwirtschaft, Gesundheitswesen und öffentlichen Schulen für Fortschritt sorgten, nicht so wichtig wie Institutionen, die den Fortschritt der Zivilisation insgesamt förderten.

Da Hochschulen und Universitäten für die moderne Gesellschaft weithin als grundlegend betrachtet werden, sind sie sichtbarer und daher von einer einzelnen, landesweit operierenden privaten Philanthropie schwerer zu kontrollieren. Da das GEB und die Rockefeller Foundation diese Institutionen also nicht direkt kontrollieren konnten, mussten sie sich auf Menschen in den einzelnen Bundesstaaten verlassen. Sich für die Kontrolle privater Hochschulen auf die lokalen Geschäftskreise zu verlassen war für Gates zu unsicher, und diese Kontrolle gar dem Volk zu überlassen – selbst vermittels der Legislative der Bundesstaaten – einfach undenkbar. So wurde es für Gates zu einem hochheiligen Prinzip, keine staatlichen Universitätsprogramme zu fördern, die nicht direkt von der Stiftung kontrolliert werden konnten.

Als Rockefeller und seine Philanthropien von Bevölkerung und Regierung immer stärker attackiert wurden, verwandelte sich Gates' Vertrauen in die Fähigkeit privater Hochschulen und Stiftungen, Privatvermögen zu schützen, in bitteren Pessimismus. Nach dem Kartellurteil von Richter Landis im Jahr 1907 schrieb er an Rockefeller: »Für meinen Seelenfrieden weisen zu viele Faktoren darauf hin, dass überall dort, wo die Stimme des Volkes absolut freien Ausdruck findet, diese Stimme nicht die Stimme der Vernunft, der Aufklärung und am allerwenigsten die eines tief verwurzelten Rechtsgefühls für öffentliche Belange ist.« Die Stimme des Volkes sei lediglich »die Stimme rücksichtsloser Gier, sich gewaltsam an fremdem Eigentum zu vergreifen«.[149]

Obwohl all die politischen, juristischen, gesetzgeberischen und öffentlichen Attacken Rockefellers Reichtum nie ernsthaft schmälerten, sorgten sie bei den

Mitgliedern der Kapitalistenklasse doch für so viel Angst, dass sie mit größerer Zurückhaltung handelten. Die GEB-Mitglieder gaben bindende Verträge und ihren strikten Vollzeitbeschäftigungsplan auf. Doch diese »ominösen« Zeichen der Zeit machten Gates nur noch unnachgiebiger. Er war strikt gegen die Aufweichung der Vollzeitbedingungen und hielt immer vehementer an seiner Ansicht fest, die staatlichen Universitäten seien ein potenzielles Übel und es sei umso wichtiger, »in jedem Bundesstaat um sie herum einen Kordon aus starken, freien, privat finanzierten Hochschulen und Universitäten zu ziehen«.[150]

Infolgedessen war für Gates der Streit innerhalb des General Education Board über die Fördermittel für die medizinische Fakultät der staatlichen Universität von Iowa ein Kampf um grundlegende Prinzipien. Würde womöglich Rockefellers Vermögen verschleudert und, schlimmer noch, dem Feind überlassen werden? Die Antwort des GEB bestand darin, die von Gates festgelegten Richtlinien aufzugeben.

Das GEB, Rockefeller Jr. und seine jüngeren Beauftragten handelten bei der Bezuschussung staatlicher Universitäten nicht impulsiv oder ängstlich. Sie erkannten, dass es notwendig war, ein rationalisiertes medizinisches Schulsystem aufzubauen, und dass ein Großteil der medizinischen Ausbildung im Land zwangsläufig auf staatliche Schulen entfallen würde. Darüber hinaus vertrauten sie auf die staatlichen Universitäten, weil sie um die Stärke institutioneller Strukturen und die Klassenbindung der Beschäftigten als Kräften für einen »konstruktiven«, aber konservativen sozialen und technologischen Wandel wussten. Raymond Fosdick, eines der neuen GEB-Mitglieder und späterer GEB- und Rockefeller-Foundation-Präsident, erklärte die Ablehnung von Gates' Politik folgendermaßen: »Gates verstand die fortschrittlichen Kräfte nicht, die, wie er sogar selbst sagte, die großen staatlichen Universitäten in gesellschaftliche und wissenschaftliche Laboratorien verwandelten.«[151]

Die Modernisierung des GEB: Gates steckt erneut eine Niederlage ein

Kurz nachdem das GEB beschlossen hatte, den Iowa-Zuschuss zu bewilligen und auszubauen, brachte Flexner weitere Anträge zur Finanzierung staatlich geförderter Medizinschulen ein. So stimmte das Board Mitte 1921 dafür, vier weitere von Steuergeldern finanzierte medizinische Fakultäten an den Universitäten von Cincinnati, Colorado, Georgia und Oregon zu unterstützen, die sich bereit erklärt hatten, die universitären Regelungen der Hopkins University und anderer privater Eliteschulen zu übernehmen.[152]

Nach ein paar Jahren solcher punktueller Entscheidungen bestand Gates darauf, dass seine Politik respektiert oder aber darüber debattiert und abgestimmt werde. »Unsere Geldmittel und unsere politischen Richtlinien«, erklärte er vor dem Board, »sind unser Vermächtnis für unsere Nachfolger.« Ausnahmen »sollten als Ausnahmen behandelt werden. Es ist von *entscheidender* Bedeutung, dass die nachfolgenden Gremien über schriftlich festgelegte Richtlinien und die zu deren Umsetzung erforderlichen Befugnisse verfügen.«[153]

Ende 1924 ernannte das GEB einen Ausschuss, der Richtlinien für die Unterstützung staatlicher Universitäten empfehlen sollte. Er bestand aus Gates, Rockefeller Jr., George Vincent (Präsident der Rockefeller Foundation), James Angell (Präsident der Yale University), Trevor Arnett (Vizepräsident der University of Chicago) und Wickliffe Rose (Direktor des International Health Board der Rockefeller Foundation). Nach mindestens zwei Treffen präsentierten sie Ende Mai 1925 ihren Bericht.[154]

Der von Vincent und Rose verfasste 2-seitige Bericht verwarf kurz und knapp Gates' bisherige Regeln und merkte an, dass das GEB, die zahlreichen Abteilungen der Rockefeller Foundation, der Laura Spelman Rockefeller Memorial Fund und das International Education Board nicht nur allesamt mit von Steuergeldern geförderten Universitäten und anderen Einrichtungen in Verbindung standen, sondern diese auch finanziell unterstützten. Der Bericht konstatierte höflich, Gates' Richtlinien seien 1906 »vernünftig« gewesen, im Jahr 1925 aber sei es offensichtlich »unklug, derart starre Prinzipien anzuwenden, dass gelegentliche

Beiträge zu Medizinschulen, deren Wachstum für ein landesweites medizinisches Ausbildungssystem von Bedeutung sein könnten, verhindert werden«. Da Gates die Sitzung boykottierte und Wallace Buttrick nicht gekommen war, um nicht gegen seinen Freund stimmen zu müssen, stimmte das Board seine Politik de jure mit der Praxis der Rockefeller-Stiftungen ab.[155]

Der Rückschlag bei den Vollzeitbeschäftigungsverträgen und im Umgang mit den staatlichen Universitäten waren zu viel für Gates. Noch im Oktober schäumte er vor Wut und trat schließlich aus dem GEB-Vorstand aus.[156]

Derselbe Wandel bahnte sich in der Carnegie Foundation an, die nicht in der Lage war, sich dem GEB und der Rockefeller Foundation anzuschließen und die University of Iowa zu unterstützen, weil sich alte Hasen unter den Treuhändern – Männer wie Elihu Root, ein Firmenanwalt und ehemaliger Außenminister – querstellten.[157] Die Stiftungen und der eine oder andere Kapitalist hatten ihre Angst vor staatlich betriebenen Institutionen abgelegt. Tatsächlich sahen viele Finanziers und Industrielle, die dem neuen Unternehmensliberalismus anhingen, in der Kooperation mit dem Staat große Chancen, ihre Märkte und Profite zu stabilisieren. Bemühten sie sich genügend um die entsprechenden Legislativ- und Exekutivorgane, so kam es zu neuen Regulierungsbehörden, die es den mächtigsten Sparten verschiedener Branchen ermöglichten, ihre jeweilige Branche selbst zu kontrollieren und zu regulieren. Amerikanische Kapitalisten, Unternehmensmanager und Fachleute begannen, den Staat mit anderen Augen zu sehen: Der Unternehmenskapitalismus betrachtete den Staat als Garant für eine stabile, einträgliche Wirtschaft.[158]

Und da machten auch die staatlichen Universitäten keine Ausnahme. Im Laufe der nächsten Jahre erarbeiteten alle großen Stiftungen genauso bereitwillig Programme für staatliche Universitäten wie zuvor für private Hochschulen. Wie im Falle der medizinischen Ausbildung galt auch hier: Je teurer der laufende Hochschulbetrieb wurde, umso mehr wandten sich staatliche ebenso wie private Universitäten an jede Organisation, die Geld bot. Waren beispielsweise Gelder für die Entwicklung von Informatikwissenschaften im Angebot, standen die Universitätspräsidenten vor den Stiftungstüren Schlange und erklärten, wie stark ihre Mathematik-, Statistik- und Elektrotechnikabteilungen waren und wie gut sie im – noch jungen – Informatikbereich zusammenarbeiteten. Genauso wie bei den medizinischen Hochschulen finanzierte eine große Stiftung wenige bedeutende Schulen, um Modellfakultäten oder -programme zu entwickeln. In der Hoffnung, auf den Zug der Forschungsgelder aufspringen zu dürfen und neue Lehrkräfte anzuziehen, kopierten andere Universitäten sie dann oder verfeinerten einen problematischen Punkt in einem ähnlichen Programm. Die Ausbildungsstrategien im medizinischen Bereich wurden weiterentwickelt und im Lauf der Jahre von zahlreichen Stiftungen auf unterschiedliche Programme angewandt.

Diese Bereitschaft, staatliche Universitäten und andere staatliche Einrichtungen für sich zu nutzen, war zum Teil auf die veränderte Haltung der Unternehmerklasse gegenüber dem Staat zurückzuführen, denn Letztere hatte die Notwendigkeit und den Wert staatlicher Eingriffe in die Wirtschaft mittlerweile erkannt. Aber Stiftungsbeauftragte und Treuhänder hatten noch andere Gründe. Staatliche Universitäten spielten eine wichtige Rolle, wenn es darum ging, die von den Stiftungen entworfenen Programme auf Steuerzahlerkosten durchzuführen. So wie das General Education Board die Entwicklung berufsorientierter Sekundarschulen im Süden gefördert hatte, für die der Steuerzahler die finanzielle Hauptlast trug, verpflichteten die Bestimmungen für die medizinische Ausbildung und andere Bereiche die Universitäten dazu, das neue Programm auch dann noch zu fördern, wenn die Stiftungsfinanzierung eingestellt wurde. Für Projekte außerhalb der Universitäten hatte Gates diese Taktik immer gutgeheißen, aber Universitäten waren für ihn zu wichtig, als dass man sie »dem Volk« anvertrauen konnte.

Das ausschlaggebende Argument dafür, staatliche Universitäten in Stiftungsprogramme einzubeziehen, war jedoch, dass dies einfach unerlässlich war. 1908 gab Andrew Carnegie seinen Widerstand gegen die Einbeziehung von Lehrkräften staatlicher Universitäten in den Pensionsplan seiner Stiftung auf, da im Westen und Mittleren Westen staatliche Universitäten die vorherrschenden höheren Bildungseinrichtungen waren. Das gleiche Argument überzeugte John D. Rockefeller Jr. und andere GEB-Mitglieder von der Notwendigkeit, staatliche Medizinschulen zu fördern. Wollten die Stiftungen ein höheres Bildungssystem entwickeln, so musste die dominierende Hochschulform miteinbezogen werden.

Schließlich hatte die gesamte Berufsgruppe ihre Wertigkeit und Loyalität gegenüber den Stiftungszielen unter Beweis gestellt. Die stiftungsinternen medizinischen Mitarbeiter hatten sich das Vertrauen ihrer Arbeitgeber - Finanziers, Industrielle, Firmenanwälte und Universitätspräsidenten, die in den Stiftungsräten saßen - verdient, und die meisten Verantwortlichen vertrauten wiederum ihren Medizinerkollegen. Sogar Gates vertraute den von ihm eingestellten Experten und den Mitarbeitern an seinen Programmen, obwohl er am Ende seiner Laufbahn heftige Meinungsverschiedenheiten mit ihnen hatte. Zusammen mit dem Board, aber gegen Gates, stimmte Rockefeller Jr. für die Aufhebung der bindenden Vollzeitbeschäftigungsverträge und die Förderung von Medizinfakultäten an staatlichen Universitäten. Er tat dies, weil er glaubte, es sei wichtig für die grundsätzlichen Ziele der Klassenherrschaft - Ziele, die er mit Gates teilte. *Die Stiftungen wurden nicht,* wie Gates behauptete, *von ihren eigenen Funktionären gekapert, sondern die Stiftungen kaperten sich Experten.* Sie bewirkten für die Stiftungen das, was andere Angehörige der führenden Expertenschicht bereits für die Industrien und Finanzorganisationen der gleichen Leute hinbekommen hatten.

Ob ein Wirtschaftswissenschaftler oder ein Mediziner an einer Universität forschte und lehrte oder für Stiftungen Programme erarbeitete und umsetzte, diese Experten sahen, dass Stiftungen die Entwicklung ihrer Fachbereiche förderten, ihren Lebensunterhalt sicherten, für mehr berufliche Möglichkeiten sorgten und herausragende Leistungen belohnten. Was konnte an der Zusammenarbeit mit Stiftungen also falsch sein? Wurden sie nicht letzten Endes von hochgeschätzten Männern wie Universitätspräsidenten, Unternehmensdirektoren und anderen Profis geführt?

Genau zu solchen Beziehungen und Geisteshaltungen wollten Gates und andere selbstbewusste Strategen ermuntern, die die Stiftungen aufbauten und ihnen Sinn und Richtung gaben. Wie die medizinischen Hochschulen in Gates' und Flexners Finanzierungsstrategie wurden die führenden Stiftungen von den schwächeren Organisationen nachgeahmt. Bis zu seinem teilweisen Rückzug im Jahr 1917 war und blieb Gates der Pfeiler des General Education Board und der Rockefeller Foundation, und obwohl seine Nachfolger seine Richtlinien und

Taktiken hier und da modifizierten, schienen seine Ziele und Strategien in Stein gemeißelt zu sein.

Unternehmensphilanthropien sahen nach wie vor ihre Mission darin, für eine bessere Funktion der kapitalistischen Gesellschaft zu sorgen. Zuweilen versuchten sie, diese gerechter zu machen, aber auch dann nur, weil grobe Ungerechtigkeit radikale Gegenbewegungen auf den Plan zu rufen drohte. Im Allgemeinen folgten sie der liberalen korporativen Sichtweise, die in der Progressive Era entwickelt wurde und der sich später Rockefeller Jr. anschloss. Sein Sohn David, Direktor der Chase Manhattan Bank, fasste diese Sichtweise kürzlich zusammen, die in Wirtschaft und Stiftungen nach wie vor beliebt ist:

> Angesichts der aufkommenden Forderungen nach einer Überarbeitung des Gesellschaftsvertrags könnte eine passive Reaktion seitens der Wirtschaft riskant sein. [...] So liegt es an den Geschäftsleuten, mit anderen Reformern – ob in der Regierung, an Universitäten oder wo auch immer – gemeinsame Sache zu machen, um die törichte Umsetzung extremer und emotionaler Maßnahmen zu verhindern und Reformen einzuleiten, die es den Unternehmen ermöglichen, in einem neuen Klima weiter zu funktionieren.[159]

Wenn die Stiftungen ihre Angst vor dem Staat verloren, dann nicht, weil sie die Ziele oder Strategien von Männern wie Gates verworfen hätten. Sie verfolgten noch immer das Ziel, die höhere Bildung im Allgemeinen und die medizinische Ausbildung im Besonderen zu rationalisieren, damit beide der kapitalistischen Gesellschaft bessere Dienste erweisen konnten. Und wie die meisten führenden Mitglieder in den Rockefeller-Gremien (aber im Gegensatz zu Gates' persönlicher Meinung) übernahmen sie die Sichtweise des Unternehmensliberalismus, dass der Staat ein notwendiges Hilfsmittel bei der Rationalisierung von Industrien, Märkten sowie Sozial- und Bildungseinrichtungen sei.

Zusammenfassung

Die Reformierung der medizinischen Ausbildung führte zu einem Wettkampf darum, wer die Kontrolle in der Medizin übernehmen würde und zu welchen Zwecken. Ende des 19. Jahrhunderts taten sich Laborwissenschaftler und Eliteärzte zusammen, um die wissenschaftliche Medizin zu propagieren, die American Medical Association (AMA) umzugestalten, Zulassungsgesetze zu etablieren und die medizinische Ausbildung zu reformieren. Abraham Flexners Bericht für die Carnegie Foundation war der Höhepunkt der Bemühungen um die Abschaffung der proprietären Medizinschulen, die von allen Befürwortern der wissenschaftlichen Medizin als unterprivilegiert angesehen wurden. Proprietäre Schulen, die auf die Bedürfnisse des durchschnittlichen praktischen Arztes ausgerichtet waren, erfüllten die Erfordernisse der meisten Studenten, die eine Hausarztpraxis gründen wollten, während ihre Lehrkräfte ihr Einkommen mit Studiengebühren und Patienten aufbesserten, die von ehemaligen Studenten an sie überwiesen wurden. Diese kommerziellen Schulen produzierten jedoch »zu viele« Ärzte, widersetzten sich der Kontrolle durch Medizingesellschaften und waren völlig ungeeignet, um die wissenschaftliche, forschungsorientierte medizinische Ausbildung zu bieten, wie sie die Reformer des Berufsstands und die kapitalistischen Philanthropen wünschten.

Der Flexner-Bericht, der sich auf »kommerzielle« Medizinschulen und deren niedrigen Standard konzentrierte, übte Kritik an der medizinischen Ausbildung in Amerika und entwarf ein Reformprogramm, das Eliteärzte, Medizinwissenschaftler und Philanthropen zusammenbrachte. Mit dem raschen Niedergang der proprietären Schulen in den 1910er-Jahren schwand jedoch die Basis dieser Einheit, und es kam zu grundsätzlicheren Konflikten.

Der organisierte medizinische Berufsstand, insbesondere die AMA, die die praktischen Ärzte vertrat, wollte seine Zulassungsbedingungen kontrollieren, sicherstellen, dass die Arztausbildung das neu gewonnene öffentliche Vertrauen in die technischen Fähigkeiten der Ärzte rechtfertigte und dass die Medizinschulen materielle Unterstützung und Propaganda leisteten, um die Vorherrschaft der wissenschaftlich-technologischen Medizin aufrechtzuerhalten.

Die neuen akademischen Mediziner, insbesondere Laborwissenschaftler, betrachteten die medizinischen Zentren als ihr Refugium. Sie forderten einen größeren Anteil an den Geldern, die für die medizinische Versorgung ausgegeben wurden, und wollten über ihre medizinischen Zentren alle medizinischen Dienstleistungen und Einrichtungen kontrollieren. Es sei sinnvoll, so argumentierten sie, dass sie als Ressource der medizinischen Wissenschaften auch die Kontrolle über die Ressourcen des neuen wissenschaftlichen Medizinsystems übernähmen.

Die Stiftungen, die angesichts ihrer Position oberhalb des Gezänks der Interessengruppen Objektivität für sich beanspruchten, wollten das Gesundheitswesen *rationalisieren*, um ein effizientes und einheitliches System einzurichten, das zur Gesundheit der ganzen Bevölkerung beitrug. Deshalb steckten das General Education Board und die Rockefeller Foundation zusammen mehr als 100 Millionen Dollar in die Transformierung der medizinischen Ausbildung. Wie die engagierten Akademiker waren auch sie der Meinung, dass die medizinischen Hochschulen die Dreh- und Angelpunkte eines zunehmend technisierten Medizinsystems waren.

Die Carnegie Foundation betrat die Bühne, ehe die Konflikte zwischen Medizinwissenschaftlern und Eliteärzten wieder aufflammten. Durch ihre Unterstützung des Council on Medical Education ermutigte sie reformbewusste Ärzte und wissenschaftsorientierte Akademiker in ihrem Kampf um die Kontrolle. Flexners Bericht befürwortete die Forderung der praktischen Ärzte, medizinische Fakultäten zu schließen und den sozialen Status des Berufsstands zu erhöhen, und die Akademiker erhielten Unterstützung, indem Stiftungsgelder für die Errichtung von Medizinschulen bereitgestellt wurden. Und die Kapitalistenklasse bekam dadurch Support, dass endlich ein nützliches und mit ihren Interessen kompatibles Gesundheitssystem zur Verfügung stand. Die Carnegie Foundation, die von Henry Pritchett persönlich geleitet wurde, verlieh der Strategie des Berufsstandes ihr Prestige und ihre Legitimität.

Doch das General Education Board und die Rockefeller Foundation unter Leitung von Frederick T. Gates verfolgten eine andere Strategie. Statt den Plan des Berufsstands zu unterstützen, Akademiker und Praktiker zu vereinen, waren die Rockefeller-Philanthropien auf eine Dominanz der medizinischen Wissenschaftler aus. Praktische Ärzte vertraten kapitalistische Werte, da sie mit ihrer Dienstleistung als Kleinunternehmen Gewinne erzielen wollten. Gates und andere Stiftungsbosse hatten aber eine wichtigere politische und wirtschaftliche Rolle der Medizin im Sinn – eine Rolle, für die die medizinische Versorgung so effizient und produktiv wie möglich organisiert werden sollte, also unter einer Führung, die unter Beweis gestellt hatte, dass sie die Interessen der kapitalistischen Gesellschaft als Ganzes unterstützte. Wie das *AMA Journal* an der Wende zum 20. Jahrhunderts gewarnt hatte, barg es Risiken, wenn wohlhabende Kapitalisten ihre eigenen philanthropischen Entwürfe aufstellen konnten.[160] Der Vollzeitbeschäftigungsplan des GEB griff die Interessen der klinischen Ärzteschaft und die Verbindung des organisierten Berufsstandes mit den medizinischen Lehrkörpern an.

Die Unterschiede zwischen der Carnegie- und der Rockefeller-Strategie lassen sich auf Pritchett und Gates zurückverfolgen. Ehe Pritchett für Andrew Carnegie die Stiftung gestaltete, war er Präsident des Massachusetts Institute of Technology (MIT) und davor Astronom für den U.S. Coast and Geodetic Survey (»Küsten- und geodätischen Überwachungsdienst«) gewesen. Er war Wissenschaftler und Fachmann und sorgte sich um die Entwicklung und Aufrechterhaltung eines ausreichenden Angebots an Ingenieuren und geschultem Personal für den Bedarf von Industrie und Regierung. Gates war Priester gewesen und wurde in den 1890er-Jahren zum Industrie- und Finanzdirektor. Sein konfessioneller Hintergrund trug vermutlich zu seiner Auffassung über die Funktion gesellschaftlicher Institutionen als wichtiger Überbau der Gesellschaft bei. Seine alltägliche Erfahrung mit Geschäftsangelegenheiten in seiner Position an der Spitze der Kapitalistenklasse sorgte für einen umfassenden Einblick in die Bedürfnisse des Kapitals.

Obwohl diese beiden Männer bei der Richtliniengestaltung ihrer Stiftungen eine wichtige Rolle spielten, waren ihre Differenzen nicht persönlicher Natur. Sie waren bei manchen politischen Themen unterschiedlicher Meinung, etwa der Frage, was den Interessen der kapitalistischen Gesellschaft am meisten diene; ihre persönlichen Geschichten haben nur den Sinn, verstehen zu helfen, wie sich ihre unterschiedlichen politischen Perspektiven herausbildeten. Beide Männer und beide Stiftungen unterstützten die Rationalisierung des Gesundheitswesens. Gates sah Probleme mit dem medizinischen Berufsstand voraus, die Pritchett erst später erkannte. Pritchett unterstützte den Aktionsplan der Ärzteschaft jahrelang, ehe er sich über die engstirnigen Bedenken der AMA – insbesondere von Bevan – ärgerte.

Bevan und andere Kliniker in der AMA-Führung verübelten dem GEB seine Angriffe auf die Interessen der klinischen Ärzte. Die Rockefeller-Philanthropien seien, so schrieb Bevan an Pritchett, zu »einem störenden Einfluss geworden, indem sie das Organisationsschema unserer medizinischen Schulen diktieren. Ihre Position ist zur echten Bedrohung einer gesunden Entwicklung geworden.« Das GEB sei »von Männern, die Laboranten und Lehrer für Anatomie und Pathologie sind, schlecht beraten worden«, klagte er. Diese Männer betrachteten »das Laboratorium als die einzige Medizinwissenschaft und sind der Meinung, dass die klinische Medizin nicht wissenschaftlich ist«. Bevan vertrat die Ansicht, bei der Ausbildung von Ärzten müsse »die maßgebliche Kontrolle in den Händen der Lehrer der klinischen Medizin liegen«.[161] Pritchett hatte jedoch gesehen, welche Folgen es hat, wenn die medizinische Ausbildung allein die Interessen der praktischen Ärzte verfolgt und das übergeordnete Ziel – die Rationalisierung der Ausbildung in der Gesellschaft – außer Acht gelassen wird.

1920 setzten die Eliteärzte ihrer Allianz mit den medizinischen Akademikern und anderen Anhängern eines rationalisierten Gesundheitswesens ein Ende. Ab 1915 gewann ein Plan für eine obligatorische Krankenversicherung die Unterstützung einiger wichtiger Männer in der AMA, der von der American Association for Labor Legislation gefördert wurde, einer liberalen Organisation von Sozialreformern, aufgeklärten Kapitalisten und einigen Gewerkschaftsführern. Aus damaliger Sicht bedeuteten die Bestrebungen, die Medizin zu rationalisieren, sowohl für Ärzte als auch für Stiftungen den Untergang des niedergelassenen Arztes. 1915 übte Welch von oben herab Druck aus, dass »alles unternommen werden sollte, um dieses Dilemma zu beenden« und die »schöne« Institution des Hausarztes zu erhalten.[162] Doch diese düstere Prognose für die privaten Arztpraxen war definitiv verfrüht.

Als lokale medizinische Gesellschaften von den »professionellen Philanthropen« und ihren Versuchen, »uns zu unserem Nachteil hereinzulegen«, Wind bekamen, wurden die Progressisten innerhalb der AMA beschuldigt. Akademiker wie Welch, der 1909 zum AMA-Präsidenten gewählt worden war, befanden sich mittlerweile in einer isolierten Position. 1920 waren mindestens 60 Prozent aller Ärzte im Land Mitglied der AMA.[163] Angesichts so vieler Mediziner, die sich im Interesse der praktischen Ärzte zusammenschlossen, und weil die Akademiker ihre Führungsrolle verloren hatten und sich Progressisten wie Alexander Lambert zurückzogen, gingen die konservativen Praktiker in Führung, deren Dominanz bis heute ungebrochen ist.[164]

Als Gates 1925 aus der Geschäftsführung des General Education Board ausschied, waren die Bemühungen um eine Rationalisierung der medizinischen Versorgung noch nicht so weit gediehen, wie er gehofft hatte. Doch ungeachtet der Restriktionen seines Programms orientierte sich die Medizin an Gates' Standpunkt ein halbes Jahrhundert lang.

EPILOG:

Ein halbes Jahrhundert Medizin in der kapitalistischen Gesellschaft

—

Zwischen 1890 und 1925 wurde die amerikanische Medizin von Grund auf revolutioniert. Der medizinische Berufsstand stieg von Schmach und frustriertem Ehrgeiz zu Prestige, Macht und beträchtlichem Wohlstand auf. Die medizinischen Wissenschaften entwickelten sich von einem bloßen Hoffnungsschimmer in den Augen des Berufsstandes zu einem etablierten und mächtigen Faktor in der Gesellschaft.

Diese amerikanische Erfolgsgeschichte ist mehreren historisch bedeutsamen Entwicklungen zuzuschreiben. Erstens schuf der Industriekapitalismus für die theoretischen und angewandten Wissenschaften eine neue Rolle. Sie wurden von einer Nebenbeschäftigung für feine Herren zu einem entscheidenden Faktor im Wettbewerb um höhere Produktivität und niedrigere Arbeitskosten. Wissenschaftler nutzten die Gelegenheit, den führenden Köpfen dieser neuen Ökonomie zu dienen, und wurden für ihre Arbeit mit Geld und Einrichtungen und für ihre Leistungen mit Prestige belohnt.

Je komplexer die Produktionsorganisation und die finanziellen wie rechtlichen Fundamente des Kapitalismus wurden, desto mehr erkannten die Kapitalisten ihren Bedarf an Managern und Fachleuten für ihre Fabriken, ihre Banken und die sozialen Einrichtungen, die der Gesellschaft dienen und sie zusammenhalten. Die Universitäten wurden zu den wichtigsten Institutionen, um diese neue Schicht von Managern, Fachkräften und Wissenschaftlern auszubilden und die wissenschaftliche Forschung auf die Beine zu stellen.

Zweitens erkannten jene Ärzte, die mit ihrem Status unzufrieden waren, die wirtschaftlichen, politischen und technischen Vorteile, welche die Anwendung wissenschaftlicher Erkenntnisse innerhalb ihrer noch recht unbeholfenen Kunst mit sich brachte. Indem sie sich die wissenschaftliche Medizin zu eigen machten, untermauerten führende Ärzte ihren Kreuzzug für ein Monopol auf die Ausübung ihres Berufs. Die Vorväter der akademischen Medizin hatten »Glorie« über »Geld« gestellt und die medizinische Wissenschaft vorangebracht. Nun übernahmen Eliteärzte und medizinische Forscher gemeinsam die analytischen Schemata und Methoden der Wissenschaft und verlegten die Ausbildung der Ärzte an die Universitäten. Sie wollten in der Gesellschaft als die legitimen Experten in Sachen Gesundheit und Krankheit gelten. Mit dieser Strategie gewannen sie die politische und finanzielle Unterstützung der neuen Unternehmerklasse.

Drittens mobilisierten Stiftungen die Macht des Wirtschaftsvermögens im sozialen Bereich und leisteten eine noch nie da gewesene Hilfe zur Förderung der wissenschaftlichen Medizin sowie zur Reform der medizinischen Ausbildung. Zur treibenden Kraft hinter der Reform und der Entwicklung von Institutionen, die den wissenschaftlichen, pädagogischen und kulturellen Interessen der kapitalistischen Gesellschaft dienten, wurden Stiftungen, indem sie eine führende Rolle in der Finanzierung jener Veränderungen übernahmen, die in der Medizin notwendig geworden waren. Sie boten den kapitalhungrigen Medizinschulen Zuckerbrot aus Subventionen an und errangen so zwischen 1910 und den 1930er-Jahren eine enorme Macht im medizinischen Bereich. In dieser Zeitspanne gingen rund 300 Millionen Dollar Stiftungsgelder an die medizinische Lehre und Forschung. Laut Rosemary Stevens waren Stiftungen »somit die wichtigste externe Kraft, die nach 1910 Veränderungen in der medizinischen Ausbildung bewirkte«.[1]

Frederick T. Gates und die Rockefeller-Philanthropien

Unter allen Stiftungen war das General Education Board »der führende Faktor in der Umgestaltung der amerikanischen Medizinschulen nach dem Hopkins-Schema«, wie Abraham Flexner überheblich, aber der Wahrheit entsprechend sagte.[2] Die über 82 Millionen Dollar, die das GEB bis 1930 in die medizinische Ausbildung steckte, hatten gewaltige Auswirkungen, weil es eine sorgfältig konzipierte und gewissenhaft verfolgte Strategie anwandte: Zunächst wurden die Interessen und Ziele, die es fördern wollte, analysiert, alsdann Pläne zu deren Verwirklichung aufgestellt und schließlich den Empfängerschulen die notwendigen finanziellen und programmatischen Bedingungen auferlegt. Das GEB strebte ein rationalisiertes medizinisches Versorgungssystem an, das von medizinischen Hochschulen angeführt wurde, die sich der wissenschaftlichen und technologischen Medizin verschrieben hatten.

Frederick T. Gates und das GEB erreichten nicht alles, was sie sich vorgenommen hatten, hatten aber bis zum Todesjahr von Gates 1929 drei wichtige Strategien für die Entwicklung der Medizin in den Vereinigten Staaten fest etabliert. Erstens erarbeiteten Gates und das GEB als eine wichtige Funktion von Stiftungen, die Entwicklung des amerikanischen Gesundheitswesens in die richtigen Bahnen zu lenken. Sie nahmen sich das Recht heraus, festzulegen, welche Art von medizinischer Versorgung die Gesellschaft brauchte, und setzten ihr beträchtliches Vermögen zur Verwirklichung dieser Vorstellung ein. In seinen Anfangsjahren übernahm das GEB eine Führungsrolle und wurde von anderen Stiftungen und reichen Persönlichkeiten nachgeahmt. *Gates und seine Verbündeten erlangten ihre Macht über die amerikanische Medizin zum Teil aufgrund ihres Reichtums, vor allem aber, weil sie mit ihrer Strategie die Interessen der Unternehmerklasse vertraten und deshalb von dieser unterstützt wurden.*

Zweitens propagierten Gates und die Rockefeller-Philanthropien als Teil ihrer Strategie die wissenschaftlich-*technologische* Medizin und verhalfen ihr zur Vorherrschaft. Wegen der ideologischen Anziehungskraft dieser neuen Medizin und ihrer mutmaßlichen technischen Effektivität machten sich die Philanthropen und viele andere Gruppierungen in den industriellen kapitalistischen Gesellschaften die analytischen Theorien sowie die Forschungs- und Entwicklungsmethoden der Medizinwissenschaften zu eigen und gründeten die Organisation der medizinischen Praxis ausschließlich auf diese technologische Medizin. Bis 1930 hatten sie fest verankert, dass gut ausgestattete medizinische Zentren für die gesamte medizinische Tätigkeit und die Organisationen des Gesundheitswesens sowie für die Ausbildung neuer Mediziner und die Entwicklung von Wissenschaft und Technik ausschlaggebend waren.

Und schließlich begannen Gates und seine Gefolgsmänner inner- und außerhalb des GEB einen langen Kampf um die *Rationalisierung* des Gesundheitswesens, das heißt um die Koordination und Integration der verschiedenen Systemfaktoren, damit diese die ihnen zugedachten Aufgaben erfüllten. Ein großes Hindernis in diesem Kampf waren die niedergelassenen Ärzte, deren Wunsch, vom Leiden anderer Menschen zu profitieren, bei Gates und seinen Kollegen heftigen Widerstand und den Vorwurf der »Kommerzialität« hervorrief. Weil die Interessen der organisierten Ärzteschaft im Widerspruch zu dem Ziel standen, den technischen Nutzen und die ideologischen Einflüsse der Medizin so weit wie möglich zu verbreiten, griffen die Rockefeller-Philanthropen den Berufsstand frontal an. Auch wenn sie diesen nicht besiegen konnten, so haben sie doch die Strategie initiiert, die in den folgenden Jahrzehnten von den Stiftungen fortgeführt und verfeinert wurde.

Wie wir im Rest dieses Kapitels sehen werden, entwickelten sich die Kräfte, die in Gates' Zeit in Bewegung gesetzt wurden, im Laufe der nachfolgenden 50 Jahre weiter. Obwohl die Stiftungen in medizinischen Angelegenheiten weiterhin führend sein wollten, übernahm nun der Staat die dominierende finanzielle Rolle in der Reform und Entwicklung des Gesundheitswesens. *Er setzte die von den Gründervätern entwickelten Strategien zur Rationalisierung der medizinischen Versorgung und zur Entwicklung der technologischen Medizin fort.* Dieses Kapitel konzentriert sich auf zwei wichtige Entwicklungen, die zu Verhältnissen führten, mit denen Gates und seine Zeitgenossen nicht gerechnet hatten:

Erstens schuf die technologische Medizin Möglichkeiten für die Entstehung neuer medizinischer Sparten, die in der medizinischen Politik und Ökonomie wichtige Rollen spielen sollten. Die Rationalisierung wurde einfach auf diesen privaten Marktsektor ausgeweitet, was die Expansion und Kontrolle kapitalintensiver medizinischer Sparten erleichterte, ohne jedoch die Defizite der marktwirtschaftlich organisierten Medizin zu beheben.

Zweitens diente das Beharren des Staats auf der Medizintechnologie sowohl dem Interesse der Unternehmerklasse an ihrer Selbstlegitimation als auch den Interessen der medizintechnischen Verbände. Doch die explosionsartigen inflationären Auswirkungen der Medizintechnik in einem marktorientierten System untergruben schließlich die Unterstützung für ihre Expansion und förderten die teilweise Ersetzung durch andere legitimierende Ideologien. Und wie wir ebenfalls sehen werden, hat keine dieser Entwicklungen ein Gesundheitssystem geschaffen, das den allgemein anerkannten Bedürfnissen der Bevölkerung entspricht.

Die Rationalisierung des medizinischen Marktes

Das Committee on the Costs of Medical Care

Einer der Meilensteine in den Bemühungen von Stiftungen um eine Rationalisierung des Gesundheitswesens war das Committee on the Costs of Medical Care (CCMC, »Ausschuss für die Kosten der medizinischen Versorgung«). Das Komitee wurde 1927 gegründet und von acht Stiftungen – darunter die Rockefeller-, Rosenwald-, Macy-, Milbank- und die Carnegie-Philanthropie – mit einem Ein-Millionen-Dollar-Fonds für Forschung und Spesen ausgestattet. In den 4 Folgejahren erarbeiteten die CCMC-Mitarbeiter und -Berater 26 Berichte und reichten 1932 einen Schlussbericht ein, der zur damaligen Zeit dramatisch erschien.[3]

Letzterer dokumentierte nämlich die großen einkommensabhängigen Unterschiede in der medizinischen Versorgung. Familien mit mittlerem und höherem Einkommen verzeichneten im Durchschnitt deutlich mehr Arztbesuche pro

Person und Jahr als Familien mit niedrigerem Einkommen. Krankenhausaufenthalte, zahnärztliche und präventive Versorgung sowie Augenarztbesuche waren ebenfalls stark vom Familieneinkommen abhängig. Die kritische Analyse des Komitees implizierte ein wichtiges Prinzip: Wird medizinische Versorgung verkauft und somit als Ware betrachtet, so erreicht sie nur diejenigen, die sie bezahlen können, und nicht all jene, die sie benötigen. Sie wird also der sozialen Klassenstruktur entsprechend verteilt.

Der Ausschuss empfahl, die medizinische Versorgung in Gruppenpraxen zu reorganisieren, für mehr rationell und bedarfsgerecht verteilte Krankenhäuser zu sorgen, freiwillige Krankenversicherungspläne zu entwickeln, um die ungleichen finanziellen Krankheitsrisiken auf die Bevölkerung zu verteilen, sowie das Gesundheitswesen von der Regierung koordinieren zu lassen. Der Tenor dieser Empfehlungen war, die außer Kontrolle geratene Macht der Ärzteschaft über die medizinische Versorgung einzudämmen, indem das Honorarsystem für niedergelassene Ärzte überarbeitet, die Stellung der Krankenhäuser gestärkt und der zügellose Markt für medizinische Dienstleistungen in einem rationalisierten System reguliert wurde.[4]

Der CCMC-Bericht formulierte und legitimierte die Sichtweise und die Ziele der Kampagne zur Gesundheitsreform auf ähnliche Weise, wie es der Flexner-Report für die Kampagne der Ärzteschaft zur medizinischen Ausbildungsreform 20 Jahre früher getan hatte. Die Empfehlungen wurden von praktisch allen 38 Gesundheitsbeamten im Ausschuss, von Wirtschaftsführern, Stiftungsbeauftragten, Dozenten der medizinischen Fakultäten, Sozialwissenschaftlern, Gewerkschaftsfunktionären und Regierungsbeamten unterstützt. Durch das CCMC bildeten sie eine lose Koalition, zu deren Anführern ein paar Stiftungsbeauftragte und -mitarbeiter gehörten, die für Gates und die Rockefeller-Philanthropien gearbeitet beziehungsweise mit ihnen zusammengewirkt hatten. Im Laufe der Jahre bemühte sich diese Koalition, zu der sich bald auch Klinikverwalter und ein paar Repräsentanten der Krankenversicherungen gesellten, um die Rationalisierung des Gesundheitswesens.

Neun Vertreter der organisierten Medizin im Komitee sprachen sich gegen das Mehrheitsgutachten aus. Sie waren nicht einverstanden mit dem Vorschlag,

Praxisgemeinschaften zu bilden und Versicherungsbeiträge vorauszubezahlen, und wollten eine freiwillige Versicherung nur dann befürworten, wenn sie die Honorarpraxis unter der Kontrolle lokaler Ärztekammern schützte. Obwohl die meisten Ausschussmitglieder dafür waren, die medizinische Versorgung unter privater Kontrolle beizubehalten, wurden ihre Vorschläge für eine stärker öffentlich organisierte Finanzierung und eine bessere Koordinierung der Versorgung von den niedergelassenen Ärzten als Kampfansage aufgefasst. Das *AMA Journal* brachte die Angelegenheit auf die Spitze der Übertreibung:

> Die Parteien sind klar – auf der einen Seite haben wir jene Kräfte, die die großen Stiftungen, das öffentliche Gesundheitswesen, die Gesellschaftslehre – ja sogar Sozialismus und Kommunismus – vertreten und zur Revolution aufrufen; auf der anderen Seite die organisierte Ärzteschaft dieses Landes, die auf eine geordnete Entwicklung drängt, die von überwachten Experimenten ausgeht und sich an die Prinzipien hält, die sich im Lauf der Jahrhunderte für die vernünftige medizinische Tätigkeit als notwendig erwiesen haben.[5]

Die Versuche dieser »revolutionären« Koalition in den 1930er-Jahren, eine Art nationaler Krankenversicherung zu erarbeiten, scheiterten an der finanzstarken Lobbymaschinerie der AMA. »Die Kontroverse zwischen der ›organisierten Medizin‹ und vielen wichtigen Interessen in unserer Gesellschaft wurde intensiver«, stellte Isidore S. Falk, Forschungsdirektor des CCMC, fest, »und es begann sich eine Dichotomie nationalen Ausmaßes abzuzeichnen.«[6] Die AMA als Interessengruppe erklärte den von der Unternehmerklasse unterstützten Bemühungen um eine Rationalisierung des Gesundheitswesens den Krieg. Die Reformkoalition reichte beim Kongress eine lange Reihe von Gesetzesentwürfen für eine nationale Krankenversicherung ein, die jedoch alle von der AMA bekämpft wurden – mithilfe der reichen Ärzteschaft und der daraus resultierenden Macht, die öffentliche Meinung zu beeinflussen, sowie den Stimmen der Abgeordneten.

Ärzte und der kapitalintensive Warensektor

Letzten Endes wurde die Autonomie des Ärztestands jedoch von denselben wirtschaftlichen Kräften untergraben, die zu seinem scheinbar unaufhaltsamen Aufstieg bezüglich Macht, Wohlstand und Status beigetragen hatten. Genauso wie für die Entwicklung der medizinischen Wissenschaften und die Reform der medizinischen Ausbildung externes Kapital erforderlich war, benötigte auch die technologisch-medizinische Versorgung eine finanzielle Basis, die nicht durch individuelle Patientenhonorare aufgebracht werden konnte. Die Abhängigkeit der Ärzte von der Medizintechnik und deren hohe Investitions- und Betriebskosten beeinträchtigten die politische Autonomie des Berufsstands.

Zwar konnten Krankenhäuser Ärzten neue diagnostische und therapeutische Einrichtungen zur Verfügung stellen, die die ärztliche Versorgung technisch anspruchsvoller machten und das Prestige der Ärzte förderten, doch die Krankenhäuser benötigten immer mehr Geldmittel und ein stabiles Finanzierungssystem. Da die Ärzte das Kapital, das für die Errichtung und Ausstattung von Krankenhäusern erforderlich war, nicht selbst aufbringen konnten, waren sie auf Philanthropien, die Regierung und Handelsbanken angewiesen. Und die Krankenhäuser mussten, je höher die Anforderungen an die Betriebsmittel wurden, über die Abrechnung der einzelnen Patienten hinaus auf die Ressourcen der Versicherungsgesellschaften und des Staates zurückgreifen. In ähnlicher Weise waren die Ärzte von medizinischen Fakultäten abhängig, um dort erzielte Fortschritte in der medizinischen Praxis anzuwenden neue Mitglieder des Berufsstands in wissenschaftsbasierten medizinischen Theorien und Techniken auszubilden und neue Mitglieder in Normen zu sozialisieren, die den Berufsstand zusammenschweißten und stark machten. Außerdem brauchten sie Pharmaunternehmen, die ihre Medikamente produzierten. Schließlich bildeten diese die entscheidende Grundlage für ihre Tätigkeit, denn verschreibungspflichtige Arzneimittel verliehen den Ärzten neue Macht, weil man einen Arzt aufsuchen musste, um an diese Früchte der medizinischen Forschung heranzukommen. Verschreibungspflichtige Medikamente, Krankenhausversorgung, medizinisches Equipment und Zubehör sowie Krankenversicherungen wurden im Reich der Medizin, in dem die Ärzte herrschten, schnell zu wesentlichen Gütern.

Bisher hatte die Medizin von Privatärzten auf einfachen, unbedeutenden Waren basiert, die der Arzt selbst herstellen und verkaufen konnte. Die technologische Medizin aber machte die Ärzte von Gütern abhängig, deren Produktion enorme Kapital- und Arbeitsinvestitionen erforderte.[7] Jahrzehntelang gereichte diese Entwicklung dem Berufsstand zum Vorteil. Die Medizintechnologie ermöglichte es der Ärzteschaft und diesen neuen Interessengruppen, die medizinische Versorgung in einzelne Dienstleistungseinheiten und Produkte aufzuteilen, die auf dem medizinischen Markt verkauft werden konnten. Diese intensive »Kommodifizierung« – das »Zur-Ware-Werden« – der medizinischen Versorgung führte zu einer größeren Anzahl vermarktbarer medizinischer Güter. Auf diesem Markt übernahmen die Ärzte als Zwischenhändler und »produktiver« gewordene Produzenten eine neue Rolle. Sie waren in der Lage, einen immer größeren Teil des zunehmend lukrativen medizinischen Marktes zu kontrollieren, und beanspruchten ein Monopol an Fachwissen und Autorität über die Gesundheitsversorgung und die wachsende Anzahl der im Gesundheitswesen Beschäftigten. Doch die zunehmende Abhängigkeit der Ärzteschaft von der kapitalintensiven Medizin barg zugleich den Keim für ihren politischen Absturz – den Verlust ihrer Fähigkeit, die wirtschaftlichen Beziehungen zu schützen, auf denen die private Praxis beruhte. Dieser Widerspruch zeigte sich vor allem im Krankenhaus.

Wie das Committee on the Costs of Medical Care (der »Ausschuss für die Kosten der medizinischen Versorgung«) nachgewiesen hatte, gab es nicht genügend Krankenhäuser, und die wenigen, die es gab, waren nicht bedarfsgerecht verteilt. In den 1930er-Jahren stellte der Julius Rosenwald Fund der American Hospital Association (AHA) 100 000 Dollar und das Darlehen des Mitarbeiters Dr. C. Rufus Rorem (der für das CCMC als leitender Forscher tätig war) zur Verfügung, um die AHA bei der Rationalisierung der Klinikverwaltung und der Organisation der Blue-Cross-Verbände[8] zu unterstützen.[9] Die Stiftung und die AHA erhofften sich von dem Klinikversicherungsprogramm ein stabiles Einkommen der von der Großen Depression schwer getroffenen Krankenhäuser, eine

Zentralisierung und Integration der lokalen medizinischen Dienstleistungen rund um die Kliniken sowie die Förderung der freiwilligen Krankenversicherung zumindest für Krankenhausaufenthalte.

Die Blue-Cross-Pläne erwiesen sich als phänomenaler Erfolg und bestätigten, wie wertvoll Zahlungsmechanismen durch »Dritte« waren. Das Risiko medizinischer Notfälle wurde auf viele Einzelpersonen und Familien verteilt, was ihnen Zugang zu kostspieligeren Behandlungen verschaffte. Die Forderungen der Gewerkschaften nach größerer wirtschaftlicher Sicherheit und Bezuschussung förderten die Verbreitung arbeitsbezogener Gruppenverträge. 1947 – nach mehreren Jahren kriegsbedingter Cost-Plus-Regierungsverträge[10] – hatte die Blue-Cross-Vereinigung 27 Millionen Mitglieder, was 19 Prozent der Bevölkerung entsprach. Dem Vorbild des Blue Cross folgend, drängten nach dem Krieg kommerzielle Versicherungsgesellschaften energisch auf den Krankenversicherungsmarkt, den sie vorher fast ignoriert hatten. Blue-Cross- und kommerzielle Versicherungsgesellschaften bauten diese neue »Ware« zu einem bedeutenden Wirtschaftszweig (mit Beitragseinnahmen in Höhe von 39 Milliarden Dollar im Jahr 1977) aus und stärkten die Einkünfte der Krankenhäuser und deren Position innerhalb des medizinischen Versorgungssystems.[11]

Die Gruppierungen, die sich rund um das CCMC zusammengeschlossen hatten, setzten ihre Kampagne zur Reformierung des Gesundheitssystems fort. Da diese Interessengruppen die Koordinierung der Versorgung unter der Leitung der Medizinschulen mit Krankenhäusern als »logischem Zentrum« propagierten, wurden die Krankenhäuser zu glühenden Verfechtern der Reform und Rationalisierung, die ihre Rolle und ihre Macht erweitern würden. Mit Unterstützung der AMA konnte diese lose Koalition im Jahr 1946 den Hospital Survey and Construction Act (»Krankenhauserhebungs- und -baugesetz«) – besser bekannt als Hill-Burton Act – durchsetzen.[12] Der Hill-Burton Act war ein weiterer Meilenstein, nicht nur wegen der 5 Milliarden Dollar, die er seither für den Bau und die Modernisierung von Krankenhäusern bereitgestellt hat, sondern weil damit der Staat zur Hauptmacht im medizinischen Versorgungssystem wurde.

Der Staat: Rationalisierung des privaten Marktes

Nach dem Zweiten Weltkrieg stellte die Regierung mehr Geld für den Ausbau und die Rationalisierung des Gesundheitswesens zur Verfügung. Der Staat übernahm von den Stiftungen die Aufgabe der Finanzierung von Reformen in der medizinischen Ausbildung und stellte später die Betriebsmittel für die medizinische Versorgung und Ausbildung selbst bereit. Die staatliche Intervention war aber – natürlich – nicht neutral. Die Interessen des Staates reichen weiter als die jeder anderen Interessengruppe, ob in der Gesundheit oder der Wirtschaft allgemein, doch der Staat ist nur bedingt autonom. In fortschrittlichen kapitalistischen Ländern befindet sich der Staat in gegenseitiger Abhängigkeit und Verflechtung mit der herrschenden ökonomischen Klasse. Hohe Regierungsbeamte stammen unverhältnismäßig oft aus der Unternehmerklasse. Die Steuereinnahmen des Staates hängen von der »Gesundheit« der kapitalistischen Wirtschaft ab. Und die Regierung propagiert und schützt die breiteren Interessen der Unternehmerklasse, insbesondere die ihrer dominanten Branchen. Auch wenn es zu einem bestimmten Zeitpunkt zum Nachteil einzelner Unternehmen gereichen kann, nützt die staatliche Regulierung auf Dauer gesehen den in einer Branche führenden Unternehmen, indem sie monopolistische Konzentrationen wirtschaftlicher Macht zulässt, aber zugleich verhindert, dass diese Konzentrationen zu verheerenden wirtschaftlichen Eroberungskriegen führen. Der Staat ermöglicht die Anhäufung von Kapital und legitimiert die bestehende kapitalistische Gesellschaft. Während der Progressive Era wurde diese Abhängigkeit, in der sich die Unternehmerklasse vom Staat befindet, von Vertretern der liberalen Wirtschaft beim Namen genannt, und die staatliche Intervention in die Organisation der Produktion und gesellschaftlicher Beziehungen begann. Sie nahm während der Großen Depression rasch größere Ausmaße an, wurde aber erst während und nach dem Zweiten Weltkrieg zum herrschenden Ordnungsprinzip. So wurde der Staat für die Medizin ebenso wichtig wie für die Wirtschaft insgesamt.[13]

Dass sich der Staat für die Rationalisierung des Gesundheitswesens einsetzte, war zwar offensichtlich, aber es war nicht klar, ob er dies im Rahmen des bestehenden privaten Eigentums unter privater Kontrolle oder des staatlichen Eigentums unter staatlicher Kontrolle tun würde, wie es in vielen westeuropäischen Ländern üblich war. Die Konsequenzen wären jedenfalls erheblich.

Würde das Gesundheitswesens in privaten Händen und unter privater Kontrolle rationalisiert werden, so würde dies die Transformation einer einfachen Warenproduktion in eine kapitalintensive Warenproduktion beschleunigen, während die Verstaatlichung das Gesundheitswesen in eine öffentliche Dienstleistung verwandeln würde. In welche Richtung dies ging, wurde aber nicht von der Politik vorgegeben, sondern durch wirtschaftliche und politische Entwicklungen im Gesundheitswesen und in der Gesellschaft erzwungen - zum Teil durch den Widerstand der AMA gegen eine nationale Krankenversicherung und das Fehlen einer ausreichend starken und entsprechend bedrohlichen Arbeiterbewegung, zum Teil durch das Wachstum des mächtigen kapitalistischen Warensektors im Gesundheitswesen und zum Teil durch die Rolle des Staates in den fortschrittlichen kapitalistischen Ländern.

In Europa wurden nationale Krankenversicherungsprogramme entweder von eher konservativen Regierungen - in Reaktion auf militante Arbeiteraufstände, die die Staatsmacht und den Kapitalismus bedrohten - oder aber von Arbeiter- oder sozialdemokratischen Parteien eingerichtet, die ausreichende Wahlerfolge erzielten. 1883 erließ Bismarck das Gesetz über die Krankenversicherung, um die wachsende Unterstützung des Sozialismus durch die deutsche Arbeiterklasse einzudämmen. In England verabschiedeten David Lloyd George und die Liberal Party 1911 den National Health Insurance Act (das »Nationale Krankenversicherungsgesetz«), um die Wählerstimmen der Arbeiterschaft von der sozialistischen Labor Party abzuziehen. Und als die Liberal Party nach dem Zweiten Weltkrieg an die Macht kam, verstaatlichte sie mit dem National Health Service Act die Krankenhäuser und das Versicherungssystem.

In den Vereinigten Staaten wurde die Arbeiterklasse zu einer Bedrohung für die herrschenden Kräfte, als die Socialist Party wichtige Wahlsiege erzielte und ihr militanter Flügel Unterstützung für seine Absicht fand, die revolutionären Aktivtäten zu verstärken. 1916 brachte die American Association for Labor Legislation (AALL, »Amerikanische Vereinigung für die Arbeitsgesetzgebung«), ein Bündnis aus progressiven Geschäftsleuten und Reformern sowie nicht sozialistischen Arbeiterführern, in mehreren Bundesstaaten ihr Modell einer Krankenpflichtversicherung in die Gesetzgebung ein. Obwohl ein paar progressive AMA-Repräsentanten den Gesetzesentwurf für gut befanden, vereitelten sowohl niedergelassene Ärzte, die sich innerhalb und außerhalb der AMA gegen diesen »Angriff«[14] zusammenschlossen, dieses Vorhaben als auch der konservative und politisch-repressive Geist, der das Land nach dem Kriegseintritt erfasst hatte.

Da es in Amerika an einer hinreichend unabhängigen und kämpferischen Arbeiterbewegung fehlte, wurde die nationale Krankenversicherung in den folgenden Jahrzehnten weiterhin bekämpft. Die gesamten 1930er- und 1940er-Jahre hindurch setzte die AMA ihren vehementen Widerstand gegen jegliche staatliche Intervention in die Finanzierung der medizinischen Versorgung fort. Liberale Reformer versuchten, im Rahmen des Social Security Act (»Sozialhilfegesetzes«) eine nationale Krankenversicherung als Teil des New Deal zu erreichen – in Reaktion auf die Große Depression und die kämpferische Bewegung unter den Arbeitslosen und Fabrikarbeitern. Doch die AMA war so mächtig, dass jede Erwähnung einer medizinischen Versorgung im Social Security Act gestrichen wurde. In den 1940er-Jahren führte die AMA eine finanzkräftige, energische und schließlich erfolgreiche Kampagne gegen die Wagner-Murray-Dingell- und Truman-Vorschläge[15] eines verstaatlichten Krankenversicherungssystems und propagierte sogar freiwillige private Krankenversicherungen als »amerikanischen Weg«, um die wachsende öffentliche Unterstützung einer staatlichen Krankenversicherung zu untergraben.[16] Schließlich akzeptierten die liberalen Befürworter einer Reform des Gesundheitswesens ihre Niederlage und zogen sich auf die Vorschläge einer staatlichen Krankenversicherung zurück, die ausschließlich auf Sozialhilfeempfänger beschränkt war.

Die Große Depression und der Zweite Weltkrieg bestätigten das Prinzip staatlicher Wirtschaftsintervention, um die Produktion sowie notwendige soziale Einrichtungen und Dienstleistungen zu organisieren und anzukurbeln. Der Hill-Burton Act war ein Beispiel dafür, wie dieses Prinzip auf das Gesundheitswesen ausgedehnt wurde. Doch die AMA setzte ihren jahrzehntelangen Widerstand gegen eine größere Anzahl von Medizinstudenten fort und wies Vorschläge für

Direktförderungen medizinischer Hochschulen zurück. Nichtsdestotrotz öffneten Hilfsmittel für die medizinische Forschung – die die AMA begrüßte, da sie die Entwicklung der medizinischen Technologie voranbrachten – eine Hintertür, weil sie einen Teil der Fixkosten und Dozentengehälter deckten. Als in den 1950er-Jahren aufgrund der öffentlichen Sorge über den zunehmenden Ärztemangel vom Kongress dann endlich Bauzuschüsse und Ausbildungspraktika an medizinischen Schulen genehmigt wurden, wurde die AMA mit den Grenzen ihrer politischen Macht konfrontiert.[17]

Mitte der 1960er-Jahre errangen die Rationalisierungsbefürworter mit der Verabschiedung des Medicare Bill und des Medicaid Bill – einer Art Plan B der früheren Bemühungen um eine landesweite Krankenversicherung – einen wichtigen legislativen und programmatischen Sieg über die AMA. Medicare ist ein Sozialversicherungsprogramm das für mehr als 95 Prozent aller Amerikaner über 65 Jahren die meisten Krankenhaus- und Arztkosten sowie andere medizinische Leistungen übernimmt. Und Medicaid, ein an die Sozialhilfe gekoppeltes Programm auf bundesstaatlicher und nationaler Ebene, trägt die Kosten für die medizinische Versorgung von Sozialhilfeempfängern und anderen »medizinisch bedürftigen« Personen. Die Verabschiedung von Medicare und Medicaid, die von den Ärztevereinigungen erbittert und kostspielig bekämpft wurde, signalisierte den weiteren Niedergang der Macht des Berufsstands und die wachsende Dominanz jener Kräfte, die sich für die Rationalisierung des Gesundheitswesens einsetzten.

Wie die privaten Krankenversicherungen waren auch diese staatlichen Zuschüsse und »Drittanbieter«-Programme Teil umfassenderer Strategien zur Rationalisierung des Gesundheitswesens. Da Versuche, auch die Krankenversicherung zu verstaatlichen, abgeblockt wurden, begnügten sich die Verfechter der Rationalisierung mit der des privaten medizinischen Marktes.

Der Zuwachs kapitalintensiver Güter

Während private Krankenversicherungen einen stabilen Geldstrom bedeuteten, von dem die Krankenhäuser leben und sogar expandieren konnten, schien aus Medicare und Medicaid schier grenzenloser Geldsegen zu kommen. Sie nährten den Kampf um den Markt, der zwischen den Krankenhäusern entbrannt war, sowie die Habgier von Krankenhausverwaltern, Baufirmen, Banken, medizinisch-industriellen Zulieferern und anderen, denen es gelang, ihre Hände in die öffentlichen Kassen zu stecken. Nach der Einführung von Medicare und Medicaid kletterten die jährlichen Krankenhaus- und Arztkosten doppelt so schnell in die Höhe wie zuvor, und die Kosten für die allgemeine medizinische Versorgung überflügelten die Inflation in der restlichen Ökonomie um ein Zweifaches. Die Kapitalinvestition pro Krankenhausbett stieg in den ersten 5 Medicare- und Medicaid-Jahren dreimal so rasch an wie in den 5 Jahren davor und lag 1976 bei 56 000 Dollar. Medicare und Medicaid hatten an den Ausgaben der medizinischen Versorgung sogar einen noch größeren Anteil – im Jahr 1977 waren es 37 Millionen Dollar, was einem Viertel der Gesamtausgaben des Gesundheitswesens entspricht.[18]

Zusammen mit den privaten Krankenversicherungen subventionierten Medicare und Medicaid den raschen Ausbau der kapitalintensiven medizinischen Versorgung. Die Krankenhäuser konnten sicher sein, dass sie sich von automatischen Blutuntersuchungsgeräten (die mindestens 100 000 Dollar kosteten) bis zu Computertomografie-Scannern (300 000 bis 750 000 Dollar) alles leisten konnten. Der Ausbau von Kliniken hatte landesweit bis zu 100 000 überzählige Krankenhausbetten zur Folge, die jeweils um die 20 000 Dollar an jährlichen Fixkosten verursachen.[19] Banken gehörten zu den Profiteuren dieser Expansion, weil sie den Krankenhäusern profitable Handelskredite gewährten, für die in der Regel die Regierung bürgte.[20] Klinische Laboratorien, Klinik- und Sanitätsartikelindustrie, die Pharmaindustrie und die Pflegeheimindustrie erlebten einen ähnlichen Boom.

Immer mehr medizinische Güter wurden im Vergleich zu den ärztlichen Leistungen kapitalintensiv. 1977 gab eine »durchschnittliche« Person sieben- bis achtmal mehr für Arzt- und Zahnarztbesuche aus als 1950, aber für die Versorgung im Krankenhaus war es zwölfmal mehr und für Pflegheime sogar 95-mal mehr.[21] Mit der Ausweitung der privaten Krankenversicherung und insbesondere mit der Einführung von Medicare und Medicaid schrumpfte die Macht der Ärzte im Verhältnis zur wachsenden wirtschaftlichen und politischen Macht des kapitalintensiven medizinischen Sektors. Dieser Sektor hat den Ärztestand als dominante politische Kraft im Gesundheitswesen inzwischen überholt, und dies hauptsächlich aufgrund der gemeinsamen Interessen von drei wichtigen Gruppierungen.

Die »korporativen Rationalisierer«

Medicaid und Medicare sind aus jenen Gruppen hervorgegangen, die der Mehrheitsposition des Committee on the Cost of Medical Care Ausdruck verliehen hatten, der American Hospital Association dabei halfen, Krankenhäusern eine Rolle als »logische Zentren« des Gesundheitssystems zu geben und diese zu koordinieren – und die für die Verabschiedung des Hill-Burton Act und anderer staatlicher Hilfsprogramme sorgten. Sie sind das, was Robert Alford »Unternehmensrationalisierer«[22] nennt, die die Koordination und organisatorische Integration der verschiedenen Bereiche des medizinischen Versorgungssystems oder, wie sie es nennen, des »Nicht-Systems« befürworten.

Tatsächlich gibt es drei unterschiedliche Gruppierungen, die für die Rationalisierung eintreten: zwei Interessengruppen und eine Gesellschaftsschicht. Eine dieser beiden Interessengruppen besteht aus bürokratischen Fachleuten – akademischen Ärzten, Beamten des Gesundheitswesens, Beratern, Planern und Gutachtern. Sie sind die Funktionäre des bürokratisch organisierten Gesundheitswesens, die die immer zahlreicher werdenden Stellen in der Regierung, in Medizinschulen, Gesundheitsämtern und Organisationen aller Art besetzen. Obwohl die bürokratischen Fachleute generell an den Hauptzielen der medizinischen Reform festhalten, an dem gleichberechtigten Zugang für Arme und rassische Minderheiten sowie einer leichter zugänglichen Grundversorgung, haben sie ein materielles Interesse an solchen Reformen, weil sie mit jeder neuen Rationalisierungsstufe an Macht und Status gewinnen. Als Techniker und Manager sind Stiftungen und Regierung für die Planung und Realisierung der Reformen auf sie angewiesen. Die bürokratischen Fachleute sind aber jene Gruppierung unter den dreien mit der geringsten Macht, weil ihre Positionen davon abhängen, wem sie dienen.

Die zweite Interessengruppe unter den Rationalisierern sind Branchen mit einem direkten wirtschaftlichen Interesse am medizinischen Markt: die Marktrationalisierer. Die zwei aktivsten Branchen in dieser Gruppe sind Krankenhäuser und Krankenversicherungen. 1976 fielen auf gemeinnützige Krankenhäuser in privater Trägerschaft (»voluntary hospitals«) 70 Prozent der Krankenhausbetten, 72 Prozent der durchschnittlichen täglichen Patientenzahl und 76 Prozent des Vermögens der nicht staatlichen Kliniken für die Akutbehandlung.[23] Und sie nahmen den Löwenanteil der über 65 Milliarden Dollar ein, die 1977 für die Versorgung im Krankenhaus ausgegeben wurden, womit sie eine wichtige Wirtschaftskraft im Gesundheitssektor darstellen. Ihre Existenz hängt zwar nicht vom medizinischen Warenmarkt ab – das heißt, sie würden auch in einem verstaatlichten Gesundheitssystem überleben –, aber ihre autonome Macht wird durch dieses privat kontrollierte Marktsystem erheblich gestärkt. Wie jedes andere Unternehmen haben Krankenhäuser die unternehmerische Macht, sich so viele Anteile wie möglich vom Markt zu sichern,[24] mehr Einnahmen als Ausgaben zu erzielen und die Ressourcen innerhalb der Marktgrenzen zu verteilen.

Ähnlich aggressiv haben Blue Cross und Blue Shield, obwohl sie »nicht gewinnorientiert« sind, im Jahr 1977 Versicherungsprodukte für etwa 19 Milliarden Dollar auf dem medizinischen Markt verkauft. Doch genauso wie die »Blues« sind auch profitorientierte Versicherungsunternehmen, die in jenem Jahr rund 20 Milliarden Dollar einnahmen, in ihrer Existenz auf das Marktsystem für medizinische Versorgung angewiesen. Die traditionell enge Bindung von Blue Cross und Blue Shield an Krankenhäuser beziehungsweise Ärztevereinigungen haben sich in den letzten Jahren gelockert – und zwar aufgrund des öffentlichen Drucks wegen der raschen Beitragserhöhungen, die zu einer stärkeren Regulierung und einer formellen Trennung von ihren Muttergesellschaften führten. Die

Interessen der »Blues« und kommerzieller Versicherungsgesellschaften nähern sich inzwischen immer weiter an, um die medizinischen Kosten auf einem Niveau zu halten, das der Beitragsmarkt tragen kann. Neben Pharmakonzernen, Banken und anderen gewinnorientierten Unternehmen haben auch Krankenhäuser und Versicherungsgesellschaften ein direktes Interesse an der Entstehung eines expandierenden Warensystems im Gesundheitswesen, insbesondere mit den enormen staatlichen Subventionen durch Medicare und Medicaid oder ein nationales Krankenversicherungsprogramm. Ihr Interesse an der Rationalisierung beschränkt sich auf die Ausweitung des Marktes für ihre Waren und auf den Schutz ihres Platzes im zunehmend rationalisierten System, das sie als unvermeidlich ansehen.

Die dritte Gruppe der Rationalisierer ist die Unternehmerklasse, zu der diejenigen gehören, die das korporative Vermögen des Landes besitzen oder verwalten, sowie Treuhänder und Leute, die mit der Verteilung jenes Vermögensanteils beauftragt sind, der für die Verwaltung sozialer Einrichtungen vorgesehen ist. Die derzeitige Unternehmerklasse besteht aus den Hauptaktionären und Spitzenmanagern der größten Konzerne. Sie umfasst sicherlich ein halbes (0,5) Prozent der Landesbevölkerung, die ein Fünftel des gesamten Vermögens der Nation besitzt, einschließlich der Hälfte des Nettovermögens aus Anleihen und Unternehmensaktien.[25] In ähnlicher Weise konzentriert sich die wirtschaftliche Macht bei Unternehmen, von denen im Jahr 1967 ein winziger Bruchteil (0,06 Prozent beziehungsweise 958 Unternehmen) die Mehrheit (53,2 Prozent) des gesamten korporativen Vermögens innehatte. Ähnliche Konzentrationen finden sich in den einzelnen Wirtschaftssektoren – darunter Produktion, Banken und Versicherungswesen.[26]

Auch unter den Stiftungen ist die Macht ungleich verteilt. 1976 besaßen von den insgesamt 2818 Stiftungen in den USA die obersten acht (die drei Zehntel eines Prozents aller Stiftungen ausmachen) ein durchschnittliches Vermögen von 948 Millionen Dollar, während drei Viertel jeweils über weniger als 5 Millionen Dollar und ein weiteres Fünftel über 5–25 Millionen Dollar verfügten.[27] Die obersten acht – darunter Stiftungen wie die von Robert Wood Johnson, Rockefeller, Kresge und Kellogg, die im Gesundheitssektor von Bedeutung sind –

haben einen unverhältnismäßig großen Einfluss auf pädagogische, wissenschaftliche und kulturelle Einrichtungen. Obwohl die Mitglieder dieser Gesellschaftsschicht keineswegs die gleichen Ansichten teilen, haben sie doch ein gemeinsames Interesse an der Aufrechterhaltung des kapitalistischen Wirtschaftssystems und ihrer kollektiven Macht- und Vermögensposition in diesem System.[28]

Wie meine Analyse des Engagements früherer Kapitalisten in der Medizin zeigt, hat die Unternehmerklasse ein zwingendes, wenn auch eng gefasstes Interesse an der Gesundheit der Menschen und ihrer medizinischen Versorgung. Aber dieses Interesse beschränkt sich darauf, dass die Bevölkerung körperlich und geistig so gesund ist, dass ausreichend Arbeitskräfte zur Verfügung stehen, und dass das Gesundheitswesen die Abhängigkeit vom technischen und professionellen Management individueller Probleme fördert. Kapitalisten wie etwa Gates mögen tatsächlich um die Zugänglichkeit medizinischer Versorgung bemüht sein, weil ein unzugängliches System seine Aufgaben nicht erfüllen kann. Sie mögen sogar, wie Vincente Navarro aufzeigt,[29] die vollständige Verstaatlichung des Gesundheitswesens befürworten, um die Produktivität zu steigern oder bedrohliche Strömungen in der Gesellschaft zu beschwichtigen und die schwindende Legitimität des Systems zu stärken.

Eigentümer und Manager von Unternehmen sowie Treuhänder und Stiftungsbeamte sind jedoch aus ideologischen Gründen nicht bereit, privates Eigentum und private Kontrolle bei der Befriedigung sozialer Bedürfnisse als problematisch zu betrachten. Klassenmitglieder, die mit Unternehmen in Zusammenhang stehen, profitieren natürlich direkt von der privaten Kontrolle der Kapitalanhäufung, und der Einfluss der Stiftungsmitglieder ergibt sich aus den Investitionen ihrer Stiftungen in Unternehmensvermögen. Sie haben also ein materielles Interesse daran, jedweden Konflikt zwischen privater Ressourcenkontrolle und den erklärten Zielen der Rationalisierung der medizinischen Versorgung zu ignorieren.

Bürokratiefachkräfte, die Medizinindustrie und die Unternehmerklasse taten sich zusammen, um ihre gemeinsamen Interessen – die Ausweitung der kapitalintensiven medizinischen Versorgung und die bürokratische Organisation als Hauptelemente der Rationalisierung – zu verfolgen, wobei sie darauf achteten, privates Eigentum und private Kontrolle zu schützen. Und wie reagierte der Staat auf dieses korporative Rationalisierungsmodell?

Der Staat und die kapitalistische Medizin

Der Staat griff mit Subventions-, Inzentiv- und Regulierungsprogrammen ein, um das Marktsystem neu zu justieren und die ungleiche Verteilung medizinischer Güter in der Marktwirtschaft sowie die ungewöhnlich inflationären Kräfte auf dem medizinischen Markt einzudämmen. Zwar erarbeitete er »kategoriale« Programme für jene, die sich die grundlegende medizinische Versorgung nicht leisten konnten, versuchte aber nicht, den Warenmarkt durch einen gerecht verteilten öffentlichen Gesundheitsdienst zu ersetzen. Ohne ausreichende Gegenkräfte konnte der mächtige Ärztestand die Bemühungen blockieren, die Finanzierung und Bereitstellung medizinischer Versorgung in diesem Land zu verstaatlichen, und so wurde das in Privatbesitz befindliche und privat kontrollierte System einfach durch direkte Subventionen und Anreize erweitert. Expansion und Subventionierung begünstigten die Entstehung eines kapitalintensiven medizinischen Warensektors, weil er den wirtschaftlich dominierenden Teil des medizinischen Marktes darstellte und weil er den ideologischen Perspektiven und materiellen Interessen der Unternehmensklasse entsprach.

Unternehmens- und Stiftungsmitglieder, die nicht in die profitorientierte medizinische Industrie investieren, betrachten das Gesundheitswesen als Zuliefererindustrie für den Primär- und Sekundärsektor der Wirtschaft. In den 1950er-Jahren aber hatte der mächtige Finanzsektor der Wirtschaft, der durch Versicherungsgesellschaften und Banken repräsentiert ist, ein großes Interesse am subventionierten medizinischen Markt entwickelt. Dennoch begehrten nur wenige Mitglieder der Unternehmerklasse – auch unter jenen, die nicht profitorientiert medizinisch investierten – gegen den »Kommerzialismus« in der Medizin auf, wie es die Rockefeller-Philanthropen Anfang des Jahrhunderts gegen die niedergelassenen Ärzte getan hatten. Und sogar die meisten Bürokratiefachkräfte, die kein finanzielles Eigeninteresse an einem gewinnorientierten Gesundheitssystem hatten, zogen es vor, die Angelegenheit zu ignorieren.[30]

Je mehr der Staat finanziell ins Gesundheitswesen eingriff, umso wahrscheinlicher war es, dass er auch politisch eingreifen musste, um das System, an dem er ein wesentliches finanzielles Interesse entwickelt hatte, zu kontrollieren. Arbeitgeber sorgten sich über die steigenden Kosten der von ihnen bezahlten Krankenversicherungsleistungen. 1976 gab General Motors mehr für Blue-Cross- und Blue-Shield-Beiträge aus – etwa eine Milliarde Dollar – als für die Einkäufe bei U.S. Steel. Stahlwerke, Banken, Fluggesellschaften und die meisten Produktionsunternehmen waren über den jährlichen 10- bis 25-prozentigen Anstieg der Kosten für die Krankenversicherung ihrer Arbeitnehmer alles andere als glücklich.[31] Und die Gewerkschaften waren besorgt, weil jeder Anstieg der Krankenversicherungsbeiträge (die über die Lohnzulagen bezahlt wurden) eventuelle Lohnerhöhungen ihrer Mitglieder verringerte. Und auch andere »Verbraucher«-Gruppen des Gesundheitswesens kritisierten den sinkenden Anteil von Ärzten und Dienstleistungen in der Primärversorgung und die steigenden Kosten, die die Verbraucher trotz der gestiegenen Versicherungsdeckung aus eigener Tasche bezahlen mussten. Der Kongress, die Exekutive und die Regierungen der Bundesstaaten befürchteten eine Finanzkrise, sollten die Ausgaben die Steuereinnahmen rasch übersteigen; sie wollten die steigenden Kosten ihrer medizinischen Programme eindämmen, die in weniger als 10 Jahren von einem Viertel der gesamten Gesundheitsausgaben vor der Einführung von Medicare und Medicaid auf über 42 Prozent angestiegen waren.[32]

Zu der Zeit, als die Marktkonditionen und die steigenden staatlichen Subventionen eine Rationalisierung notwendig machten, war der einzige medizinische Sektor, der ohne ausreichende Unterstützung der Unternehmerklasse oder der mächtigen Gesellschaftssparten wirklich Gewinne einbrachte, der *kleine* Warensektor der niedergelassenen Ärzte. Die Kontrolle und Regulierung ärztlicher Dienstleistungen schien unvermeidlich, weil die ärztlichen Anordnungen für Krankenhausaufenthalte und Eingriffe ein wichtiger Faktor für den himmelhohen Anstieg der Steuergelder für Medicare und Medicaid sowie für die privaten Ausgaben für medizinische Dienste waren. »Prepaid group practices«[33], die in den 1920er-Jahren entstanden und vom Committee on the Costs of Medical Care ausdrücklich empfohlen wurden, wurden zu einem wichtigen Bestandteil der Reorganisationspläne der Rationalisierer. Trotz des lang anhaltenden Widerstands der Ärztevereinigungen förderte die Bundesregierung diese Prepaid-Praxen, sogenannte Health Maintenance Organizations (HMOs, »Organisationen zum Gesundheitserhalt«). HMOs bieten einen Anreiz, die Kosten niedrig zu halten, weil sie dann, wenn eine Person ihre gesamte medizinische Versorgung für eine im Voraus bezahlte monatliche Gebühr erhält, die hohe Inanspruchnahme durch die Patienten von einem Aktivposten – wie in der Honorarpraxis – in einen Passivposten für den Anbieter umwandeln.[34] Bürokratische Organisation scheinen allein praktizierende Ärzte ablösen zu sollen.

Trotz der enormen Lobbymaschinerie der AMA in Washington gelang es den Rationalisierern 1972, die Zustimmung des Kongresses zu einem Gesetzesentwurf zu gewinnen, der die Gründung von Professional Standards Review Organizations (PSROs, »Organisationen zur Überprüfung beruflicher Normen«) vorsah, welche die Leistungen individueller Ärzte für Medicare- und Medicaid-Empfänger überprüfen sollten. Einige Bundesstaaten und lokale Ärztevereinigungen, die von einer externen Überprüfung auch dann nichts wissen wollten, wenn diese von ihrem eigenen Berufsstand vollzogen würde, drohten, das Programm zu boykottieren. Aber das *AMA Journal* sah die Katastrophe kommen und warnte die Ärzte nüchtern: »Wenn wir wie ein Fels in der Brandung stehen, wird unser Fundament abgetragen, und wir werden weggespült. Die organisierte Medizin muss flexibel bleiben und sich an unsere Zeit anpassen. Alles andere würde ein Aussterben wie bei den Dinosauriern und Dodos bedeuten. […] Es liegen bedrohliche Zeiten vor uns, aber wenn wir überleben wollen, müssen wir mitmachen.«[35] Als Beispiel für ihren neuen Realismus gab die AMA ihren 50 Jahre dauernden Widerstand gegen jegliche Form einer nationalen Krankenversicherung auf und legte einen eigenen »Medi Credit«-Plan vor, der für Bedingungen sorgen sollte, die das Überleben der niedergelassenen Ärzte ermöglichen konnten.

Gespalten stehen sie da

Wie sich Anfang des 20. Jahrhunderts die Einheit der niedergelassenen Eliteärzte und Lehrkräfte der Medizinschulen nach ihrem Sieg über die traditionellen Ärzte und »sektiererische« medizinische Strömungen auflöste, so bröselt die Einheit unter den Unternehmensrationalisierern, seitdem ihr Sieg über die privaten Arztpraxen in Sicht ist. Krankenhäuser sind, obwohl sie im Mittelpunkt des rationalisierten Gesundheitswesens stehen, zum roten Tuch jener Gruppierungen geworden, die versuchen, die steigenden Gesundheitskosten einzudämmen. Die bundesstaatlichen und lokalen Comprehensive-Health-Planning-Behörden (Behörden für »Umfassende Gesundheitsplanung«), die Mitte der 1960er-Jahre vom Kongress eingesetzt wurden, schafften es nicht, die Expansion der Kliniken und die steigenden Kosten sichtbar einzuschränken. Ihr Nachfolger – ein etwas stärkeres Netzwerk aus Health System Agencies (HSAs), das durch den National Health Planning and Resources Development Act von 1974 (P.L. 93–641) geschaffen wurde – ist ein weiterer Versuch, im wirtschaftlichen Chaos auf dem unregulierten medizinischen Markt für Ordnung zu sorgen und den fiskalischen Bankrott der staatlichen Gesundheitsprogramme abzuwenden. Zwar werden diese Behörden mithilfe der staatlichen Certificate-of-Need-Programme (»Bedarfbescheinigungsprogramme«) die Expansion von Krankenhäusern und deren Anschaffung sehr kostspieliger Ausstattungen vermutlich bremsen, die Wahrscheinlichkeit ist aber nicht groß, dass sie die verschiedenen medizinischen Interessengruppen unter Kontrolle bringen können.[36]

Mitglieder der Unternehmerklasse drängen via Firmenorganisationen und Stiftungen auf eine Reform des Gesundheitswesens, die vorsieht, die Primärversorgung zu verbessern und deren Organisation und Finanzierung zu rationalisieren. Das Committee for Economic Development (CED), eine politische Organisation aus Repräsentanten von fast 200 Großunternehmen, fordert die Neustrukturierung der medizinischen Versorgung in HMOs, die Erarbeitung einer nationalen Krankenversicherung und die verstärkte staatliche Planung und Regulierung medizinischer Einrichtungen.[37] Ähnlich nutzen Stiftungen ihr Vermögen, um die Versorgung rund um die Krankenhäuser und akademischen

Medizinzentren voranzubringen und zu koordinieren, wobei sie besonders die medizinische Grundversorgung betonen, die vom technologieorientierten Medizinmarkt so stark vernachlässigt wird. Die Robert Wood Johnson Foundation mit ihrem Vermögen von über einer Milliarde Dollar aus dem Verbandstoffimperium Johnson & Johnson steckt ihre Gelder komplett in den Gesundheitssektor. Die über 700 Millionen Dollar starke Rockefeller Foundation, die Kellogg Foundation mit fast einer Milliarde Dollar, die Kresge Foundation mit über 600 Millionen Dollar und andere Stiftungen legen einen deutlichen Schwerpunkt auf die Reformierung des Gesundheitswesens.[38] Obwohl ihr Vermögen gigantisch ist, wird es von den jährlichen Ausgaben der Bundesregierung für die medizinische Versorgung in den Schatten gestellt. Daher kümmern sich die Stiftungen um die Erarbeitung von Modellprogrammen, die dann von der Regierung übernommen werden und mit denen sie die Richtlinien sowohl in der Regierung als auch in den medizinischen Einrichtungen direkt beeinflussen können.

Die Versuche der Stiftungen und des Staates, das Gesundheitswesen zu rationalisieren, wurden einfach über die Marktwirtschaft für medizinische Dienstleistungen gestülpt. Rationalisierer aus Bürokratie und Unternehmen mögen noch so schöne Reden über Koordination, Integration und Planung schwingen, sie sind nicht in der Lage, alle Faktoren zu kontrollieren, die für die Herstellung und Bereitstellung von medizinischen Dienstleistungen und Produkten notwendig sind.[39] Ärzte, Krankenhäuser, Versicherungsgesellschaften, die »Blues«, Hersteller von Arzneimitteln und Krankenhausbedarf sowie medizinische Hochschulen buhlen alle um die Führungsrolle im Gesundheitssystem – oder zumindest um den Löwenanteil an dessen Ressourcen. Die derzeitigen Rationalisierungsstrategien verschleiern die Diskrepanz zwischen den erklärten Zielen und der politischen und wirtschaftlichen Realität und appellieren zur Vereinheitlichung und Integration des Systems an legislative und bürokratische Mechanismen.

Das Versagen eines Mechanismus wird als Argument dafür gewertet, dass ein weiterer Flickwerk-Mechanismus nötig ist. Auf endemische inflationäre Probleme, die zum Teil durch Medicare und Medicaid verursacht worden sind, wurde mit der Gründung von Comprehensive-Health-Planning-Behörden geantwortet, und deren Scheitern wurde wiederum zum Anstoß für den Einsatz von Health System Agencies (HSAs). Isidore S. Falk, der vor einem halben Jahrhundert Forschungsdirektor des Committee on the Costs of Medical Care war, warnte kürzlich, dass die mächtigen Interessengruppen im Gesundheitswesen allesamt nur ungern zulassen würden, dass sich irgendein höheres gesellschaftliches Interesse über ihre Interessen hinwegsetze. Dennoch hegt er die auffallend naive Hoffnung, dass diese »Widerstände so weit wie möglich durch die *Sinnhaftigkeit* der Vorschläge und die *Überzeugungskraft* der Erklärungen und darüber hinaus durch Konfrontationen in der *legislativen Arena* überwunden werden«.[40]

Solche mechanischen Lösungen, die die medizinische Planung dominieren, lassen die beträchtliche politische und wirtschaftliche Macht, die die Interessen des Systems gleichzeitig eint und trennt, außen vor. Das Gesundheitssystem hat sich zu einem Sammelsurium von Interessengruppen entwickelt, von denen keine einzige über genügend Macht verfügt, um sich durchzusetzen. Die Verfechter der korporativen Rationalisierung haben sich zwar dem Kleinwarensektor gegenüber durchgesetzt, doch ihnen fehlt das gemeinsame Interesse an der Koordination und Integration des gesamten Systems. Ihre gelegentlichen internen Streitigkeiten – etwa über die Frage, wer reguliert werden sollte und wie stark[41] – sollten jedoch nicht als grundsätzlicher Gegensatz verstanden werden. Korporativen Rationalisierern und der organisierten Medizin ist zwar das übergeordnete Interesse am Privateigentum und an der privaten Kontrolle der sozialen Ressourcen gemeinsam, doch jede Gruppierung sorgt, wenn sie weder dem Staat noch anderen Interessengruppen untergeordnet ist, am besten selbst für ihr Überleben, ihr Wachstum und ihren Profit. So sagt Robert Alford:

> Unterschiede zwischen vorherrschenden und herausfordernden Interessen sollten nicht überbetont werden […] denn sowohl das Berufsmonopol als auch die unternehmerische Rationalisierung sind Organisationsformen des Gesundheitswesens im Kontext einer Marktgesellschaft. Beide müssen Eingriffe in ihre jeweiligen Machtpositionen und Privilegien vermeiden, die vom Fortbestand der Marktinstitutionen abhängig sind: dem Besitz und der Kontrolle über die Arbeitskräfte, Einrichtungen und Organisationen

(selbst gemeinnützige) durch autonome Gruppen und Einzelpersonen in Abwesenheit bedeutsamer öffentlicher Kontrollmechanismen.[42]

Somit hat der Staat die Arena der medizinischen Versorgung betreten, ähnlich wie es einst die Stiftungen taten. Unabhängig von den Absichten der Befürworter bestimmter legislativer Programme haben die Programme des Staates und der Bundesstaaten insgesamt die Umwandlung des Gesundheitswesens von einer einfachen Ware, die größtenteils von niedergelassenen Ärzten produziert und vertrieben wird, in eine kapitalintensive Ware vorangetrieben, die von bürokratischen Organisationen produziert und vertrieben wird, welche wiederum große Mengen an Kapital und Arbeitskräften einsetzen und einen Überschuss der Einnahmen über die Ausgaben anstreben.

Von den staatlichen Interventionen zur Rationalisierung des Gesundheitswesens profitierten also Interessengruppen, deren Existenz von der technologischen Medizin abhängt – insbesondere Krankenhäuser, Krankenversicherer und Hersteller medizinischer Geräte –, mehr als der medizinische Berufsstand, obwohl auch Ärzte einen finanziellen Zugewinn hatten. Aber wie geht es den Verbrauchern inmitten dieser Entwicklungen? Haben auch sie von der staatlichen Rationalisierung des privaten Gesundheitsmarktes profitiert?

Aufstand gegen den Gesundheitsmarkt

Die Kombination aus privaten und öffentlichen »Drittanbieter«-Finanzierungsprogrammen hat die groben Ungerechtigkeiten in der Inanspruchnahme der medizinischen Versorgung zwar verringert, aber diese Programme haben die Ungerechtigkeiten weder beseitigt noch für eine auf die Bedürfnisse der Bevölkerung ausgerichtete medizinische Versorgung gesorgt. Statt dass der *Bedarf* die Bereitstellung und Verteilung medizinischer Dienste bestimmt, wie es gerecht wäre, stellen wir fest, dass die Dienste je nach vorherrschendem Markt verteilt werden. Die »Kommodifizierung« medizinischer Leistungen ist nach wie vor die häufigste Ursache dafür, dass arme Menschen keinen Zugang dazu haben, und ein wichtiger Faktor für die verzerrte Versorgung der gesamten Gesellschaft.

Im Lauf der letzten drei Jahrzehnte haben private Krankenversicherungen und öffentliche Hilfsprogramme die Kluft zwischen Arm und Nicht-Arm enger werden lassen, was die Inanspruchnahme von medizinischen Leistungen angeht. Arme Erwachsene zwischen 18 und 64 Jahren gehen heute im Durchschnitt etwas häufiger zum Arzt als Erwachsene, die nicht arm sind. Doch in Relation zu ihrem *Bedarf* erhalten Arme in allen Altersstufen weniger gesundheitliche Fürsorge. Bei Kindern ist die Diskrepanz zwischen ihrem Bedarf und der medizinischen Versorgung, die sie tatsächlich bekommen, besonders groß.[43]

Die Ursachen für diese Klassenunterschiede sind nicht schwer auszumachen. Erstens nehmen viele Ärzte keine Medicaid-Patienten an, weil Medicaid-Programme, die von den Bundesstaaten entsprechend staatlicher Richtlinien verwaltet werden, weniger bezahlen, als die Ärzte für gewöhnlich von den privat versicherten Patienten bekommen. In Kalifornien nimmt nur etwa ein Drittel aller Entbindungsärzte und Gynäkologen am Medicaid-Programm teil, sodass fast ein Drittel der 58 Bezirke des Bundesstaates keinen einzigen Entbindungs- oder Frauenarzt hat, der Medicaid-Frauen behandeln würde.[44] Zweitens befinden sich weiße Allgemein- und Zahnarztpraxen in der Regel nicht in Armen- oder Minderheitenvierteln.[45] Und drittens hatte 1971 fast die Hälfte der 35,5 Millionen offiziell als arm eingestuften Einwohner Amerikas überhaupt keine Medicaid-Deckung.[46]

Die Krankenversicherung selbst ist zum Teil gemäß der Klassenstruktur verteilt. Heute sind 90 Prozent aller Amerikaner in irgendeiner Form krankenversichert, drei Viertel von ihnen bei privaten Anbietern. In der Regel stehen Krankenversicherungen mit den besten Leistungen aber nur Personen in besser bezahlten Berufen und jenen Wirtschaftssektoren zur Verfügung, die stärker gewerkschaftlich organisiert sind und die Kosten für die Krankenversicherung leichter an die Verbraucher weitergeben können. 1974 hatten etwa 60 Prozent der arbeitstätigen Armen überhaupt keine Krankenversicherung, und weniger als 10 Prozent waren für Leistungen außerhalb des Krankenhauses versichert.[47]

Die Zunahme privater Krankenversicherungen und staatlicher »Drittanbieter«-Leistungsprogramme trug zwar dazu bei, die Ungerechtigkeiten zu mindern, aber sie decken nicht alle Menschen oder alle medizinischen Leistungen gleichermaßen ab. 1977 wurden 61 Cent jedes für die persönliche medizinische Versorgung ausgegebenen Dollars über »Drittanbieter«-Leistungsprogramme finanziert, sodass der Patient 39 Cent jedes Dollars aus der eigenen Tasche bezahlen musste. »Drittanbieter« übernahmen über 90 Prozent der Kosten für die Krankenhausversorgung, aber nur 61 Prozent der Arzthonorare und noch weniger für Medikamente und andere Produkte.[48]

Selbst wenn die Regierung die medizinische Versorgung der Armen subventioniert, werden also die Produktion und der Vertrieb der medizinischen Versorgung als Ware noch immer gemäß der sozialen Klassenstruktur und nicht nach Bedarf verteilt. Doch nicht nur die Menschen, die in dieser Klassenstruktur ganz unten stehen, haben unter dieser Marktwirtschaft zu leiden.

Das Marktsystem hat für den größten Teil der Bevölkerung auch die Beschaffenheit sowie das Angebot medizinischer Versorgung verzerrt. Die relativ vollständige private und öffentliche Deckung der Krankenhauskosten von außen hat dazu geführt, dass Patienten für diagnostische und therapeutische Verfahren, die außerhalb der Kliniken eigentlich sicherer und preiswerter durchgeführt – oder auch ganz vermieden – werden könnten, ins Krankenhaus eingeliefert werden.

In den Vereinigten Staaten werden die meisten chirurgischen Eingriffe auf Honorarbasis durchgeführt. Für jede durchgeführte Operation erhalten Ärzte hohe Honorare, nicht aber für jene Fälle, in denen sie eine Operation als unnötig erachten. Wie Dr. Charles Lewis feststellt, »werden immer mehr Patienten Operationen unterzogen, um Betten, Operationssäle und den Zeitplan der Chirurgen zu füllen«.[49] In den Vereinigten Staaten ist das Verhältnis von Vollzeitchirurgen zur Bevölkerung doppelt so hoch wie in England und Wales – und es werden doppelt so viele Operationen durchgeführt.[50] Ein Kongressbericht schätzte, dass 1974 in diesem Land etwa 2,4 Millionen unnötige Operationen stattfanden, die zu 11 900 vermeidbaren Todesfällen und Kosten in Höhe von 3,9 Milliarden Dollar führten.[51]

So sind landesweit Medicaid-Patienten zu einer wichtigen Einnahmequelle »unterbeschäftigter« Chirurgen und nicht ausgelasteter Krankenhauseinrichtungen geworden. Sie werden doppelt so häufig operiert wie die Bevölkerung im Allgemeinen, und bei bestimmten nicht dringend erforderlichen chirurgischen Eingriffen (das heißt bei nicht lebensbedrohlichen Erkrankungen) ist die Differenz noch höher.[52] Viele gut versicherte Patienten – sowohl privat versicherte Mitglieder der Arbeitnehmer- und Mittelschicht als auch staatlich subventionierte Mitglieder der armen oder armutsnahen Schichten – wurden Opfer einer übertriebenen medizinischen Versorgung, so wie früher die Armen Opfer einer zu kostspieligen Versorgung wurden.

Die Ärzte konzentrieren sich auf Fachgebiete und auf Standorte, in beziehungsweise an denen sie den Markt für ihre Leistungen am besten nutzen können. Da Ärzte einen solch starken Einfluss auf den Bedarf ihrer Dienste haben, leben viele von ihnen sogar in relativ kleinen, aber vermögenden Gebieten sehr gut davon, haufenweise diagnostische und therapeutische Verfahren zu verordnen, die sie selbst durchführen oder aber später auswerten. Früher waren sie hauptsächlich auf den Markt der Mittel- und Oberschicht angewiesen, und aufgrund der finanziellen und bürokratischen Auflagen von Medicaid zieht es die Ärzte weiterhin eher in die zwar kleiner werdenden, aber wohlhabenden Viertel der Großstädte und in die sich ausdehnenden Vorstädte als in die Wohngebiete der Armen und der Arbeiterklasse. Während in Chicagos vermögenden Vierteln rund 210 Ärzte auf 100 000 Einwohner kommen, sind es in den Armenvierteln gerade einmal 16 Ärzte auf 100 000 Einwohner. Ähnlich verfügt Mississippi nur über ein Drittel der Ärzte des Bundesstaates New York, wo der Durchschnitt bei 244 Ärzten pro 100 000 Einwohnern liegt.[53]

Viele Ärzte haben die medizinische Grundversorgung auch zugunsten lukrativerer und prestigeträchtigerer Fachgebiete aufgegeben. Während 1963 Allgemeinärzte noch fast 28 Prozent aller nicht staatlichen Ärzte ausmachten, waren es 1973 nur noch 18 Prozent. Selbst wenn wir zu diesen Allgemeinärzten noch die Fachärzte zählen, deren Praxen sich hauptsächlich auf die Grundversorgung konzentrieren – Internisten, Kinderärzte, Gynäkologen und Hausärzte –, sind in den USA doch weniger als die Hälfte aller Ärzte in der Primärversorgung tätig. Ärzte, die in den Prepaid-Gemeinschaftspraxen tätig sind, arbeiten im Durchschnitt zu 69 Prozent in der Grundversorgung, wohingegen es im British National Health Service 74 Prozent sind. Damit gibt es in den Vereinigten Staaten gerade einmal 60 Allgemeinärzte pro 100 000 Einwohner, was weit unter dem Verhältnis von 133 pro 100 000 liegt, das für eine angemessene Grundversorgung empfohlen wird.[54]

Seit der Wende zum 20. Jahrhundert sind die Hausarztpraxis und die Grundversorgung zugunsten der Facharztpraxis und manchmal sogar einer Karriere in der medizinischen Forschung in den Hintergrund gerückt. Ländliche Gebiete können aufgrund des begrenzten Marktes für fachärztliche Leistungen und der Entfernung zu den Zentren der technologischen Medizin nicht mit dichter besiedelten Städten konkurrieren, deren Kliniken mit forschungsorientierten Medizinschulen verknüpft sind. So war der ländliche Raum für moderne Ärzte nicht von Interesse, und die arme Stadtbevölkerung rückte nur dann ins Licht, wenn sie als Forschungs- oder Lehrmaterial dienen konnte. Der technologische Imperativ in der Medizin führte zusammen mit der Marktorganisation des Gesundheitswesens dazu, dass die Ärzte von den Bereichen und Dienstleistungsarten, in denen sie am meisten gebraucht wurden, zu jenen wechselten, die für sie am interessantesten, einträglichsten und beruflich lohnendsten waren. Zusammengefasst: Der private medizinische Markt ist nach wie vor ein großer Widerspruch zu den Bemühungen um ein medizinisches System, das für alle zugänglich und auf die Bedürfnisse der Bevölkerung zugeschnitten ist.

Die gesetzliche Krankenversicherung: mehr vom Gleichen

Es kann als nahezu sicher gelten, dass die staatliche Krankenversicherung in den Vereinigten Staaten auch weiterhin eine kapitalintensive medizinische Versorgung fördern wird, die in einem Marktsystem verortet ist. Jede große medizinische Interessengruppe ist mit einem Gesetzesentwurf im Kongress vertreten. Die AMA, die Versicherungsbranche und die American Hospital Association haben Gesetzesentwürfe vorgelegt, die ihre jeweiligen Mitglieder begünstigen. Die

American Federation of Labor and Congress of Industrial Organizations (AFL-CIO, der »Amerikanische Gewerkschaftsbund und Kongress der Industriegewerkschaften«) und die meisten bürokratischen Experten unterstützen die von Senator Edward Kennedy protegierten Gesetzesentwürfe. Die Kennedy-Vorschläge gehen, was die allgemeine Zugänglichkeit der medizinischen Versorgung betrifft, weiter als andere Entwürfe für eine staatliche Krankenversicherung. Einige Versionen dieses Gesetzesentwurfs schlagen sogar die Abschaffung jeder Verwaltungs- oder Drittanbieterfunktion für Versicherungsgesellschaften vor. Alle Versionen beinhalten die Bezahlung auf Leistungsgrundlage, damit mehr Ärzte bereit sind, sich Prepaid-Gemeinschaftspraxen anzuschließen. Zwar würden die Kennedy-Vorschläge die finanzielle Grundlage der Honorarmedizin beeinträchtigen, aber keiner von ihnen würde die Kontrolle des Berufsstands über diese sowie über Krankenhäuser und Medizinschulen abschaffen.

Nur ein einziger Gesetzesentwurf, der derzeit erwogen wird, würde das Warensystem im Gesundheitswesen radikal verändern. Und das ist der Health Service Act (»Gesetz über Gesundheitsdienstleistungen«), ein Vorschlag des Abgeordneten Ronald Dellums, der die Schaffung eines nationalen Gesundheits*dienstes* vorsieht, für den Ärzte und alle anderen Beschäftigten auf Gehaltsbasis arbeiten, der alle Krankenhäuser übernimmt, die Ausbildung an medizinischen Schulen und anderen Einrichtungen kontrolliert, Versicherungsgesellschaften von der Krankenversicherung ausschließt und die Machthierarchie unter den Beschäftigten im Gesundheitswesen durch Unterordnung aller politischen Maßnahmen unter gemeindebasierte Ausschüsse abbaut. Das Dellums-Gesetz würde die Warenproduktion im Gesundheitswesen effektiv in eine nicht kommerzielle »soziale Produktion« verwandeln. Würden Dellums' Vorschläge umgesetzt, hätten die Vereinigten Staaten eines der fortschrittlichsten Gesundheitssysteme der Welt, das selbst die progressivsten Systeme in Westeuropa übertreffen würde und vielleicht mit der organisatorischen Rationalität und dem Dienstleistungscharakter des Gesundheitswesens in vielen sozialistischen Ländern gleichziehen könnte. Die Dellums-Gesetzesvorlage wird von einem kleinen Teil der Bürokratiefachkräfte, darunter führende Mitglieder der American Public Health Association, und von linken politischen Gruppierungen unterstützt. Dieser Gesetzesentwurf ist ein so umfassender Angriff auf alle eigennützigen Interessen im Gesundheitswesen und die ideologischen Prinzipien der kapitalistischen Gesellschaft, dass es so gut wie sicher ist, dass er in naher Zukunft keine Chance hat, das Licht der Gesetzgebung zu erblicken. Nichtsdestotrotz kann er als Modell für diejenigen dienen, die die medizinische Versorgung in den USA reformieren wollen.

Auch die weiterreichenden Kennedy-Vorschläge werden vom Kongress sehr wahrscheinlich keine Zustimmung bekommen. Ihre Angriffe auf die Interessen der AMA, der finanzkräftigsten Lobby im Land, und der Versicherungsbranche, die nicht nur eine mächtige Lobby, sondern auch eine kontrollierende Kraft in der Wirtschaft des Landes darstellt, lässt ihre Zukunft als Gesetz sehr trübe aussehen. Ebenso werden die anderen von medizinischen Interessengruppen vorgelegten Gesetzesentwürfe scheitern, denn sie kommen den Interessen eines bestimmten Sektors in der Medizin zu nahe. Stattdessen wird ein von der Regierung propagierter Entwurf die Grundlage für die nationale Gesetzgebung im Gesundheitswesen bilden, an dem aber noch Änderungen und Überarbeitungen vorgenommen werden, um den mächtigen Interessengruppen entgegenzukommen, die an der Kontroverse beteiligt sind.

Die Gesetze, die sich aus diesem Prozess ergeben, werden zweifellos den medizinischen Markt favorisieren und den kapitalintensiven Sektor des Systems stärken. Unabhängig davon, welcher Plan übernommen wird, werden Zusatzleistungen, die jetzt von der Regierung erbracht werden, voraussichtlich zu Konsumwaren, die auf dem privaten Markt gekauft und verkauft werden.[55] Das Versicherungssystem wird den Ein- und Ausgang privater Gelder in diesem Warensystem regeln, wobei Steuergelder nur jene unterstützen, die vom medizinischen Markt ausgeschlossen sind und nur so Zugang zur medizinischen Versorgung bekommen. Während eine staatliche Krankenversicherung vermutlich zu einer leichten Umverteilung der Ärzte führen wird – sowohl geografisch als auch zwischen Fach- und Allgemeinärzten –, wird sie die Macht der Interessengruppen und deren eigennützige Manipulation des medizinischen Marktes nicht brechen können. Es steht zu vermuten, dass eine staatliche Krankenversicherung Ärzte etwas schneller in Prepaid-Gemeinschaftspraxen drängt und die Kontrolle über die meisten dominanten Interessengruppen stärkt, wozu insbesondere

Krankenhäuser, Medizinschulen, Versicherungsgesellschaften sowie die Pharma- und Zuliefererindustrie gehören. Um inflationäre Kräfte einzudämmen, die Interessen des Staates zu schützen und zu verhindern, dass die Wettbewerbsinteressen der einzelnen Segmente das Gesundheitswesen an sich zerstören, ist mit mehr Regulierung zu rechnen. Anders gesagt wird eine nationale Krankenversicherung dazu führen, dass der Staat die kapitalintensive Warenproduktion im Gesundheitswesen intensiviert und das medizinische System rationalisiert, und zwar so, dass die gemeinsamen Interessen der dominanten Mitglieder dieses Systems gestützt werden. Wahrscheinlich kommt Ihnen das bekannt vor, und das sollte es auch. Die staatliche Krankenversicherung verspricht uns im Wesentlichen mehr vom Gleichen.

Angesichts des derzeitigen Umfangs und der derzeitigen Bedeutung des medizinischen Warensektors und angesichts des Fehlens radikaler Forderungen vonseiten der Unterschichten wird der Staat die Rolle weiter ausbauen, die er seit dem Zweiten Weltkrieg von den Stiftungen zu übernehmen nicht müde wurde. Er wird ein Gesundheitssystem schützen und propagieren, das mit der wirtschaftlichen und politischen Organisation der kapitalistischen Gesellschaft kompatibel ist, und nicht nur, was die Organisation der medizinischen Versorgung angeht, sondern auch deren Inhalt.

Die technologische Medizin

Nach dem Zweiten Weltkrieg trat der Staat recht schnell an die Stelle der Stiftungen als wichtigster Quelle finanzieller Unterstützung und Kontrolle der medizinischen Forschung und Lehre, genauso, wie er es in der medizinischen Versorgung tat. Wie Sie im Rest dieses Kapitels sehen werden, förderte und entwickelte der Staat genauso wie die Stiftungen und reiche Einzelpersonen zuvor weiterhin eine rein technologisch orientierte und ideologisch konservative Form von Medizin – und dies trotz der überwältigenden Beweise dafür, dass viele Faktoren im physischen und sozialen Umfeld einen mindestens ebenso großen Einfluss auf die

Gesundheit haben wie die mikrobiologischen Faktoren, denen die meiste Aufmerksamkeit zuteilwird.

Wissenschaftliche Medizin: Glaube und Wahrheit

Fast alle von uns wenden sich im Krankheitsfall an die Medizin. Ob der Heiler nun Schamane genannt wird oder Hexer, Priester, Feldscher oder Arzt – wir alle sind auf der Suche nach jemandem, dem wir Vertrauen schenken können, jemandem, von dem wir glauben, dass er uns gesund macht. Anfang des 19. Jahrhunderts vertraute der Großteil der Amerikaner Laienheilern. Mitte bis Ende des 19. Jahrhunderts wandten sich die meisten dann Ärzten zu, welche massenweise in Medizinschulen ausgebildet wurden, die überall wie Pilze aus dem Boden schossen. Damals konnte man sich aussuchen, welchen medizinischen Hintergrund man von einem Arzt erwartete – zwischen Homöopathie und orthodoxer oder »allopathischer« Medizin – oder welcher Art von Heilkunst man sich anvertrauen wollte – von der Kräuterheilkunde bis hin zur Christian Science. Erst in den letzten 20 Jahren des 19. Jahrhunderts gab es eine nennenswerte Anzahl von Ärzten, die eine sogenannte »wissenschaftliche« Medizin praktizierten, das heißt eine, die auf Prinzipien beruhte, welche die analytische biologische und physikalische Wissenschaft ständig weiterentwickelte und verfeinerte.

Heute erwarten die meisten von uns, dass Ärzte und Krankenhäuser, Operationen und Medikamente uns von jeder Krankheit befreien. Wir wünschen uns Trost und erwarten ihn auch. Der medizinische Berufsstand nährt diesen Glauben natürlich durch Kampagnen, die er durchführt, um das Vertrauen der Bevölkerung zu erwerben (siehe Kapitel 2). Andere medizinische Interessengruppen wie die American Cancer Society und das National Cancer Institute beteiligen sich daran und bieten regelmäßig Briefings für Wissenschafts- und Medizinredakteure von Zeitungen, um sie über die »neuesten Fortschritte« in der Krebstherapie zu informieren. Inzwischen glauben wir, dass die wissenschaftlich-technologische Medizin die enorm hohen Sterberaten vergangener Jahrhunderte verringert hat und gegen die meisten Erkrankungen und Leiden unserer Zeit wirksam ist.[56] Doch diese ihre vergangenen Erfolge und gegenwärtigen Fähigkeiten sind stark übertrieben.

Leben, Tod und Medizin

Der historische Rekord

Historische Hinweise auf Epidemien stützen überwiegend die Schlussfolgerung, dass die medizinische Wissenschaft eine relativ *kleine* Rolle dabei spielte, dass Erkrankungs- und Todesraten sanken. Thomas McKeown bringt sehr überzeugende Argumente dafür vor, dass die bessere Gesundheit und der deutliche Rückgang der Todeszahlen in Westeuropa vom 18. Jahrhundert bis heute auf vier Faktoren zurückzuführen sind.[57] Erstens ernährten sich die Menschen besser, weil das Nahrungsangebot vom frühen 18. Jahrhundert an zunahm, was anfangs eher auf die Umstrukturierung der Landwirtschaft als auf verbesserte chemische oder mechanische Technologien zurückzuführen war. Zweitens trugen die im 19. Jahrhundert eingeführten Maßnahmen zur Umwelthygiene – Abtransport des angesammelten Drecks in den Städten, Versorgung mit sauberem Wasser und so fort – zu einer besseren Ernährung und einem weiteren Rückgang der Todesrate – insbesondere bei Kindern – bei. Diese Maßnahmen waren Mitte des 19. Jahrhunderts bereits weit fortgeschritten, noch bevor das Konzept spezifischer Krankheitsursachen oder die Keimtheorie allgemein anerkannt waren. Drittens führten diese verbesserten Lebensbedingungen zu einem deutlichen Bevölkerungswachstum, das die gesundheitlichen Zugewinne wohl überholt hätte, wenn Geburtenraten und Familiengröße nicht schon bald wieder zurückgegangen wären. Und viertens beschleunigten bestimmte medizinische Präventiv- und Behandlungsmaßnahmen den Rückgang der Sterblichkeit und verbesserten allmählich die physische Gesundheit. Zwar weiteten die Wissenschaften die Fortschritte in Landwirtschaft, Hygiene und Geburtenkontrolle, die nicht auf technologische Ursprünge zurückgingen, deutlich aus, doch der genuin medizinische Beitrag zur allgemeinen Senkung der Todesrate und zu einer besseren Gesundheit war relativ gering.

In der großen Mehrheit war der Tribut, den tödliche Krankheiten forderten, bereits im 19. Jahrhundert drastisch zurückgegangen, also noch *bevor* medizinische Heilmittel und Impfstoffe entwickelt wurden. Tuberkulose, die »weiße Pest«, war eine der gefürchteten Krankheiten des 19. Jahrhunderts, die Mitte des Jahrhunderts 500 Todesopfer pro 100 000 Einwohner und im Jahr 1900 noch 200 Opfer pro 100 000 forderte. Doch 1967 war die Todesrate in den USA auf 3 Todesfälle pro 100 000 Einwohner gesunken. Dieser enorme Rückgang wurde durch die Einführung der Kollapstherapie in den 1930er-Jahren und der Chemotherapie in den 1950er-Jahren nur geringfügig beeinflusst.[58] Für England und Wales führt John Powles ähnliche Ergebnisse auf, nämlich dass die Gesamtsterblichkeit in den letzten 100 Jahren bereits lange vor den spezifischen Impfungen und Therapien zurückgegangen war.[59]

René Dubos, der Mikrobiologe, der zuvor für das Rockefeller Institute gearbeitet hat, fasste die historische Entwicklung in einem Beitrag in *Mirage of Health* kurz und bündig zusammen: »Als der Laborwissenschaftler Ende des letzten Jahrhunderts die Bühne betrat, war die Flut an Infektions- und ernährungsbedingten Erkrankungen bereits rapide zurückgegangen. Tatsächlich war in jenem Moment, in dem Seren, Impfstoffe und Medikamente zur Bekämpfung von Mikroben verfügbar wurden, das monströse Gespenst der Infektion nur noch ein schwacher Schatten seiner selbst.«[60]

Verbesserte allgemeine Lebens- und Arbeitsbedingungen sowie Abwasser- und Abfallentsorgung – alles Ergebnisse der Arbeiterkämpfe und der sozialen Reformbewegungen –, sind die wichtigsten Faktoren für die Verbesserung der allgemeinen Gesundheit. Günstigeren Wohnverhältnissen und Arbeitsbedingungen sowie einer ausgewogeneren Ernährung ist es zuzuschreiben, dass die erschreckende Anzahl Tuberkulosetoter sank, nicht der medizinischen Wissenschaft. Auf Unruhen und Aufstände sowie auf die erbärmlichen Lebensbedingungen der Armen und der Arbeiterklasse in Westeuropa und Nordamerika reagierend, sorgten die Reformer des 19. Jahrhunderts für einen deutlichen Rückgang der Sterblichkeit, und dies noch völlig ohne die Keimtheorie.[61]

Kinder haben von diesen Veränderungen am meisten profitiert. Im Jahr 1900 hatte das durchschnittliche Neugeborene noch eine Lebenserwartung von gerade einmal 47 Jahren, während es 1973 mit einer Lebensdauer von über 71 Jahre rechnen kann. Diese gestiegene Lebenserwartung ist hauptsächlich auf einen deutlichen Rückgang der Todesfälle unter Säuglingen und Kleinkindern aufgrund von Infektionskrankheiten zurückzuführen. Um die Wende zum 20. Jahrhundert starben Kleinkinder an Influenza, Lungenentzündung, Durchfall, Scharlach, Diphtherie, Keuchhusten und Masern. 1975 war die Todesrate von Säuglingen auf 16 pro 1000 Lebendgeburten zurückgegangen – auf weniger als ein Neuntel der Todesrate von 1900. Und die Sterberate unter Kleinkindern war ähnlich gesunken.[62] Verbesserte Wohnverhältnisse, Ernährung, Wasserversorgung und Abfallentsorgung, die Pasteurisierung von Milch und die weitgehende Abschaffung von Kinderarbeit (sieht man von den Wanderarbeitern in der Landwirtschaft ab) reduzierte die Ausbreitung von Infektionskrankheiten radikal und verlieh Kinderkörpern Widerstandskraft gegen diese Erkrankungen.

Leben, Tod und Medizin heute

Abgesehen von der Tatsache, dass »degenerative« Krankheiten wie Herzerkrankungen, Krebs und Schlaganfall die meisten Infektionskrankheiten als Haupttodesursachen inzwischen abgelöst haben, ist der Einbezug des physischen und sozialen Umfeldes bei der Evaluierung von Krankheits- und Todesraten in der heutigen Zeit genauso wichtig, wie er es in der Vergangenheit war.

Die Sterblichkeitsrate von Säuglingen wird noch immer stark von Umweltfaktoren beeinflusst. In zwölf Ländern – unter anderem in Schweden, der DDR und England – sind die Todesraten unter Säuglingen niedriger als in den Vereinigten Staaten. Hier ist die Wahrscheinlichkeit, dass das Kind einer schwarzen Mutter mit höchstens 8 Jahren Schulbildung vor seinem ersten Geburtstag stirbt, dreimal so hoch wie bei dem Kind einer weißen Mutter mit Hochschulabschluss. Obwohl die Sterblichkeitsraten weißer und schwarzer Säuglinge über weite Strecken in diesem Jahrhundert parallel gesunken sind, ist die Todesrate schwarzer Säuglinge noch immer etwa doppelt so hoch wie die weißer Säuglinge. Und ein Baby, das in eine arme Familie hineingeboren wird, ob weiß oder schwarz, hat geringere Überlebenschancen als ein Baby aus einer nicht armen Familie.[63]

Tatsächlich ist die Wahrscheinlichkeit höher, dass eine arme oder nicht weiße[64] Person – egal, welchen Alters – frühzeitig stirbt. Es sterben doppelt so viele nicht weiße Kinder wie weiße Kinder. Bis zu einem Alter von 65 Jahren übersteigt die Todesrate nicht weißer Männer jene weißer Männer um 40 bis 95 Prozent, und nicht weiße Frauen sterben in den meisten Altersgruppen mehr als doppelt so häufig wie weiße Frauen.[65] Das Risiko einer vorübergehenden oder dauerhaften Behinderung steht im umgekehrten Verhältnis zu Einkommen und Bildung, aber im positiven Verhältnis zur schwarzen Hautfarbe.[66] Je privilegierter Ihre Klasse, Rasse, Ausbildung und Ihr Beruf sind, umso weniger hoch ist die Wahrscheinlichkeit, dass Sie frühzeitig krank werden oder sterben.[67] Laut dem Epidemiologen Warren Winkelstein gehört Armut »auch heute noch zu den wichtigsten Determinanten eines beeinträchtigen Gesundheitszustands und klinischer Erkrankungen. Es kann durchaus sein, dass die Beseitigung der Armut an sich den Gesundheitszustand der Bevölkerung in eine günstige Richtung verändern würde.«[68] Schadstoffe aus der Umwelt oder dem Arbeitsumfeld sind ebenfalls wichtige Determinanten für Krankheits- und Todesrate. Selbst »normale« Luftverschmutzungspegel werden mit erhöhten Krankheitsraten in Verbindung gebracht. Luftverschmutzung verschlechtert vorübergehend die Lungenfunktion und erhöht das Risiko für Infektionen der unteren Atemwege sogar bei Kindern, bei denen davon auszugehen ist, dass sie nur minimal mit Zigarettenrauch und berufsbedingtem Staub in Kontakt kommen. Luftverschmutzung steht auch mit Lungen-, Magen- und anderen Krebsarten sowie mit chronischer Bronchitis und Asthma in Zusammenhang.[69]

Arbeitsunfälle kosten jährlich mehr als 14 000 Menschenleben, und 2,5–5,6 Millionen Arbeiter leiden vorübergehend oder dauerhaft unter Behinderungen, die sie sich während der Arbeit zugezogen haben. Berufsbedingte Erkrankungen töten alljährlich schätzungsweise mehr als 100 000 Menschen.[70] Sogar der Präsident der Blue Cross Association schätzt, dass »31 Prozent der Gesundheitsprobleme von Arbeitern durch Faktoren in ihrem Umfeld verursacht werden«.[71]

Soziale Beziehungen – die strukturierte Art und Weise, wie sich Menschen in der Gesellschaft zueinander verhalten – haben ebenfalls einen großen und weitreichenden Einfluss auf Gesundheit und Lebensdauer. Bluthochdruck steht im Zusammenhang mit Belastungen, die das Leben in einer industrialisierten, urbanen Gesellschaft mit sich bringt, mit hohem Druck in der Arbeit und mit der Tatsache, arm oder schwarz zu sein.[72] Die arme Bevölkerung und ethnische Minderheiten verzeichnen höhere Raten an Alkoholismus, psychischen Erkrankungen und Tötungsdelikten, und Nicht-Weiße aller Altersstufen haben eine um 40–100 Prozent höhere Sterberate als Weiße. Von der Geburt bis ins hohe Alter ist die Sterblichkeitsrate bei Männern höher als bei Frauen, und zwar sowohl aufgrund stressbedingter Erkrankungen wie Herzinfarkt und Schlaganfall als auch aufgrund nicht krankheitsbedingter Ursachen wie Verkehrsunfällen, Mord und Suizid.[73] Sogar die Frage, ob die Arbeit als entfremdend oder befriedigend empfunden wird, wirkt sich auf die Lebenserwartung aus. Eine Arbeitsgruppe des Ministeriums für Gesundheit, Bildung und Wohlfahrt berichtete, dass »eine eindrucksvolle, 15 Jahre dauernde Studie über das Altern die berufliche Zufriedenheit als stärksten Prädikator für Langlebigkeit ermittelte«,[74] und zweifellos haben die gesellschaftliche Rolle und die Position im Sozialgefüge einen großen Einfluss auf die Gesundheit.

Gesundheit und Krankheit werden also durch eine Kombination mehrerer Faktoren bestimmt. Genetische Veranlagung ist ein wichtiges Kriterium ebenso wie das soziale, wirtschaftliche und physische Umfeld, in das man hineingeboren wird und in dem man leben muss. Diese Faktoren machen aus, wie anfällig ein Mensch als ahnungsloser »Wirt« für Krankheiten ist. Ob eine Person gesund bleibt oder krank wird, beeinflussen Veranlagung, Umwelt und äußere »Einflüsse« durch Bakterien und Viren, chemische und physikalische sowie soziale und emotionale »Angriffe«.

Die Möglichkeiten, in diesen Prozess technologisch einzugreifen, sind sehr begrenzt. Robert Haggerty, ein landesweit angesehener Kinderarzt, benennt ein paar Grenzen der Pädiatrie in den 1970er-Jahren:

> Wir wissen nicht, wie man die meisten tödlichen Kinderkrankheiten in den Vereinigten Staaten verhindern oder behandeln kann. [...] Der Wissensstand über akute und chronische Erkrankungen, die für gewöhnlich nicht tödlich sind, aber die Körperfunktionen über kurze oder lange Zeiträume hinweg beeinträchtigen, ist nicht viel besser. Es gibt kaum etwas, was wir tun können, um den meisten akuten Atemwegsinfektionen oder chronischen Beeinträchtigungen vorzubeugen oder sie gezielt zu behandeln.[75]

Maßnahmen, mit denen man in sehr armen Gemeinden die medizinische Versorgung zu verbessern versuchte, hatten nur eine geringe Auswirkung auf die Gesundheit der Menschen. Ein bekanntes Projekt, das eine Navajo-Gemeinde mit fortschrittlicher medizinischer Grundversorgung ausstattete, konnte zwar das Wiederauftreten aktiver Tuberkulose und die Häufigkeit von Mittelohrentzündungen erfolgreich eindämmen, hatte aber kaum bis gar keine Wirkung auf den Pneumonie-Diarrhöe-Komplex, der dort – wie ein halbes Jahrhundert zuvor im ganzen Land – noch immer die häufigste Todesursache ist. Am Ende des Experiments war die Säuglingssterblichkeit in dieser Gemeinde unverändert, das heißt dreimal so hoch wie im Landesdurchschnitt.[76] Andere Experimente in den USA und in unterentwickelten Ländern führten zu ähnlichen Ergebnissen.[77]

Diese ernüchternden Hinweise auf die Grenzen der Medizin und die Wichtigkeit des Umfelds sollten unseren Enthusiasmus zurückschrauben, die medizinischen Wissenschaften und Ärzte vermöchten alle unsere Krankheiten zu heilen. Gleichwohl müssen wir nicht zu »Therapeutennihilisten«[78] werden. Wir lehnen zwar die populäre Mythologie ab, die die Medizin in ein Gewand der Allwissenheit hüllt, und auch die blauäugige Vorstellung, die Technologie könne alle unsere Gesundheitsprobleme lösen, aber wir erkennen die Fortschritte und den hohen Wert der modernen Medizin durchaus an. Bis in die 1930er-Jahre waren bis auf wenige Ausnahmen Medikamente bloße Palliativa, die im besten Fall die Symptome einer Krankheit linderten. In den 1930er-Jahren wurden Sulfonamide entwickelt, in den 1940er-Jahren Penizillin und in den 1950er-Jahren weitere Antibiotika. All diese Heilmittel waren wichtige neue Waffen für die

Ärzteschaft in ihrem lang vorhergesagten »Feldzug gegen Krankheiten«. Die rasanteste technische Entwicklung in der Medizin begann in den späten 1930er-Jahren, beschleunigte sich während und nach dem Krieg in den 1940er-Jahren und erreichte in den 1950er-Jahren ihren Höhepunkt.

Doch nur ein Teil der medizinischen Versorgung wirkt sich eindeutig positiv auf den Gesundheitszustand der Bevölkerung aus. Kampagnen zur Immunisierung der Menschen mit Polioimpfstoffen, die in den 1950er-Jahren eingeführt wurden, haben eine der schlimmsten Kinderkrankheiten von 18 000 Fällen im Jahr 1954 auf nur noch sechs Fälle im Jahr 1975 reduziert. Röteln, die bei schwangeren Frauen zu schweren Geburtsfehlern ihrer Kinder führen können, konnten von durchschnittlich über 47 000 Fällen im Jahr, bevor die Impfung breit eingesetzt wurde, auf 16 343 Fälle im Jahr 1975 gesenkt werden, und dies selbst nach einer begrenzten Immunisierung der Bevölkerung.[79]

Eine gute medizinische Versorgung der Mütter in der gesamten Bevölkerung, was die Betreuung vor und nach der Entbindung sowie koordinierte Sozialdienste mit einschließen würde, könnte die Sterblichkeitsrate unter Säuglingen erheblich senken. David Kessner und andere Forscher, die sich mit den Geburten in New York City im Jahr 1968 befassten, kamen zu dem Schluss, dass die Verfügbarkeit einer angemessenen medizinischen Versorgung für alle Mütter in der Stadt die Säuglingssterblichkeit um ein Drittel gesenkt hätte. Der Prozentsatz an Säuglingen mit geringem Geburtsgewicht und an Todesfällen sank in dem Maß, wie medizinische Dienste für Mütter zunahmen – und zwar in allen ethnischen, sozioökonomischen, sozialen und medizinischen Risikogruppen. Unter Müttern mit Hochschulabschluss hatten die Säuglinge von Frauen, die unzureichend versorgt wurden, ein doppelt so hohes Todesrisiko wie jene mit ausreichender Versorgung. Unter schwarzen Müttern mit Hochschulabschluss war die Säuglingssterblichkeit bei Frauen mit unzureichender nachgeburtlicher Versorgung sechsmal so hoch wie bei Frauen mit guter Versorgung.[80] So wertvoll jedoch eine gute medizinische Versorgung nach der Entbindung auch sein mag: Ein Viertel des deutlichen Rückgangs der Säuglingssterblichkeit Ende der 1960er-Jahre ist dem Umstand zuzuschreiben, dass Frauen in einem risikoärmeren Alter (hauptsächlich in ihren Zwanzigern) und insgesamt weniger Kinder zur Welt brachten beziehungsweise bringen.[81]

Eine vollumfängliche medizinische Versorgung kann also einen günstigen, wenn auch eingeschränkten Einfluss auf den Gesundheitsstatus haben. Einige Impfstoffe haben die Anzahl der Infektionskrankheiten und Todesfälle deutlich gesenkt, obwohl die meisten wohl nur die bereits im Sinken begriffenen Raten beschleunigt haben. Antibiotika und Schwefelmedikamente haben ebenfalls zu einer verminderten Anzahl von Behinderungen und Todesfällen infolge von Infektionskrankheiten geführt, und kürzlich entwickelte Antibiotika haben die Isolierung und Genesungszeit von Tuberkulosepatienten stark reduziert. Eine angemessene nachgeburtliche Betreuung kann die Sterblichkeitsrate von Säuglingen senken, obwohl dieser Rückgang zum größten Teil auf verbesserte Umweltbedingungen und eine veränderte Familienplanung zurückgeht. Im Allgemeinen kann eine umfassende medizinische Grundversorgung dazu beitragen, das Fortschreiten von Krankheiten zu begrenzen, und einem kranken oder verletzten Kind oder Erwachsenen zu einer gesunden Entwicklung verhelfen. Hat die gesamte Bevölkerung Zugang zu einer solchen Versorgung, so kann diese den allgemeinen Gesundheitsstatus dieser Bevölkerung anheben helfen. *In Verbindung mit sozialen Reformen – insbesondere solchen, die die Ungleichheit der Klassen, die Grausamkeit des Rassismus und die Zerstörung der physischen Umwelt abschaffen – könnten eine gute technologisch-medizinische Versorgung und unterstützende persönliche und soziale Dienste die Krankheitslast mindern, die ein Einzelner, eine Familie oder eine Gesellschaft zu tragen hat.* Doch seit der Progressive Era bis heute ist die von Stiftungen und der Regierung finanzierte medizinische Forschung zu technologisch und ideologisch konservativ ausgerichtet.

Anzapfen der Staatskasse

Bis zum Zweiten Weltkrieg waren neben den Medizinern Stiftungen jene Kraft, welche die Ausrichtung der medizinischen Lehre und Forschung und schließlich der medizinischen Theorie und Praxis bestimmte. Bis 1940 steuerten allein die Rockefeller-Philanthropien über 161 Millionen Dollar zur medizinischen Ausbildung und Forschung bei.[82]

Von der Regierung hingegen bekam die medizinische Forschung und Lehre bis zum Zweiten Weltkrieg kaum Unterstützung. 1938 betrug das Budget des Public Health Service nur 2,8 Millionen Dollar. Um die Medizinforschung den Kriegsbedürfnissen entsprechend zu fördern, wurde 1941 im neuen Office of Scientific Research and Development das Committee on Medical Research eingerichtet. Bis 1944 hatte dieses Komitee 15 Millionen Dollar erhalten, die es medizinischen Forschungsprojekten zuteilen sollte.[83]

Nach dem Krieg florierte die staatliche Förderung medizinischer Lehre und Forschung dann. Der Widerstand der AMA gegen eine direkte finanzielle Unterstützung der medizinischen Ausbildung wurde umgangen, indem Hill-Burton-Gelder[84] an Lehrkrankenhäuser weitergeleitet und so der Hahn der staatlichen Hilfe für die medizinische Forschung aufgedreht wurde, was beides von der AMA gebilligt wurde. Die National Institutes of Health wurden zum ergiebigsten Sammelbecken medizinischer Forschungsgelder. Ihr Forschungsbudget verdoppelte sich von 28 Millionen Dollar im Jahr 1950 auf 60 Millionen im Jahr 1955 und bis 1963 erneut alle 2 oder 3 Jahre. 1975 beliefen sich die staatlichen Ausgaben für medizinische Forschung auf insgesamt 2,8 Milliarden Dollar, was 60 Cent von jedem Dollar entsprach, der insgesamt für die Gesundheitsforschung ausgegeben wurde. Während die Förderung des Bundes in diesem Zeitraum um mehr als das 36-Fache anstieg, nahmen die Beiträge der Philanthropie nur um das Sechsfache zu.[85]

Aber was war für diesen astronomischen Anstieg der staatlichen Unterstützung der technologischen Medizin verantwortlich? Drei Interessengruppen profitierten von dieser Betonung und Finanzierung technologischer Medizin: die akademische Ärzteschaft, die gesamte Unternehmerklasse sowie unternehmerische und medizinische Gruppierungen, die aus der Medizintechnik direkte Vorteile zogen. Vor allem diese Gruppen waren es, die die Pipeline aus der Staatskasse in die medizinische Forschung und technologische Entwicklung öffneten und offen hielten.

Ein »superakademischer Generalstab«

Zunächst hat sich rund um die medizinischen Hochschulen, Universitäten, privaten Forschungslaboratorien und Lehrkrankenhäuser eine einflussreiche Forschungselite entwickelt. Doch am stärksten profitieren die Medizinhochschulen von der Großzügigkeit der Stiftungen und der Regierung, denn sie erhalten die meisten Gelder und haben den größten Einfluss auf die Ausrichtung und Organisation der medizinischen Forschung. Seit dem Zweiten Weltkrieg sind die Ausgaben, die für die Forschung an Medizinschulen erforderlich sind, schneller gestiegen als ihre Betriebseinnahmen. 1953 machten die Forschungszuschüsse mehr als ein Viertel der Gesamteinnahmen der US-amerikanischen medizinischen Hochschulen aus. Die staatliche Unterstützung für die Betriebs- und Forschungskosten der Medizinschulen wuchs weiter an und erreichte 1973 1,4 Milliarden Dollar, wobei der größte Teil aus Forschungssubventionen bestand. Ende der 1970er-Jahre stammten etwa 60 Cent jedes von den medizinischen Schulen ausgegebenen Dollars von der Bundesregierung – dreimal so viel wie im Jahr 1950.[86]

Entsprechend den finanziellen Mitteln stieg auch der Anteil der Vollzeitforscher und -dozenten unter den Ärzten an. Wie einst die Rockefeller-Philanthropien unter Frederick T. Gates trieb nun die Regierung die Ausweitung der Vollzeitbeschäftigung der klinischen Lehrkräfte voran, und so wuchs die Zahl der Vollzeitdozenten von 2200 im Jahr 1950 auf 24 000 im Jahr 1973 an, was 1100 Prozent bedeutet! In der gesamten Ärzteschaft erhöhte sich der Anteil derer, die sich in Vollzeit der medizinischen Lehre oder Forschung widmeten, in demselben Zeitraum von unter 2 Prozent auf nahezu 5 Prozent.[87]

Der staatliche Geldsegen, der auf die medizinischen Hochschulen seit dem Zweiten Weltkrieg herabkam, splitterte diese in praktisch autonome Abteilungen auf, und infolge der jeweiligen Förderprogramme schossen Fachbereiche und Institute mit Vollzeitdozenten und -forschern wie Pilze aus dem Boden. Prominente Fakultätsmitglieder mit offensichtlich direktem Draht zu den National Institutes of Health bauten wahre Imperien auf. Die Verwalter von Medizinschulen und Lehrkrankenhäusern, die ihre eigenen Einrichtungen und Mitarbeiterstäbe ausbauen wollten, umwarben Stiftungs- und Regierungsvertreter, die für die Vergabe von Forschungsgeldern zuständig waren, sowie Lehrkräfte, die Zuschüsse und Verträge zu ködern vermochten. Dozenten, die sich in diesem Bereich hervortaten – aber nicht unbedingt die besten Lehrer waren –, wurden mit Geld und Prestige überhäuft und zu Vorbildern der Medizinstudenten.[88]

Prominente Mitglieder dieser akademischen Medizinerelite hatten nicht nur die Kontrolle über diese beträchtlichen externen Forschungsgelder, sondern spielten auch eine entscheidende Rolle bei der Vergabe dieser Zuschüsse. Diese nationale Akademikerelite, die sich mühelos zwischen Medizinschulen, Instituten, Stiftungen und Regierungsbehörden bewegt, hat sich zu einer respektablen Interessengruppe entwickelt. Schon 1927 hatte Hans Zinsser geklagt, »die Leitung der medizinischen Ausbildung [gehe] in erheblichem Maße aus den Händen der Universitäten« in die Hände eines »superakademischen Generalstabs« über.[89]

Ihrer Ausbildung, ihren intellektuellen und praktischen Fähigkeiten und ihren materiellen Interessen entsprechend fördert diese akademische Medizinlobby die technologische und kurative Medizinforschung, die sich hauptsächlich auf Krankenhaus- und Lehrklinikpatienten konzentriert. Sie propagiert die Bereitstellung von Geldern für die medizinische Forschung und bestimmt die spezifischen Forschungsausrichtungen und -programme, für die diese Gelder zur Verfügung gestellt werden.

Allerdings sind diese Akademiker und ihre Einrichtungen für Kapital und laufende Betriebskosten auf externe Geldquellen angewiesen und zeigen folglich jenen gegenüber, die ihre Rechnungen bezahlen, große Aufgeschlossenheit. Zwar werden sie im Allgemeinen auch vom medizinischen Berufsstand unterstützt, der von der Produktion von Know-how und Technik (die zu den Gütern der medizinischen Praxis gehören) profitiert, die entscheidende Unterstützung kommt aber von außerhalb der Ärzteschaft. Diese Unterstützung hängt davon ab, ob die Interessen und Programme der abhängigen Gruppe mit den Interessen und Strategien der wirtschaftlich und politisch mächtigeren Gruppen übereinstimmen. Zunächst sorgten Stiftungen und dann die Regierung für diese finanzielle Unterstützung und übten die damit einhergehende Kontrolle aus – genau so, wie es das *AMA Journal* bereits 1901 befürchtet hatte.[90]

Die Unternehmerklasse

Wie in der Organisation der medizinischen Versorgung vertreten Stiftungs- und Staatsprogramme auch in der medizinischen Forschung die Interessen des Unternehmenssektors in der Gesellschaft. Von der Gründung des Rockefeller Institute for Medical Research im Jahr 1901 bis heute haben enorme Summen aus Unternehmensvermögen die medizinischen Wissenschaften und ihre technologischen Anwendungen gefördert. 1975 stellten Stiftungen 64 Millionen Dollar für die medizinische Forschung – hauptsächlich aus dem Einkommen ihrer unternehmerischen Investitionen – zur Verfügung, während die Privatwirtschaft sogar 1,322 Milliarden Dollar ausgab.[91] Noch wichtiger ist das starke politische Drängen von Stiftungen und Unternehmern dahin gehend, mehr Mittel aus der gut gefüllten Staatskasse zu erhalten. Privatvermögen stellen zwar nur ein Drittel der nationalen Ausgaben für die medizinische Forschung dar, üben aber einen großen Einfluss darauf aus, dass der Staat die anderen zwei Drittel bereitstellt.

Die Gründe für diese Unterstützung sind dieselben Erwägungen, die zur Gründung des Rockefeller Institute führten. Wie wir in Kapitel 3 gesehen haben, förderten Gates und andere Mitglieder der Unternehmerklasse die wissenschaftliche Medizin, weil sie ihren politischen und wirtschaftlichen Interessen entgegenkam. Die technologische Medizin bot der Unternehmerklasse eine kompatible Weltanschauung, eine effektive Technik, ein kulturelles Instrument und die Konzentration auf den Krankheitsverlauf *innerhalb* des Körpers, was wunderbar von den ungesunden Bedingungen ablenkte, unter denen die Menschen lebten und arbeiteten.

Die Rockefellers führten ihre frühere Politik fort und setzten sich in den 1930er-Jahren für die Entwicklung einer wissenschaftlich-biologischen Perspektive in der Medizin und für die Kombination aus Chemie, Physik und Biologie ein. Die Rockefeller-, Macy-, Milbank- und Ford-Philanthropien unterstützten auch großzügig die Erforschung psychischer Erkrankungen, die sich fast ausschließlich auf physiologische Faktoren – und nur ein wenig auf Verhaltensforschung – konzentrierte.[92]

Wie die Stiftungen und einzelne Kapitalisten im früheren 20. Jahrhundert hat sich die staatliche Medizinforschung auf die technischen Komponenten von Krankheit und Tod statt auf das breiter gefasste wirtschaftliche und physische Umfeld fokussiert, das für die Gesundheit der Bevölkerung so entscheidend ist. Hierfür ist die Krebsforschung ein typisches Beispiel. Seit seiner Gründung im Jahr 1937 sucht das National Cancer Institute (NCI) nach dem Schlüssel zu Ätiologie, Heilung und Prävention von Krebs hauptsächlich in der mikrobiologischen Forschung. 1971 begann die Nixon-Regierung einen groß angelegten »Krieg gegen Krebs«, die zweithäufigste Todesursache, und stockte die Mittel des NCI für das nächste Jahr um satte 62 Prozent auf – die höchste Steigerung seit einer 90-prozentigen Erhöhung im Jahr 1957. Bis 1977 war das Jahresbudget des NCI auf 815 Millionen Dollar angewachsen, was dem Dreieinhalbfachen des »Vorkriegs«-Etats entsprach.[93]

Weder das NCI noch die American Cancer Society zeigen großes Interesse daran, die Umweltfaktoren zu erforschen, die zu Krebs beitragen. Ein Ausschuss des National Advisory Board (das »Nationale Beratungsgremium«) des NCI drückte sein »Erstaunen« darüber aus, dass das National Cancer Program diesem Bereich gerade einmal 10 Prozent seines Budgets zuwies. 1975 stockte das NCI sein Programm für Umweltkarzinogene auf 100 Millionen Dollar auf – eine eindrucksvolle Summe, wenn man nicht weiß, dass dies nur 17 Prozent des Jahresetats des NCI ist. Dass den Umweltfaktoren in der Krebsentstehung solch ein kleiner Prozentsatz gewidmet ist, erscheint besonders ironisch, weil der Direktor des NCI, Frank J. Rauscher Jr., bei mehreren Gelegenheiten öffentlich die Ansicht geäußert hat, dass bis zu 90 Prozent aller Krebserkrankungen ihren Ursprung in der Umwelt haben. Nach Angaben der Bundesgesundheitsbehörden zeigen epidemiologische Erkenntnisse, dass mindestens 20 Prozent – vielleicht sogar 40 Prozent – aller Krebsfälle durch berufsbedingte Karzinogene verursacht werden. Doch genau dieser Bereich wird von der Krebsforschung am allermeisten vernachlässigt.[94]

Die dominierenden Forschungsprogramme konzentrieren sich auf mögliche virale Ursachen, genetische Faktoren und immunologische Abwehrmechanismen in der Krebsentstehung. Die bislang erfolglose Suche nach einem viralen

Ursprung für den humanen Krebs verschlang bis 1977 eine Dreiviertel Milliarde Dollar, obgleich diese und andere Bereiche der mikrobiologischen Forschung nur marginal zu höheren Überlebensraten bei Krebs beigetragen haben. 1974 prahlte Rauscher: »Die 5-Jahres-Überlebensrate für Krebspatienten lag in den 1930er-Jahren bei 1 zu 5. Heute liegt sie bei 1 zu 3.« Dazu merkt Daniel Greenberg jedoch an, dass »all diese Fortschritte schon vor 1955 erzielt wurden, was ironischerweise genau das Jahr ist, in dem die staatlichen Ausgaben für die Krebsforschung auf ihr heutiges Niveau anzusteigen begannen«. Greenberg schreibt die gestiegenen Überlebensraten bis Mitte der 1950er-Jahre zu einem großen Teil der Einführung von Antibiotika und Bluttransfusionen in der Nachkriegszeit zu, die die Todesfälle durch Krebsoperationen reduzierten, und sagt: »Es war nicht so, dass mehr Patienten *Krebs* überlebten, sie überlebten vielmehr Krebsoperationen, die sie zuvor getötet hätten.« Er ist der Meinung, dass die Beiträge der Chemotherapie, der Strahlentherapie und der neuen chirurgischen Techniken zu vernachlässigen sind.[95]

Typisch für das staatliche Krebsforschungsprogramm ist die üppige Bezuschussung mikrobiologischer Studien zu vielen Krankheiten, während für die Erforschung berufsbedingter und anderer Umweltfaktoren relativ wenig Geld zur Verfügung gestellt wird. Im Jahr 1977 wurde höchstens ein Sechstel aller staatlichen Zuschüsse für Umweltfaktoren ausgegeben. Einer von fünf Arbeitern im US-amerikanischen Kohlebergbau leidet an einer Staublunge (an der jedes Jahr 4000 Bergleute sterben), und im Durchschnitt kommt jeden zweiten Tag ein Bergarbeiter bei einem Arbeitsunfall ums Leben. Doch die Summe, die in den Vereinigten Staaten pro Bergmann ausgegeben wird, um nach Wegen zu suchen, die seine Arbeit gesünder und sicherer machen würden, beträgt nur ein Zwanzigstel dessen, was in den meisten europäischen Ländern dafür ausgegeben wird.[96]

Diese Vernachlässigung der berufs- und umweltbedingten Ursachen von Krankheiten und Tod ist *nicht* in erster Linie auf eine Verschwörung zurückzuführen, sondern hat andere Gründe: Der ärztliche Berufsstand ist, wie wir in vorangegangenen Kapiteln gesehen haben, an die Unternehmerklasse gebunden. Das durchschnittliche Einkommen niedergelassener Ärzte lag 1976 bei 63 000 Dollar und damit im oberen Prozentbereich der Einkommensstruktur der Gesellschaft.[97] Ärzte mit eigener Praxis verdienen ihr Geld in einem Marktsystem medizinischer Handelswaren, was eine konservative politische Perspektive »freien Unternehmertums« und Verständnis für andere Unternehmer im kapitalistischen System fördert. Medizinische Forscher werden vielleicht nicht vom medizinischen Warenmarkt beeinflusst, aber um Ruhm und Wohlstand zu erzielen, müssen sie sich an die Regeln des »Marktes« der medizinischen Forschungsgelder halten. Ihre Abhängigkeit von Stiftungs- und Staatszuschüssen schränkt ebenso die Probleme und Methoden, die sie erforschen, wie auch ihre kreativen intellektuellen Fortschritte ein. Die böswillige Vernachlässigung berufs- und umweltbedingter, sozialer und wirtschaftlicher Faktoren in der medizinischen Forschung ist also auf die einseitige finanzielle Förderung von mikrobiologischen Studien, die Finanz- und Klasseninteressen der Ärzteschaft, die mechanistische und reduktionistische Medizintheorie und die entsprechend eng gefasste technische Ausbildung der Ärzte zurückzuführen.

Diesen größtenteils institutionellen und klassenbedingten Faktoren liegen jedoch bewusste Strategien der großen Konzerne und politischen Institutionen zugrunde. Stiftungen, Unternehmen und Regierungsbehörden unterstützen zum einen gesellschaftliche und zum anderen technische Perspektiven in der Medizin. Aber auf lange Sicht und zu jedem beliebigen Zeitpunkt fördern sie überwiegend technische Perspektiven, die gesundheitliche Probleme außerhalb ihres sozialen und politischen Kontexts betrachten. Ihre Politik spiegelt ein generelles Interesse der Unternehmerklasse daran wider, dass übermäßige Krankheits- und Todesfälle ja nicht auf die Ungerechtigkeiten der kapitalistischen Gesellschaft beziehungsweise auf die Organisation der Produktion zurückgeführt werden, die Profite über den Schutz der Umwelt und der Gesundheit der Arbeitnehmer stellt. Neben diesem allgemeinen Klasseninteresse an der Legitimation hat jedoch eine anwachsende Gruppe innerhalb der Unternehmerklasse ein direktes finanzielles Interesse an der Dominanz der technologischen Medizin.

Der medizinisch-industrielle Komplex

Die Interessen von Ärzten, Krankenhäusern, Forschern und medizinischen Konzernen treffen sich in der Förderung kostspieliger Medizintechnik. Sie haben eine gewinnbringende symbiotische Beziehung aufgebaut, die auf dem Warensystem der medizinischen Versorgung sowie der kulturellen Affinität und ideologischen Unterstützung der Gesellschaft für die technologische Medizin beruht.

Ein neuer Bericht des zum Kongress gehörenden Office of Technology Assessment (»Büro für die Auswertung von Technologie«) zeigt, wie die Einführung neuer medizinischer Technologien einen Markt schafft oder ausweitet. Den größten Teil des Risikokapitals stellt die Regierung bereit, obwohl die Gewinne aus den Produkten dieser Forschung von der Privatwirtschaft eingestrichen werden. 1975 kamen rund 2,8 Milliarden Dollar der insgesamt 4,6 Milliarden, die für Forschung und Entwicklung im Gesundheitswesen aufgebracht wurden, von der Bundesregierung. Die Bundesstaaten und lokalen Regierungen gaben etwa 5 Prozent der Gesamtsumme, und weitere 5 Prozent steuerten private gemeinnützige Organisationen bei. Diese staatlichen und privaten Spendenorganisationen lieferten fast alle Gelder für die Basisforschung, die grundlegenden Labor- und klinischen Wissenschaften, die neue Erkenntnisse in der Medizin erarbeiteten. Die 1,3 Milliarden Dollar aus privatem Unternehmenskapital gingen – zusammen mit einer ordentlichen Portion staatlicher Gelder – hauptsächlich in die Produktentwicklung, die die Erkenntnisse der Grundlagenforschung zur Erarbeitung von Technologien nutzte, die dann in der medizinischen Versorgung Verwendung fanden.[98]

Die Privatindustrie kontrolliert nicht nur ein Viertel all dieser Forschungs- und Entwicklungsgelder, sondern bestimmt auch, ob die Erkenntnisse aus der Grundlagenforschung in Gestalt neuer medizinischer Produkte erhältlich sein werden. Da beide Entscheidungen auf der vermuteten Rentabilität einer Investition und nicht auf der Grundlage ihrer medizinischen Notwendigkeit und Sicherheit beruhen, ist es nicht überraschend, dass häufig Medikamente und Geräte mit zweifelhaftem Nutzen und erheblichen Risiken produziert werden, medizinisch wertvollere Produkte es hingegen gar nicht erst in die Entwicklung schaffen.[99]

Ist ein Produkt oder eine Dienstleistung erst einmal vorhanden, so bestimmen die größten medizinischen Interessengruppen den Markt dafür. Die Hersteller rühmen die Vorzüge der Ware und drängen auf Akzeptanz und Verkauf. Erhöht ein Medikament, Instrument oder Verfahren die technische Effizienz von Ärzten, so werden sie es sehr wahrscheinlich bestellen, doch auch dann, wenn es ihren Status oder ihr Einkommen steigert. Zieht seine Verfügbarkeit in einem Krankenhaus Ärzte an oder verspricht es anderweitig Gewinne, so werden Krankenhäuser es kaufen wollen. Und wenn Dritte dafür die Rechnung übernehmen, wird es zum sicheren Erfolg. Dass immer mehr klinische Labortests durchgeführt werden, verdeutlicht die Effektivität dieser Marktkräfte.

Automatisierte Geräte zur Blutanalyse, die in den 1950er-Jahren eingeführt und in den darauffolgenden Jahren perfektioniert wurden, ermöglichen mit einer einzigen Blutprobe zahlreiche »Extra«-Tests zu niedrigen Stück-, aber hohen Gesamtkosten. Ärzte geben immer mehr Tests in Auftrag, die bislang als unnötig galten und für viele Experten »nicht einmal für die gründlichste medizinische Untersuchung« notwendig sind. Als die Angst vor Kunstfehlerprozessen zunahm, begannen Ärzte, die Grenzen der »defensiven Medizin« zu erweitern und noch mehr Tests anzuordnen, um sich selbst gegen »prozessfreudige« Patienten zu schützen. Da es immer mehr Zahlungsprogramme von Dritten gab, wurden klinische Laboratorien verstärkt in Anspruch genommen, und die Krankenhäuser erweiterten gerne ihre Laborkapazitäten. Aufgrund der zusätzlichen Honorare, die Ärzte erheben konnten, der wirtschaftlichen »Notwendigkeit«, die Kliniken verspürten, der Erleichterung durch Drittanbieterzahlungen sowie der Werbung von Geräteproduzenten und Zuliefererunternehmen erreichte die Anzahl klinischer Labortests im Jahr 1975 ganze 5 Milliarden (das sind im Schnitt 23 Tests für jede Frau, jeden Mann und jedes Kind im Land) und steigt Jahr für Jahr um 11 Prozent an. Automatisiertes Laborequipment ist zwar teuer – das neueste automatisierte Blutuntersuchungsgerät etwa (das SMAC 60) kostet über 250 000 Dollar –, repräsentiert aber nur einen kleinen Teil der Gesamtkosten für klinische Labortechnik. Die 375 Millionen Dollar, die 1975 für Laborinstrumente ausgegeben wurden, machten gerade einmal 2,5 Prozent der insgesamt 15 Milliarden Dollar für klinische Labortests aus, während

Räumlichkeiten, Zubehör, Personal und Gewinne für die Laboratorien und Ärzte das meiste Geld verschlangen.[100]

Die Kosten für solche medizinischen Technologien in einem kommerziellen Gesundheitssystem sind enorm und steigen progressiv an. So ist die Medizintechnik schätzungsweise zu 50 Prozent für den Kostenanstieg der Krankenhausversorgung zwischen 1965 und 1974 verantwortlich – in diesem Zeitraum hatten sich die Klinikausgaben nämlich verdreifacht.[101]

In jenen Tagen, als Frederick T. Gates von medizinischen Forschungslaboratorien träumte, die die Geheimnisse der Natur entschlüsseln, steckte die medizinische Technologie noch in den Kinderschuhen. Heute ist der »medizinisch-industrielle Komplex« zu einem riesigen Geschäft geworden, das einen immer größer werdenden Anteil der nationalen Gesundheitskosten für Produkte und Verfahren verschlingt, mit denen wiederum die Produzenten und Vertriebsgesellschaften, Forscher, Krankenhäuser, Labore und Ärzte schöne Profite einfahren. Die wirtschaftliche Rendite für diese Interessengruppen und der politische Wert der technologischen Medizin für die Unternehmerklasse reichten jedoch nicht aus, um die schwerwiegenden wirtschaftlichen Probleme zu überwinden, die die Medizintechnik in einer subventionierten Marktwirtschaft verursacht.

Technologie in der Krise

Da die Krankenhäuser ihre Gebühren mit doppelter Geschwindigkeit im Vergleich zur Inflation in der restlichen Wirtschaft erhöhten, da die Ausgaben für die Gesundheit einen immer größer werdenden Anteil der nationalen Ressourcen und des Staatshaushalts verschlangen und da medizinische Zusatzleistungen die Unternehmenseinnahmen und die Ausgaben für medizinische Leistungen die Gehälter der Arbeitnehmer immer weiter schmälerten, machte sich unter den führenden Vertretern von Regierung, Unternehmen, Gewerkschaften und Verbraucherverbänden Skepsis breit, ob die kapitalintensive Medizin endlos ausgeweitet werden sollte. Sie forderten, die Klinikerweiterungen strenger zu regulieren und die Kosten besser zu kontrollieren, und unterstützten die Ausweitung der Medizintechnik deutlich weniger. Die Neigung des Marktsystems, eine überteuerte Medizintechnik zu produzieren und in Anspruch zu nehmen, machte es nötig, den Wert dieser Technik zu überprüfen.

Dr. David Rogers – der Präsident der gigantischen Johnson Foundation, deren Vermögen aus dem medizinischen Zulieferergeschäft stammt – forderte eine »Einschränkung der Technologie«.[102] Und Anne R. Somers, die sich ansonsten für die Interessen der Krankenhäuser starkmacht, fasste die Argumente gegen eine unbegrenzte Ausweitung der technologischen Medizin folgendermaßen zusammen: »Je fortschrittlicher und effektiver die Technologie, umso höher die Gesamtkosten im Gesundheitswesen.«[103]

Mitte der 1960er-Jahre begann die Unterstützung eines weiteren Wachstums der technologischen Medizin nachzulassen. Rapide steigende Gesundheitskosten und die bekannte Rolle der Medizintechnik dabei verdunkelten die einst rosig erschienene Zukunft der medizinischen Forschung und ihrer Anwendungen. Der Krieg in Vietnam forderte ebenfalls staatliche Steuergelder, während die Antikriegsbewegung und die schnell wachsende Bewegung zum Schutz dessen, was von der Umwelt noch übrig war, die politische Förderung unüberlegter technologischer Entwicklungen unterminierten. In den amerikanischen Städten herrschte Mitte der 1960er-Jahre praktisch Krieg, da die Bürgerrechts- und Gleichberechtigungsbewegung der Schwarzen ihre Forderungen artikulierte und eine Aufstockung der Mittel für innerstädtische Dienstleistungen erzwangen, wozu auch die medizinische Versorgung gehörte. Die Kombination all dieser Faktoren führte zu einem geringeren Support der technologischen Medizin und schmälerte den Anteil der Medizinforschung an den Gesundheitsausgaben. Die staatlichen Gelder für die medizinische Forschung, die zwischen 1955 und 1965 noch um satte 745 Prozent nach oben geklettert waren, stiegen in den darauffolgenden 10 Jahren um weniger als ein Fünftel dieser Prozentzahl.[104]

Stiftungen und Regierung unterstützten nun vermehrt die Erforschung von Problemen in der medizinischen Versorgung. Sie förderten Experimente und Reformen, die entweder die Kosten der medizinischen Versorgung senken oder den Zugang zur technologiearmen Grundversorgung verbessern könnten. Sie hauchten auch einer alten medizinischen Ideologie neues Leben ein – einer Ideologie, die es rechtfertigte, die Ausgaben im Gesundheitswesen zu senken, und die Legitimationsfunktion der zunehmend diskreditierten Medizintechnologie ersetzte.

Das Opfer ist schuld: Eine alte Ideologie kommt wieder zur Geltung

Die Kritik an der technologischen Medizin richtete sich zunächst gegen die vielen systemischen Faktoren, die für ihre verstärkte Anwendung sorgten. Der Gesundheitsökonom Victor Fuchs kritisierte den »technologischen Imperativ« in der Medizin, das heißt die Auffassung, dass etwas Technisches, das für einen Patienten getan werden *kann*, auch getan werden *sollte*.[105] Fuchs schrieb diese Tendenz der medizinischen Ausbildung, dem Versicherungssystem, das die Inanspruchnahme teurer Leistungen fördert, den Herstellern von Arzneimitteln und medizinischem Zubehör, die ihre Produkte verkaufen wollen, und dem Druck seitens der Patienten zu.

Die Enttäuschung über die tatsächliche technische Effizienz der Medizin – besser gesagt über ihre Ineffizienz und ihre Risiken – verstärkte die Angriffe auf die Medizintechnik, die mit den finanziellen Problemen des Gesundheitswesens begonnen hatten. Die Zweifel an der Überbetonung der Medizintechnik begannen in den 1950er-Jahren in einer kleinen Gruppe akademischer Zirkel und breiteten sich in den 1970er-Jahren bis in die höchsten politischen Kreise von Regierung und Stiftungen aus. In der zweiten Hälfte der 1950er-Jahre wiesen René Dubos[106] und eine Handvoll anderer Beobachter darauf hin, wie sinnlos es sei, sich auf die Medizin zu verlassen, wenn es um die Heilung von Krankheiten gehe, die durch soziale und physische Umweltfaktoren verursacht würden. In den 1970er-Jahren kritisierten der Jesuitenpater und Sozialphilosoph Ivan Illich,[107] Kanadas Minister für Gesundheit und Wohlfahrt Marc Lalonde[108] und andere[109] die Medizin, weil sie Krankheiten geradezu ausbrüte, eine relativ geringe positive Auswirkung auf die Gesundheit und die Krankheitsraten habe und immer mehr Kontrolle über unsere sozialen und persönlichen Beziehungen ausübe.

Eine Folge dieser Kritik war der Glaube, was Ärzte und Medizintechnik nicht schafften, könne man selbst besser hinbekommen. Medizinkritiker propagierten »Selbsthilfe« als Quelle der Befreiung von professioneller und technologischer Kontrolle. Viele von ihnen gingen jedoch so weit, den Einzelnen als größte Gefahr für die eigene Gesundheit zu betrachten. Eine in Kalifornien durchgeführte groß angelegte Studie über das Gesundheitsverhalten bekräftigte die Ansicht, dass der »Lebensstil« einer Person ein wichtiger Faktor für ihren Gesundheitszustand ist.[110] Fuchs, der gegenteilige epidemiologische Hinweise ignoriert, beteuert, dass »das größte Potenzial, um die Gefahr einer koronaren Herzerkrankung, von Krebs und anderen tödlichen Krankheiten zu verringern, noch immer in der Änderung des persönlichen Verhaltens liegt«.[111] Viele weitere akademische Gesundheitsforscher und -autoren sowie Mitglieder der anwachsenden »ganzheitlichen« Gesundheitsbewegung setzten auf die Einzelperson als Kern gesundheitlicher Probleme.[112] Die vielleicht absurdeste Auswirkung dieser Position ist es, die Bleivergiftung von Kleinkindern in einkommensschwachen Vierteln auf mütterlichen Entzug[113] und die »freizügige Sozialisierung der Mundhygiene«[114] zurückzuführen – anstatt auf die Hausbesitzer, die es versäumt haben, die von den Wänden ihrer Mietwohnungen abblätternde bleihaltige Farbe zu entfernen und die Wände mit bleifreier Farbe zu streichen, wie sie inzwischen gesetzlich vorgeschrieben ist.

Diese Argumente erregten schnell die Aufmerksamkeit der Gesundheitspolitiker. Und so sagte Walter McNerney, Präsident der Blue Cross Association:

> Wir müssen aufhören, die Probleme der Lebensführung mit technischen Verfahren und Systemen zu bekämpfen, und wir müssen aufhören, mehr Gesundheitsdienste mit einer besseren Gesundheit gleichzusetzen. […] Die Menschen müssen die Fähigkeit und den Willen haben, mehr Verantwortung für ihre eigene Gesundheit zu übernehmen.[115]

Zwar wird die technologische Medizin unerschwinglich teuer, doch den Opfern die Schuld zu geben ist einfach zu billig. »Die Kosten für Trägheit, Völlerei, alkoholische Zügellosigkeit, rücksichtsloses Fahren, sexuelle Ausschweifung und Rauchen sind jetzt zu einer nationalen und nicht zu einer individuellen Verantwortung geworden, und all das wird als individuelle Freiheit gerechtfertigt«, so Dr. John Knowles, der einflussreiche Präsident der Rockefeller Foundation. »Aber die Freiheit eines Mannes oder einer Frau in Bezug auf seine/ihre Gesundheit wird jetzt zur Fessel eines anderen Mannes oder einer anderen Frau in Form von Steuern und Versicherungsbeiträgen.« Knowles warnt eindringlich davor, dass »die Kosten der individuellen Verantwortungslosigkeit im Bereich der Gesundheit unerschwinglich geworden sind«.[116] Victor R. Fuchs kritisiert die »entschlossene Weigerung, zuzugeben, dass der Einzelne für seine eigene Misere verantwortlich ist«.[117] Und Leon R. Kass, der es ablehnt, Gesundheit oder gesundheitliche Fürsorge als *Recht* zu betrachten, verkündet, dass »Gesundheit eine Pflicht ist und dass man die Verpflichtung hat, für den Erhalt seiner eigenen Gesundheit zu sorgen«. Kass, Professor für Medizin und Bioethik, verurteilt »die übermäßige Beschäftigung mit der Gesundheit«, etwa »wenn die Krebsphobie zu staatlichen Vorschriften führt, die berufliche Tätigkeiten oder die persönliche Freiheit unangemessen einschränken«.[118]

Das Versagen des Einzelnen diente lange als Begründung dafür, dass die arme Bevölkerung und ethnische Minderheiten weniger häufig ärztliche und zahnärztliche Dienste, insbesondere präventive, in Anspruch nehmen als wohlhabendere Schichten. Praktische Ärzte und ihre Akademikerkollegen kommen häufig zu dem Schluss, dass die geringe Inanspruchnahme auf unzureichendes Wissen um die Bedeutung von Präventiv- und Frühbehandlungsmaßnahmen sowie auf eine geringe Motivation zurückzuführen sei.[119] Demgemäß sind diese »Unter-Inanspruchnahme« und ein schlechter Lebensstil individuelle Schwächen, die vielleicht durch pädagogische Programme behoben werden könnten – eine Gelegenheit dafür, den Armen die »richtigen« Gewohnheiten und die Bedeutung von medizinischen Diensten zu vermitteln.

Die Gesinnung beeinflusst zwar das Gesundheitsverhalten, aber es gibt viele Belege dafür, dass die Inanspruchnahme von medizinischen Diensten durch ethnische Minderheiten und arme Menschen ähnlich hoch ist wie in der Allgemeinbevölkerung, wenn sie Zugang dazu haben.[120] Dies stützt die These, dass die geringere Inanspruchnahme solcher medizinischer Dienste die Folge struktureller und funktioneller Probleme in den Diensten selbst ist und nicht ein Versagen der potenziellen Nutzer.

Die Schuldzuweisung an die Opfer wird nicht nur als Erklärung für die geringere Inanspruchnahme von Gesundheitsdiensten durch Arme herangezogen, sondern auch als Argument, um die Inanspruchnahme durch Medicaid-Empfänger zu *reduzieren.* Um die steigenden Kosten von Medicaid-Programmen zu senken, schufen die Nixon-Regierung und konservative Gouverneure nämlich Barrieren für die Nutzung dieser Dienste. Durch die Begrenzung von Arzt- und Zahnarztbesuchen – insbesondere zur Vorbeugung – und die Einführung bürokratischer Verzögerungen von Behandlungen im Krankenhaus (so müssen Ärzte beispielsweise eine Genehmigung einholen, bevor sie Medicaid-Patienten ins Krankenhaus einweisen dürfen) sorgte der Staat dafür, dass die »Nutznießer« seiner Programme für die finanziellen Probleme des Marktsystems bezahlen.[121] Und Medicare-Patienten wurden gezwungen, höhere Selbstbeteiligungen und Zuzahlungen zu leisten, um sie dazu zu bringen, die medizinischen Angebote weniger zu nutzen. Mit der neuesten Kampagne, die dem Einzelnen immer mehr Verantwortung aufbürdet, wird der Arbeiter- und Mittelschicht sowie den Armen bereits vorgeworfen, dass sie überhaupt krank werden.

Die Aussicht auf eine staatliche Krankenversicherung weckte die Befürchtung, dass eine weitere Sozialisierung der Kosten für die medizinische Versorgung den »technologischen Imperativ« nur noch zuspitzen würde. Statt die jahrzehntelange Rationalisierungspolitik des privaten Gesundheitsmarktes infrage zu stellen, konzentrieren sich die Verantwortlichen in der Gesundheitspolitik auf den Einzelnen, der es wagt, den Gefahren des Lebens in unserer Gesellschaft nicht standzuhalten, und geben kaum mehr als ein Lippenbekenntnis zu der Notwendigkeit ab, etwas gegen die physische Umwelt und die sozialen und wirtschaftlichen Bedingungen zu unternehmen, die bekanntermaßen Krankheiten hervorbringen. Stattdessen begeben sie sich in eine ideologische Position, die für die kapitalistische Gesellschaft, in der sie wichtige Mitglieder sind, weniger bedrohlich ist. Die technologische Medizin hat sich als kostspieliges Hardwaresystem erwiesen, dessen Legitimität inzwischen geschwächt ist. Die Opfer zu beschuldigen ist eine billige und ideologisch sichere Softwarealternative.

Doch die Strategie der Opferbeschuldigung stößt auf Widerstand. Einige Repräsentanten des öffentlichen Gesundheitswesens haben sich gegen diese Sichtweise ausgesprochen. »Für die große Mehrheit der Menschen in unserer Gesellschaft«, argumentierte C. Arden Miller als Präsident der American Public Health Association, »sind die Lebensumstände, die zu schlechter Gesundheit führen, keine Frage der persönlichen Wahl, sondern sie werden den Menschen durch die sozialen und wirtschaftlichen Umstände, in die sie hineingeboren werden, aufgezwungen.«[122] Auch in der Gewerkschaftsbewegung regt sich Widerstand gegen die Untersuchung von Arbeitnehmern auf gesundheitlich riskante Verhaltensweisen, auf »Empfindlichkeit« oder »Anfälligkeit« gegenüber berufsbedingten Karzinogenen und dagegen, dass Frauen im gebärfähigen Alter von Arbeitsplätzen in der Blei- und Chemieindustrie ausgeschlossen werden, statt die Gefahren am Arbeitsplatz zu beseitigen.[123]

Eine Alternative zur Opferbeschuldigung und zu eng gefassten technologischen Ansätzen bei umweltbedingten Krankheiten ist die »ökologische« Strategie. Bei diesem Modell analysiert das medizinische Personal die verschiedenen Faktoren, die zu einem Gesundheitsproblem beitragen, und entwickelt dann gemeinsam mit dem Betroffenen soziale und politische, aber auch medizinisch-technische Strategien, um diese Faktoren zu verändern.[124] Dass eine auf den Einzelnen ausgerichtete kurative Medizin nötig ist, liegt auf der Hand, weil der Mensch sich an eine physische oder soziale Umgebung nicht perfekt anpassen kann. Aber die medizinische Versorgung sollte mehr tun, als die Wunden, die durch eine Disharmonie zwischen Mensch und Umwelt entstanden sind, mit einem Heftpflaster zu verschließen. Diese Disharmonie geht zu einem großen Teil auf die Ausbeutung des physischen und gesellschaftlichen Umfelds aus Profitgründen zurück. Demnach wird Krebs durch berufs- und umweltbedingte Verschmutzung hervorgerufen, Bluthochdruck durch Stress, und übermäßig hohe Todesraten aufgrund von Armut und Rassismus gelten als »gesellschaftlicher Preis« der Produktion. Aber es ist möglich, politischen Druck aufzubauen, um diese Bedingungen zu ändern und letztlich die Produktion auf die sozialen Bedürfnisse statt auf die Anhäufung privater Vermögen auszurichten.

Schlussfolgerung

Die amerikanische Gesellschaft ist mit einem Gesundheitssystem konfrontiert, das zwar kostspielig, aber unfähig ist, die wichtigen medizinischen Bedürfnisse der Bevölkerung zu befriedigen. Trotz jahrzehntelanger Bemühungen, die Medizin effektiver zu machen und den Zugang zu ihr zu verbessern, scheint das System für grundlegende Veränderungen unempfänglich zu sein. Und die Reformversuche zeichnen sich durch grundlegende Mängel aus.

Von den ersten Rockefeller-Philanthropien bis hin zur Öffnung der Staatskasse dem Gesundheitssektor gegenüber bestand die wichtigste Strategie, um die Medizin effektiver zu machen, in der biomedizinischen Forschung und der Entwicklung der technologischen Medizin. Die technischen Fortschritte waren gewaltig, aber die Resultate wurden nicht gleichmäßig verteilt, nicht vernünftig mit der nötigen Grundversorgung koordiniert oder mit der Förderung von Fortschritten im physischen und sozialen Umfeld kombiniert. Die Technik ersetzt in der Arzt-Patient-Beziehung immer mehr die persönliche Pflege und emotionale Unterstützung. Wie wir gesehen haben, wirkten sich diese Schwerpunkte kaum positiv auf die Gesundheit der Bevölkerung aus. Dass solche technischen Ansätze fortbestehen, ist darauf zurückzuführen, dass sie mächtigen Klassen und Interessengruppen Nutzen bringen. Für die Unternehmerklasse dient die technologische Medizin der Rechtfertigung ihrer wirtschaftlichen und politischen Vorherrschaft, indem sie die Aufmerksamkeit von den Folgen letzterer weglenkt – das heißt, von »gesellschaftlichen Kosten« wie Klassenungleichheit, auf Rassen- oder Geschlechtszugehörigkeit beruhender Dominanz, beruflichen Risiken und Umweltzerstörung. Für die Ärzteschaft bildeten die Erkenntnisse der Medizinwissenschaften und die Produkte der medizinischen Technologie die Basis für ihren Anspruch auf ein Autoritätsmonopol über die medizinische Praxis. Seit ein paar Jahrzehnten ist die medizinische Technologie die Grundlage einer neuen Industrie und damit einer Interessengruppe, die von der Betonung der technischen Herangehensweise bei gesundheitlichen Problemen direkt profitiert. Die technologische Medizin hat all diesen Gruppen Vorteile beschert, und diese haben folglich für ihre Expansion gesorgt.

Die Rockefeller-Philanthropien brachten auch den langwierigen Prozess der Rationalisierung des Gesundheitswesens in Gang. Dieser Kampagne schlossen sich Gruppierungen inner- und außerhalb des Gesundheitssektors an, denen in den letzten Jahrzehnten zunehmend auch der Staat folgte. Die politische Macht des medizinischen Berufsstands war so groß, dass er frühe Bemühungen, alle Elemente des Systems in eine organisatorisch ausgerichtete Hierarchie einzuordnen, zu blockieren vermochte. So wurden Teile der Rationalisierungsstrategie immer dort umgesetzt, wo es den geringsten Widerstand gab. Freiwillige Krankenversicherungen – private, später auch öffentliche – wurden hauptsächlich rund um die Krankenhausversorgung entwickelt und finanzierten den Ausbau der Hightechmedizin, in deren Mittelpunkt die Kliniken standen. Die Rationalisierung des privaten Medizinmarktes trug zum Wachstum des kapitalintensiven medizinischen Warensektors bei, der ein großes Interesse an technologischer Medizin hat. Die private Kontrolle dieses Marktes, der Schwerpunkt auf der medizinischen Technologie und die Sozialisierung der Kosten durch Drittanbieter haben zusammengenommen die Ausgaben in die Höhe getrieben, die finanziellen Probleme des Staates verschärft und der Wirtschaft zunehmend Geld entzogen.

Die Oberschichtreformer der Medizin – von Gates und seinen Stiftungskollegen bis hin zu heutigen Staatsvertretern – waren und sind nicht bereit, sich dem privaten Markt in seiner Gänze entgegenzustellen, was zu einem tiefen Widerspruch in ihrem Kampf um die Rationalisierung der Medizin führte. Statt das Gesundheitswesen zu verstaatlichen, befürworteten sie die Entwicklung des privaten Marktes mit gesetzlicher und finanzieller Unterstützung. Die derzeitige Krise ist das Ergebnis dieses wirtschaftspolitischen Prozesses. Sie war nur deshalb unvermeidlich, weil diejenigen, die das System gestalteten, an die Erfordernisse und Zwänge der kapitalistischen Wirtschafts- und Sozialbeziehungen glaubten oder sie zumindest akzeptierten. Hätten sich Gates und die nachfolgenden Stiftungs- und Regierungsrepräsentanten im Gesundheitswesen dafür eingesetzt, dass die medizinische Versorgung den Bedürfnissen der Bevölkerungsmehrheit und nicht den Bedürfnissen des Kapitalismus und den Interessen der Unternehmerklasse dient, wäre ein anderer Weg eingeschlagen worden. Noch heute könnte ein umfassendes, zentral geplantes staatliches Gesundheitswesen die Kosten effektiv kontrollieren und allen Bewohnern des Landes dieselbe Versorgung bieten. Das Gesundheitswesen könnte die Gesundheit der Bevölkerung wirksam verbessern, wenn sich seine Forschung und seine Maßnahmen in demselben Maß auf die Umweltfaktoren konzentrieren würden, wie diese zu Krankheit und Tod beitragen.

Doch auf die Macher der Gesundheitspolitik kann man bezüglich dieser grundlegenden Veränderungen nicht zählen. Sie sind Mitglieder der Unternehmerklasse oder identifizieren sich mit deren Interessen und glauben deshalb, um den dreisten Aphorismus von Charles Wilson zu paraphrasieren, »was gut für die Wirtschaft ist, ist gut für Amerika«. Darüber hinaus ist der kapitalistische Sektor der Medizin reich und mächtig geworden und bringt den wirtschaftlichen und politischen Einfluss von Versicherungsgesellschaften, Banken und Industriekonzernen in die aktive Unterstützung zum Erhalt des privaten medizinischen Marktes ein. Eine staatliche Krankenversicherung wird unterstützt, weil sie die Kosten der Medizin weiter sozialisieren wird, aber die Verstaatlichung der Medizin zu einem staatlichen Gesundheitswesen ist für die Kräfte des Privatmarktes nicht akzeptabel und wird deshalb von den tonangebenden Gesundheitspolitikern ignoriert. Statt das medizinische System umzustrukturieren, wird die Last der Kostenkontrolle auf kranke Menschen abgewälzt, indem ihr Zugang zu medizinischer Versorgung eingeschränkt und von ihnen verlangt wird, ihre Gesundheit durch eine Veränderung ihres Verhaltens selbst zu verbessern.

Doch auch ein staatliches Gesundheitswesen würde nicht unbedingt dazu führen, dass die Medizin aufhört, die kapitalistisch-unternehmerische Gesellschaft zu legitimieren, sondern bestenfalls dafür sorgen, dass diese ideologischen Funktionen weniger mit den Markterfordernissen konkurrieren. Wäre der Zugang zur medizinischen Versorgung nicht eingeschränkt, wie es im gegenwärtigen Marktsystem immer noch der Fall ist, so könnte der »heilende Dienst«, wie Gates die Medizin nannte, individuell ausgerichtete technische Perspektiven und Methoden für die gesundheitlichen Probleme der gesamten Bevölkerung anbieten.

Das Gesundheitswesen hat potenziell viel zu bieten. Wir erwarten zu Recht, dass es Leiden verhindert, Krankheiten diagnostiziert, Schmerzen lindert und uns im Krankheitsfall auf das Niveau unserer normalen Funktionstüchtigkeit zurückbringt. Und wäre es nicht durch seinen Warencharakter und seine ideologischen Funktionen verzerrt, könnte sich das Gesundheitswesen durchaus so entwickeln, wie wir es uns wünschen. Es ist möglich, ein Gesundheitswesen zu schaffen, das nicht den wirtschaftlichen und politischen Interessen seiner Träger und der oberen Klassen, sondern den gesundheitlichen Bedürfnissen der Bevölkerungsmehrheit dient. Es darf jedoch bezweifelt werden, dass ein solches Gesundheitssystem in einer kapitalistischen Gesellschaft realisiert werden kann, die darauf bedacht ist, die Vorherrschaft der Kapitalanhäufung aufrechtzuerhalten. Nichtsdestotrotz kann der Kampf um dieses neue Gesundheitssystems zu dem übergeordneten Kampf um eine gerechtere Wirtschafts- und Sozialordnung beitragen.

Stimmen zum Buch

—

»Niemand kann oder darf dieses Buch ignorieren. Es ist eine eloquente und gut belegte vernichtende Einschätzung der historischen Beziehung zwischen Medizin und Kapitalismus und ihrer Auswirkung auf die Gestaltung des heutigen Gesundheitswesens.«

– *Washington Post Book World*

»Man muss dieser These nicht zustimmen, doch es spricht sehr viel für sie. Der Sachverhalt ist gut recherchiert und interessant dargestellt. Dieses Buch spricht ein breites medizinisches Publikum sowie Menschen an, die sich mit der Entwicklung des Gesundheitswesens befassen.«

– *New England Journal of Medicine*

»In den letzten 10 Jahren wird immer mehr Wert darauf gelegt, das amerikanische Gesundheitssystems im Hinblick auf den Kampf zwischen unternehmerischen privatwirtschaftlichen und bürokratieaffinen Kräften zu analysieren. […] Brown stützt sich vor allem auf Schriften der Rockefeller- und anderer Philanthropien und konzentriert sich auf die Bemühungen von Ärzten und Unternehmern, im späten 19. und frühen 20. Jahrhundert die wissenschaftliche Medizin und die moderne medizinische Ausbildung zu fördern. […] Ein wichtiges Buch.«

– *Choice*

»Die Ereignisse rund um die Entwicklung der wissenschaftlichen Medizin und der medizinischen Ausbildung in der Zeit kurz vor und nach dem Flexner-Report von 1910 sind von Medizinhistorikern sicherlich schon eingehend analysiert worden.

Brown deckt quasi dasselbe Gebiet ab, hat aber das unschätzbare Verdienst, es auf eine völlig originäre Weise neu zu interpretieren. [...] Er legt damit die Ausgangsbedingungen für die Forschung der kommenden Jahre fest.«

– *Bulletin of the History of Medicine*

»Eine gute Arbeit [...], eine wichtige Ergänzung der ständig anwachsenden Literatur, die die orthodoxen und etablierten Erklärungen der Medizin und des medizinischen Berufsstands infrage stellt.«

– Dr. Vincente Navarro, Johns Hopkins University

»Ein herausragender Beitrag zur Literatur über die politische Ökonomie des Gesundheitswesens [...] mit Material aus unterschiedlichen Bereichen – Wirtschaft, Soziologie, Politikwissenschaft, Epidemiologie, Geschichte und Sozialpolitik [...], der einen Standard für fortschrittliche Autoren im Bereich des Gesundheitswesens setzt.«

– John McKinlay, Boston University

»Brown hat das ultimative Werk über die Entwicklung der modernen wissenschaftlichen, technologischen Paradigmen der amerikanischen Medizin verfasst. [...] Alle, die das Gesundheitssystem nutzen, sollten dieses Buch unbedingt lesen.«

– *Antioch Review*

Endnoten

—

Einführung

1 Zum Zeitpunkt der Veröffentlichung dieses Buches 1979 war der reduzierte Begriff »amerikanisch« noch üblich und gleichbedeutend mit »US-amerikanisch«. Die lateinamerikanische Perspektive findet keine Erwähnung. (Anm. des Verlags)
2 *The New York Times*, 26. April 1977.
3 Ivan Illich, *Medical Nemesis: The Expropriation of Health* (New York: Pantheon, 1976).
4 Siehe beispielsweise René Dubos, *Mirage of Health* (Garden City, N.Y.: Anchor Books, 1959); Marc Lalonde, *A New Perspective on the Health of Canadians* (Ottawa: Government of Canada, 1974); Archie L. Cochrane, *Effectiveness and Efficiency: Random Reflections on Health Services* (London: Nuffield Provincial Hospital Trust, 1972); Rick J. Carlson, *The End of Medicine* (New York: John Wiley, 1975); Howard B. Waitzkin und Barbara Waterman, *The Exploitation of Illness in Capitalist Society* (Indianapolis, Ind.: Bobbs-Merrill, 1974); John Ehrenreich (Hrsg.), *The Cultural Crisis of Modern Medicine* (New York: Monthly Review Press, 1978).
5 David Mechanic, *The Growth of Bureaucratic Medicine* (New York: John Wiley, 1976), S. 42, sowie sein Buch *Politics, Medicine, and Social Science* (New York: John Wiley, 1974), Kap. 3.
6 Illich, *Medical Nemesis*, S. 211.
7 Siehe die exzellente Kritik an Industrialismus und technologischem Determinismus in Alexander Blackburn, »A Brief Guide to Bourgeois Ideology«, in Alexander Cockburn und Robin Blackburn (Hrsg.), *Student Power* (Baltimore: Penguin, 1969), S. 163–213; die kurze Abhandlung in David Nobles erhellendem Buch *America by Design: Science, Technology, and the Rise of Corporate Capitalism* (New York: Knopf, 1977), insbesondere die Einführung; sowie Vicente Navarros Kritik am Industrialismus in seiner Rezension von Illichs Werk in Navarro, *Medicine under Capitalism* (New York: Prodist, 1976), S. 103 f.
8 Die vom Autor häufig verwendeten Begriffe »Sekte« beziehungsweise »sektiererisch« bezeichnen medizinische Strömungen und alternative Heilmethoden, die von der »nicht sektiererischen« oder auch »regulären« Medizin, die alsbald zur einzig gültigen erklärt werden sollte, unabhängig agierten und eigene Wege gingen. Der Autor steht »Sekten« beziehungsweise »nicht regulären« medizinischen Ansätzen durchaus positiv gegenüber, während die Vertreter der aufkommenden Wissenschaftsmedizin sie verurteilten und die entsprechenden Bezeichnungen negativ einsetzten. Die Übersetzung dieser Begriffe wurde dem jeweiligen Sinnzusammenhang angepasst. (Anm. des Verlags)
9 William Weinfield, »Income of Physicians, 1929–1949« in *Survey of Current Business*, 31 (Juli 1951), S. 11; Maurice Leven, *The Incomes of Physicians: An Economic and Statistical Analysis*,

Committee on the Costs of Medical Care, Publication Nr. 24 (Chicago: University of Chicago Press, 1932), S. 88.

10 Es sei daran erinnert, dass das vorliegende Buch 1979 erschienen ist. Die hier angeführten Zahlen beziehen sich also auf das Ende der 1970er-Jahre. (Anm. des Verlags)

11 Zachary Y. Dyckman, *A Study of Physicians' Fees* (Washington, D.C.: President's Council on Wage and Price Stability, März 1978), S. 74 f.; Harris-Polls-Bericht in *Newsweek*, 10. Dezember 1973, S. 45, sowie in der *New York Times*, 12. Juni 1977, S. 55. Siehe auch Navarro, *Medicine under Capitalism*, S. 135–169.

12 Zur ärztlichen Dominanz siehe Victor R. Fuchs, *Who Shall Live? Health, Economics, and Social Choice* (New York: Basic Books, 1974), Kap. 3; Eliot Freidson, *Profession of Medicine: A Study of the Sociology of Applied Knowledge* (New York: Dodd, Mead and Co., 1970); sowie Barbara Ehrenreich und John Ehrenreich, »Medicine and Social Control« in J. Ehrenreich (Hrsg.), *Cultural Crisis*, S. 39–79.

13 Herman M. Somers und Anne R. Somers, *Doctors, Patients, and Health Institutions: The Organization and Financing of Medical Care* (Washington, D.C.: Brookings Institution, 1961), S. 42; *Physician Distribution and Medical Licensure in the United States*, 1974 (Chicago: AMA, 1975), S. 66; Harry T. Paxon, »Why Wesley Hall Ripped into the AMA Hierarchy« in *Medical Economics*, 3. Januar 1972, S. 101, 252.

14 Robert Alford, *Health Care Politics: Ideological and Interest Group Barriers to Reform* (Chicago: University of Chicago Press, 1975).

15 Anne R. Somers, *Health Care in Transition* (Chicago: Hospital Research and Educational Trust, 1971), Kap. 3, repräsentiert die Ansicht der AHA.

16 Die Verbände Blue Cross und Blue Shield Association sind Bündnisse aus eigenständigen *Krankenversicherern* der *Vereinigten Staaten*. (Anm. des Verlags)

Kapitel 1 – »Wholesale-Philanthropie«: von Gemeinnützigkeit zu gesellschaftlicher Umgestaltung

1 »Die Underground Railroad (englisch für Untergrundbahn) war ein aus Gegnern der Sklaverei – darunter auch Weißen – bestehendes informelles Schleusernetzwerk, das für versklavte Afroamerikaner die Flucht aus den Südstaaten der USA in die sichereren Nordstaaten oder in die Provinz Kanada organisierte.« Siehe *https://de.wikipedia.org/wiki/Underground_Railroad#:~:text=Die%20Underground%20Railroad%20(englisch%20für,in%20die%20Provinz%20Kanada%20organisierte.* (Anm. des Verlags)

2 Pennsylvania Railroad. (Anm. des Verlags)

3 Die beste Carnegie-Biografie ist die von Joseph Frazier Wall, *Andrew Carnegie* (New York: Oxford University Press, 1970).

4 Unter den vielen Rockefeller-Biografien beziehe ich mich hauptsächlich auf Allan Nevins, *John D. Rockefeller: The Heroic Age of American Enterprise*, 2 Bände (New York: Charles Scribner's Sons, 1940), sowie Peter Collier und David Horowitz, *The Rockefellers: An American Dynasty*

(New York: Holt, Rinehart and Winston, 1976), S. 1–73. Erstere ist viel detailreicher, aber Letztere stellt sein Leben in einen größeren Kontext und beleuchtet es etwas kritischer.

5 Zu den Veränderungen in der Klassenstruktur, welche die Industrialisierung im 19. Jahrhundert mit sich brachte, siehe William Appleman Williams, *The Contours of American History* (Cleveland: World Publishing Co., 1961), und Robert H. Wiebe, *The Search for Order, 1877–1920* (New York: Hill and Wang, 1967).

6 Pinkerton ist ein privater US-amerikanischer Sicherheitsdienst. (Anm. des Verlags)

7 Williams, *Contours*, S. 315 und 333; siehe auch Richard O. Boyer und Herbert M. Morais, *Labor's Untold Story*, 3. Auflage (New York: United Electrical, Radio, and Machine Workers of America, 1972).

8 Eine Pachtform, bei der ein Teil der Pacht durch Ernteerträge entrichtet wird. (Anm. des Verlags)

9 Die »Progressive Era« (1896–1917) in den Vereinigten Staaten war eine Periode weitverbreiteten sozialen Aktivismus und politischer Reformen im ganzen Land, die sich auf die Bekämpfung von Korruption, Monopolen, Verschwendung und Ineffizienz konzentrierten. (Anm. des Verlags)

10 John D. Rockefeller, *Random Reminiscences of Men and Events* (New York: Doubleday, Page and Co., 1909), S. 141 f.

11 Ebd., S. 158.

12 Zitiert in Edward Chase Kirkland, *Dream and Thought in the Business Community, 1860–1900* (Chicago: Quadrangle Books, 1964; Erstveröffentlichung 1956), S. 165.

13 Siehe hierzu die Äußerung von M. A. Hanna gegenüber J. D. Rockefeller, 8. September 1885, Rockefeller Family Archives, Gruppe 1. Über Hannas Rolle für den Aufbau des politischen Kapitalismus siehe Williams, S. 349, 360–362, 381. Über die enge Verbindung zwischen der Exekutive, der Privatindustrie und der Finanzwelt siehe Gabriel Kolko, *The Triumph of Conservatism: A Reinterpretation of American History, 1900–1916* (Chicago: Quadrangle Books, 1967; Erstveröffentlichung 1963); über die weitere Entwicklung dieses liberalen Unternehmensprogrammes zur Regierungsreform mit dem Ziel, den Interessen der monopolistischen Industrie zu dienen, siehe James Weinstein, *The Corporate Ideal in the Liberal State, 1900–1918* (Boston: Beacon Press, 1968).

14 Korrespondenz zwischen Hanna und Rockefeller, 1885–1892, Rockefeller Family Archives, Gruppe 1.

15 Kurzer Überblick über die Lebensweise der reichsten Amerikaner in jener Zeit und über Beschwerden und Maßnahmen gegen ihre Prahlerei siehe Kirkland, *Dream and Thought*, Kap. 2.

16 Als Beispiel für eine unkritische historische Abhandlung über die Philanthropie in den Vereinigten Staaten siehe Robert H. Bremner, *American Philanthropy* (Chicago: University of Chicago Press, 1960); Zitate von Mather und Franklin, S. 12–17.

17 Ebd., S. 96–99.

18 Richard Hofstadter, *Social Darwinism in American Thought* (Boston: Beacon Press, 1955); Zitat von Spencer, S. 41.

19 Ein Settlement House »kann als sozial-, kultur- und bildungspolitische Einrichtung verstanden werden, die neben diversen offenen Kurs-, Weiterbildungs- und Beschäftigungsangeboten auch immer an einer wissenschaftlichen Durchdringung der in unmittelbarer Nachbarschaft auftretenden sozialen Probleme interessiert war« und um die herum sich oft eine Art Sozialsiedlung

entwickelte. Siehe *https://www.stadtteilarbeit.de/lernprogramm-stadtteilarbeit/hauptseiten/hull-house-chicago.*

20 Siehe zum Beispiel die *Proceedings of the National Conference of Charities and Correction* (»Protokolle der Nationalen Konferenz der Wohlfahrtsverbände und des Justizvollzugs«) aus dieser Zeit; Amos G. Warner, *American Charities* (New York: Thomas Y. Crowell, 1919; Erstveröffentlichung 1894); Frank D. Watson, *The Charity Organization Movement in the United States: A Study in American Philanthropy* (New York: Macmillan, 1922). All diese Dokumente sind hierfür repräsentativ.

21 Edward T. Devine, »The Dominant Note of the Modern Philanthropy« in *Proceedings of the National Conference of Charities and Correction* (1906), S. 3.

22 Warner, *American Charities,* S. 28, 46 f.

23 Anthony Piatt, *The Child Savers: The Invention of Delinquency* (Chicago: University of Chicago Press, 1969), S. 35 f.

24 Siehe Howard S. Miller, *Dollars for Research: Science and Its Patrons in Nineteenth-Century America* (Seattle: University of Washington Press, 1970), S. 159 f.

25 Siehe Piatt, *Child Savers,* S. 96 f.; Jane Addams, *Twenty Years at Hull-House* (New York: Signet/Macmillan, 1961; Erstveröffentlichung 1910), S. 299.

26 Zur Entwicklung der öffentlichen Schulen siehe Michael B. Katz, *Class, Bureaucracy, and Schools: The Illusion of Educational Change in America* (New York: Praeger Publishers, 1971); Joel H. Spring, *Education and the Rise of the Corporate State* (Boston: Beacon Press, 1972).

27 Hamilton A. Hill, *Memoir of Abbott Lawrence* (Boston: »Printed for Private Distribution«, 1883), S. 108.

28 Ebd., S. 109.

29 Siehe Harry Braverman, *Labor and Monopoly Capital: The Degradation of Work in the Twentieth Century* (New York: Monthly Review Press, 1974), S. 125–137.

30 Miller, *Dollars for Research,* S. 7.

31 Ebd., S. 3–8.

32 Merle Curti und Roderick Nash, *Philanthropy in the Shaping of American Higher Education* (New Brunswick, N.J.: Rutgers University Press, 1965), S. 70–72.

33 Ebd., S. 69 f. Siehe auch Frederick Rudolph, *The American College and University: A History* (New York: Vintage Books, 1965), S. 222–231.

34 Curti und Nash, *Philanthropy,* S. 64 f.

35 Elbert Vaughan Wills, *The Growth of American Higher Education: Liberal, Professional, and Technical* (Phila.: Dorrance and Co., 1936), S. 147.

36 Curti und Nash, *Philanthropy,* S. 135.

37 Ebd., S. 64 f., 112–114.

38 »Wealth« in *North American Review,* 148 (Juni 1889), S. 653–664, 149 (Dezember 1889), S. 682–698; nachgedruckt in Andrew Carnegie, *Gospel of Wealth and Other Timely Essays* (Cambridge, Mass.: Harvard University Press, 1962), S. 14–49. 1907 ist eine deutsche Übersetzung von Dr. Paul Leonhard Heubner mit persönlicher Widmung Carnegies erschienen, die von Gutenberg online herausgegeben wurde: *Das Evangelium des Reichtums und andere Zeit- und Streitfragen,* Verlag Johannes von Schalscha-Ehrenfeld, Leipzig 1907, *https://www.projekt-gutenberg.org/carnegie/reichtum/titlepage.html.* (Anm. des Verlags)

39 Zitiert aus Joseph Frazier Wall, *Andrew Carnegie* (Oxford University Press, 1970), S. 812 f.

40 Zu Schenkungen, die Carnegie zu Lebzeiten machte und nach seinem Tod vererbte, siehe *A Manual of the Public Benefactions of Andrew Carnegie* (Washington, D.C.: Carnegie Endowment for International Peace, 1919).

41 Wall, *Andrew Carnegie*, S. 806–812.

42 Siehe *Manual of the Public Benefactions.*

43 Die Darstellung von Rockefellers Leben entstammt Nevins, *Rockefeller;* sowie Collier und Horowitz, *Rockefellers*, S. 1–73.

44 Siehe Nevins, *Rockefeller*, II, S. 177.

45 Siehe Collier und Horowitz, *Rockefellers*, S. 48.

46 Eine detaillierte und gut lesbare Abhandlung über die Entstehung der University of Chicago siehe Nevins, *Rockefeller*, II, S. 191–227.

47 Ebd., S. 213 f.

48 Ebd., S. 213 f., 627, 266.

49 Ebd., S. 269, 427; sowie Collier und Horowitz, *Rockefellers*, S. 45–47.

50 Gates beschreibt das Gespräch mit Rockefeller in seiner Autobiografie. Gates' Autobiografie lag als unveröffentlichtes Manuskript in den Rockefeller Foundation Archives, bevor sie unter dem Titel *Chapters in My Life* (New York: Free Press, 1977) publiziert wurde. Für die folgenden Zitate beziehe ich mich auf den Kurzbegriff »Gates, Autobiografie« und die Seitenangaben im Archiv-Manuskript. Gates' Gespräch mit Rockefeller wird auch detailliert in Nevins, *Rockefeller*, II, S. 266–269, geschildert.

51 Gates, Autobiografie, S. 342; siehe auch Nevins, *Rockefeller*, II, S. 268.

52 Nevins, *Rockefeller*, II, S. 268.

53 Etwa »Großhandels«-Philanthropie im Unterschied zu »Retail«-/»Einzelhandels«-Philanthropie. (Anm. des Verlags)

54 Gates, Autobiografie, S. 342–345.

55 Rockefeller, *Random Reminiscences*, S. 116; Nevins, *A Study in Power: John D. Rockefeller, Industrialist and Philanthropist* (New York: Charles Scribner's Sons, 1953), II, S. 197; Gates, Autobiografie, S. 366.

56 Siehe Rockefeller, *Random Reminiscences*, S. 117, sowie Nevins, *Rockefeller*, II, S. 274–281.

57 Ebd., S. 279–281.

58 Ebd., S. 274; siehe auch Gates, Autobiografie.

59 Die einzigen Aussagen über Gates' Jugend entstammen seiner Autobiografie. Wir haben sie ergänzt durch Zitate aus Allan Nevins, *Rockefeller*, II, S. 269–272.

60 Nevins, *Rockefeller*, II, S. 272 f.

61 Notiz, 20. April 1891, GEB-Kartei, Rockefeller Foundation Archives.

62 Siehe Nevins, *Rockefeller*, II, S. 282–285, und Gates, Autobiografie, S. 375.

63 Gates, Autobiografie, S. 310–315; F. T. Gates an J. D. Rockefeller, 12. Juni 1916, und E. N. Cary an J. D. Rockefeller, 4. Mai 1909, beides in den Rockefeller Family Archives, Gruppe 2.

64 Siehe B. C. Forbes, »How John D. Rockefeller Became America's Foremost Organizer and Richest Man« in *Leslie's*, 29. September 1917. Siehe auch John D. Rockefeller, *Random Reminiscences*, S. 117.

65 Details über das Leben von John D. Rockefeller Jr. siehe Collier und Horowitz, *Rockefellers,* S.75–178, und zum Zeitpunkt, als er in die Büros seines Vaters einzog, S. 87–92.

66 Gates, Autobiografie, S. 517–518; Nevins, *Rockefeller,* II, S. 289.

67 Raymond Fosdick, *John D. Rockefeller, Jr.: A Portrait* (New York: Harper and Bros., 1956), S. III; Nevins, *Rockefeller*, II, S. 290.

68 Raymond Fosdick, *The Story of the Rockefeller Foundation* (New York: Harper and Bros., 1952), S. 2.

69 Autorisierte, aber weitgehend unkritische Geschichten über die Rockefeller-Philanthropien finden sich in Fosdicks oben zitierter Abhandlung über die Rockefeller Foundation sowie in seinem Buch *Adventure in Giving: The Story of the General Education Board* (New York: Harper and Row, 1962). George W. Corner, *A History of the Rockefeller Institute 1901–1953* (New York: Rockefeller Institute Press, 1964), und Greer Williams, *The Plague Killers* (New York: Charles Scribner's Sons, 1969), berichten über die weltweiten Programme im Gesundheitswesen. Eine kritischere Sicht liefert Harry Cleaver Jr. in seiner unveröffentlichten Dissertation mit dem Titel *The Origins of the Green Revolution,* Stanford University, 1975. Siehe auch E. Richard Brown, »Public Health in Imperialism: Early Rockefeller Programs at Home and Abroad«, *American Journal of Public Health,* 66 (1976), S. 897–903, Peter Collier und David Horowitz, *Rockefellers,* sowie die nachfolgenden Kapitel dieses Buches.

70 Siehe Nevins, *Rockefeller,* II, S. 291.

71 Rockefeller, *Random Reminiscences,* S. 159–160.

72 Siehe F. Emerson Andrews, *Philanthropic Giving* (New York: Russell Sage Foundation, 1950); Warren Weaver, *U.S. Philanthropic Foundations: Their History, Structure, Management, and Record* (New York: Harper and Row, 1967); sowie Robert H. Bremner (University of Chicago Press, 10988), *American Philanthropy.*

73 Zur Gründung des Peabody Fund siehe Franklin Parker, *George Peabody: A Biography* (Nashville: Vanderbilt University Press, 1971), S. 160–167; zu Currys Funktion im Southern Education Fund das Buch von Jessie Pearl Rice, *J. L. M. Curry: Southerner, Statesman, and Educator* (New York: Columbia University Press, 1949), S. 159–175.

74 Zum Southern Education Board siehe Louis R. Harlan, *Separate and Unequal: Public School Campaigns and Racism in the Southern Seaboard States, 1901–1915* (Chapel Hill: University of North Carolina Press, 1958), S. 75–101. Einen der wichtigsten Beiträge zum Gesamteinkommen des Board während seiner 13-jährigen Existenz – insgesamt 400 000 Dollar – leisteten George Foster Peabody, Andrew Carnegie, Rockefellers General Education Board, Frank R. Chambers of New York, die Russell Sage Foundation und Robert C. Ogden.

75 Hugh C. Bailey, *Liberalism in the New South: Southern Social Reformers and the Progressive Movement* (Coral Gables, Fla.: University of Miami Press, 1969), S. 138.

76 Louis R. Harlan, *Separate and Unequal,* S. 75–101; Hugh C. Bailey, *Liberalism,* S. 75 f.; Lawrence A. Cremin, *The Transformation of the School – Progressivism in American Education, 1876–1957* (New York: Knopf, 1961), S. 23–57. Booker T. Washington wurde finanziell von Geschäftsleuten aus dem Norden und von Liberalen aus dem Süden unterstützt. Er war als Mittelsmann des SEB beschäftigt, durfte aber nie an einer Konferenz teilnehmen. Selbstbewusstere schwarze Führungspersonen lehnten das Hampton-Modell für industrielle Schulen für Schwarze ab. W. E. B. DuBois wies darauf hin, dass die ausschließliche Förderung der industriellen Schulbildung nur die Pflichten der Schwarzen

hervorhob und ihre Rechte in den Hintergrund stellte. »Wende die Augen dieser Millionen von den Sternen ab und richte sie auf den Boden«, sagte er höhnisch vor dem Hampton-Publikum, und lasst sie nur von »Mais und Melasse« träumen. W. E. B. DuBois, *The Education of Black People*, hrsg. von Herbert Aptheker (Amherst: University of Massachusetts Press, 1973), S. 9.

77 Siehe Cleaver, »Origins of the Green Revolution«.

78 Raymond Fosdick, *Adventure in Giving*, S. 10 f. SEB-Mitglied William H. Baldwin, Präsident der Long Island Railroad, argumentierte, Schwarze würden »bereitwillig die niederen Positionen besetzen und die schwere Arbeit zu geringeren Löhnen verrichten« und den Weißen »die fachkundigere Arbeit« überlassen, siehe Louis R. Harlan, *Separate and Unequal*, S. 78, 75–101.

79 Fosdick, *Rockefeller, Jr.*, S. 117 f.

80 Memorandum in den Rockefeller Family Archives, Gruppe 2.

81 Kopie der Presseerklärung in den Rockefeller Family Archives, Gruppe 2.

82 Harlan, *Separate and Unequal*, S. 75–101; siehe auch Frissell, S. 86.

83 Fosdick, *Adventure in Giving*, S. 10 f.; Buttrick an Gates, 14. Oktober 1904; vertraulicher Bericht von Jerome D. Greene, Wallace Buttrick und Abraham Flexner, 22. Oktober 1914; Raymond Fosdick, Wickliffe Rose und James Dillard, Bericht des Sonderausschusses für Programme und Politik, 6. Oktober 1922, alle in der GEB-Kartei, Rockefeller Foundation Archives. Das GEB hatte großen Einfluss auf andere Stiftungen, die mit dem SEB zusammenarbeiteten, siehe Abraham Flexner, *Abraham Flexner: An Autobiography* (New York: Simon and Schuster, 1960), S. 274 (dies ist eine Überarbeitung seiner 1940 als *I Remember* veröffentlichten Autobiografie).

84 Gates, Autobiografie, S. 460–464; Gates an Wickliffe Rose, 21. August 1914, Rockefeller Sanitary Commission; R. Fosdick, W. Rose und J. Dillard, Bericht des Sonderausschusses für Programme und Politik, 6. Oktober 1922, GEB-Kartei; *Annual Report of the General Education Board, 1921–1922*, S. 42, 65.

85 Siehe Brown, »Public Health in Imperialism«.

86 Gates, Autobiografie, S. 460.

87 Gates an Rockefeller, 3. Juni 1905, Rockefeller Foundation Archives.

88 Gates, Autobiografie, S. 440–442.

89 *Current Literature*, 42 (1909), S. 253 f.; Gates an Rockefeller, 9. August 1907, Rockefeller Foundation Archives.

90 Frederick T. Gates, »Some Reflections on Questions of Policy«, Memo für das GEB, 23. Januar 1906, Rockefeller Foundation Archives.

91 William S. Vickery, »One Economist's View of Philanthropy«, in F. G. Dickerson (Hrsg.), *Philanthropy and Public Policy* (New York: National Bureau of Economic Research, 1962), S. 31.

92 Wall, *Andrew Carnegie*, S. 828.

93 Die Gründung und die ersten Jahre der Carnegie Foundation beschreiben Burton J. Hendrick in *The Life of Andrew Carnegie* (Garden City, N.Y.: Doubleday, Doran, and Co., 1932), Band 2, S. 263 f., und Wall in *Carnegie*, S. 869–879.

94 Henry S. Pritchett, »Einführung« zu Abraham Flexner, *Medical Education in the United States and Canada*, Bulletin Nr. 4 (New York: Carnegie Foundation for the Advancement of Teaching, 1910), S. vii. Siehe auch A. Flexner, *Henry S. Pritchett: A Biography* (New York: Columbia University Press, 1943), S. 96.

95 Telefonat von Buttrick mit Gates, 30. März 1906, siehe auch Buttrick mit Pritchett, 31. März und 15. April 1906, Pritchett mit Buttrick, 5. April 1906 und 4. Januar 1909 – alle in den Rockefeller Foundation Archives. Vergleiche auch die Telefonate von Pritchett mit Buttrick, 3. Februar 1911, 6. Februar 1911, 12. November 1915 und 24. November 1916, von Buttrick mit Pritchett, 8. Februar 1911 und 1. Dezember 1916; Pritchett mit Gates, 12. November 1915 – alle in der Carnegie Foundation.
96 Gates an Rockefeller, 6. Juni 1905, Rockefeller Family Archives.
97 W. Buttrick an H. S. Pritchett, 29. Mai 1917, Akten der Carnegie Foundation; A. Flexner, »Supplement to the Gedney-Farm Memorandum«, 31. März 1924, GEB-Akten, Rockefeller Foundation Archives; A. Flexner, *Autobiography*, S. 127, 129.
98 Fosdick, *Rockefeller, Jr.*, S. 143–187; Collier und Horowitz, *Rockefellers*, S. 109–134.
99 Charles P. Howland an Raymond B. Fosdick, 28. Januar 1927, Akten der Rockefeller Foundation; A. Flexner an W. Buttrick, 3. August 1925, GEB-Akten; A. P. Stokes an W. Rose, 2. Mai 1928, und Edwin R. Embree an George Vincent, 7. Mai 1928, GEB-Akten; Notizen von Edwin Embree über 1932, Unterlagen von Edwin Embree – alle Rockefeller Foundation Archives.
100 Gates, Memo an sich selbst, 20. November 1911, Rockefeller Family Archives, Gruppe 2.
101 Rockefeller Jr. an Rockefeller, 31. Dezember 1906, Rockefeller Family Archives, Gruppe 2.
102 Gates, Memo für das GEB, November 1911, Rockefeller Family Archives, Gruppe 2.
103 Beschreibung der Beziehung zur University of Chicago und Zitat aus einem Brief in: Nevins, *Rockefeller*, II, S. 230 f., 246, 263 f., 627.
104 Gates an George Foster Peabody, 20. März 1912, Rockefeller Family Archives, Gruppe 2; *Annual Report of the General Education Board, 1924–1925*, S. 5; A. Flexner, *Autobiography*, S. 209.
105 Siehe Williams, *Contours*, S. 352 f. Ein gutes Beispiel für den profitablen Einsatz von Managern liefert Carnegies Laufbahn. 1873 stellte Carnegie Captain William Jones an, um seine Stahlfabrik zu führen, und es war hauptsächlich Jones zu verdanken, dass die Ausgaben des Unternehmens unter und dessen Profite über denen der Konkurrenz lagen. Jones führte technische Innovationen ein, die er selbst entwarf, und unterhielt recht stabile Beziehungen zur Arbeiterschaft – und zwar den unzumutbaren, ausbeuterischen Löhnen und Arbeitsbedingungen zum Trotz, die er und die Firma diesen auferlegten. Unter ihm mussten die Leute 7 Tage in der Woche täglich 12 Stunden bei häufig über 38 Grad Celsius schuften. Aber er wusste auch um die Notwendigkeit, eine Untergrenze der Löhne festzulegen, um die Arbeiter im Unternehmen zu halten – etwas, das Carnegie nur schwer akzeptieren konnte. Über Jones' Rolle siehe Joseph Frazier Wall, *Andrew Carnegie*, S. 314–316, 328 f., 344 f.
106 Flexner, *Autobiography*, S. 109.

Kapitel 2 – Medizinwissenschaften I: der ideologische Aufschwung eines Berufsstands

1 Joseph E. Kett, *The Formation of the American Medical Profession: The Role of Institutions, 1780–1860* (New Haven: Yale University Press, 1968), S. 9 f.
2 William G. Rothstein, *American Physicians in the Nineteenth Century* (Baltimore: Johns Hopkins University Press, 1972), S. 35 f.

3 Alexander Hamilton, ein Arzt in Maryland, klagte über seine Erfahrungen, die er 1744 auf seinen Reisen durch die Kolonie gemacht hatte: »Sehr viele von ihnen versorgen eine Familie für den Wert eines holländischen Dollars im Jahr, was die Ausübung der Heilkunde zu einer ärmlichen Sache macht, die eines Gentleman unwürdig ist.« Siehe Rothstein, *American Physicians*, S. 35.

4 L. H. Butterfield (Hrsg.), *Letters of Benjamin Rush* (Princeton: Princeton University Press, 1951), Band 2, S. 661.

5 Zu Laienheilkundigen siehe Barbara Ehrenreich und Deirdre English, *Witches, Midwives, and Nurses: A History of Women Healers* (Old Westbury, N.Y.: The Feminist Press, 1973), sowie Kett, *Formation*.

6 Eine detaillierte Beschreibung und Diskussion der regulären medizinischen Praxis in der ersten Hälfte des 19. Jahrhunderts findet sich bei Rothstein, *American Physicians*, S. 41–62.

7 Zum Popular Health Movement und seiner Zusammensetzung siehe Richard H. Shryock, »Sylvester Graham and the Popular Health Movement, 1830–1870«, in Shryock, *Medicine in America, Historical Essays* (Baltimore: Johns Hopkins Press, 1966), S. 111–125; sowie Ehrenreich und English, *Witches*, S. 22–25. Zur Approbation siehe Shryock, *Medical Licensing in America, 1650–1965* (Baltimore: Johns Hopkins Press, 1967).

8 Siehe Rothstein, *American Physicians*, S. 152–174; und Harris L. Coulter, *Divided Legacy*, 3 Bände (Washington, D.C.: McGrath Publishing Co., 1973).

9 Rosemary Stevens, *American Medicine and the Public Interest* (New Haven: Yale University Press, 1971), S. 24.

10 Rothstein, *American Physicians*, S. 95.

11 »Medical Education in the United States«, *JAMA*, 79 (1922), S. 629–637.

12 Kett, *Formation*, S. 179.

13 Der Begriff »Elite« definiert hier grob diejenigen Ärzte, die aufgrund ihres Rufs für klinische oder forschende Tätigkeiten, ihres Einkommens und/oder ihrer Führungspositionen in Organisationen eine herausragende Stellung innerhalb des Berufsstands erreicht hatten.

14 Dr. S. E. Chailly, zitiert in Gerald E. Markowitz und David K. Rosner, »Doctors in Crisis: A Study of the Use of Medical Education Reform to Establish Modern Professional Elitism in Medicine«, *American Quarterly*, 25 (1973), S. 90.

15 Rothstein, *American Physicians*, S. 120 f.

16 *The Three Ethical Codes* (Detroit: Illustrated Medical Journal Co., 1888), S. 31. Diese Publikation enthält Ethikkodizes der AMA, des American Institute of Homeopathy und der National Eclectic Medical Society.

17 Donald E. Konold, *A History of American Medical Ethics, 1847–1912* (Madison: State Historical Society of Wisconsin for the Department of History, University of Wisconsin, 1962), S. 1–24. Über die internen und externen Funktionen von Ethikkodizes für den Ärztestand siehe Jeffrey L. Berlant, *Profession and Monopoly* (Berkeley: University of California Press, 1975), Kap. 3.

18 Abraham Flexner, *Medical Education in the United States and Canada*, Bulletin Nr. 4 (New York: Carnegie Foundation for the Advancement of Teaching, 1910), S. 14.

19 A. M. Carr-Saunders, »Professionalization in Historical Perspective«, in H. M. Vollmer und D. L. Mills (Hrsg.), *Professionalization* (Englewood Cliffs, N.J.: Prentice-Hall, 1966), S. 3 f.

20 William J. Goode, »Encroachment, Charlatanism, and the Emerging Professions: Psychology, Medicine, and Sociology«, *American Sociological Review*, 25 (1960), S. 902–914.

21 Ernest Greenwood, »Attributes of a Profession«, *Social Work*, 2 (1957), S. 44–55.
22 Eliot Freidson, *Profession of Medicine: A Study of the Sociology of Applied Knowledge* (New York: Dodd, Mead and Co., 1970), S. 80.
23 Harold L. Wilensky, »The Professionalization of Everyone?«, *American Journal of Sociology*, 70 (1964), S. 137–158.
24 Freidson, *Profession*, S. 81.
25 Carr-Saunders, »Professionalization«, S. 6.
26 Everett C. Hughes, »Professions«, in Kenneth S. Lynn (Hrsg.), *The Professions in America* (Boston: Houghton Mifflin Co., für die American Academy of Arts and Sciences, 1965), S. 2, 3, 9.
27 Freidson, *Profession*, S.79, 80 (Hervorhebung durch den Autor).
28 Henry E. Sigerist, *American Medicine* (New York: W. W. Norton and Co., 1934), S. 267–273.
29 George W. Corner, *A History of the Rockefeller Institute: 1901–1953* (New York: Rockefeller Institute Press, 1964), S. 7 f.
30 Stevens, *American Medicine*, S. 40.
31 Sigerist, *American Medicine*, S. 273 f.
32 Siehe beispielsweise William Allen Pusey, *A Doctor of the 1870s and 1880s* (Springfield, 111.: Charles C. Thomas, 1932).
33 Rothstein, *American Physicians*, S. 209.
34 Eine aufschlussreiche Analyse des Wissenschaftsmanagements findet sich bei Harry Braverman, *Labor and Monopoly Capital: The Degradation of Work in the Twentieth Century* (New York: Monthly Review Press, 1974), S. 70–138.
35 John Powles, »On the Limitations of Modern Medicine«, *Science, Medicine, and Man*, 1 (1973), S. 15.
36 Markowitz und Rosner, »Doctors«, S. 92.
37 Erwin H. Ackerknecht, *A Short History of Medicine* (New York: Ronald Press, 1955), S. 130 f.
38 Charles E. Rosenberg, *The Cholera Years: The United States in 1832, 1849, and 1866* (Chicago: University of Chicago Press, 1962).
39 Corner, *Rockefeller Institute*, S. 4. Siehe auch Edward H. Kass, »Infectious Diseases and Social Change«, *Journal of Infectious Diseases*, 123 (1971), S. 110–114.
40 Richard H. Shryock, *American Medical Research, Past and Present* (New York: Commonwealth Fund, 1947), S. 43 f. Siehe auch Corner, *Rockefeller Institute*, S. 8 f. (über das steigende öffentliche Interesse und die Erwartungen an die Medizinwissenschaft).
41 Leonard Keene Hirshberg, »Popular Medical Fallacies«, *American Magazine*, 62 (1906), S. 655–660; Harvey Cushing, »Triumphs of Modern Medicine«, *Education Review*, 47 (1914), S. 86–95; und C.-E. A. Winslow, »The War Against Disease«, *Atlantic Monthly*, 91 (Januar 1903), S. 43–52. Die *New York Times* (19. Februar1911) berichtete über einen Vortrag von Dr. Harvey Wiley, damals leitender Chemiker am US-Landwirtschaftsministerium und später Vorsitzender der Food and Drug Administration, in dem er versicherte, dass die Chemie in 50 Jahren so gut wie alle Krankheiten eliminiert haben würde.
42 Siehe beispielsweise Charles A. L. Reed, »President's Address«, *JAMA*, 36 (1901), S. 1599–1606.
43 William H. Welch, »Medical Advancement«, *American Magazine*, 6 (1903), S. 675; siehe auch Markowitz und Rosner, »Doctors«, S. 92.
44 Elizabeth Bisland, »The Tyranny of the Pill«, *North American Review*, 190 (1909), S. 819–825.

45 Pusey, *Doctor.*
46 Fielding H. Garrison, *John Shaw Billings: A Memoir* (New York: G. P. Putnam's Sons, 1915), S. 256 f.
47 Richard H. Shryock, *The Unique Influence of the Johns Hopkins University on American Medicine* (Kopenhagen: Ejnar Munksgaard, Ltd., 1953), S. 19.
48 Donald Fleming, *William H. Welch and the Rise of Modern Medicine* (Boston: Little, Brown and Co., 1954), vor allem S. 21. Welchs Brief an seine Schwester wird zitiert in Simon Flexner und James Thomas Flexner, *William Henry Welch and the Heroic Age of American Medicine* (New York: Viking Press, 1941), S. 75 f.
49 Konold, *Ethics,* S. 33–35.
50 Ebd., S. 58.
51 Rothstein, *American Physicians,* S. 292–294.
52 C. A. L. Reed, »President's Address«, *JAMA,* 36 (1901), S. 1605.
53 A. Flexner, *Medical Education,* Seite 10 f. Siehe auch Rothstein, *American Physicians,* S. 19.
54 »Medical Education in the United States«, *JAMA,* 79 (1922), S. 629–637.
55 W. J. Reader, *Professional Men: The Rise of the Professional Classes in Nineteenth-Century England* (New York: Basic Books, 1966), S. 10–17.
56 Richard Hofstadter, »The Age of the College«, in R. Hofstadter und W. P. Metzger, *The Development of Academic Freedom in the United States* (New York: Columbia University Press, 1955), S. 228.
57 Daniel Drake, *Practical Essays on Medical Education and the Medical Profession in the United States* (Cincinnati: Roff and Young, 1832; Nachdruck der Johns Hopkins Press, 1952), S. 11.
58 William H. Welch, aus einem Artikel in *Science,* zitiert in Markowitz und Rosner, »Doctors«, S. 95.
59 Inez C. Philbrick, »Medical Colleges and Professional Standards«, *JAMA,* 36 (1901), S. 1700.
60 Frank Billings, »Medical Education in the United States«, Rede des Präsidenten, *JAMA,* 40 (1903), S. 1271–1276.
61 Zitiert in James J. Walsh, *History of the Medical Society of the State of New York* (New York: The Medical Society, 1907), S. 173.
62 Man sollte hier anmerken, dass Bryan nicht mit den Bedürfnissen der Arbeiterklasse oder gar aus humanitären Gründen argumentierte. Er war einer der ersten Verfechter dessen, was als Doktrin der »Chancengleichheit« bekannt werden sollte, und sein Argument für die Einbeziehung der ärmeren Schichten in die Medizin beruhte auf seiner Überzeugung, dass »die einzige Hoffnung dieses Landes auf Rettung vor der Anarchie darin bestehe, den Ärmsten die Türen zu Aufstiegsmöglichkeiten offen zu halten«. Aus: Association of American Medical Colleges, *Proceedings of the 18th Annual Meeting,* Cleveland, 16./17. März 1908, S. 37.
63 F. C. Shattuck und J. L. Bremer, »The Medical School, 1869–1929«, in S. E. Morison (Hrsg.), *The Development of Harvard University, 1869–1929* (Cambridge, Mass.: Harvard University Press, 1930), S. 581.
64 Zitiert aus Garrison, *Billings,* S. 256.
65 Philbrick, »Medical Colleges«, S. 1700–1702.
66 Rothstein, *American Physicians,* S. 230–234.
67 Kett, *Formation,* S.135–138.

68 Walter L. Burrage, *A History of the Massachusetts Medical Society, 1781–1922* (Norwood, Mass.: Plimpton Press, 1923), S. 426 f.; und Konold, *Ethics*, S. 22–26.
69 Zitiert aus Rothstein, *American Physicians*, S. 245.
70 Ebd., S. 307. Siehe auch Richard Shryock, *Medical Licensing in America, 1650–1965* (Baltimore: Johns Hopkins Press, 1967), S. 51 f.
71 Shryock, *Medical Licensing*, S. 53 f.; Robert C. Derbyshire, *Medical Licensure and Discipline in the United States* (Baltimore: Johns Hopkins Press, 1969), S. 7; Stevens, *American Medicine*, S. 43; und Berlant, *Profession and Monopoly*, Kap. 5.
72 Rothstein, *American Physicians*, S. 307–309.
73 Reed, »President's Address«, S. 1605.
74 »Report of the Committee on Medical Ethics«, *JAMA*, 40 (1903), S. 1379–1381.
75 Reed, »President's Address«, S. 1605.
76 Rothstein, *American Physicians*, S. 23.
77 Siehe beispielsweise T. McKeown, »A Conceptual Background for Research and Development in Medicine«, *International Journal of Health Services*, 3 (1973), S. 17–28; und Powles, »Limitations«.
78 Stevens, *American Medicine*, S. 40.
79 Edgar Allen Forbes, »Is the Doctor a Shylock?«, *World's Work*, 14 (1907), S. 8892–8896.
80 B. Ehrenreich und D. English, *Complaints and Disorders: The Sexual Politics of Sickness* (Old Westbury, N.Y.: The Feminist Press, 1973). Siehe auch ihr Buch *For Her Own Good: 150 Years of the Experts' Advice to Women* (Garden City, N.Y.: Anchor Press/Doubleday, 1978).
81 Die Entfernung von Uterus, Eierstöcken und Klitoris gehörte zur psychochirurgischen Behandlung der Frauen zugeschriebenen psychischen Störungen und ist als solche beispielhaft für die frauenfeindliche Haltung der Medizin des 19. Jahrhunderts. (Anm. des Verlags)
82 H. Bigelow, »The Conservation of Energy and Conservative Gynaecology«, *JAMA*, 4 (1885), S. 311.
83 Zitiert in Stevens, *American Medicine*, S. 50.
84 Konold, *Ethics*, S. 35–37; und »Report of the Committee on Specialties, and on the Propriety of Specialists Advertising«, *Transactions of the AMA*, 20 (1869), S. 111–113.
85 Konold, *Ethics*, S. 38–40.
86 Stevens, *American Medicine*, S. 50.
87 Die Angaben basieren auf Rothsteins Schätzung (*American Physicians*, S. 344) der Anzahl an Ärzten in den USA im Jahr 1900 abzüglich 5 Prozent, die hauptberuflich Fachärzte waren; die Zahl für 1976 stammt vom Cambridge Research Institute, *Trends Affecting the U.S. Health Care System* (Washington, D.C.: Government Printing Office, 1976), S. 357–366.
88 Stevens, *American Medicine*, S. 85–88, 92.
89 Maurice D. Clarke, »Therapeutic Nihilism«, zitiert in Rothstein, *American Physicians*, S. 184 f.
90 Rothstein, *American Physicians*, S. 324.
91 Stevens, *American Medicine*, S. 134.
92 Über die erfolgreiche Kampagne zur Abschaffung der Hebammen siehe Frances E. Kobrin, »The American Midwife Controversy: A Crisis of Professionalization«, *Bulletin of the History of Medicine*, 40 (1966), S. 350–363.
93 Morris Fishbein, *The New Medical Follies* (New York: Boni and Liveright 1927), S. 231.

Kapitel 3 – Medizinwissenschaften II: die Bewahrung des Kapitals

1 Sander Kelman beschreibt den Widerspruch, vor den die technologische Medizin niedergelassene Ärzte stellte, in »Toward the Political Economy of Medical Care«, *Inquiry*, 8 (September 1971), S. 30–37.

2 Rosemary Stevens, *American Medicine and the Public Interest* (New Haven: Yale University Press, 1971), S. 52, 78. Zu den Krankenhausbaukosten siehe C. Rufus Rorem, *The Public's Investment in Hospitals* (Chicago: University of Chicago Press, 1930), insbesondere S. 124 f.

3 Stevens, *American Medicine*, S. 145.

4 Richard Hofstadter, *The Age of Reform* (New York: Vintage Books, 1955), S. 137 f.

5 *JAMA*, 35 (1900), S. 1353.

6 Simon Flexner und James Thomas Flexner, *William Henry Welch and the Heroic Age of American Medicine* (New York: Viking Press, 1941), S. 111–117.

7 Ebd., S. 130–134.

8 Donald Fleming, *William H. Welch and the Rise of Modern Medicine* (Boston: Little, Brown and Co., 1954), vermittelt den Eindruck, dass Welch vom Wettbewerb angetrieben war. Siehe auch Simon und James T. Flexner, *Welch*, S. 138.

9 Fleming, *Welch*, S. 65–70; sowie Simon und James T. Flexner, *Welch*, S. 136, 154, 171.

10 Der Bericht ist vollständig abgedruckt unter dem Titel »Recollections of Frederick T. Gates on the Origins of the Institute« in George W. Corner, *A History of the Rockefeller Institute: 1901–1953* (New York: Rockefeller Institute Press, 1964), S. 575–584. Reichlich Bezug darauf nehmen Corner sowie Allan Nevins, *John D. Rockefeller: The Heroic Age of American Enterprise* (New York: Charles Scribner's Sons, 1940), Band 2, S. 466–470, sowie Simon und James T. Flexner, *Welch*, S. 269–271. Auch ich werde auf den folgenden Seiten aus Gates' Erinnerungen zitieren beziehungsweise mich auf sie beziehen.

11 Corner, *Rockefeller Institute*, S. 30; und ein Brief von L. Einmett Holt, zitiert in T. Mitchell Pruddens unveröffentlichter Geschichte des Rockefeller Institute.

12 Corner, *Rockefeller Institute*, S. 30 f.

13 Ebd., S. 51 f.

14 Gates, Autobiographie, unveröffentlichtes Manuskript, 1928, S. 387 f., Rockefeller Foundation Archives; sowie Corner, *Rockefeller Institute*, S. 49.

15 Corner, *Rockefeller Institute*, S. 68.

16 Ebd., S. 39 f.

17 Ebd., S. 40 f.

18 John D. Rockefeller an Starr J. Murphy, 29. Dezember 1916, Rockefeller Family Archives, Gruppe 2.

19 »Allopathie« ist eine andere Bezeichnung für den regulären beziehungsweise orthodoxen Zweig der Medizin.

20 Starr J. Murphy an John D. Rockefeller, 8. Juli 1919, Rockefeller Family Archives, Gruppe 2.

21 Frederick T. Gates an John D. Rockefeller, 20. Januar 1911, Rockefeller Foundation Archives.

22 John D. Rockefeller Jr. an Starr J. Murphy, 5. Juli 1919, Rockefeller Family Archives, Gruppe 2.

23 Starr J. Murphy an John D. Rockefeller, 2. Januar 1917, Rockefeller Family Archives, Gruppe 2.

24 William G. Rothstein, *American Physicians in the Nineteenth Century* (Baltimore: Johns Hopkins University Press, 1972), S. 159 f., 234–239.

25 Siehe Raymond B. Fosdick, *John D. Rockefeller, Jr.: A Portrait* (New York: Harper and Bros., 1956), S. 111 f.

26 Der McGill-Antrag wird erwähnt in Corner, *Rockefeller Institute*, S. 70 f.

27 Gates, »Philanthropy and Civilization«, 1923, Gates-Sammlung, Rockefeller Foundation Archives.

28 Gates, »Some Elements of an Effective System of Scientific Medicine in the United States« (ohne Jahresangabe), Gates-Sammlung, Rockefeller Foundation Archives.

29 Gates, »Concerning Private Gifts to States and a Medical Policy«, Memo für das General Education Board, 26. Februar 1925, Gates-Sammlung, Rockefeller Foundation Archives.

30 Gates, »Philanthropy and Civilization«.

31 Gates, »Private Gifts«.

32 Walter Fisher, »Physicians and Slavery in the Ante-bellum Southern Medical Journal«, *Journal of the History of Medicine and Allied Sciences*, 23 (1968), S. 36–49.

33 Ebd., S. 37.

34 Zitiert aus George M. Frederickson, *The Inner Civil War: Northern Intellectuals and the Crisis of the Union* (New York: Harper and Row, 1965), S. 102–104. Ich danke Michael Cohen, der mich auf dieses Kapitel hingewiesen hat.

35 Carnegie zitiert sich selbst in *Autobiography of Andrew Carnegie* (Boston: Houghton Mifflin Co., 1920), S. 231.

36 Zitiert aus David Brodys exzellenter Studie über Arbeitsbedingungen, gewerkschaftliche Organisation und Arbeitgeber, *Steelworkers in America: The Nonunion Era* (New York: Harper and Row, 1969; Erstveröffentlichung 1960), S. 178. Siehe auch Stuart D. Brandes, *American Welfare Capitalism, 1880–1940* (Chicago: University of Chicago Press, 1976).

37 Frederick T. Gates an John D. Rockefeller, 12. Dezember 1910, Rockefeller Family Archives, Gruppe 2. Siehe auch E. Richard Brown, »Public Health in Imperialism: Early Rockefeller Programs at Home and Abroad«, *American Journal of Public Health*, 66 (1976), S. 897–903; Greer Williams, *The Plague Killers* (New York: Charles Scribner's Sons, 1969); Mary Boccaccio, »Ground Itch and Dew Poison: The Rockefeller Sanitary Commission, 1909–1914«, *Journal of the History of Medicine and Allied Sciences*, 27 (1972), S. 30–53; sowie James H. Cassedy, »The ›Germ of Laziness‹ in the South, 1900–1915: Charles Wardell Stiles and the Progressive Paradox«, *Bulletin of the History of Medicine*, 45 (1971), S. 159–169.

38 Zitiert in *Tropical Health – A Report on a Study of Needs and Resources* (Washington, D.C.: National Academy of Sciences, National Research Council, Publication no. 996, 1962), S. vii f. Siehe auch E. Richard Brown, »Public Health in Imperialism«, und Williams, *Plague Killers*.

39 Zitiert aus »Recent American Opinion in Favor of Health Insurance«, *American Labor Legislation Review*, 6 (1916), S. 347.

40 Ebd., S. 345.

41 Zur Geschichte europäischer Krankenversicherungsprogramme siehe Matthew J. Lynch und Stanley S. Raphael, *Medicine and the State* (Springfield, 111.: Charles C. Thomas, 1963). Zu den Sozialreformen des Progressivismus siehe James Weinstein, *The Corporate Ideal in the Liberal State, 1900–1918* (Boston: Beacon Press, 1968).

42 C. W. Hopkins, »The Hospital Organization of Railway Systems«, in *Medicine: An Aid to Commerce*, Vortrag auf der 40. Jahreskonferenz der American Academy of Medicine, San Francisco, 25.–28. Juni 1915 (Easton, Pa.: American Academy of Medicine, 1916), S. 149–152.

43 Charles W. Eliot, »The Qualities of the Scientific Investigator«, in *Addresses Delivered at the Opening of the Laboratories in New York City*, 11. Mai 1906 (New York: Rockefeller Institute for Medical Research, 1906), S. 49.

44 William H. Welch, »The Benefits of the Endowment of Medical Research«, in *Addresses* (Rockefeller Institute), S. 32.

45 Frederick T. Gates, »Notes on Homeopathy, Nr. 3«, verfasst als Memo an Rockefeller Sr., zirkulierten um 1911 innerhalb der Rockefeller-Philanthropien; siehe Rockefeller Foundation Archives.

46 Frederick T. Gates, »Address on the Tenth Anniversary of the Rockefeller Institute«, 1911, Rockefeller Foundation Archives.

47 Frederick T. Gates an J. D. Rockefeller, 31. Januar 1905, Letterbook Nr. 350, Rockefeller Family Archives, Gruppe 1.

48 John A. Hobson, *Imperialism* (London: George Allen & Unwin, 1938; Erstveröffentlichung 1902).

49 Beschrieben und zitiert in einer Zeitschrift, die die Stiftung kurze Zeit herausgab: »Hospital Ship for the Sulu Archipelago«, *The Rockefeller Foundation*, 15. August 1916, S. 1, 14.

50 George E. Vincent, *The Rockefeller Foundation: A Review of Its War Work, Public Health Activities, and Medical Education Projects in 1917* (New York: Rockefeller Foundation, 1918), S. 31 f.

51 Zur Geschichte der Klassenkonflikte im Laufe der Reform öffentlicher Schulen siehe Joel H. Spring, *Education and the Rise of the Corporate State* (Boston: Beacon Press, 1972); Michael B. Katz, *Class, Bureaucracy, and Schools: The Illusion of Educational Change in America* (New York: Praeger Publishers, 1971).

52 New London (Conn.) *Day*, 10. Juli 1914.

53 Gates, Autobiografie, S. 281.

54 Frederick T. Gates, »Address«. Gates war in der Tat sehr ökumenisch geworden, so war beispielsweise »Rev. Simon Flexner, D. D.« Jude.

55 Nachgedruckt in John B. Roberts, *The Doctor's Duty to the State: Essays on the Public Relations of Physicians* (Chicago: American Medical Association, 1908), vor allem S. 20. Roberts war auch Mitglied des AMA Committee on Legislation, einer der mächtigen Lobbys des Berufsstands.

56 Jürgen Habermas, »Technology and Science as ›Ideology‹«, in: Habermas, *Toward a Rational Society: Student Protest, Science, and Politics* (Boston: Beacon Press, 1971), S. 105. Siehe auch Herbert Marcuse, *One-Dimensional Man* (Boston: Beacon Press, 1964).

57 Siehe Samuel Haber, *Efficiency and Uplift: Scientific Management in the Progressive Era, 1890–1920* (Chicago: University of Chicago, 1964), sowie Harry Bravermans exzellente Studie *Labor and Monopoly Capital: The Degradation of Work in the Twentieth Century* (New York und London: Monthly Review Press, 1974).

58 Zitiert aus Haber, *Efficiency and Uplift*, S. 20.

59 Ebd., S. 62, Zitat eines zeitgenössischen Autors.

60 Nicholas Murray Butler, »Scientific Research and Material Progress«, in *Addresses* (Rockefeller Institute), S. 40.

61 Ebd., S. 39.
62 Zitiert aus George Rosen, »The Evolution of Social Medicine«, in H. E. Freeman, S. Levine und L. G. Reeder (Hrsg.), *Handbook of Medical Sociology*, 2. Auflage (Englewood Cliffs, N.J.: Prentice-Hall, 1972), S. 39.
63 René J. Dubos, »The Gold-Headed Cane in the Laboratory«, in *Annual Lectures*, 1953 (Washington, D.C.: National Institutes of Health, 1953), S. 89–102.
64 Gates an Rockefeller, Sr., 8. Oktober 1910, Rockefeller Family Archives, Gruppe 2.
65 Gates, »Philanthropy and Civilization«.
66 Gates, Autobiografie, S. 395.
67 Siehe beispielsweise *Studies from the Rockefeller Institute for Medical Research, Index for Volumes I-XV* (New York: Rockefeller Institute, 1912).
68 Siehe Corner, *Rockefeller Institute*, über die Forschungsschwerpunkte des Instituts zwischen 1901 und 1953.
69 Shryock erwähnt die »große Betonung und Abhängigkeit von der Grundlagenforschung« an der neuen Johns Hopkins School of Hygiene and Public Health in seinem Buch *The Unique Influence of the Johns Hopkins University on American Medicine* (Kopenhagen: Ejnar Munksgaard, Ltd., 1953), S. 49 f.
70 C. W. Stiles, »Soil Pollution: The Chain Gang as a Possible Disseminator of Intestinal Parasites and Infections«, *Public Health Reports*, 28 (1913), S. 985 f.
71 Das Ludlow-Massaker war ein brutaler Angriff der *Nationalgarde* auf *streikende* Bergarbeiter in *Ludlow, Colorado*, am 20. April 1914, bei dem es zu 25 Toten kam. Siehe auch S. 222. (Anm. des Verlags)
72 Gates, »Capital and Labor«, Memorandum (ohne Jahresangabe, aber vermutlich 1916), Rockefeller Foundation Archives. Obige Zitate stammen aus diesem Memo.
73 Die Zitate in diesem Absatz stammen aus zwei ähnlichen Passagen in Gates' »Address« und Autobiografie, S. 396 f.
74 Gates, »Address«.
75 Ebd.
76 Gates, »Philanthropy and Civilization«.
77 Die Zitate in diesem Absatz stammen aus zwei ähnlichen Passagen in Gates' »Address« und Autobiografie, S. 399 f.

Kapitel 4 – Reform der medizinischen Ausbildung: Wer wird die Medizin in Zukunft beherrschen?

1 Zitiert aus Gerald E. Markowitz und David K. Rosner, »Doctors in Crisis: A Study of the Use of Medical Education Reform to Establish Modern Professional Elitism in Medicine«, *American Quarterly*, 25 (1973), S. 88.
2 *JAMA*, 37 (1901), S. 270.
3 Richard H. Shryock, *Medical Licensing in America, 1650–1965* (Baltimore: Johns Hopkins Press, 1967), S. 53 f.

4 Rosemary Stevens, *American Medicine and the Public Interest* (New Haven: Yale University Press, 1971), S. 24.

5 Markowitz und Rosner, »Doctors«, S. 87.

6 Morris Fishbein, *A History of the American Medical Association, 1847 to 1947* (Philadelphia: W. B. Saunders Co., 1947), S. 206–213; William G. Rothstein, *American Physicians in the Nineteenth Century* (Baltimore: Johns Hopkins University Press, 1972), S. 69 f., 317 f.; Stevens, *American Medicine,* S. 29; sowie James G. Burrow, *AMA, Voice of American Medicine* (Baltimore: Johns Hopkins Press, 1963), S. 27–32.

7 Zitiert aus Fishbein, *History,* S. 211.

8 Ein mit der neuen Führung unzufriedener Arzt warf der AMA-Leitung vor, sich selbst zu Vertretern des Berufsstands erklärt zu haben, dabei aber nur etwa 8 Prozent der landesweiten Ärzte zu vertreten, die von gerade einmal »einem halben Dutzend Männern« kontrolliert würden. Siehe B. M. Jackson, »The Medical Profession: Its Politics and Politicians«, *Pacific Medical Journal,* 47 (1904), S. 456–461.

9 Die Koalition aus Hochschulmedizinern und niedergelassenen Ärzten, ihre Interessen, ihre Strategie und ihre Errungenschaften sind in dem hervorragenden Artikel »Doctors« von Markowitz und Rosner beschrieben.

10 Arthur D. Bevan, »Cooperation in Medical Education and Medical Service«, *JAMA,* 90 (1928), S. 1173.

11 »Council on Medical Education of the AMA«, *JAMA,* 48 (1907), S. 1702.

12 Stevens, *American Medicine,* S. 65 f. Heute hat die bundesstaatliche Ärztevereinigung bei der Hälfte der fünfzig Bundesstaaten ein direktes Mitspracherecht, was die Auswahl der Mitglieder der Zulassungsbehörde anbelangt, siehe Robert C. Derbyshire, *Medical Licensure and Discipline in the United States* (Baltimore: Johns Hopkins Press, 1969), S. 33.

13 »Council«, *JAMA,* 48 (1907), S. 1702–1705.

14 Bevan, »Cooperation«, S. 1174–1175; und »Medical Education in the United States«, *JAMA,* 79 (1922), S. 629–637.

15 Siehe beispielsweise George M. Kobers Präsidialansprache in Association of American Medical Colleges, *Proceedings of the 17th Annual Meeting,* Washington, D.C., 6. Mai 1907, S. 31 f.

16 »Council«, *JAMA,* 48 (1907), S. 1703.

17 *JAMA,* 35 (1900), S. 1353.

18 »Council«, *JAMA,* 48 (1907), S. 1703.

19 *JAMA,* 37 (1901), S. 200 f.

20 »Council«, *JAMA,* 48 (1907), S. 1703.

21 »Council on Medical Education of the AMA«, *JAMA,* 44 (1905), S. 1471.

22 Abraham Flexner, *Henry S. Pritchett: A Biography* (New York: Columbia University Press, 1943), S. 108.

23 Howard J. Savage, *Fruit of an Impulse, 45 Years of the Carnegie Foundation, 1905–1950* (New York: Harcourt, Brace and Co., 1953), S. 30, 54 f., 73–78; und Flexner, *Pritchett,* S. 97.

24 Auf welchem Weg Pritchett Abraham Flexners Name vorgeschlagen wurde, ist nicht mit Bestimmtheit zu sagen, aber das hier geschilderte Szenario stimmt am ehesten mit den vorliegenden Informationen überein. Siehe Savage, *Fruit,* S. 105.

25 Abraham Flexner, *Abraham Flexner: An Autobiography* (New York: Simon and Schuster, 1960), S. 45, 70 f.
26 Zu Pritchetts Ansichten über die Beziehung zwischen dieser Studie und dem allgemeinen Stiftungsprogramm siehe Pritchetts »Introduction« in Abraham Flexner, *Medical Education in the United States and Canada,* Bulletin Nr. 4 (New York: Carnegie Foundation for the Advancement of Teaching, 1910), S, xi.
27 Ebd., S. viii.
28 Flexner, *Autobiography,* S. 74.
29 Ebd., S. 85.
30 Ebd., S. 74; Stevens, *American Medicine,* S. 66 f. Zwischen dem Bericht des Council on Medical Education von 1906 und Flexners Studie von 1909 waren fünf Schulen geschlossen worden.
31 A. Flexner, *Pritchett,* S. 110.
32 Pritchett, »Introduction«, in Flexner, *Medical Education,* S. ix.
33 Henry S. Pritchett an Jerome D. Greene, Pritchett an Cyrus Adler und Pritchett an Dr. William T. Councilman, 22. Januar 1909; Council-Mitarbeiter an Pritchett, 26. Januar 1909. Pritchett-Akten, Library of Congress.
34 Flexner, *Medical Education,* S. 24–26.
35 Pritchett, »Introduction«, in Ebd., S. xiv.
36 Flexner, *Medical Education,* S. 14–18 (Hervorhebung durch den Autor).
37 Ebd., S. 7 f.
38 Ebd., S. 19.
39 Ebd., S. 18 f., 48; Pritchett, »Introduction«, Ebd., S. x.
40 National Center for Education Statistics, *Digest of Educational Statistics,* 1974 (Washington, D.C.: Government Printing Office, 1975), S. 33, 76.
41 A. Flexner, *Medical Education,* S. 180 f.
42 Ebd., S. 178–180; und Flexner, *Autobiography,* S. 207. Siehe auch Barbara Ehrenreich und Deirdre English, *Complaints and Disorders: The Sexual Politics of Sickness* (Old Westbury, N.Y.: The Feminist Press, 1973).
43 Flexner, *Medical Education,* S. 26, 28–30.
44 Ebd., S. 52–89.
45 Ebd., S. 16.
46 G. Frank Lydston, »Medicine as a Business Proposition«, *JAMA,* 34 (1900), S. 1320.
47 *JAMA,* 37 (1901), S. 1119.
48 »Council«, *JAMA,* 44 (1905), S. 1471.
49 Weitere Hinweise auf die Ansichten der medizinischen Reformer über die Verringerung der Absolventen und die Erhöhung der Klassenzugehörigkeit des Berufsstands siehe Kap. 2.
50 »Council«, *JAMA,* 44 (1905), S. 1771.
51 Frederick C. Shattuck und J. Lewis Bremer, »The Medical School, 1869–1929«, in S. E. Morison (Hrsg.), *The Development of Harvard University Since the Inauguration of President Eliot, 1869–1929* (Cambridge, Mass.: Harvard University Press, 1930), S. 558–562. Siehe auch Frank Billings, »Medical Education in the United States«, President's Address, *JAMA,* 40 (1903), S. 1271–1276 (eine kurze Zusammenfassung der Haltung der Organisation zu diesem und anderen Punkten der Reform).

52 Pritchett an Bevan, 4. November 1909, Korrespondenz mit der AMA, Akten der Carnegie Foundation.

53 Pritchett an Bevan, 18. Juni 1910, und Bevan an Pritchett, 17. Dezember 1910, Korrespondenz mit der AMA, Akten der Carnegie Foundation. Die Kritiken an Flexners Report waren unterschiedlich. Die *New York Times* (12. Juni 1910) lobte ihn, bezeichnete ihn aber als »leicht provokativ und unnötig irritierend«. Die *Chicago Daily Tribune* (6. und 17. Juni 1910) stellte fest, dass Schulen, die von Flexner positiv bewertet wurden, seinen Bericht lobten, während diejenigen, die von Flexner getadelt wurden, die Gültigkeit seines Berichts bestritten. Dieselbe Zeitung merkte an, dass »die Empfehlungen dazu tendieren, dem armen Mann eine Ausbildung zu verweigern«. Die Zeitschrift *American Medicine*, 5 (1910), S. 441–442, kritisierte den Report dafür, dass er kaum etwas sagte, das in der Ärzteschaft nicht schon bekannt gewesen wäre, und dafür, dass er »die ganz offensichtlichen Fortschritte der letzten 10–15 Jahre« übergangen habe. Die Zeitschrift stellte sehnsüchtig fest, dass »die Tage der kleinen, vergleichsweise unbedeutenden medizinischen Hochschulen noch lange nicht vorbei sind«. Das *New York State Journal of Medicine*, 10 (1910), S. 483–484, warf der Carnegie Foundation vor, sich in die internen Angelegenheiten der Universitäten und Hochschulen einzumischen, und griff Flexners »pauschale und unangebrachte Kritik« an amerikanischen Schulen an. Die homöopathische Medizin schloss sich wegen der Missachtung ihrer Interessen natürlich den kritischen Stimmen an; siehe *Homeopathic Recorder*, 25 (1910), S. 241–243, 337–339, 413, 416, sowie 26 (1911), S. 15 f. Das *JAMA Journal*, 54 (1910), 1949, lobte auf ähnlich vorhersehbare Weise den Bericht und äußerte die inbrünstige Hoffnung, dass »dieser Report die Aufmerksamkeit der wohlhabenden Männer auf die Notwendigkeit von Stiftungen für die medizinische Ausbildung lenken wird«.

54 Pritchett an N. P. Colwell, 29. Dezember 1913, Korrespondenz mit der AMA, Akten der Carnegie Foundation.

55 Pritchett warf dem Council vor, der medizinischen Fakultät der Baylor University mehr Nachsicht entgegenzubringen als der Meharry Medical School. Siehe Pritchett an Colwell, 3. April 1918 und 2. Mai 1921, sowie Briefe zwischen Pritchett und Bevan von 1918 bis 1922, Korrespondenz mit der AMA, Akten der Carnegie Foundation. 1917 war Pritchett vom Council so enttäuscht – und vermutlich über seine Gutgläubigkeit ein Jahrzehnt davor so beschämt –, dass er einen Antrag von Bevan, die Stiftung solle eine neue Studie durchführen, um »medizinische Sekten« zu diskreditieren, kurzerhand ablehnte. In diesen Begriff schloss Bevan alles ein, »was sich außerhalb der regulären wissenschaftlichen Medizin als Zweig oder Kult in der Heilkunst maskiert«. Bevan an Pritchett, 23. März 1917, Pritchett an Bevan, 3. April 1917, sowie Clyde Furst, Generalsekretär der Carnegie Foundation, an N. P. Colwell, 1. Dezember 1917; alle in der Korrespondenz mit der AMA, Akten der Carnegie Foundation.

56 Flexner, *Autobiography*, S. 165; Saul Jarcho, »Medical Education in the United States, 1910–1956«, *Journal of the Mount Sinai Hospital*, 26 (1959), S. 339–340.

57 Flexner, *Medical Education*, S. 10 f.

58 Über die Auswirkungen von Flexners Bericht siehe Stevens, *American Medicine*, S. 68 f.; Rothstein, *American Physicians*, S. 292–294; Markowitz und Rosner, »Doctors«, S. 101; Robert P. Hudson, »Abraham Flexner in Perspective: American Medical Education, 1865–1910«, *Bulletin of the*

History of Medicine, 46 (1972), S. 545–561; H. David Banta, »Abraham Flexner – A Reappraisal«, *Social Science and Medicine*, 5 (1971), S. 655–561; und Carleton B. Chapman, »*The Flexner Report* by Abraham Flexner«, *Daedalus*, 103 (Winter 1974), S. 105–117. Zu einer gründlichen Erörterung des Flexner-Reports im historischen Kontext siehe Howard S. Berliner, »A Larger Perspective on the Flexner Report«, *International Journal of Health Services*, 5 (1975), S. 573–592.

59 Herbert M. Morais, *The History of the Negro in Medicine* (New York? Publishers Co., für die Association for the Study of Negro Life and History, 1967), S. 86, 100. Die faktische Rassentrennung ist sowohl im Norden als auch im Süden noch immer Realität. Schwarze Ärzte behandeln fast ausschließlich Schwarze, und nur wenige weiße Ärzte haben ihre Praxis in armen oder von rassischen Minderheiten bewohnten Gebieten. Siehe Lois C. Gray, »The Geographic and Functional Distribution of Black Physicians: Some Research and Policy Considerations«, *American Journal of Public Health*, 67 (1977), S, 519–526; und Eva J. Salber et al., »Access to Health Care in a Southern Rural Community«, *Medical Care*, 14 (1976), S. 971–986.

60 Siehe John F. Fulton, *Harvey Cushing: A Biography* (Springfield, 111.: Charles C. Thomas, 1946), S. 379. Bevans Gedächtnis spielte ihm einen Streich (vielleicht wollte er sich auch nicht an die Wahrheit erinnern). Er meinte, dass »zu jener Zeit« 22 homöopathische und 12 eklektische Schulen existierten. Die Zahlen des Councils weisen darauf hin, dass es 1900 zwar 22 homöopathische, aber nie mehr als 9 eklektische Schulen gleichzeitig gab (auch wenn im Jahrzehnt zuvor insgesamt 32 gegründet worden waren).

61 »Medical Education in the United States«, *JAMA*, 79 (1922), S. 629–637.

62 *Annual Report of the General Education Board*, 1919–1920 und 1928–1929; Stevens, *American Medicine*, S. 69.

63 »The Art of Endowing Medical Colleges«, *JAMA*, 37 (1901), S. 201.

64 Flexner, *Autobiography*, S. 109 f.; Raymond Fosdick, *Adventure in Giving, The Story of the General Education Board* (New York: Harper and Row, 1962), S. 154 f.; sowie A. Flexner an F. T. Gates, 24. Juni 1911, GEB-Akten, Rockefeller Foundation Archives.

65 Flexner, *Autobiography*, S. 110 f.

66 Ebd., S. 112 f.; Fosdick, *Adventure*, S. 157; A. Flexner, »From the Report on the Johns Hopkins Medical School«, GEB-Akten, Rockefeller Foundation Archives.

67 Siehe George W. Corner, *A History of the Rockefeller Institute, 1901–1953* (New York: Rockefeller Institute Press, 1964), S. 94; S. und J. T. Flexner, *William Henry Welch and the Heroic Age of American Medicine* (New York: Viking Press, 1941), S. 304. Die Vollzeitbeschäftigung war bei der Eröffnung der Klinik im Jahr 1910 bereits etabliert.

68 F. T. Gates, »Concerning Private Gifts to States and a Medical Policy«, Memo für das General Education Board, 26. Februar 1925, Rockefeller Foundation Archives.

69 J. D. Greene an Dr. Henry A. Christian, 30. November 1914, GEB-Akten, Rockefeller Foundation Archives.

70 Siehe Gates, »Private Gifts«.

71 Zur Entstehungsgeschichte des Vollzeitbeschäftigungsplans siehe Simon und J. T. Flexner, *Welch*, S. 297–314, 320–328.

72 Richard H. Shryock, *The Unique Influence of the Johns Hopkins University on American Medicine* (Kopenhagen: Ejnar Munksgaard, Ltd., 1953), S. 19.

73 Donald Fleming, *William H. Welch and the Rise of Modern Medicine* (Boston: Little, Brown and Co., 1954), insbesondere S. 21; Simon und J. T. Flexner, *Welch*, S. 71 f.

74 Zitate und Informationen über Mall aus Florence R. Sabin, *Franklin Paine Mall, The Story of a Mind* (Baltimore: Johns Hopkins Press, 1934), insbesondere S. 29, 127–133, 203, 261, 264.

75 *JAMA*, 35 (1900), S. 501.

76 Victor C. Vaughan, »Reorganization of Clinical Teaching«, *JAMA*, 64 (1915), S. 785–790.

77 Zitiert aus Sabin, *Mall*, S. 270.

78 Fosdick, *Adventure*, S. 160.

79 Stevens, *American Medicine*, S. 96.

80 Arthur D. Bevan, »Report of the Council on Medical Education«, *JAMA*, 65 (1915), S. 110 f.

81 Benjamin Moore, »The Value of Research in the Development of National Health«, *Popular Science Monthly*, 85 (1914), S. 366.

82 Zitiert in Ilza Veith und Franklin C. McLean, *Medicine at the University of Chicago, 1927–1952* (Chicago: University of Chicago Press, 1952), S. 22.

83 William H. Welch, »Report on the Endowment of University Medical Education«, 1911, GEB-Akten, Rockefeller Foundation Archives.

84 Flexner, *Autobiography*, S. 114 f.

85 Welchs Brief ans GEB, zitiert aus Fosdick, *Adventure*, S. 158.

86 Ebd., S. 159.

87 William H. Welch an Simon Flexner, 5. Dezember 1915, GEB-Akten, Rockefeller Foundation Archives.

88 Zitiert aus Simon und J. T. Flexner, *Welch*, S. 326. Janeways Artikel »Outside Professional Engagements by Members of Professional Faculties«, erschienen in Nicholas Murray Butlers Zeitschrift *Educational Review*, 55 (1918), S. 207–219.

89 Siehe Simon und J. T. Flexner, *Welch*, S. 326 f.

90 A. Flexner an H. S. Pritchett, 27. März 1919, Korrespondenz mit dem GEB, Carnegie Foundation.

91 Fosdick, *Adventure*, S. 328.

92 Ebd., S. 180.

93 Fulton, *Cushing*, S. 383 f.; und Fosdick, *Adventure*, S. 163.

94 Ebd.; und Fulton, *Cushing*, S. 377–384.

95 A. Flexner an W. Buttrick, 7. Mai 1921, GEB-Akten, Rockefeller Foundation Archives.

96 »Reasons Why the Harvard Medical School Offers the Best Opportunities for Surgical Scientific Work« von »Mitgliedern der chirurgischen Abteilung«, Anlage eines Briefs von H. P. Bowditch (?) an John D. Rockefeller Jr., 31. Oktober 1900, Rockefeller Family Archives, Gruppe 2.

97 Zitiert aus Fosdick, *Adventure*, S. 163.

98 Ebd., S. 164.

99 *Los Angeles Record*, 14. Mai 1912; zitiert aus Catherine Lewerth, »Source Book for a History of the Rockefeller Foundation« (maschinengetipptes Manuskript in 21 Bänden, Rockefeller Foundation Archives, ca. 1949), S. 23.

100 Bird S. Coler an Starr J. Murphy, 19. April 1917, und Ausschnitt aus dem Brooklyner *Standard Union*, 12. April 1917, Rockefeller Family Archives, Gruppe 2. Coler hatte eine unverhohlen progressive Haltung. Er glaubte, dass die Stiftung »eine künstliche Trennungslinie zwischen der

wohlhabenderen Minderheit und der weniger glücklichen Mehrheit unseres Volkes« zog. In dieser Hinsicht lag er eindeutig falsch, denn die Stiftung versuchte, die Klassenunterschiede in der Gesellschaft zu verschleiern.

101 Pittsburgh (Pa.) *Leader*, 10. Juli 1914, Zeitungsausschnitt war einem Brief von Starr J. Murphy an F. T. Gates vom 21. Juli 1914 beigefügt. Rockefeller Family Archives, Gruppe 2.

102 Commission on Industrial Relations, Final Report (Washington, D.C.: Barnard and Miller Print, 1915), S. 116–119. Siehe auch James Weinstein, *The Corporate Ideal in the Liberal State, 1900–1918* (Boston: Beacon Press, 1968), S. 172–213.

103 G. F. Peabody an F. T. Gates, 5. November 1911, Rockefeller Family Archives, Gruppe 2.

104 C. W. Eliot an F. T. Gates, 27. März 1914, Rockefeller Foundation Archives.

105 F. T. Gates, Memo für sich selbst oder das GEB (ohne Datum, aber offensichtlich von November 1911), Rockefeller Family Archives, Gruppe 2.

106 George E. Vincent, *The Rockefeller Foundation, A Review for 1917* (New York: Rockefeller Foundation, 1918), S. 8; F. T. Gates an G. E. Vincent, 20. März 1918, und G. E. Vincent an F. T. Gates, 25. März 1918, Program and Policy File, Rockefeller Foundation Archives, Gruppe 1.

107 Raymond Fosdick, *Adventure*, S. 164.

108 Ebd.

109 Lewerth, »Source Book«, S. 5116, 5119–5121.

110 Ebd., S. 5115.

111 *Annual Report of the General Education Board, 1920–1921* (New York: GEB, 1922), S. 22.

112 Lewerth, »Source Book«, S. 5115 f.

113 H. S. Pritchett an Wallace Buttrick, 11. Und 24. Februar 1919, Korrespondenz mit dem GEB, Akten der Carnegie Foundation.

114 Ivory Soap (»Elfenbeinseife«) war eine erfolgreiche Seifenmarke der damaligen Zeit. (Anm. des Verlags)

115 Pritchett an Flexner, 10. Juni 1925, Korrespondenz mit dem GEB, Akten der Carnegie Foundation.

116 H. S. Pritchett an Wallace Buttrick, 11. November 1919, Korrespondenz mit dem GEB, Akten der Carnegie Foundation.

117 W. Buttrick an H. S. Pritchett, 21. November 1919, Korrespondenz mit dem GEB, Akten der Carnegie Foundation.

118 W. Buttrick an Harry Pratt Judson, Präsident der University of Chicago, 26. Dezember 1914, GEB-Akten, Rockefeller Foundation Archives.

119 Korrespondenz über die medizinische Fakultät der Columbia University, 1917–1920, GEB-Akten, Rockefeller Foundation Archives; sowie W. Buttrick an H. S. Pritchett, 21. November 1919, Korrespondenz mit dem GEB, Akten der Carnegie Foundation.

120 C. W. Eliot an W. Buttrick, 24. April 1917, GEB-Akten, Rockefeller Foundation Archives; sowie A. P. Stokes an A. Flexner, 10. März 1925, GEB-Akten, Rockefeller Foundation Archives. Stokes war immer auf der Hut vor der öffentlichen Kritik, das GEB versuche, mit Zuschüssen die Bildungseinrichtungen zu kontrollieren (siehe auch A. P. Stokes an W. Buttrick, 29. Januar 1917, GEB-Akten, Rockefeller Foundation Archives).

121 Die Verfügungsgewalt von Stiftern über ihr Vermächtnis bis über den Tod hinaus.

122 T. M. Debevoise an F. T. Gates, 7. Oktober 1925, GEB-Akten, Rockefeller Foundation Archives.

123 Ebd.
124 Protokoll des GEB, 26. Februar 1925, GEB-Akten, Rockefeller Foundation Archives.
125 Protokoll des GEB Executive Committee, 30. September 1925, GEB-Akten, Rockefeller Foundation Archives.
126 Commission on Medical Education, *Supplement to the Third Report* (New Haven: Office of the Director of the Study, Mai 1929), S. 58.
127 Association of American Medical Colleges, *Proceedings of the 17th Annual Meeting*, Washington, D.C., 6. Mai 1907, S. 17.
128 Commission on Medical Education, *Supplement*, S. 58 f.
129 Memorandum, Dezember 1919, siehe Fosdick, *Adventure*, S. 166.
130 *Annual Report of the GEB, 1922–1923*, S. 17–19.
131 Fosdick, *Adventure*, S. 166 f.
132 F. T. Gates an A. Flexner, 2. Dezember 1922, siehe Lewerth, »Source Book«, S. 5230 f.; und das Gates-Memo siehe Fosdick, *Adventure*, S. 167.
133 A. Flexner, *Autobiography*, S. 189; A. Flexner an H. S. Pritchett, 1. November 1922, siehe Fosdick, *Adventure*, S. 167.
134 Lewerth, »Source Book«, S. 5231.
135 Gates, »Private Gifts«.
136 Ebd.
137 Ebd.
138 Gates, Autobiografie, unveröffentlichtes Manuskript, 1928, Rockefeller Foundation Archives, S. 463; Gates, »Some Reflections on Questions of Policy«, Memo an das GEB, 23. Januar 1906, Rockefeller Foundation Archives.
139 Ebd.
140 Ebd.
141 Ebd.
142 Ebd.
143 Ebd.
144 Ebd.
145 Gates, *Memo*, »geschrieben, um meine eigenen Gedanken zu klären«, und zwar hinsichtlich seiner Konflikte mit dem GEB-Mitglied Charles W. Eliot. Eliot war dafür, einen Teil der Mittel für die laufenden Kosten der Hochschulen aufzuwenden, während Gates auf kontinuierlichen Zahlungen bestand. Er kritisierte Eliots Sicht auf die Aufgabe des GEB als viel zu »bescheiden«. »Dr. Eliots Plan ist es, Äpfel zu einem Dollar pro Scheffel zu kaufen und sie dann zu verteilen. Mein Plan ist es, Apfelbäume zu pflanzen.« *Memo*, 28. Februar 1910, Rockefeller Family Archives, Gruppe 2.
146 Siehe E. Richard Brown, »Public Health in Imperialism: Early Rockefeller Programs at Home and Abroad«, *American Journal of Public Health*, 66 (1976), S. 897–903.
147 Gates, Autobiografie, S. 456 f., 463 f.
148 Gates, »Fundamental Principles of Mr. Rockefeller's Philanthropy«, 7. Oktober 1908, Rockefeller Foundation Archives.
149 Gates an Rockefeller Sr., 9. August 1907, Rockefeller Foundation Archives.

150 Gates, »Thoughts on the Rockefeller Public and Private Benefactions«, 31. Dezember 1926, Rockefeller Foundation Archives.
151 Raymond Fosdick, *The Story of the Rockefeller Foundation* (London: Odhams Press, Ltd., 1952), S. 117.
152 *Annual Report of the GEB, 1920–1921*, S. 30–34.
153 Gates, »Private Gifts«.
154 Protokolle des GEB, November 1924 bis März 1925; sowie W. Buttrick an J. D. Rockefeller Jr., 29. Dezember 1924, GEB-Akten, Rockefeller Foundation Archives.
155 Protokoll des GEB, 28. Mai 1925, sowie Document of Record Nr. 474, GEB-Akten, Rockefeller Foundation Archives.
156 Protokoll des GEB-Vorstands, 9. November 1925, GEB-Akten, Rockefeller Foundation Archives.
157 Lewerth, »Source Book«, S. 5240, basierend auf Korrespondenz zwischen Iowa-Beauftragten, Rockefeller, GEB-Mitgliedern und Pritchett von der Carnegie Foundation.
158 Zur Entwicklung der Monopolkontrolle durch staatliche Interventionen siehe Gabriel Kolko, *The Triumph of Conservatism – A Reinterpretation of American History, 1900–1916* (Chicago: Quadrangle Books, 1967), sowie Weinstein, *The Corporate Ideal.*
159 David-Rockefeller-Zitat aus dem *Wall Street Journal*, 21. Dezember 1971, S. 10.
160 *JAMA*, 37 (1901), S. 200 f.
161 A. D. Bevan an H. S. Pritchett, 5. Oktober 1921, Korrespondenz mit der AMA, Akten der Carnegie Foundation.
162 W. H. Welch, »Duties of a Hospital to the Public Health«, *Proceedings of the National Conference of Charities and Correction*, 42. Jahrestreffen in Baltimore, 12.–19. Mai 1915, S. 215.
163 Markowitz und Rosner, »Doctors«, S. 87.
164 Die Geschichte der AMA in Bezug auf die Sozialversicherung von 1915 bis 1920 ist Thema in Elton Rayack, *Professional Power and American Medicine* (New York: World Publishing Co., 1967), S. 136–146; siehe auch Burrow, *AMA*, S. 132–151. Zu anderen Meinungen über den Aufstieg der Konservativen in der AMA im Jahr 1920 siehe Shryock, *Licensing*, S. 91–94, sowie Stevens, *American Medicine.*

Epilog: ein halbes Jahrhundert Medizin in der kapitalistischen Gesellschaft

1 Rosemary Stevens, *American Medicine and the Public Interest* (New Haven: Yale University Press, 1971), S. 68 f.; sowie Richard H. Shryock, *American Medical Research, Past, and Present* (New York: Commonwealth Fund, 1947), S. 96 f.
2 Abraham Flexner, *Abraham Flexner: An Autobiography* (New York: Simon and Schuster, 1960), S. 37.
3 Committee on the Costs of Medical Care, *Medical Care for the American People: The Final Report of the Committee on the Costs of Medical Care* (Chicago: University of Chicago Press, 1932).
4 Ein Drittel der Komiteemitglieder waren niedergelassene Ärzte, zwei Drittel aber Personen, die sich generell der Rationalisierung des Gesundheitswesens verschrieben hatten, darunter Innenminister Ray Lyman Wilbur und Winthrop W. Aldrich, Präsident der Chase National Bank und

Schwager von John D. Rockefeller Jr. Weitere Diskussionen über das CCMC siehe Odin W. Anderson, *The Uneasy Equilibrium: Private and Public Financing of Health Services in the United States, 1875–1965* (New Haven: College and University Press, 1968), S. 91–103; und Elton Rayack, *Professional Power and American Medicine: The Economics of the American Medical Association* (Cleveland: World Publishing Co., 1967), S. 146–155.

5 *JAMA*, 99 (1932), S. 1950–1952. Siehe auch Elton Rayack, *Professional Power and American Medicine: The Economics of the American Medical Association* (Cleveland: World Publishing Co., 1967), S. 146–155.

6 Isidore S. Falk, »Medical Care in the U.S.A.: 1932-1972. Problems, Proposals, and Programs from the Committee on the Costs of Medical Care to the Committee for National Health Insurance«, *Health and Society, Milbank Memorial Fund Quarterly*, 51 (Winter 1973), S. 6, 15.

7 Leonard Rodberg und Gelvin Stevenson, »The Health Care Industry in Advanced Capitalism«, *Review of Radical Political Economics*, 9 (Frühjahr 1977), S. 104 f.

8 Die Blue Cross Association ist ein Bündnis von Krankenversicherern. (Anm. des Verlags)

9 Edwin R. Embree und Julia Waxman, *Investment in People: The Story of the Julius Rosenwald Fund* (New York: Harper and Bros., 1949), S, 128–131.

10 Ein Cost-Plus-Vertrag ist ein auf dem Grundgedanken der Kostentransparenz basierender Selbstkostenerstattungsvertrag. (Anm. des Verlags)

11 Zu einer gründlichen Erörterung des Blue Cross siehe Sylvia Law, *Blue Cross: What Went Wrong?* (New Haven: Yale University Press, 1974). Zu Blue Cross, Blue Shield und der Beteiligung von Versicherungsgesellschaften an der kommerziellen Krankenversicherung siehe kurz und bündig Herman M. Somers und Anne R. Somers, *Doctors, Patients, and Health Insurance: The Organization and Financing of Medical Care* (Washington, D.C.: Brookings Institution, 1961), S. 249–340. Spätere Daten über Beitragseinnahmen siehe Robert M. Gibson und Charles R. Fisher, »National Health Expenditures, Fiscal Year 1977«, *Social Security Bulletin*, 41 (Juli 1978), S. 3–20.

12 Eine Zusammenfassung des Hill-Burton-Programms siehe Cambridge Research Institute, *Trends Affecting the U.S. Health Care System* (Washington, D.C.: Government Printing Office, 1976), S. 91–95.

13 Siehe beispielsweise G. William Domhoff, *The Higher Circles: The Governing Class in America* (New York: Vintage Books, 1971), Ralph Miliband, *The State in Capitalist Society* (New York: Basic Books, 1969), Claus Offe, »Political Authority and Class Structures: An Analysis of State Capitalist Societies«, *International Journal of Sociology*, 2 (1972), S. 73–108, sowie James O'Connor, *The Fiscal Crisis of the State* (New York: St. Martin's Press, 1973). Analysen von Staat und Gesundheitswesen im Kapitalismus finden sich bei Marc Renaud, »On the Structural Constraints to State Intervention in Health«, *International Journal of Health Services*, 5 (1975), S. 559–571, sowie Vincente Navarro, *Medicine under Capitalism* (New York: Prodist, 1976), S. 183–228.

14 Siehe Rayack, *Professional Power*, Kap. 5, sowie James G. Burrow, *AMA, Voice of American Medicine* (Baltimore: Johns Hopkins Press, 1963), Kap. 7.

15 1945 hatten die Senatoren Robert F. Wagner und James E. Murray zusammen mit dem Repräsentanten John D. Dingell vor dem 79. U.S. Congress einen Gesetzesantrag zur Reform des Gesundheitswesens als Teil von Präsident Trumans Programm unterbreitet. Dieser Antrag wurde aber abgelehnt. (Anm. des Verlags)

16 Rayack, *Professional Power*, Kap. 5; und Burrow, *AMA*, S. 194–251, 293–301, 340–371.
17 Rayack, *Professional Power*, Kap. 3.
18 Siehe Gibson und Fisher, »National Health Expenditures«, sowie *Hospital Statistics*, 1977 (Chicago: American Hospital Association, 1977).
19 Siehe beispielsweise Barry Ensminger, »The $8-Billion Hospital Bed Overrun: A Consumer's Guide to Stopping Wasteful Construction« (Washington, D.C.: Public Citizen's Health Research Group, 1975), und Institute of Medicine, *Controlling the Supply of Hospital Beds* (Washington, D.C.: National Academy of Sciences, 1976).
20 Cambridge Research Institute, *Trends*, S. 180.
21 Gibson und Fisher, »National Health Expenditures«.
22 Robert Alford, *Health Care Politics: Ideological and Interest Group Barriers to Reform* (Chicago: University of Chicago Press, 1975), insbesondere S, 190–217.
23 *Hospital Statistics*, S. 4 f.
24 Siehe beispielsweise Douglass J. Seaver, »Hospital Revises Role, Reaches Out to Cultivate and Capture Markets«, *Hospitals*, 51 (1. Juni 1977), S. 59–63; David D. Karr, »Increasing a Hospital's Market Share«, *Hospitals*, 51 (1. Juni 1977), S. 64–66; sowie Warren C. Falberg und Shirley Bonnem, »Good Marketing Helps a Hospital Grow«, *Hospitals*, 51 (1. Juni 1977), S. 70–73.
25 Bureau of the Census, *Statistical Abstract of the United States*, 1976 (Washington, D.C.: Government Printing Office, 1976), S. 427.
26 Navarro, *Medicine under Capitalism*, S. 148 f.
27 Marianna O. Lewis (Hrsg.), *The Foundation Directory*, 6. Auflage (New York: Foundation Center, 1977), S. xiii, xxi.
28 Siehe beispielsweise G. William Domhoff, *Who Rules America?* (Englewood Cliffs, N.J.: Prentice-Hall, 1967), und Domhoff, *The Higher Circles*.
29 Vicente Navarro, »National Health Insurance and the Strategy for Change«, *Health and Society, Milbank Memorial Fund Quarterly*, 51 (Frühjahr 1973), S. 236 f.
30 Siehe beispielsweise David Mechanic, *Public Expectations and Health Care* (New York: Wiley-Interscience, 1972), S. 27.
31 Eliot Marshall, »What's Bad for General Motors«, *New Republic*, 12. März 1977, S. 22 f.
32 Gibson und Fisher, »National Health Expenditures«.
33 Das sind Gemeinschaftspraxen, die Patienten gegen einen regelmäßigen Festbetrag uneingeschränkt nutzen können. (Anm. des Verlags)
34 Ein paar gute Beispiele aus der umfangreichen Literatur über HMOs: Cambridge Research Institute, *Trends*, S. 221–260; Ernest W. Saward und Merwyn R. Greenlick, »Health Policy and the HMO«, *Milbank Memorial Fund Quarterly*, 50 (April 1972, Teil 2), S. 147–176; Ira G. Greenberg und Michael L. Rodburg, »The Role of Prepaid Group Practice in Relieving the Medical Care Crisis«, *Harvard Law Review*, 84 (1971), S. 887–1001. Der geschäftliche Gesichtspunkt ist repräsentiert durch: Committee for Economic Development, *Building a National Health Care System* (New York: Committee for Economic Development, 1973); Michael B. Rothfield, »Sensible Surgery for Swelling Medical Costs«, *Fortune*, (April 1973), S. 110–119; sowie »Containing the Cost of Employee Health Plans«, *Business Week*, 30. Mai 1977, S. 74–76. Ein paar gute kritische Artikel über HMOs: Howard B. Waitzkin und Barbara Waterman, *The Exploitation of Illness in Capitalist*

Society (Indianapolis, Ind.: Bobbs-Merrill, 1974), S.89–107; Thomas Bodenheimer, Elizabeth Harding und Steve Cummings, *Billions for Band-Aids* (San Francisco: Medical Committee for Human Rights, 1972), S. 75–98; und Judy Carnoy et al., »The Kaiser Plan«, *Health PAC Bulletin*, Nr. 55, November 1973, S. 1–18. Das Gesetz zur Ermöglichung und Finanzierung ist der Health Maintenance Organization Act von 1973 (P.L. 93–222).

35 *JAMA*, 227 (1974), S. 1171.

36 Siehe beispielsweise Bruce C. Vladeck, »Interest-Group Representation and the HSAs: Health Planning and Political Theory«, *American Journal of Public Health*, 67 (1977), S. 23–39.

37 Committee for Economic Development, *Building a National Health Care System*.

38 Lewis, *Foundation Directory*, S. xxi, sowie David E. Rogers, »The President's Statement«, *Robert Wood Johnson Foundation Annual Report, 1973* (Princeton, N.J.: Robert Wood Johnson Foundation, 1973).

39 Alford, *Health Care Politics*, S. 190–217.

40 Isidore S. Falk, »Medical Care in the U.S.A.«, S. 29 f. (Hervorhebungen durch den Autor).

41 Vor Kurzem führten Bemühungen der Gesetzgeber, die steigenden Krankenhauskosten unter Kontrolle zu bringen, zu Konflikten zwischen den Kliniken, die sich vor allem um einen Rückgang ihrer Einnahmen sorgen, und den Investmentbankern und Herstellern medizinischer Geräte, die sich über den Rückgang der Investitionsausgaben ärgern, welcher seinerseits den Bau von Krankenhäusern und die Anschaffung von Großgeräten wie Computertomografen einschränkt. Siehe »Bankers and Manufacturers Meet to Discuss Opposition to Hospital Cost Containment«, *Washington Report on Medicine and Health*, 31 (29. August 1977), S. 2.

42 Alford, *Health Care Politics*, S. 193.

43 *Health United States*, 1975 (Rockville, Md.: National Center for Health Statistics, 1976), S. 405 und 409; Lu Ann Aday, »The Impact of Health Policy on Access to Medical Care«, *Health and Society, Milbank Memorial Fund Quarterly*, 54 (Spring 1976), S. 215–233; Ronald Andersen, Joanna Kravits und Odin W. Anderson, *Equity in Health Services: Empirical Analyses in Social Policy* (Cambridge, Mass.: Ballinger Publishing Co., 1975), S. 178; Adele D. Hofmann, »Health Care of Inner-City Adolescents«, *Clinical Pediatrics*, 13 (1974), S. 570–573; Ann F. Brunswick und E. Josephson, »Adolescent Health in Harlem«, *American Journal of Public Health*, 62 (1972, Anhang), S. 1–62; K. D. Rogers und G. Reese, »Health Studies – Presumably Normal Highschool Students«, *American Journal of Diseases of Children*, 108 (1964), S. 572–600; und *Health Attitudes and Behaviors of Youths 12–17 Years: Demographic and Socioeconomic Factors*, Vital and Health Statistics, Reihe 11, Nr. 153 (Washington, D.C.: National Center for Health Statistics, 1975).

44 *San Francisco Chronicle*, 14. Juli 1977.

45 Lois C. Gray, »The Geographic and Functional Distribution of Black Physicians: Some Research and Policy Considerations«, *American Journal of Public Health*, 67 (1977), S. 519–526. Siehe auch Eva J. Salber et al., »Access to Health Care in a Southern Rural Community«, *Medical Care*, 14 (1976), S. 971–986.

46 Cambridge Research Institute, *Trends*, S. 128.

47 Marjorie Smith Mueller, »Private Health Insurance in 1973: A Review of Coverage, Enrollment, and Financial Experience«, *Social Security Bulletin*, 38 (Februar 1975), S. 210.

48 Gibson und Fisher, »National Health Expenditures«.

49 Zitiert aus L. Frederick, »How Much Unnecessary Surgery?«, *Medical World News,* 17 (1976), S. 50–66.

50 John P. Bunker, »Surgical Manpower: A Comparison of Operations and Surgeons in the United States and in England and Wales«, *New England Journal of Medicine,* 282 (1970), S. 135–144.

51 House Committee on Interstate and Foreign Commerce, *Cost and Quality of Health Care: Unnecessary Surgery* (Washington, D.C.: Government Printing Office, 1976).

52 R. D. Lyons, »Surgery on Poor Is Found Higher«, *The New York Times,* 1. September 1977.

53 Cambridge Research Institute, *Trends,* S. 366.

54 Ebd., S. 357–366.

55 Über die Kommodifizierung von medizinischen Dienstleistungen siehe Navarro, *Medicine under Capitalism,* S. 183–228; sowie Rodberg und Stevenson, »Health Care Industry«.

56 Siehe beispielsweise Harry Schwartz, *The Case for American Medicine* (New York: David McKay, 1972), und Harry Schwartz, »A Half Century of Health Progress«, *Ohio State Medical Journal,* 71 (1975), S. 58 f.

57 T. McKeown, »A Conceptual Background for Research and Development in Medicine«, *International Journal of Health Services,* 3 (1971), S. 17–28, sowie McKeown, *Medicine in Modern Society* (London: Allen & Unwin, 1965).

58 Warren Winkelstein und Fern E. French, »The Role of Ecology in the Design of a Health Care System«, *California Medicine,* 113 (1970), S. 7–12.

59 John Powles, »On the Limitations of Modern Medicine«, *Science, Medicine, and Man,* 1 (1973), S. 6. Ähnliche Daten, Analysen und Schlussfolgerungen für die Vereinigten Staaten siehe John B. McKinlay und Sonja M. McKinlay, »The Questionable Contribution of Medical Measures to the Decline of Mortality in the United States in the Twentieth Century«, *Health and Society, Milbank Memorial Fund Quarterly* (Sommer 1977), S. 405–428.

60 René Dubos, *Mirage of Health – Utopias, Progress, and Biological Change* (Garden City, N.Y.: Anchor Books, 1959), S. 30 f.

61 George Rosen, *A History of Public Health* (New York: M D Publications, 1958), S. 192–275, sowie René Dubos, *Mirage of Health,* S. 139.

62 *Health United States,* 1975, S. 227, 358 f.

63 C. L. Erhardt und J. E. Berlin (Hrsg.), *Mortality and Morbidity in the United States* (Cambridge, Mass.: Harvard University Press, 1974), S. 174; *Health United States, 1975,* S. 335–347, 371.

64 Das Buch erschien 1979, heute würde man den Begriff »People of Colour« verwenden. (Anm. des Verlags)

65 Barbara Starfield, *Health Needs of Children,* Harvard Child Health Series Project Reports, Band 2 (Cambridge, Mass.: Harvard University Press, 1976); Erhardt und Berlin, *Mortality and Morbidity,* S. 28 f.

66 Harold S. Luft, »The Probability of Disability: The Influence of Age, Race, Sex, Education, and Income«, präsentiert auf dem Annual Meeting of the American Public Health Association, Chicago, 17. November 1975; »Socioeconomic Differentials in Morbidity«, *Metropolitan Life Insurance Company Statistics Bulletin,* 53 (Juni 1972), S. 10–12.

67 S. Leonard Syme und Lisa F. Berkman, »Social Class, Susceptibility, and Sickness«, *American Journal of Epidemiology,* 104 (1976), S. 1–8; M. H. Nagi und E. G. Stockwell, »Socioeconomic Differentials in Mortality by Cause of Death«, *Health Services Reports,* 88 (1973), S. 449–456;

A. Antonovsky, »Social Class, Life Expectancy, and Overall Mortality«, *Milbank Memorial Fund Quarterly,* 45 (1967), S. 31–73; Stephanie J. Ventura et al., »Selected Vital and Health Statistics in Poverty and Nonpoverty Areas of 19 Large Cities, United States, 1969–71«, *Vital and Health Statistics,* Reihe 21, Nr. 26 (Rockville, Md.: National Center for Health Statistics, 1975).

68 Warren Winkelstein, »Epidemiological Considerations Underlying the Allocation of Health and Disease Care Resources«, *International Journal of Epidemiology,* 1 (1972), S. 69–74.

69 W. Winkelstein und F. E. French, »The Role of Ecology«; und G. A. Lillington, »Health Effects from Air Pollution«, in W. D. McKee (Hrsg.), *Environmental Problems in Medicine* (Springfield, 111.: Charles C. Thomas, 1974), S. 314–324.

70 Siehe *Forward Plan for Health,* [Fiscal Year] 1978–1982 (Washington, D.C.: Public Health Service, 1976), S. 77; Daniel M. Berman, *Death on the Job* (Neuerscheinung in Monthly Review Press), Kap. 2; J. A. Page und M. O'Brien, *Bitter Wages* (New York: Grossman, 1973); P. Brodeur, *Expendable Americans* (New York: Viking Press, 1974).

71 Blue Cross Association, *Consumer Report,* März 1976, S. 1.

72 J. Eyer, »Hypertension as a Disease of Modern Society«, *International Journal of Health Services,* 5 (1975), S. 539–558; S. L. Syme, T. Oakes und G. Friedman, »Social Class and Racial Differences in Blood Pressure«, *American Journal of Public Health,* 64 (1974), S. 619 f.; S. L. Syme, M. M. Hyman und P. E. Enterline, »Cultural Mobility and the Occurrence of Coronary Heart Disease«, *Journal of Health and Human Behavior,* 6 (1965), S. 178–190; M. Friedman, R. Rosenman und V. Carroll, »Changes in Serum Cholesterol and Blood Clotting Time in Men Subjected to Cyclic Variation of Occupation Stress«, *Circulation,* 17 (1958), S. 852–861; H. Russek und B. Zohman, »Relative Significance of Heredity, Diet, and Occupational Stress in Coronary Heart Disease of Young Adults«, *American Journal of Medical Science,* 235 (1958), S. 266–277; M. Friedman und R. Rosenman, *Type A Behavior and Your Heart* (New York: Knopf, 1974); S. Kasl und S. Cobb, »Blood Pressure Changes in Men Undergoing Job Loss: A Preliminary Report«, *Psychosomatic Medicine,* 32 (1970), S. 19–38.

73 Erhardt und Berlin, *Mortality and Morbidity,* S. 28 f.

74 U.S. Department of Health, Education and Welfare (Hrsg.), *Work in America* (Cambridge, Mass.: MIT Press, 1973), S. 77–79.

75 Robert J. Haggerty, »Session III – Present Strengths and Weaknesses in Current Systems of Comprehensive Health Services for Children and Youth«, *American Journal of Public Health,* 60 (1970), S.74–98.

76 Walsh McDermott, Kurt W. Deuschle und Clifford R. Barnett, »Health Care Experiment at Many Farms«, *Science,* 175 (1972), S. 23–31.

77 Joel Alpert et al., »Delivery of Health Care for Children: Report of an Experiment«, *Pediatrics,* 57 (1976), S. 917–930.

78 Paul Starr, »Who Needs Medicine? The Politics of Therapeutic Nihilism«, *Working Papers for a New Society,* 4 (Sommer 1976), S. 48–55.

79 U.S. Congress, Office of Technology Assessment, *Development of Medical Technology – Opportunities for Assessment* (Washington, D.C.: Government Printing Office, 1976), S. 14 f.

80 David M. Kessner et al., *Infant Death: An Analysis by Maternal Risk and Health Care* (Washington, D.C.: Institute of Medicine, National Academy of Sciences, 1973), S. 1–18.

81 Naomi M. Morris et al., »Shifting Age-Parity Distribution of Births and the Decrease in Infant Mortality«, *American Journal of Public Health,* 65 (1975), S. 359–362.

82 Shryock, *American Medical Research,* S. 96 f., sowie *General Education Board Annual Report,* 1940, S. 191–196.

83 Shryock, *American Medical Research,* S. 277, 289.

84 Siehe S. 259. (Anm. des Verlags)

85 *Basic Data Relating to the National Institutes of Health,* 1974 und 1977; S. P. Strickland, »Integration of Medical Research and Health Policies«, *Science,* 173 (1971), S. 1093; Strickland, *Science, Politics, and Dread Disease* (Cambridge, Mass.: Harvard University Press, 1972); NIH Study Committee, *Biomedical Science and Its Administration: A Study of the National Institutes of Health* (Washington, D.C.: The White House, 1965).

86 American Foundation, *Medical Research: A Midcentury Survey,* Band 1 (Boston: Little, Brown and Co., 1955), S. 144, 147; David E. Rogers, »Medical Academe and the Problems of Primary Care«, *Journal of Medical Education,* 50 (Dezember 1975, Teil 2), S. 171–180. 1967/1968 entsprach die staatliche Unterstützung 53 Prozent der Betriebseinnahmen der US-amerikanischen Medizinschulen; die bundesstaatliche und lokale Förderung machte weitere 15 Prozent aus, während Studiengebühren nur 4 Prozent und Stiftungsgelder nur 3 Prozent darstellten. Siehe Ray E. Brown, »Financing Medical Education«, in William G. Anlyan et al. (Hrsg.), *The Future of Medical Education* (Durham, N.C.: Duke University Press, 1973), S. 180.

87 D. E. Rogers, »Medical Academe«; Herman M. Somers und Anne R. Somers, *Doctors, Patients, and Health Insurance* (Washington, D.C.: Brookings Institution, 1961), S. 42; James W. Begun, »Refining Physician Manpower Data«, *Medical Care,* 15 (1977), S. 780–786.

88 Siehe Barbara Ehrenreich und John Ehrenreich, *The American Health Empire: Power, Profits, and Politics* (New York: A Health-PAC Book, Vintage Books, 1971), sowie Cecil G. Sheps und Conrad Seipp, »The Medical School, Its Products and Its Problems«, *Annals of the American Academy of Political and Social Science,* 399 (Januar 1972), S. 38–49.

89 Siehe Hans Zinsser, »The Perils of Magnanimity: A Problem in American Education«, *Atlantic Monthly,* 159 (1927), S. 246–250, sowie den Beitrag des Direktors der National Science Foundation William D. McElroy, »The Making of Science Policy«, *Proceedings of the Federation of American Societies for Experimental Biology,* 31 (1972), S. 1553–1555.

90 *JAMA,* 37 (1901), S. 200 f., hatte gewarnt: »Reiche Männer können der Sache der medizinischen Ausbildung schaden«, es sei denn, sie orientieren sich bei ihren Spenden an den Interessen der niedergelassenen Ärzte.

91 *Basic Data Relating to the National Institutes of Health,* 1977. Im Originaltext sind 1,322 *Millionen* Dollar angegeben, was offensichtlich ein Fehler ist, wie auch S. 299 nahelegt. (Anm. des Verlags)

92 American Foundation, *Medical Research,* Band I, S. 11, 108–110, 132.

93 *Basic Data Relating to the National Institutes of Health,* 1974 und 1977.

94 *Forward Plan for Health, FY 1978–82,* S. 97; Daniel S. Greenberg, »›New Broom‹ at the Cancer Institute?«, *New England Journal of Medicine,* 297 (1977), S. 679–680; Samuel S. Epstein, »Environmental Determinants of Human Cancer«, *Cancer Research,* 34 (1974), S. 2425–2435; *Los Angeles Times,* 12. September 1978.

95 Greenberg, »›New Broom‹«, sowie Greenberg, »The ›War on Cancer‹: Official Fictions and Harsh Facts«, *Science and Government Report*, 4 (1. Dezember 1974), S. 1–3. Siehe auch *Forward Plan for Health, FY 1978–82*, S. 97. Andere Forscher kamen zu dem Schluss, dass einige Fortschritte bezüglich der Krebsüberlebensrate bei den meisten Behandlungsformen auf mangelhafte Methoden der Tumorregistrierung zurückgehen: Ralph D. Reynolds et al., »Survival in Lung Cancer«, *Western Journal of Medicine*, 127 (1977), S. 190–194. Es gibt einige beachtliche Fortschritte in der Erkennung und Behandlung von Krebs (insbesondere bei Morbus Hodgkin und Kinderleukämie), diese haben aber kaum Einfluss auf die allgemeine Krebssterblichkeit und gar keinen auf die Anzahl der Krebsfälle.

96 *Forward Plan for Health, FY 1978–82*, S. 96; und Vicente Navarro, »The Underdevelopment of Health in Working America: Causes, Consequences, and Possible Solutions«, *American Journal of Public Health*, 66 (1976), S. 538–547.

97 Zachary Y. Dyckman, *A Study of Physicians' Fees* (Washington, D.C.: President's Council on Wage and Price Stability, 1978), S. 74 f.

98 Office of Technology Assessment, *Development of Medical Technology*, S. 80–87; *Basic Data Relating to the National Institutes of Health*, 1977.

99 Office of Technology Assessment, *Development of Medical Technology*, S. 80 f., 85; siehe auch Milton Silverman und Philip R. Lee, *Pills, Profits, and Politics* (Berkeley: University of California Press, 1974).

100 Office of Technology Assessment, *Development of Medical Technology*, S. 11, 27.

101 Ebd., S. 11–13, 20, 27. Siehe auch James L. Goddard, »The Medical Business«, *Scientific American: Life and Death and Medicine* (San Francisco: W. H. Freeman and Co., 1973), S. 120–125; David A. Loehwing, »Biomedical Technology – All Systems Are Go«, *Barron's*, 5. November 1973; David A. Loehwing, »Biomedicine Abounds in Risks as Well as Rewards«, *Barron's*, 12. November 1973; Eliot Marshall, »Rendezvous with a Machine«, *New Republic*, 19. März 1977, S. 16–19.

102 David E. Rogers, »On Technologic Restraint«, *Archives of Internal Medicine*, 135 (1975), S. 1393–1397.

103 Anne R. Somers, »Health Care and the Political System: The Sorcerer's Apprentice Revisited«, *Technology and Health Care Systems in the 1980s* (Rockville, Md.: National Center for Health Services Research and Development, 1973), S. 39.

104 *Basic Data Relating to the National Institutes of Health*, 1974 und 1977.

105 Victor R. Fuchs, »The Growing Demand for Medical Care«, *New England Journal of Medicine*, 279 (1968), S. 190–195.

106 René Dubos, *Mirage of Health*.

107 Ivan Illich, *Medical Nemesis: The Expropriation of Health* (New York: Pantheon, 1976).

108 Marc Lalonde, *A New Perspective on the Health of Canadians* (Ottawa: Government of Canada, 1974).

109 Zu den Grenzen der modernen Medizin siehe: Ivan Illich und Archie L. Cochrane, *Effectiveness and Efficiency: Random Reflections on Health Services* (London: Nuffield Provincial Hospital Trust, 1972); Rick J. Carlson, *The End of Medicine* (New York: John Wiley, 1975); Victor Fuchs, *Who Shall Live? Health, Economics, and Social Choice* (New York: Basic Books, 1974); Thomas McKeown, »Conceptual Background«; Thomas McKeown, *Medicine in Modern Society*; John Powles, »On the Limitations of Modern Medicine«. Zur Medizin als

sozialem Kontrollorgan siehe: Ivan Illich, a. a. O.; Barbara Ehrenreich und John Ehrenreich, »Medicine and Social Control«, sowie Irving Kenneth Zola, »Medicine as an Institution of Social Control«, beides nachgedruckt in John Ehrenreich (Hrsg.), *The Cultural Crisis of Modern Medicine* (New York: Monthly Review Press, 1978), S. 39–79 beziehungsweise S. 80–100; Howard B. Waitzkin und Barbara Waterman, *Exploitation of Illness,* S. 16–65. Siehe auch die Klassiker: Talcott Parsons, *The Social System* (New York: Free Press, 1951) sowie »Definitions of Health and Illness in the Light of American Values and Social Structure«, in E. G. Jaco (Hrsg.), *Patients, Physicians, and Illness,* 2. Auflage (New York: Free Press, 1972), S. 107–127; sowie Thomas Szasz, *The Myth of Mental Illness* (New York: Harper and Row, 1961).

110 Nedra B. Belloc und Lester Breslow, »Relationship of Physical Health Status and Health Practices«, *Preventive Medicine,* 1 (1972), S. 409–421.

111 Fuchs, *Who Shall Live?,* S. 46. Einige epidemiolgische Hinweise auf das Gegenteil siehe weiter oben in diesem Kapitel (S. 284–291) und die entsprechenden Quellenangaben.

112 Kritische Rezensionen dieser Literatur bei: Robert Crawford, »You Are Dangerous to Your Health: The Ideology and Politics of Victim Blaming«, *International Journal of Health Services,* 7 (1977), S. 663–680; Navarro, *Medicine under Capitalism,* S. 103 f.; Howard S. Berliner, »Emerging Ideologies in Medicine«, *Review of Radical Political Economics,* 9 (Frühjahr 1977), S. 116–124.

113 J. W. Meigs, »Can Occupational Health Concepts Help Us Deal with Childhood Lead Poisoning?«, *American Journal of Public Health,* 62 (1972), S. 1483–1485.

114 Pranab Chatterjee und Judith H. Gettman, »Lead Poisoning: Subculture as a Facilitating Agent?«, *American Journal of Clinical Nutrition,* 25 (1972), S. 324–330.

115 *Conference on Future Directions in Health Care: The Dimensions of Medicine,* finanziert von der Blue Cross Association, der Rockefeller Foundation und der University of California (San Francisco) Health Policy Program, New York, Dezember 1975, S. 4 f.

116 Ebd., S. 2 f.

117 Fuchs, *Who Shall Live?,* S. 27.

118 Leon R. Kass, »Regarding the End of Medicine and the Pursuit of Health«, *Public Interest,* Nr. 40 (Sommer 1975), S. 39, 42.

119 Siehe beispielsweise: E. A. Suchman, »Social Patterns of Illness and Medical Care«, in E. G. Jaco (Hrsg.), *Patients, Physicians, and Illness,* S. 262–279; S. S. Kegeles et al., »Survey of Beliefs About Cancer Detection and Taking Papanicolaou Test«, *Public Health Reports,* 80 (1965), S. 815–824; W. A. Wingert et al., »Effectiveness and Efficiency of Indigenous Health Aids in a Pediatric Outpatient Department«, *American Journal of Public Health,* 65 (1975), S. 849–857.

120 M. R. Greenlick et al., »Comparing the Use of Medical Care Services by a Medically Indigent and a General Membership Population in a Comprehensive Prepaid Group Practice Program«, *Medical Care,* 10 (1972), S. 187–200; Alpert et al., »Delivery of Health Care for Children«; R. J. Haggerty, K. J. Roghmann und I. B. Pless, *Child Health and the Community* (New York: John Wiley, 1975); C. H. Goodrich, M. Olendzki und G. Reader, *Welfare Medical Care: An Experiment* (Cambridge, Mass.: Harvard University Press, 1970). Siehe auch: C. K. Reissman, »The Use of Health Services by the Poor«, *Social Policy,* 5 (Mai/Juni 1974), S. 41–49; John B. McKinlay und Diana B. Dutton, »Social-Psychological Factors Affecting Health Service Utilization«, in S. J. Mushkin (Hrsg.), *Consumer Incentives for Health Care* (New York: Prodist, 1974), S. 251–303.

Die Mythen, warum Patienten Arzttermine nicht wahrnehmen, entschlüsseln Philip Hertz und Paula L. Stamps in »Appointment-Keeping Behavior Re-Evaluated«, *American Journal of Public Health*, 67 (1977), S. 1033–1036.

121 Ein Beispiel für ein solches Programm ist der Artikel von Earl W. Brian, dem Leiter der Gesundheits- und Wohlfahrtsbehörde des kalifornischen Gouverneurs Ronald Reagan, »Government Control of Hospital Utilization – A California Experience«, *New England Journal of Medicine*, 286 (1972), S. 1340–1344.

122 C. Arden Miller, »Societal Change and Public Health: A Rediscovery«, *American Journal of Public Health*, 66 (1976), S. 54–60.

123 Siehe Crawford, »You Are Dangerous to Your Health«, S. 673 f., insbesondere das Zitat des ehemaligen UAW-Präsidenten Leonard Woodcock. Ein weiteres Beispiel für ein solches Programm findet sich in dem Bericht über das »Employee Health Program« des Arbeitsministeriums, ein Programm gegen Alkoholismus, das »das Arbeitsverhalten stabilieren« sollte. Er ist abgedruckt in C. J. Schramm, »Measuring the Return on Program Costs: Evaluation of a Multi-Employer Alcoholism Treatment Program«, *American Journal of Public Health*, 67 (1977), S. 50 f.

124 E. Richard Brown und Glen E. Margo, »Health Education: Can the Reformers Be Reformed?«, *International Journal of Health Services*, 8 (1978), S. 3–26.

Register

—

A

B

C

D

E

F

G

H

I

J

K

L

M

N

O

P

R

S

T

U

V

W

Y

Z